产业组织与竞争政策前沿研究丛书

日本规制改革问题研究：
理论、内容与绩效

李宏舟 著

中国社会科学出版社

图书在版编目（CIP）数据

日本规制改革问题研究：理论、内容与绩效/李宏舟著．
—北京：中国社会科学出版社，2016.1
ISBN 978 - 7 - 5161 - 5955 - 2

Ⅰ.①日…　Ⅱ.①李…　Ⅲ.①经济体制改革—研究—日本
Ⅳ.①F131.31

中国版本图书馆 CIP 数据核字（2015）第 075085 号

出 版 人	赵剑英
责任编辑	卢小生
特约编辑	林　木
责任校对	董晓月
责任印制	王　超
出　　版	中国社会科学出版社
社　　址	北京鼓楼西大街甲 158 号
邮　　编	100720
网　　址	http://www.csspw.cn
发 行 部	010 - 84083685
门 市 部	010 - 84029450
经　　销	新华书店及其他书店
印刷装订	三河市君旺印务有限公司
版　　次	2016 年 1 月第 1 版
印　　次	2016 年 1 月第 1 次印刷
开　　本	710 × 1000　1/16
印　　张	24.25
插　　页	2
字　　数	409 千字
定　　价	90.00 元

凡购买中国社会科学出版社图书，如有质量问题请与本社营销中心联系调换
电话：010 - 84083683
版权所有　侵权必究

前　言

日本学者植草益在其《微观规制经济学》中将日本政府规制分为八个方面：（1）财税金融政策；（2）提供公共产品的政策；（3）应对不完全竞争的政策；（4）应对自然垄断的政策；（5）应对外部不经济性的政策；（6）应对信息不对称的政策，（7）与多样化的市场失灵相关的政策；（8）劳动政策等其他方面政策。他指出，财税金融政策为宏观经济政策，劳动政策属于劳动经济学的研究领域，因此没有纳入《微观规制经济学》研究范围之内，其余六个方面的政府规制进一步分为经济性规制和社会性规制，根据规制对象的不同，经济性规制又可以分为针对自然垄断性产业的政府规制和针对竞争性产业的政府规制。

植草益教授是日本著名经济学家，曾经担任多个日本政府规制机构的审议委员会委员，对日本政府规制有着深刻的理解和研究，因此本书认为，按照植草益教授的归类研究日本规制改革比较合适。鉴于此，本书的规制改革研究主要选取了两个方面：自然垄断性产业的规制改革和竞争性产业的规制改革，社会性规制不是本书研究的重点，只是在需要的地方有所涉及。

全书共分为三个部分，第一部分为总论，包括前三章，其中第一章规制改革的经济学分析是本书理论基础，是指导研究日本规制改革的分析框架，这一章主要探讨如下几个问题：垄断性产业分拆模式的经济学分析、分拆后垄断性业务的激励性规制方法、竞争性业务公平竞争的制度设计和国家实施保护消费者权益和普遍服务的理论依据。第二章主要探讨日本推进规制改革的制度设计与影响因素分析，主要研究日本历届政府为推进规制改革而设计的实施机制。日本规制改革主要经历了三个阶段，1983 年以前的传统模式由首相咨询机构制定规制改革内容、中央各省厅（部委）据此实施。1983 年以后，为了克服国会议员、政府官僚和产业界组成的"利益集团铁三角"对规制改革的阻碍，将以往的传统模式改为由首相咨询机构制定内容、中央各省厅实施、首相咨询机构监督评判。1994 年以后，这一方式又发生变化，采取由第三方独立机构制定内容和改革路线图、中央各省厅根据改革路线图实施、第三方独立机构监督评判的模式。从趋势来看，日本中央各省厅在规制改革中的决策权和裁量权越来越小，因此这些官僚机构搪塞、推诿、拖延涉及自身权益的规制改革的可能性也越来越小。第二章将传统的规制改革研究向源头方向推进了一步，即不但关注日本实施了什么样的规制改革（传统研究内容），而且进一步研究这些规制改革的内容是如何决定并通过何种机制去实施的。第三章主要研究日本规制影响分析的对象、分析过程、使用的定性和定量方法以及具体的事例研究。本章的内容是将对日本规制改革的研究向后方延伸了一步，即对第二章所述的规制改革内容、路径、推进机制的效果进行了分析。

第二部分为自然垄断性产业规制改革研究，包括第四、第五、第六、第七章，分别选取电信、电力、铁路和航空作为研究对象。在分析各个产业的规制改革内容时，重点关注以下两个方面的内容：第一，该产业在产权改革（民营化）、治理机制（股份制改革）、分拆模式（横向、纵向）、竞争措施（撤销进入和退出规制、替代产业发展）、价格规制方面的改革。第二，上述改革在时间上的先后顺序及其实施的时机。日本规制改革中的民营化相当于我国的股份制改造，比如日本政府于 1987 年将原来的国铁实施分拆和民营化改革，但实际上直到现在三家亏损的铁路客运公司仍是国有独资企业，并没有民营化，但是公司治理机制有了质的变化。从总体看，日本的实践表明股份制改造相对容易，但对在位垄断企业的分拆阻力重重。撤销进入规制相对容易，但是确保在位企业和新进入企业之间的平等竞争却一波三折，这一点在电信和航空产业尤为明显。在分拆模式上，以横向分拆为主，因此克服区域垄断（比如铁路和电力）、强化接入规制（比如电信）是规制改革的重中之重。

第三部分为行政性垄断产业的规制改革研究，分别选取石油、烟草作为研究对象。在第三部分中，第八章和第九章主要讨论竞争性产业的规制改革，内容涉及改革的背景、过程、对各自产业的影响及这些产业的现状。从结论而言，烟草行业虽然实施了民营化改革，但是出于对烟农的保护，香烟生产仍然是垄断经营。

本书之所以选取日本作为研究对象，是因为笔者曾经在日本留学并工作过十几年，在第一手资料的收集、运用方面有一定的优势。之所以选择规制改革研究，是因为作者所在单位（东北财经大学产业组织与企业组织研究中心、教育部人文社会科学重点研究基地）在该领域有着扎实的研究基础和浓厚的研究氛围。另外，正如查默斯·约翰逊在《通产省与日本奇迹》中将通产省比作"日本株式会社"所反映的那样，日本曾经是发达国家中的规制大国，因此它的规制改革具有较高的可研究性。

尽管具备了上述客观优势，笔者也有以勤补拙的思想准备，但是因为能力有限，书中错误与谬论在所难免，恳请各位前辈和同人不吝赐教。

感谢东北财经大学产业组织与企业组织研究中心创始人于立教授，是他将笔者引入了该领域的研究。感谢前中心主任肖兴志教授，是他激发了笔者撰写本书的热情。感谢研究中心执行主任于左研究员、副主任吴绪亮博士和郭晓丹博士，感谢钱勇研究员、姜春海博士和李姝博士等各位同人给予的帮助与厚爱。

感谢东北财经大学产业组织与企业组织研究中心学术委员和兼职博导王俊豪教授及戚聿东教授，两位老师的系列著作对本书研究框架的构建起了决定性作用。感谢中国社会科学院规制与竞争研究中心研究员、东北财经大学特聘教授张昕竹博士，他关于垄断行业改革的理论研究使本书的日本分析能够深入展开。

感谢一直为笔者提供指导和资料的原日本东北大学桥田坦教授和西泽昭夫教授，他们分别是我的硕士生导师和博士生导师，为笔者的研究生涯奠定了坚实的基础。感谢日本东京大学名誉教授植草益先生，他多次为笔者提供了珍贵的文献资料和宝贵的意见和建议。

情长纸短，感谢为本书的完成贡献了智慧和观点的规制经济学的专家和学者。

书稿的完成，让笔者感觉自己又站到了一个新的起点。

李宏舟
2014 年 10 月

目　　录

第一章 规制改革的经济学分析

第一节 研究规制改革问题的内在逻辑

植草益（1992）认为，在日本的政治体制下，政府规制不完全等同于公的规制，后者的范围更广。具体而言，公的规制主要指政府部门依据相关法律法规对企业的规制、立法机构对公共企业等的规制及司法部门依据民法和刑法等实施的规制。另外，狭义的公的规制主要包括针对自然垄断和信息不对称的经济性规制和针对外部性与非价值物品的社会性规制。换言之，规制是为应对市场失灵而采取的补救措施。

就经济性规制而言，被规制产业既可以是自然垄断性产业，比如输配电、市内电话等具有网络特征的产业或领域；也可以是竞争性产业，比如金融、建筑、运输、部分制造业等。支持实施经济性规制的理由包括提高资源的配置效率、保护处于信息劣势的消费者权益、保证生活必需品的供给、防止毁灭性竞争或过度竞争、避免重复投资等。日本政府对部分竞争性产业实施进入规制的目的主要是维护供需平衡，防止过度竞争引发的市场波动。但植草益认为，除了存在严重信息不对称的金融业以外，对其他竞争性产业实施经济性规制的理由不是非常充分。

本书所指的规制主要是指经济性规制，因此涉及的产业既包括自然垄断性产业，也包括竞争性产业。

垄断性产业的规模经济性、成本弱加性和不可维持性是诸多经济学者支持垄断经营的理论依据。弗农和哈林顿（Vernon and Harrington，2000）进一步指出，授权以追求利润最大化为目的的私人企业经营垄断性产业会造成垄断定价等诸多问题，因此以代表社会利益并由政府所有的公共企业去经营垄断性产业是一种较优的选择，所以说公共企业垄断经营某些产业是合理的。问题是这种合理性常常以低效为代价，而且随着科技进步和需求的变化，垄断性产业的技术经济特征也在改变，比如无线通信技术的发展，客观上要求政府放开对以有线通信为前提的电信产业的进入规制等，又如人口的高度集中带来的市场需求的增加已经超过了单家企业的规模经济的最佳产量，因此客观上要求由两家或三家企业共同提供产品或服务（王俊豪等，2006）。因此，公共垄断企业的低效和外部客观事实的改变迫使政府部门重新考虑对垄断性产业的规制手段。

随着研究的进一步深入，经济学者还发现即使是垄断性产业，其包含的业务也并不都具备需要垄断经营的特点。比如电信产业，以市内电话网（包括连接终端客户电话与端局交换机之间的用户线、连接各个端局的市内电话线、连接端局与长话局之间的电话线）的铺设为物理基础的市内通话业务需要大规模的设备投资，具有典型的规模经济性属性，属于垄断性业务。与此相对，长途通话业务的规模经济性和成本弱加性并不明显。至于短信、彩铃等电信增值业务则几乎不需要大规模的设备投资，因此也不具备真正意义上的规模经济性和成本弱加性。

改善公共企业垄断经营弊端、科技进步及其市场需求的变化、垄断性产业各业务属性的差异性成为对垄断性产业实施规制改革的主要推动力。然而垄断性产业的规制改革也带来了一些新的问题，比如普遍服务，在规制改革之前，垄断企业依照法律规定的"供给义务"，通过内部交叉补贴（地区间的交叉补贴或业务间的交叉补贴）向所有消费者提供自己的产品或服务，但是规制改革切断了内部交叉补贴的可能性，所以需要设计新的机制使国民能够享受到普遍服务。又如对消费者权益的保护，在规制改革之前，公共企业的性质和成本加成法或收益率规制法的规制方式，使经营者没有太大的诱因损害消费者利益，但是，规制改革之后通过特许投标竞争获得垄断经营权，或处于价格上限规制之下的垄断性企业（包括私人企业在内），其通过降低服务质量等方式谋求自我利益最大化的动机急剧增加，在客观上要求制定新的机制以保护消费者权益。

第二节　垄断性产业分拆模式的经济学分析

垄断性产业的分拆模型可以分为纵向分拆和横向分拆两大类。纵向分拆的优点是可以根据业务属性实施分类规制；横向分拆的优点是可以克服单个垄断企业规模过大带来的规模不经济问题，同时可以获得纵向一体化下的范围经济。

垄断性产业中的垄断性业务通常是指需要巨额投资，而且规模经济性、成本弱加性和不可维持性较为明显的业务，比如电信产业中的市内通话业务、铁路运输产业的铁轨、信号灯等的铺设和设置业务、航空运输产业中的空中管制和机场服务等。这些业务一方面可以作为最终服务提供给消费者，同时它们又是其他服务得以实现的必不可少的中间投入，比如提供长途有线电话的服务必须要和市内电话联通后才可能实现；铁轨、信号灯更是铁路运输中必不可少的物理设施，通常经济学中称这些必不可少的中间投入为瓶颈设施或关键设施。

在对垄断性产业实施分拆时，主要考虑不同分拆模式社会福利的大小以及对接入价格、设备投资等的影响，本书主要选取两个有代表性的研究加以分析。

一　依田高典的组件模型

依田高典（2006）运用组件模型对电信产业进行了分析。如图1-1所示，M、N、O、P为四个终端用户，由图1-1可知，M、N或O、P之间的通话为市内通话业务，而M与O或P之间的通话属于长途电话业务，只有市内电话网和A市与B市之间的长途通话网联通后才能实现，其中市内电话网属于瓶颈设施，市内通话业务通常属于垄断经营业务，而A市与B市之间的通话网络不具备瓶颈设施的特点，因此长途通话属于竞争性业务。

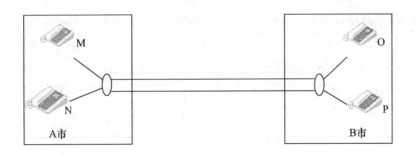

图1-1　市内电话与长途电话

假设已经有一家在位的电信企业不但提供市内电话服务，而且提供长途通话业务，现有一家新的企业要进入长途通话业务领域，并且铺设了A

市与 B 市之间的长途通话网络。为了提供长途服务，新进入企业有两种选择：租用在位企业的市内通信网和投资新建自己的市内电话网。

依田高典对上述现实进行高度抽象化以后，设计了如下组件模型，探讨了不同竞争类型和不同分拆方式的社会福利情况。

假设最终产品由两个中间产品 A 和 B 组成，A 和 B 各有两个型号，即 A_1、A_2 和 B_1、B_2，则最终产品有四个类型，即 A_1B_1、A_1B_2、A_2B_1 和 A_2B_2，其性能完全相同。A_i 和 B_j 的价格分别为 P_i 和 Q_j，最终产品 A_iB_j 的价格 S_{ij} 为两个零部件价格之和，即：

$$S_{ij} = P_i + Q_j, \quad i, j = 1, 2$$

同时假设市场对 A_iB_j 的需求函数 D_{ij} 为线性函数，即：

$$D_{11} = a - S_{11} + c(S_{12} + S_{21} + S_{22})$$
$$D_{12} = a - S_{12} + c(S_{11} + S_{22} + S_{21})$$
$$D_{21} = a - S_{21} + c(S_{22} + S_{11} + S_{12})$$
$$D_{22} = a - S_{22} + c(S_{21} + S_{12} + S_{11})$$

其中，a 表示最大需求，c 表示价格的交叉影响，斜率为 -1。对各个零部件的需求公式如下（对于中间产品 A_1 的需求等于市场对 A_1B_1 和 A_1B_2 的需求之和），其他类推。

$$D_{A1} = D_{11} + D_{12}$$
$$D_{A2} = D_{21} + D_{22}$$
$$D_{B1} = D_{11} + D_{21}$$
$$D_{B2} = D_{12} + D_{22}$$

假设市场上存在两种形式的竞争，即基于服务的竞争和基于设备的竞争，其示意图如图 1-2 所示。

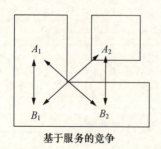

基于服务的竞争　　　　　　基于设备的竞争

图 1-2　两种竞争形式

（一）基于服务的竞争

基于服务的竞争是指在该产业中存在以下两种类型的企业：第一种类型的企业 X 同时生产 A_1、B_1 和 B_2，第二种类型的企业 N 只生产 A_2（如图 1-2 中的左图）。由此假设可知，企业 X 可以视为拥有瓶颈设施（市内电话网）的在位企业，N 为只能提供部分中间产品的新进入企业，企业 N 为了向市场提供最终产品，必须购买在位企业 X 的中间产品 B_1 或 B_2。因为企业 N 不拥有设备，只能通过服务质量等与企业 X 竞争，所以称此种竞争为基于服务的竞争，设两家企业的利润函数分别为 Π_X 和 Π_N，由以上假设可知：

$$\Pi_X = P_1 D_{A1} + Q_1 D_{B1} + Q_2 D_{B2}$$

$$\Pi_N = P_2 D_{A2}$$

根据利润最大化条件，上面两个函数式分别对价格求导，并将 D_{ij} 的函数式代入 D_{A1}、D_{A2}、D_{B1} 和 D_{B2}，最后得出以 a 和 c 表示的各产品的产量，即：

D_{11}	D_{12}	D_{21}	D_{22}	$\sum\sum D^{SC}$
$\dfrac{a(3-c)}{6(1-c)}$	$\dfrac{a(3-c)}{6(1-c)}$	$\dfrac{a}{3}$	$\dfrac{a}{3}$	$\dfrac{a(5-3c)}{3(1-c)}$

（二）基于设备的竞争

基于设备的竞争是指在该产业中存在以下两种类型的企业：第一种类型的企业 X 同时生产 A_1、B_1，第二种类型的企业 N 也同时生产 A_2 和 B_2（如图 1-2 中的右图）。由此假设可知，企业 X 不再是单独拥有瓶颈设施的企业，企业 N 同样拥有瓶颈设施，具备向市场提供最终产品的能力，本章称该种竞争为基于设备的竞争。设两家企业的利润函数分别为 Π_X 和 Π_N，通过以上假设可得：

$$\Pi_X = P_1 D_{A1} + Q_1 D_{B1}$$

$$\Pi_N = P_2 D_{A2} + Q_2 D_{B2}$$

按照与上面相同的计算方法，可以得到以 a 和 c 表示的各种最终产品的产量，即：

D_{11}	D_{12}	D_{21}	D_{22}	$\sum\sum D^{FC}$
$\dfrac{a(3-5c)}{7-17c}$	$\dfrac{a(3-5c)}{7-17c}$	$\dfrac{a(3-5c)}{7-17c}$	$\dfrac{a(3-5c)}{7-17c}$	$\dfrac{4a(3-5c)}{7-17c}$

通过比较可知，$\dfrac{4a(3-5c)}{7-17c} > \dfrac{a(5-3c)}{3(1-c)}$，即基于设备竞争情况下的总产量大于基于服务竞争情况下的总产量。

依田高典（2006）指出，因为垄断性产业的产品或服务经常处于供给不足状态，所以产量越大，社会福利越大。换言之，从社会福利的角度而言，基于设备的竞争要优于基于服务的竞争。依田高典（2006）还进一步讨论了在基于服务竞争的前提下，对拥有瓶颈设施的在位企业实施何种规制，才能达到社会福利最大化的问题。

（三）接入规制

所谓接入规制，是指政府对在位企业的纵向一体化结构不予分拆，通过网络开放等规制政策，使新进入的企业有同等的瓶颈设施使用权，属于在位企业和新进入企业之间基于服务的竞争模式。

假设对瓶颈设施的接入价格为 f，则 Π_X 和 Π_N 可以表示为：

$$\Pi_X = P_1 D_{A1} + f(D_{B1} + D_{B2})$$

$$\Pi_N = P_2 D_{A2}$$

其中，在位企业 X 的利润包括出售中间产品收入和瓶颈设施接入收入。企业 X 在使用瓶颈设施（B_1、B_2）时，同样要支付 f。

以下为利润最大化条件下各种类型产品的产量。

D_{11}	D_{12}	D_{21}
$\dfrac{a(1-c)+c(-1+2c+3c^2)f}{2-4c}$	$\dfrac{a(1-c)+c(-1+2c+3c^2)f}{2-4c}$	$\dfrac{(1-c)[a+(-1+2c+3c^2)f]}{2-4c}$

D_{22}	$\sum\sum D^{AC}$
$\dfrac{(1-c)[a+(-1+2c+3c^2)f]}{2-4c}$	$\dfrac{2a(1-c)+(-1+2c+3c^2)f}{1-2c}$

（四）所有分离

所谓所有分离（结构分拆），是对纵向一体化在位企业 X 实施结构分拆，将瓶颈设施从企业 X 中分离出来，在位企业只生产 A_2。假设接入价格同样为 f，则 Π_X 和 Π_N 可以表示为：

$$\Pi_X = P_1 D_{A1}$$

$$\Pi_N = P_2 D_{A2}$$

以下为利润最大化条件下各种类型产品的产量。

	D_{11}	D_{12}	D_{21}
	$\dfrac{(1-c)[a+(-1+3c)f]}{2-4c}$	$\dfrac{(1-c)[a+(-1+3c)f]}{2-4c}$	$\dfrac{(1-c)[a+(-1+3c)f]}{2-4c}$
D_{22}		$\sum\sum D^{SD}$	
$\dfrac{(1-c)[a+(-1+3c)f]}{2-4c}$		$\dfrac{2(1-c)[a+(-1+3c)f]}{1-2c}$	

通过比较可知，$\dfrac{2a(1-c)+(-1+2c+3c^2)f}{1-2c} \geq \dfrac{2(1-c)[a+(-1+3c)f]}{1-2c}$，即接入规制情况下的总产量大于或等于所有分离情况下的总产量。换言之，从社会福利的角度而言，接入规制比结构分拆更可取。

当 $f=0$，即接入价格等于接入成本（边际成本）时，二者相等，同为 $\dfrac{2a(1-c)}{1-2c}$。

依田高典（2006）参照 Economides 和 Salop（1992）的研究方法，经过依田高典（2001，2003）、Ida（2004）多次改进后逐步完善，但是为了简化模型，依田高典（2006）没有考虑生产费用，没有考虑消费者剩余，也没有考虑设备重复投资的影响，因此具有一定的局限性。但是该模型从理论上给出了基于设备的竞争优于基于服务的竞争、接入规制优于所有分拆的结论，丰富了指导具有网络特性的垄断产业的规制改革理论。

依田高典（2006）对垄断性产业分拆模式的指导意义在于，该模型表明，维持纵向一体化与接入规制的组合政策要优于纵向分拆。对如何促进垄断性产业竞争的指导意义在于，在不考虑重复投资情况下，该模型表明基于设备的竞争要优于基于服务的竞争。

二　Nikos Ebel 纵向分析影响模型

Nikos（2009）主要分析了对在位垄断企业的纵向一体化实施不同程

度分拆的社会福利及其对网络投资等的影响。

其基本假设如下:上游为具有自然垄断性即拥有瓶颈设施的在位企业 N,下游为该企业的关联企业 I 和竞争企业 C,下游企业每提供一个单位的产品,需要上游在位企业 N 一个单位的产品(中间产品)。下游两个企业的单位成本均为 $C(C \geq 0)$,为获得一个单位的上游企业产品,需要支付的费用(可以理解为接入价格)为 $a(a \geq 0)$,上游企业的边际成本为 C_N,固定成本为 F,为了维持正常生产,可知 $a \geq C_N$。

(一)下游市场为古诺竞争、上游在位企业对下游企业 C 实施破坏活动的情形

假设下游企业生产同质同价产品,市场竞争表现为产量竞争,市场销量为 $q = (q_I, q_C) \geq 0$。逆需求函数为 $p(q, \theta)$,其中 q、θ 为二阶可微,而且 $p(q, \theta)$ 是产量 q 的减函数和质量 θ(上游企业 N 决定质量 θ 的水平)的增函数,这是因为提高产品的质量可以给消费者带来额外的价值,使其愿意提高支付价格。上游企业 N 为了提高质量所需的投资成本为 $C(\theta)$,其中,$C(0) = 0, C'(\theta) \geq 0, C''(\theta) \geq 0$。上游企业 N 可以通过某种破坏活动(比如隐藏顾客信息、延迟网络修复时间等)增加下游竞争企业 C 的单位可变成本 $\sigma(\sigma \geq 0)$。假设上游企业为此付出的费用为 $\overline{C}(\sigma)$,其中 $\overline{C}(0) = 0$,$\overline{C'}(\sigma) \geq 0$,$\overline{C''}(\sigma) \geq 0$。模型中的产业结构如图 $1-3$ 所示。

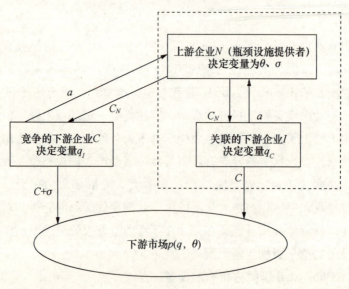

图 1 – 3　竞争结构

上游企业首先决定 θ、σ，下游企业在上述前提下展开产量竞争，无论是所有分离（完全独立的公司）还是结构分离（同一控股公司之下的两家子公司），企业 N 和企业 I 都分别独立核算，设三家企业的利润分别为 $\prod_N$、$\prod_I$ 和 $\prod_C$，并都以利润最大化为目标。

$\prod_I(q,\theta) = [p(q,\theta) - c - a]q_I$

$\prod_C(q,\theta,\sigma) = [p(q,\theta) - c - a - \sigma]q_C$

因为是同质竞争，所以上游企业 N 的破坏活动并不影响产品质量，但是增加了下游竞争企业 C 的成本。假设市场逆需求函数为 $p(q,\theta) = m + \beta\theta - \gamma q$。

在 $\sigma = 0$（上游企业不实施破坏活动）时，根据古诺纳什均衡的条件可得：

$\partial\prod_I(q,\theta)/\partial q_I = \partial p(q,\theta)/\partial q_I \cdot q_I + [p(q,\theta) - c - a] = 0$

$\partial\prod_C(q,\theta)/\partial q_C = \partial p(q,\theta)/\partial q_C \cdot q_C + [p(q,\theta) - c - a] = 0$

将逆需求函数代入上面的等式，可得：

$q_I^* = [m + \beta\theta - (a + c)]/3\gamma$

$q_C^* = [m + \beta\theta - (a + c)]/3\gamma$

计算后可得均衡价格 $p^*(q, \theta)$ 为：

$p^*(q,\theta) = [m + \beta\theta + 2(a + c)]/3$

当 $\sigma \neq 0$ 时（上游企业实施破坏活动）时，根据古诺纳什均衡的条件可得：

$\partial\prod_I(q,\theta)/\partial q_I = \partial p(q,\theta)/\partial q_I \cdot q_I + [p(q,\theta) - c - a] = 0$

$\partial\prod_C(q,\theta)/\partial q_C = \partial p(q,\theta)/\partial q_C \cdot q_C + [p(q,\theta) - c - a - \sigma] = 0$

将逆需求函数代入上面的等式，可得：

$\overline{q_I^*} = [m + \beta\theta + \sigma - (a + c)]/3\gamma$

$\overline{q_C^*} = [m + \beta\theta - 2\sigma - (a + c)]/3\gamma$

计算后可得均衡价格 $\overline{p}^*(q,\theta)$ 为：

$\overline{p}^*(q,\theta) = [m + \beta\theta + \sigma + 2(a + c)]/3$

通过比较可知，当 $\sigma \neq 0$ 即上游企业对下游竞争企业 C 实施破坏活动时，下游关联企业 I 的产量有所增加（$+\sigma/3\gamma$），竞争企业 C 的产量有所下降（$-2\sigma/3\gamma$），总的产量减少 $\sigma/3\gamma$，均衡价格增加 $\sigma/3$。

图 1-4 为古诺竞争下上游在位企业破坏活动的有无对均衡产量的影响示意图。

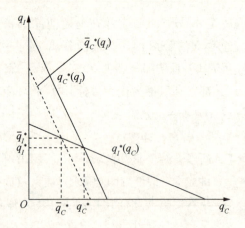

图 1-4　古诺竞争下上游企业破坏活动的有无对下游企业竞争的影响

因为上游企业 N 的破坏活动增加了竞争企业 C 的边际成本，随着 σ 的增大，竞争企业 C 因为成本增加（价格保持不变）陷入赤字经营，因此不得不通过减产以求减少亏损，表现为需求曲线的下方移动，企业 C 产量的减少导致均衡价格上升，这反过来又促使下游企业 I 增加产量。

可以证明，只要逆需求函数为线性函数，上述结论皆可成立，比如，$p(q,\theta)=m-\beta q(\theta+\alpha)$ 时，仍可推出上述结论。

作为结论，在下游市场为古诺竞争前提下，上游企业 N 的破坏活动程度越高，则下游关联企业 I 的产量增加越多，竞争企业 C 和总产量减少越多，均衡价格增加越多。当破坏活动为零时，下游关联企业 I 和竞争企业 C 等量生产。

显然，上游企业与关联企业的分拆程度越低，其实施破坏活动的诱因越大。从这方面来讲，最为彻底的纵向所有（或股权）分拆要优于结构分拆等其他形式。

（二）分拆模式对上游企业 N 投资（质量投资和破坏活动投资）强度的影响

在上游企业 N 和下游企业 I 完全分离即产权分离的情况下，上游企业 N 的利润可以表示为：

$$\Pi_N^*(\theta,\sigma)=(a-C_N)q^*-F-C(\theta)-\bar{C}(\sigma)$$

在上游企业 N 和下游企业 I 实施结构分离（比如同一控股公司的下属企业）的情况下，企业 N 同样通过控制 θ 和 σ 的大小，实现利润最大化，但此时上游企业 N 的利润函数变为 $\prod_N^*(\theta,\sigma)+\prod_I^*(\theta,\sigma)$，即：

$$\prod_N^*(\theta,\sigma)+\prod_I^*(\theta,\sigma)=(p^*-a-c)q_I^*+(a-C_N)q^*-F-C(\theta)-\overline{C}(\sigma)$$

在上述函数中，因为上游企业 N 可以控制 θ 和 σ 的大小，所以利润主要由均衡产量和均衡价格（q^*，p^*）决定。为了区别对社会有利的投资（质量投资）和有害的投资（破坏活动投资），这里假设均衡价格和均衡产量对质量水平 θ 为非减函数，因为这种假设比较接近实际情况。

在产权分离的情况下，对 $\prod_N^*(\theta,\sigma)$ 分别求 θ、σ 的导数，并令其为零，可得：

$$\partial\prod_N^*(\theta,\sigma)/\partial\theta=(a-C_N)\cdot\partial q^*/\partial\theta-\partial C(\theta)/\partial\theta=0$$

$$\partial\prod_N^*(\theta,\sigma)/\partial\sigma=(a-C_N)\cdot\partial q^*/\partial\sigma-\partial C(\theta)/\partial\sigma=0$$

整理后可得：

$$\partial C(\theta)/\partial\theta=(a-C_N)\cdot\partial q^*/\partial\theta$$

$$\partial C(\theta)/\partial\sigma=(a-C_N)\cdot\partial q^*/\partial\sigma$$

由此可知，在下游市场达到古诺竞争纳什均衡时，上游企业 N 对质量的投资强度等于利润（$a-C_N$）与质量需求效果的乘积，因为利润大于或等于零，而质量的需求效果也是大于或等于零，所以上游企业 N 的质量投资强度大于或等于零。同样，上游企业 N 对破坏活动的投资强度也等于利润（$a-C_N$）与破坏活动的需求效果的乘积，通过第一阶段（下游市场为古诺竞争时上游企业破坏活动对下游关联企业 I 和竞争企业 C 的影响）的分析可知，破坏活动的需求效果为负（σ 单位的破坏活动可减少 $\sigma/3\gamma$ 单位的需求）。

作为结论，在实施产权分离的情况下，上游企业 N 实施破坏活动的投资强度小于零，即没有实施破坏活动的诱因。

在结构分离的情况下，对 $\prod_N^*(\theta,\sigma)+\prod_I^*(\theta,\sigma)$ 分别求 θ、σ 的导数，并令其为零，可得：

$$\partial[\prod_N^*(\theta,\sigma)+\prod_I^*(\theta,\sigma)]/\partial\theta=q_I^*\cdot\partial p^*/\partial\theta+(p^*-a-c)\cdot\partial q_I^*/\partial\theta+(a-C_N)\cdot\partial q^*/\partial\theta-\partial C(\theta)/\partial\theta$$

$$\partial[\prod_N^*(\theta,\sigma)+\prod_I^*(\theta,\sigma)]/\partial\sigma=q_I^*\cdot\partial p^*/\partial\sigma+(p^*-a-c)\cdot\partial q_I^*/\partial\sigma+(a-C_N)\cdot\partial q^*/\partial\sigma-\partial\overline{C}(\sigma)/\partial\sigma$$

进一步整理后可得：

$$\partial C(\theta)/\partial\theta = q_I^* \cdot \partial p^*/\partial\theta + (p^* - a - c) \cdot \partial q_I^*/\partial\theta + (a - C_N) \cdot \partial q^*/\partial\theta$$

$$\partial \overline{C}(\sigma)/\partial\sigma = q_I^* \cdot \partial p^*/\partial\sigma + (p^* - a - c) \cdot \partial q_I^*/\partial\sigma + (a - C_N) \cdot \partial q^*/\partial\sigma$$

由此可知，在结构分离情况下，上游企业 N 的投资强度要大于所有分离。除包括质量的需求效果以外，还包括质量的价格效果和质量对下游企业 I 的需求效果。同样，上游企业 N 对破坏活动的投资强度也有所变化，在原来的基础上，增加了两项，其中，第一项为破坏活动的价格效果，通过第一阶段的分析可知，此效果为正；第二项为破坏活动对下游企业 I 的需求的影响，通过第一阶段的分析可知，此效果为正；第三项为破坏活动的总需求效果，此效果为负。通过计算可知（没有破坏活动情况下企业 I 的利润与有破坏活动情况下企业 I 的利润相比较），上游企业 N 每投资 σ 个单位的破坏投资，下游企业 I 通过增产和提高价格获得的收益要大于 σ，所以在结构分离的情况下，一定会发生破坏活动。

作为结论，上游企业 N 无论在何种分拆情况下都有进行质量投资的诱因，但是在结构分离情况下，投资的强度更大；当实施所有分离时，上游企业 N 没有实施破坏活动的诱因，但是当实施结构分离时，这种诱因明显增大，而且一定为正。在实施结构分离的情况下，最终产品的价格一定高于实施所有分离情况下的最终产品价格（高出 $\sigma/3$）。

（三）规制者的期待投资程度与不同情况下上游企业 N 的实际投资程度

质量投资可以提高消费者的支付价格和增加产量，因此对社会有利，而破坏活动会增加产品价格和减少产量，因此对社会无益，所有规制者应该倾向于实施所有分离。

理论上如何呢？

假设规制者的目的函数为包括上下游企业和消费者剩余在内的社会福利 $W^*(\theta,\sigma)$ 的最大化，假设需求函数为 $D(p,\theta)$，消费者剩余 $CS^*(\theta,\sigma) = \int_{p^*}^{\infty} D(p,\theta)\mathrm{d}p$ ，则有：

$$W^*(\theta,\sigma) = \prod_N^*(\theta,\sigma) + \prod_I^*(\theta,\sigma) + \prod_C^*(\theta,\sigma) + \mu CS^*(\theta,\sigma)$$

等式中的星号（ * ）表示该等式是在实现了纳什均衡的基础上进行分析，$\mu(>0)$ 表示消费者剩余的比例。对质量 θ 和破坏活动 σ 分别求导，并令其为零，可得：

$$\partial W^*(\theta,\sigma)/\partial\theta = \partial\prod_N^*(\theta,\sigma)/\partial\theta + \partial\prod_I^*(\theta,\sigma)/\partial\theta + \partial\prod_C^*(\theta,\sigma)/\partial\theta +$$

$\mu\partial CS^{*}(\theta,\sigma)/\partial\theta=0$

在上式中，等式右边第一项符号无法确定，第二项、第三项和第四项分别大于零。

$$\partial W^{*}(\theta,\sigma)/\partial\sigma=\partial\prod_{N}^{*}(\theta,\sigma)/\partial\sigma+\partial\prod_{I}^{*}(\theta,\sigma)/\partial\sigma+\partial\prod_{C}^{*}(\theta,\sigma)/\partial\sigma+\mu\partial CS^{*}(\theta,\sigma)/\partial\sigma=0$$

在上式中，等式右边第一项、第三项和第四项分别小于零，第二项大于零。其中，

$$\partial\prod_{I}^{*}(\theta,\sigma)/\partial\theta=q_{I}^{*}\cdot\partial p^{*}/\partial\theta+(p^{*}-a-c)\cdot\partial q_{I}^{*}/\partial\theta$$

$$\partial\prod_{C}^{*}(\theta,\sigma)/\partial\theta=q_{C}^{*}\cdot\partial p^{*}/\partial\theta+(p^{*}-a-c-\sigma)\cdot\partial q_{C}^{*}/\partial\theta$$

两个式子分别大于零，而根据假设，提高质量能够增加消费者剩余，所以大于零，其他类推，因此进一步可得：

$$\partial C(\theta)/\partial\theta=q_{I}^{*}\cdot\partial p^{*}/\partial\theta+(p^{*}-a-c)\cdot\partial q_{I}^{*}/\partial\theta+(a-C_{N})\cdot\partial q^{*}/\partial\theta+\partial\prod_{C}^{*}(\theta,\sigma)/\partial\theta+\partial CS^{*}(\theta,\sigma)/\partial\theta$$

$$\partial\overline{C}(\sigma)/\partial\sigma=q_{I}^{*}\cdot\partial p^{*}/\partial\sigma+(p^{*}-a-c)\cdot\partial q_{I}^{*}/\partial\sigma+(a-C_{N})\cdot\partial q^{*}/\partial\sigma+\partial\prod_{C}^{*}(\theta,\sigma)/\partial\sigma+\mu\partial CS^{*}(\theta,\sigma)/\partial\sigma$$

由此可知，在社会福利最大化前提下的投资强度比结构分离和所有分离情况下的投资强度都要大，因为这种投资给下游竞争企业和消费者也带来了福利。而破坏活动投资除了给下游企业 I 带来利益外，对其他企业利润和消费者福利都表现为负，所以，规制者不希望上游企业实施破坏活动投资。

作为结论，从以社会福利最大化为目标的规制者角度来看，无论是结构分离还是所有分离，上游企业 N 对质量的投资都是不够的；当实施所有分离时，规制者的期待和上游企业 N 实际对破坏活动的投资强度相同（等于零）；当实施结构分离时，从规制者角度来看，上游企业 N 对破坏活动投资过多。

之所以会出现质量投资过少的现象，是因为上游企业 N 的质量投资给下游竞争企业 C 和消费者同样带来了正的效果［即 $\partial\prod_{C}^{*}(\theta,\sigma)/\partial\theta>0$，$\mu\partial CS^{*}(\theta,\sigma)/\partial\theta>0$］，因此质量投资的外部性减弱了上游企业的投资诱因。

实际上，假设 $p(q,\theta)=m+\beta\theta-\gamma q$，可得 $q=(m+\beta\theta-p)/\gamma$，将其代入 $CS^{*}(\theta,\sigma)=\int_{P^{*}}^{\infty}D(p,\theta)dp$，可得：

$$CS^* = (m + \beta\theta - \bar{p}^*)^2/2\gamma$$

将 $\bar{p}^*(q, \theta) = [m + \beta\theta + \sigma + 2(a + c)]/3$ 代入后可得:

$$CS^*(q, \theta) = [2(m + \beta\theta - a - c) - \sigma^2]/18\gamma$$

同样, 可以计算出在 $p(q, \theta) = m + \beta\theta - \gamma q$ 的假设下, 下游竞争企业 C 的利润表达式为:

$$\prod_C^*(q, \theta) = (m + \beta\theta - 2\sigma - a - c)^2/9\lambda$$

可见, 无论消费者剩余还是竞争企业的利润, 都随着服务质量的提高而增大, 随着破坏活动的提高而减少。即质量投资有正的外部效果, 而破坏活动有负的外部效果。由此可见, 当存在破坏活动可能性时, 规制者希望实施所有分离 (彻底分离), 如果只是考虑质量问题, 则规制者更倾向于结构分离。

（四）接入价格变化对社会福利的影响

通过 $\bar{p}^*(q, \theta) = [m + \beta\theta + \sigma + 2(a + c)]/3$ 可知, 提高接入价格会最终导致终端产品价格的上升, 因此对社会福利而言是负面的, 但是通过 $\partial C(\theta)/\partial\theta = (a - C_N) \cdot \partial q^*/\partial\theta$ 可知, 提高接入价格能够强化上游企业 N 对质量的投资诱因, 因此具有正的社会福利效果。

接入价格的变化到底如何影响社会福利水平呢? 为了方便, 假设接入价格 a 不再是常数, 而是变量, 逆需求函数为 $p(q, \theta) = 1 + \theta - q_I - q_C$ （$m = 1$、$\beta = 1$、$\gamma = 1$ 的情况）, $C(\theta) = \theta^2/2$; 固定投资 $F = 0$, 没有破坏活动 ($\sigma = 0$), $\mu = 1$, 下游企业的边际成本 c 和上游企业的边际成本 C_N 全部为零。

在这些假设下, 下游在位企业 I 的利润为:

$$\prod_I(q, \theta, a) = [p(q, \theta) - a]q_I = (1 + \theta - q_I - q_C - a)q_I$$

下游竞争企业 C 的利润为:

$$\prod_C(q, \theta, a) = [p(q, \theta) - a]q_C = (1 + \theta - q_I - q_C - a)q_C$$

根据古诺纳什均衡的条件求解后可得均衡产量和均衡价格, 分别为:

$$q_I^*(\theta, a) = q_C^*(\theta, a) = (1 + \theta - a)/3$$

$$p^*(\theta, a) = (1 + \theta - 2a)/3$$

在所有分离和下游企业达到均衡情况下, 上游企业 N 的利润可以表示为:

$$\prod_N^*(\theta, a) = a(q_I^* + q_c^*) - \theta^2/2 = 2a(1 + \theta - a)/3 - \theta^2/2$$

将均衡产量代入上式并求 $\max\prod_N^*(\theta,a)$，可以得出 $\theta=2a/3$。

在 $p(q,\theta)=1+\theta-q_I-q_C$ 的假设下，消费者剩余为：

$$CS^*(\theta,a)=[2(1+\theta-a)]/18$$

总的社会福利为：

$$W^*(\theta,a)=\prod_N^*(\theta,a)+\prod_I^*(\theta,a)+\prod_C^*(\theta,a)+\mu CS^*(\theta,a)$$

将 $\theta=2a/3$ 代入后，可得：

$$W^*(\theta,a)=[36+a(30-32a)]/81$$

在结构分离和下游企业达到均衡情况下，上游企业 N 的利润可以表示为：

$$\prod_N^*(\theta,a)+\prod_I^*(\theta,a)=2a(1+\theta-a)/3-\theta^2/2+(1+\theta-a)^2/9$$

求 $\max\prod_N^*(\theta,a)$ 可得：

$$\theta=(2+4a)/7$$

$$W^*(\theta,a)=[34+a(10-18a)]/49$$

无论是在所有分离还是结构分离情况下，接入价格和社会福利之间都是开口向下的二次函数关系，如图 1-5 和图 1-6 所示，即在一定范围内，社会福利随着接入价格的增加而增加。通过计算可知，在所有分离的情况下，当 $a=15/16$ 时，社会福利达到最大，也就是说接入价格在 0—该值之间增加时，社会福利也是增加的。在结构分离的情况下，当 $a=5/9$ 时，社会福利达到最大。通过比较可知，所有分离的情况下，社会福利随接入价格增加的范围要大（15/16 > 5/9）。

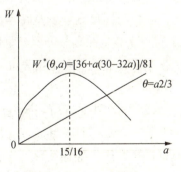

图 1-5 所有分离情况下
a、θ、W 的关系

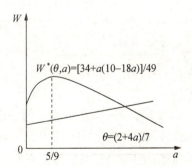

图 1-6 结构分离情况下
a、θ、W 的关系

综合以上分析，最重要的结论就是如果考虑上游企业的破坏活动，则

实施最为彻底的纵向所有分拆是最为理想的。但是，如果考虑上游企业对网络的投资强度，则使上游企业和下游企业保持一定关系的结构分拆更为可取，因此，没有适用于所有情况的最佳改革模式。

第三节　垄断性业务的激励性规制

根据植草益（1992），政府实施经济性规制的根本目的可以归纳为四个，即达到资源的有效配置（针对垄断定价问题）、确保企业内部的经营效率（针对 X 非效率问题）、防止收入再分配（针对差别定价、交叉补贴等问题）和企业财务的健全化（针对过度竞争问题）。但是传统的价格、进入等方面的规制方法也产生了各种各样的问题，即规制失灵问题，比如伴随成本加成法的内部无效率问题、规制成本增加问题、规制部门的自由裁量权引发的寻租问题等。针对这些现象，设计使被规制企业提高内部效率的激励机制成为新的规制手段的发展方向，这些新的规制手段统称为激励性规制，主要包括四种方法，即区域间标尺竞争、价格上限规制、特许投标竞争、社会契约制度。

一　区域间标尺竞争

（一）雪理佛模型

区域间标尺竞争是将受规制的全国性垄断企业分为若干个地区性企业，使某一地区的垄断企业在其他地区垄断企业绩效的刺激下提高内部效率的一种方式（植草益，1992）。简言之，区域间标尺竞争就是将全国垄断分为区域垄断，然后让区域垄断企业之间相互竞争并部分分享竞争带来的效率或损失，Shleifer（1985）最初构建了区域间标尺竞争模型并进行了分析。

因为关于该模型已经有了较多的解说，所以本章只作简单的介绍。按照 Shleifer（1985），假设 n 个地区市场内各有一个区域性垄断企业，所面对的需求曲线为 $Q(P)$。各个企业为了降低成本而投入费用为 Z，达到的平均单位成本为 $c(z)$，没有投入费用时的成本为 $c(0) = c_0$，满足 $c'(z) < 0$（随着费用的增加，平均单位成本递减），$c''(z) > 0$。在上述假设条件下，企业的平均成本大于边际成本 [即平均每单位成本 $c(z)$]，规制者按照经济福利最大化原则定价时的价格等于边际成本，所以企业会出现赤字，无法持续经营。假设规制者给予各个企业 T 数额的政府补贴，这时企业的利润 π 为：

$$\pi = [P - c(z)]Q(P) - Z + T$$

设消费者剩余为 CS，则：

$$CS = \int_p^{+\infty} Q(x)d(x)$$

按照生产者剩余和消费者剩余之和最大化原则，设社会经济福利为 Π，则：

$$\Pi = \int_p^{+\infty} Q(x)d(x) + [P - c(z)]Q(P) - Z + T$$

使其最大化的最优解如下：

$$P^* = c(z^*) - c(z^*)Q(P^*) = 1$$

$$z^* = T^*$$

即最优价格等于平均单位成本，降低平均每单位成本的努力要在边际成本（=1）与边际效益（$= -c'Q$，即成本降低率×产出量）相等的位置，企业为降低成本的投入支出等于政府的补贴额。

上述最优解在现实中的问题是，规制者（比如政府部门）无法获得企业的真实成本函数 $c(z)$。另外，因为无论 Z 等于多少，企业的超额利润都为零，所以在假设垄断企业偏爱利润而厌恶为降低成本尽力的前提下，很可能是 $Z = 0$，企业的平均每单位成本为 c_0（最大），从而使 $P = c(0) = c_0 =$ 最大。

雪理佛指出，克服上述问题的关键在于使区域垄断企业的价格与其他企业成本挂钩，假设企业 i 的成本为 $\overline{c_i}$，其降低成本支出为 $\overline{z_i}$，则

$$\overline{c_i} = \frac{1}{n-1}\sum_{i \neq j} c_j \quad \overline{z_i} = \frac{1}{n-1}\sum_{i \neq j} z_j$$

即对企业 i 的规制标准 $\overline{c_i}$（等于价格）和 $\overline{z_i}$（等于政府的补贴）依存于该企业之外的其他区域垄断企业的平均单位成本和降低成本支出的平均值，如果企业 i 的实际平均单位成本 c_i 和降低成本支出 z_i 小于平均值（企业通过提高效率），则可以获得 $(\overline{c_i} - c_i) \times Q(\overline{c_i}) + (\overline{z_i} - z_i)$ 的额外利润。区域垄断企业为了尽可能增大此数值，要不断提高企业的经营管理，从而达到规制者的本来目的，提高被规制企业的内部效率。

区域间标尺竞争的实质是将企业 i 的经营绩效与作为标尺的其他企业的绩效相比较，从而激励区域性垄断企业朝着规制者设定的目标努力。在

标尺企业的选择上通常有两种方法：一是均值绩效标尺方法，包括简单平均法和最小二乘法；二是前沿绩效标尺方法（Jamasb and Pollitt，2000）。显然按照上述分类，Shleifer（1985）为均值绩效标尺方法，而下文将要介绍的 Bogetoft（1997，2000）则属于前沿绩效标尺方法。

（二）Bogetoft 的 DEA 标尺竞争模型

顾名思义，前沿绩效标尺方法中所选的标杆绩效应该是最佳的，但是至于如何理解和计算最佳绩效，则有不同的方法，比如 DEA 或 SFA 方法等。其中，被称为数据包络分析的 DEA 方法是以所有区域垄断企业中最有效率的企业作为参考，衡量其他企业；而被称为随机前沿分析的 SFA 方法则是在现有的技术水平和选定的函数方程下计算出最为理想（生产前沿面）的产出水平，并以此来衡量其他企业。从可操作性角度出发，Bogetoft（1997）选用的就是更为实际的 DEA 标尺竞争。

假设某一公用事业行业在国内 n 个地区市场内各有一个区域性垄断企业，企业的投入分为两类：一类是可控投入，以 x 表示其投入的数量，以 w 表示其单价（价格一定）；另一类是非可控投入，以 Z 表示，y 表示生产数量，则企业的生产成本函数可以表示为：

$C(y|z,w)$

假设在上述条件下，所有企业已经进行了一期生产，根据这些已有的历史数据，规制者决定在下一期的生产中给予企业 i 的收入上限（也可以理解为转移支付）为 b_i，企业可以选择拒绝此条件，则博弈结束，如果选择接受，则继续进行下一期的生产。

在下一期的生产中，假设企业 i 选择 s_i 数量的松弛程度，则企业的实际生产成本 c_i 为：

$c_i = C_i(y|z,w) + s_i$

企业 i 的效用设为 U_i，$w_i x_i$ 为实际的可控投入生产成本，则有：

$U_i = (b_i - w_i x_i) + \rho[w_i x_i - C_i(y|z,w)]$

上式中的第一项表示企业从政府收入上限和投入支出的差额中获得的效用，第二项表示企业从松弛变量中获得的效用，所谓的松弛变量是指企业在生产中没有带来产出的成本支出，企业（经理）可以从这些浪费支出中获得一定的好处，即松弛变量的边际效用，设系数为 ρ。

在博弈中，企业 i 接受收入上限为 b_i 的合同，意味着下列两个条件成立：

$(b_i - w_i x_i) + \rho [w_i x_i - C_i (y | z , w)] \geqslant 0$

$(b_i - w_i x_i) + \rho [w_i x_i - C_i (y | z , w)] \geqslant (b_i - w'_i x_i) + \rho [w'_i x_i - C_i (y | z , w)]$

其中，上面的表达式为个人理性约束，即企业从该项工作中获得的效用要大于或等于零（假设保留效用为零）；下面的表达式为激励相容约束，即企业选择从该项工作中获得最大效用要大于或等于实际成本，具体表现为投入数量的变化。规制者的目标是在满足上述两个约束条件下，使政府的转移支付即收入上限最小。

在上述假设条件下，Bogetoft 得出了能够使政府转移支付最小的以下等式：

$b_i = w_i x_i + \rho (c^* - w_i x_i)$

其中，c^* 表示最优成本，也就是标尺企业的成本，换言之，政府给企业 i 的转移支付 b_i 应该等于当期该企业的实际成本 $w_i x_i$ 加上标尺成本与当期成本差额的 ρ 倍。问题是规制者不知道该最优成本的大小，所以，需要根据上一期的投入产出数据推算最优成本，在这个推算最优成本的过程中使用的方法为数据包络分析。

数据包络分析（Data Envelopment Analysis，DEA）是由查尼斯和库珀（Charnes and Cooper）等人于 1978 年创建的一门交叉学科，涉及运筹学、管理科学和数理经济学等相关知识，是使用数学规划模型评价具有多投入和多产出的决策单元（DMU）间的相对有效性的一种方法。

DEA（C^2R）一般形式为：

$\min \theta = V_D$

s. t. $\sum\limits_{j=1}^{n} X_j \lambda_j + S^- = \theta X_0$

$\sum\limits_{j=1}^{n} Y_j \lambda_j - S^+ = Y_0 , \lambda_j \geqslant 0 , j = 1 , 2 , \cdots , n$

$S^- \geqslant 0 , S^+ \geqslant 0$

其中，S^- 和 S^+ 代表松弛变量，θ 代表效率值。

图 1-7 的横轴表示单位产出 y 所需的劳动投入，纵轴表示单位产出 y 所需要的资本投入，A、B、C、D、E 代表五个用同样投入和产出结构的决策单元（比如五个同一行业的区域性垄断企业），其中，A、E 两点连成的线段垂直于横轴，B、D 两点连成的线段垂直于纵轴。由图 1-7 可

知，在五个决策单元的单位产出中，A 和 B 所需的投入最少，而 C 需要的投入最多，D 表示单位产出的资本投入达到了最低水平，E 表示单位产出的劳动投入达到了最低水平，按照 DEA 的分析框架，线段 AB 就组成了效率前沿，进而可以计算出对于 A、B 而言另外三个决策单位在资本数量和劳动数量上的松弛变量，如果有投入要素的具体价格，则可以计算出具体金额，即可节约成本。

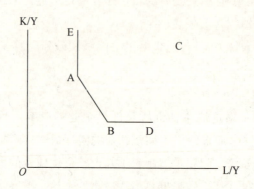

图1－7　DEA 分析框架

根据 DEA 的逻辑可知，该方法中的最优成本是现有决策单元中最有效率的决策单元的实际成本，但不一定是产出一定情况下，理论上的最低投入成本，相当于 $c_i = C_i(y \mid z, w) + s_i$，其中，$s_i \geq 0$。

Bogetoft（1997）建议将根据上一期数据和 DEA 方法计算出的 "最优成本" 定义为 c^*，之所以在 "最优成本" 中加注双引号，是因为下列关系的存在使 c^* 可能大于或等于理论上的最优成本。

$$c^* = c_i = C_i(y \mid z, w) + s_i \geq C(y \mid z, w)$$

（三）桑原秀史的图解说明

根据区域间标尺竞争实质，桑原秀史（2008）通过图1－8对其进行了解释。假设整个行业有两个企业组成，其边际费用分别为 C_1 和 C_2，且二者相等，规制者设定的价格为 p^*，等于成本加上一定的利润 m，此时对应的产量为 Q^*。实施区域间标尺竞争以后，企业为了获得可以自由支配的利润纷纷降低成本，分别变为 C_1' 和 C_2'，假设成本 C_1' 被定为标尺成本，规制者将价格调至 $p_2 = C_1' + m$，为了简单起见，假设 p_2 等于 C_2'。在这种情况下，第一个企业的利润增加了 $m(Q_2 - Q^*)$，消费者剩余增加了

$p^* p_2 \mathrm{HE}$。对于第二个企业而言，利润将变为零。这种以高绩效企业（标尺企业）的成本为基数计算价格的方式迫使企业之间为了获得利润而不得不提高效率，降低成本。

在上面的讨论中，分别设定 C_1 和 C_2 相等、$p_2 = C_1' + m = C_2'$ 等特殊情况，这是为了计算方便，实际上即使上面的关系不成立，也不影响结论。

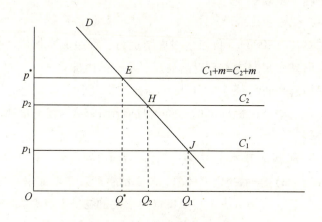

图1-8　区域间标尺竞争

（四）剔除非可控投入影响的一般方法

在实际应用中，区域间标尺竞争的最大缺陷在于各个企业所处经营环境可能有较大差异，这与该理论上假设的外部环境相同严重不符。以铁路为例，不同地区的铁路客运企业的单位路轨的线路保养费大小除了与企业的经营效率相关以外还与该段路轨的积雪程度和火车密度有关，而且呈正向关系。而实际上各个地区之间的雪量和火车密度是不一样的，需要剔除这些环境差异对效率造成的影响。通常采用的方式是将各个地区的雪量、火车密度作为自变量，将单位路轨的保养费作为因变量，然后进行回归分析，得出以下函数：

$$y = k_1 x_1 + k_2 x_2$$

其中，两个系数通过回归分析后为已知，两个自变量分别代表雪量和火车密度，在这种情况下，假设企业 i 所处地区的雪量为 x_{1i}，火车密度为 x_{2i}，则该企业路轨的理论保养费 $\hat{y_i}$ 为：$\hat{y_i} = k_1 x_{1i} + k_2 x_{2i}$。

以此 $\hat{y_i}$ 代替实际的 y_i，可以认为是消除了外部环境差异的影响。

对于基于 DEA 的区域间标尺竞争模型，同样可以通过技术手段在 DEA 计算中剔除外部环境差异，即非可控投入（Z）的影响，常用的方法有 DEA 三步法。

另一个影响区域间标尺竞争效果的问题是垄断企业之间的合谋。如果企业之间达成默契，互不努力，即使根据前沿绩效标尺方法计算而得的最优成本也可能与实际能够达到的理论最优成本相差甚远。

二　价格上限规制

（一）基本理论

根据植草益（2000），价格上限规制是为了克服成本加成法价格规制的缺点，同时减少规制成本，提高被规制企业的内部效率。价格上限规制这一概念是由理特查尔德（Littlechild）于 1983 年针对英国电信规制问题给英国政府报告中首次提出来的，英国政府于 1984 年在电信领域开始实施价格上限规制。

价格上限规制的基本公式为：$P_{t+1} = P_t (1 + RPI - X)$，其中，$RPI$（retail price index）表示物价上涨率，X 表示生产效率增加率，也就是说，被规制产品的下期价格取决于当期价格、下期的物价上涨率和政府制定的生产效率的增加值。当考虑到被规制企业的投资等需要转移的费用（从被规制企业转移给消费者，需要政府的批准）时，价格上限公式变为：$P_{t+1} = P_t (1 + RPI - X + Y)$，其中，$Y$ 为调整项。

如图 1-9 所示，横轴表示企业的边际成本，纵轴表示价格，$M(C)$ 为未受价格上限规制的垄断企业的价格，$E(P_0 - x, C)$ 为受价格上限规制的垄断企业的价格，$P_0 - x$ 为政府设定的价格上限。由图可知，当受规制企业的边际成本小于 C_1 时，它可以以 $P_0 - x$ 为上限，任意定价，每个单位的获利为 $P_0 - x - C$，当其边际成本在 C_1 到 C_2 之间时，受价格规制企业不能再像未受规制的垄断企业那样，按照 $M(C)$ 曲线设定价格，而只能定价为 $P_0 - x$ 或更低 [因为这个阶段（$P_0 - x$）$\geqslant C$，所以企业仍在盈利阶段]。当企业的边际成本大于 C_2（$C_2 = P_0 - x$）时，企业开始亏损，在政府的重新审批下，以边际成本定价，使企业能够正常运转（假设固定投资等以 Y 的形式转移支付，所以企业不会出现赤字）。通过以上分析可知，受规制企业为了获得可自由支配的利润（$P_0 - x - C$），有动机去积极降低边际成本，这种动机和降低边际成本行为正好符合规制部门的目标，同时因为规制部门事先规定了生产效率的增加率 X，从而使消费者也从企业的降低成本行为中获利。可以认为价格上限规制是一种固定价格机制，是一种存在道德风险时的剩余索取合同。因为规制部门和被规制企业之间存在信息不对称，通过赋予垄断企业更多利润支配权的方式使其在一定程度上得到信息租金，以换取提高生产效率的激励（徐晓慧、王云霞，2009）。

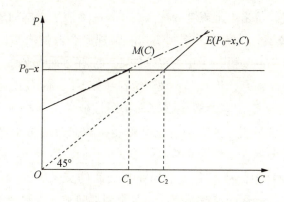

图 1 – 9　价格上限规制

另外，在实际操作中，规制部门多是从被规制企业收支平衡角度设定上限价格，比如下文将要阐述的日本电信行业的价格上限规制。当企业同时提供多个产品时，价格上限规制能够实现拉姆齐定价，实现收支平衡前提下的社会福利最大化。

假设被规制企业的上限价格为 $\bar{p} = \sum w_i p_i$（w_i、p_i 分别表示产品 i 在全部产品销售中的比重和价格），则有 $\bar{p} = \sum w_i p_i = \sum p_i(q_i/Q)$，由此可以推出 $\sum p_i(q_i/Q)Q = \bar{p}Q$。假设逆需求函数为 $p_i [= p(q_i)]$，每个产品的边际成本为 c，共同费用为 F，收支平衡约束表达式为 $\bar{p}Q - \left(F + \sum cq_i\right)$，以社会福利 S（企业剩余和消费者剩余之和）最大化为目的，则有 $S = \left(\sum \int p_i \mathrm{d}q_i\right) - \left(\sum cq_i\right)$，等式右边第一项为价格曲线对产量的积分的总和，第二项为总成本。通过拉格朗日乘数法，可得 $S = \left(\sum \int p_i dq_i\right) - \left(\sum cq_i\right) - \lambda\left[\bar{p}Q - \left(F + \sum cq_i\right)\right]$，对产量求导后令其

为零,有 $(p_i - c) + \lambda(p_i - c) + (q_i \cdot dp_i/dq_i) = 0$,求出 $p_i = \dfrac{c}{1 - R/\varepsilon_i}$,其中 $R = \lambda/(\lambda + 1)$,$\varepsilon_i = -(p_i/q_i) \cdot (dq_i/dp_i)$,即需求的价格弹性。

换言之,当规制部门掌握了边际成本、需求价格弹性等数据时,可以通过规定每种产品价格 p_i,在实现价格上限规制的同时,达到社会福利最大化。但是这在现实生活中几乎是不可能的。

综上所述,价格上限规制的优点在于:①克服了成本加成法容易导致 A—J 效果的弊端;②节省了规制机构和被规制企业的成本;③使被规制企业有提高效率的动机;④在一定条件下,能够达到收支平衡情况下的社会福利最大化。但是,价格上限规制也存在如下问题:①当被规制企业同时经营竞争性业务(非价格规制)和垄断性业务(价格上限规制)时,如果规制者监督不当,被规制企业有可能在转移费用 Y 上做手脚,将本属于竞争性业务的支出作为垄断性业务支出,向政府申请作为调整项加入价格上限的计算中,从而形成不同业务之间的交叉补贴和不平等竞争;②对于技术进步较快的产业而言,如果规制部门和被规制企业之间存在严重的信息不对称,后者有可能一方面将价格定在最高限价上,另一方面因为较低的 X 值使自己独占技术进步带来的福利增加;③当消费者保护机制及其配套措施不健全时,被规制企业有可能为获得额外利润而牺牲服务或产品质量。

(二) X 值的确定

理论上,被规制企业的 X 值,即全要素生产率上升率的计算有两类:①不考虑企业的实际成本情况,计算方法主要包括 DEA – Malmquist、SFA – Kumbhakar 和 Tornqvist 指数法等;②根据企业的实际成本情况确定 X 值。

1. DEA – Malmquist 模型

在两个数据点之间,Malmquist 指数通过计算每个数据点相对于普通技术的距离的比值,来测量全要素生产率的变化。如果将 t 时期的技术当作参考值,在 s 时期(基期)和 t 时期之间的 Malmquist 全要素生产率变化指数(产出导向)可以表示为:

$$m_0^t(q_s, x_s, q_t, x_t) = \dfrac{d_0^t(q_t, x_t)}{d_0^t(q_s, x_s)}$$

如果将 s 时期的技术当作参考值,可以得到:

$$m_0^s(q_s,x_s,q_t,x_t) = \frac{d_0^s(q_t,x_t)}{d_0^s(q_s,x_s)}$$

在上述等式中，记号 $d_0^s(q_t,x_t)$ 表示从 t 时期观测值到 s 时期技术值的距离，m_0 的值大于 1，表示从 s 时期到 t 时期的全要素生产率的正增长，m_0 的值小于 1 表示全要素生产率的下降。为了避免添加限制条件或随机选择两种技术之一，Malmquist 全要素生产率指数通常被定义为这两种指数的几何平均值，即：

$$m_0(q_s,x_s,q_t,x_t) = \left[\frac{d_0^s(q_t,x_t)}{d_0^s(q_s,x_s)} \times \frac{d_0^t(q_t,x_t)}{d_0^t(q_s,x_s)}\right]^{\frac{1}{2}}$$

按照法尔等（1994）所述方法以及给定的合适面板数据，可以应用 DEA 类线性规划方法测算 Malmquist 指数中的距离值。对于第 i 个厂商而言，为了测算其全要素生产率变化，我们必须计算两个时期的四个距离函数值，求解四个线性规划（LP）问题。法尔等（1994）在全要素生产率测算中利用规模报酬不变（CRS）技术，这将保证全要素生产率指数的测算结果满足基本性质，即如果所有投入都乘以数量 δ（正），所有产出都乘以数量 α（非负），则全要素生产率指数等于 α/δ。所需线性规划问题如下：

$$[d_0^t(q_t,x_t)]^{-1} = \max_{\varphi,\lambda}\varphi$$

s. t. $-\varphi q_{it} + Q_t\lambda \geqslant 0$

$x_{it} - X_t\lambda \geqslant 0$

$\lambda \geqslant 0$ （1-1）

$$[d_0^s(q_s,x_s)]^{-1} = \max_{\varphi,\lambda}\varphi$$

s. t. $-\varphi q_{is} + Q_s\lambda \geqslant 0$

$x_{is} - X_s\lambda \geqslant 0$

$\lambda \geqslant 0$ （1-2）

$$[d_0^t(q_s,x_s)]^{-1} = \max_{\varphi,\lambda}\varphi$$

s. t. $-\varphi q_{is} + Q_t\lambda \geqslant 0$

$x_{is} - X_t\lambda \geqslant 0$

$\lambda \geqslant 0$ （1-3）

$$[d_0^s(q_t,x_s)]^{-1} = \max_{\varphi,\lambda}\varphi$$

s. t. $-\varphi q_{it} + Q_s\lambda \geqslant 0$

$x_{it} - X_s\lambda \geqslant 0$

$$\lambda \geqslant 0 \qquad\qquad\qquad\qquad\qquad\qquad (1-4)$$

对纯技术效率变化和规模效率变化的求解需要在式（1-1）和式（1-2）式中加入凸限制条件（$I1'\lambda = 1$）重新计算，这样得到相对于规模报酬可变（VRS）技术的距离函数预测值。

根据上述方法可以计算出在过去数年中该产业的全要素生产率（即 Malmquist 指数）的变化情况，从而作为参考制定 X 值的依据。

2. SFA - Kumbhakar 模型

1968 年，Algner 和 Chu 第一次提出了确定性前沿生产函数模型，但这一模型没有考虑随机因素对生产率和效率的影响。1977 年，Meeusen、Van den Broeck 以及 Algner、Lover、Schmidt 先后又提出了随机前沿生产模型，随后，Battese 和 Corra 发表了第三篇文章，他们在模型设定中都采用了组合误差项。随机前沿生产模型假定企业由于各种组织、管理及制度等非价格性因素导致生产过程中效率的损耗，而达不到最佳的前沿技术水平。

随机前沿模型一般形式为：

$$y_{it} = f(x_{it}, t)\exp(v_{it} - u_{it}) \qquad\qquad\qquad (1-5)$$

这里 i 表示第 i 个企业，$i = 1,2,\cdots$；t 代表时期，$t = 1,2,\cdots$，是测量技术变化的时间趋势变量；y_{it} 是第 i 个企业在各个时期的实际产出，x_{it} 是投入要素向量。$f(x_{it}, t)$ 为生产函数前沿面，为待估函数。随机扰动项由两部分组成：v_{it} 是一般意义上的随机误差项，服从正态分布 $N(0, \sigma_v^2)$ 且独立于 u_{it}，用于表示统计误差和生产单位无法控制的随机因素带来的随机变化；u_{it} 表示生产无效率项，衡量相对前沿的技术效率水平。在式(1-5)基础上采用 Battese 和 Coelli(1995)设定的随机前沿模型，假定时变非效率项服从截断为零的 $N(m_{it}, \sigma_u^2)$ 分布，其中，$m_{it} = z_{it}\delta$，z_{it} 为可能影响企业效率变量组成的 $p \times 1$ 维向量，δ 为 $1 \times p$ 维的待估参数向量。

比如，采用资本和劳动二投入要素的超越对数生产函数形式的 BC(1995) 模型，有：

$$\ln Y_{it} = \beta_0 + \beta_1 \ln L_{it} + \beta_2 \ln K_{it} + \beta_3 t + \frac{1}{2}\beta_4(\ln L_{it})^2 + \frac{1}{2}\beta_5(\ln K_{it})^2 +$$

$$\frac{1}{2}\beta_6 \ln L_{it}\ln K_{it} + \frac{1}{2}\beta_7 t^2 + \beta_8 t\ln L_{it} + \beta_9 t\ln K_{it} + V_{it} - U_{it}$$

在超越对数生产函数的基础上，按照 Kumbhakar（2000）的思路，把生产函数的一般形式表示为：

$$y_{it} = f(x_{it}, t) \exp(v_{it} - u_{it})$$

两边求对数，再求导，可以得到：

$$\frac{\dot{y}}{y} = \frac{\partial \ln y}{\partial t} = \frac{\partial \ln f(x,t)}{\partial t} + \sum_j \frac{\partial \ln f(x,t)}{\partial \ln x_j} \times \frac{\partial \ln x_j}{\partial x_j} \times \frac{d x_j}{d t} - \frac{\partial u}{\partial t}$$

$$= \frac{\partial \ln f(x,t)}{\partial t} + \sum_j \varepsilon_j \frac{\dot{x}_j}{x_j} - \frac{\partial u}{\partial t}$$

其中，ε_j 为要素 j 的产出弹性。

技术效率 $TE_i = \exp(-u)$，则：

技术效率变化率 $TEC = \dfrac{\dot{TE}}{TE} = \dfrac{\partial \ln TE}{\partial t} = -\dfrac{\partial u}{\partial t}$。

$$TFPC = \frac{\dot{TFP}}{TFP} = \frac{\dot{y}}{y} - \sum_j s_j \frac{\dot{x}}{x}$$

其中，s_j 为投入要素 j 的成本份额。

$$TFPC = \frac{\partial \ln f(x,t)}{\partial t} - \frac{\partial u}{\partial t} + \left(\sum_j \varepsilon_j - 1 \right) \sum_j \lambda_j \frac{\dot{x}}{x} + \sum_j \left(\frac{\varepsilon_j}{\sum_j \varepsilon_j} - s_j \right) \frac{\dot{x}}{x}$$

$$= TC + TEC + SEC + AEC$$

其中，$\dfrac{\partial \ln f(x,t)}{\partial t}$ 代表技术进步；$-\dfrac{\partial u}{\partial t}$ 代表技术效率变化率；$\left(\sum_j \varepsilon_j - 1 \right) \sum_j \lambda_j \dfrac{\dot{x}}{x}$ 代表规模效率变化率；$\sum_j \left(\dfrac{\varepsilon_j}{\sum_j \varepsilon_j} - s_j \right) \dfrac{\dot{x}}{x}$ 代表资源配置效率变化率。设 $\lambda_j = \dfrac{\varepsilon_j}{\sum_j \varepsilon_j}$ 表示第 j 种要素相对总体规模报酬的产出弹性。

这样，根据 Kumbhakar（2000）的方法，在随机前沿生产模型框架下，TFP 的变动最终可分解为技术进步、技术效率、规模经济性和资源配置效率四个方面，由于要素价格不易获得，一般分析只包含前三个部分，即：

$$TFPC = TC + TEC + SEC \tag{1-6}$$

如果运用超越对数函数式（1-6）的具体形式，技术进步（TC）、技术效率变化率（TEC）和规模效率变化率（SEC）分别为：

$$TC_{it} = \frac{\partial \ln f(x,t)}{\partial t} = \beta_3 + \beta_7 t + \beta_8 \ln L_{it} + \beta_9 \ln K_{it}$$

$$TEC_{it} = \frac{TE_{it}}{TE_{i,t-1}} - 1$$

规模效率变化率的计算需要计算投入要素的产出弹性 ε_j:

$$\varepsilon_{L,it} = \frac{\partial \ln f(x,t)}{\partial \ln L_{it}} = \beta_1 + \beta_4 \ln L_{it} + 0.5\beta_6 \ln K_{it} + \beta_8 t$$

$$\varepsilon_{K,it} = \frac{\partial \ln f(x,t)}{\partial \ln K_{it}} = \beta_2 + \beta_5 \ln K_{it} + 0.5\beta_6 \ln L_{it} + \beta_9 t$$

要素增长率 $\frac{\dot{x}}{x} \approx \ln x_{it} - \ln x_{i,t-1}$,则规模效率变化率为:

$$SEC_{it} = (\varepsilon_{L,it} + \varepsilon_{K,it} - 1)$$

$$\left[\frac{\varepsilon_{L,it}}{\varepsilon_{L,it} + \varepsilon_{K,it}} (\ln L_{it} - \ln L_{i,t-1}) + \frac{\varepsilon_{K,it}}{\varepsilon_{L,it} + \varepsilon_{K,it}} (\ln K_{it} - \ln K_{i,t-1}) \right]$$

根据超越对数生产函数模型系数估计结果以及技术效率估计结果,然后再估算出每年各个决策单元(DMU)的技术效率值以及劳动和资本的产出弹性,并利用劳动和资本的产出弹性来计算出规模效率变化率,按照上述分解方法,即可得到基于 SFA – Kumbhakar(2000)的全要素生产率指数,作为制定 X 值的参考。

3. Tornqvist 指数法

在日本价格上限运用研究会提出的 2009 年版《关于运用价格上限规制的基本观点》中,作为计算 X 的参考方案之一,研究会给出了根据 Tornqvist 指数法全要素生产率年度增长率。

Tornqvist 指数法总产出增长率被定义为以下对数形式:

$$\ln\left(\frac{Y_t}{Y_{t-1}}\right) = \sum_1^m \frac{R_{i,t} + R_{i,t-1}}{2} \ln\left(\frac{Y_{i,t}}{Y_{i,t-1}}\right) (t = 1,2,3,\cdots,T; i = 1,2,\cdots,m)$$

其中, Y_t 和 Y_{t-1} 分别表示第 t 年和第 $t-1$ 年的总产出数量; $Y_{i,t}$ 和 $Y_{i,t-1}$ 分别表示第 i 种产出在第 t 年和第 $t-1$ 年的产出数量, $R_{i,t}$ 和 $R_{i,t-1}$ 分别表示第 i 种产出在第 t 年和 $t-1$ 年的收益份额($R_{i,t} = Y_{i,t} \cdot P_{i,t}$),公式的含义是总产出的增长率是每一种产出增长率的加权平均数的和,权重是每种产出的收益占总收益的份额。同理,总投入的增长率为:

$$\ln\left(\frac{X_t}{X_{t-1}}\right) = \sum_1^n \frac{S_{j,t} + S_{j,t-1}}{2} \ln\left(\frac{X_{j,t}}{X_{j,t-1}}\right) (t = 1,2,3,\cdots,T; j = 1,2,\cdots,n)$$

可得 Tornqvist 指数法 TFP 增长率: $\ln \dfrac{TFP_t}{TFP_{t-1}} = \ln\left(\dfrac{Y_{i,t}/Y_{i,t-1}}{X_{i,t}/X_{i,t-1}}\right)$ 。

即在已知各种投入要素和产出品价格和数量情况下，可以根据 Tornqvist 指数法计算全要素生产性的增长率，并以此为参考计算 X 的取值。比如 2009 年版的《关于运用价格上限规制的基本观点》中，给出了根据上述公式计算的 TFP 增长率，如表 1 - 1 所示。

表 1 - 1　　　　根据 Tornqvist 指数法计算的全要素生产率变化值

年份	2004	2005	2006	2007	2004—2007 年均
NTT 东日本	4.2	1.3	- 0.4	1.0	0.5 *
NTT 西日本	3.8	- 0.3	- 0.7	1.4	0.2 *

说明：* 处的平均值并非样本期间的算数平均值，而是以 2004 年为 t，以 2007 年为 $t + 1$ 时计算的 TFP 值除以 4 年。

资料来源：日本价格上限运用研究会（2009）。

4. 基于收支平衡的 X 值计算法

上述三种方法的优点是计算结果客观，不受企业内部因素的影响，但缺点是对数据的准确性和样本数量要求较高，而且不同方法之间的计算结果有较大的出入，因此很难取得共识。与此相比，基于被规制企业收支平衡法的 X 值计算方法更为可行，在现实中，日本采用了这种计算方法，其基本公式如下：

预测收入 × (1 + 消费者物价指数变化率 - X)³ = 营业费 + 设备折旧 + 税 + 合理报酬

$$X = 1 + 消费者物价指数变化率 - \sqrt[3]{营业费 + 设备折旧 + 税 + 合理报酬}$$

上式的基本含义是在确保被规制企业第三年的全部收入等于其该年度全部支出的前提下，计算 X 的取值。之所以取 3 年，是因为日本每三年调整一次 X 值。在实际操作中，为了督促被规制企业提高效率，通常对企业申报的支出项要做一些调整。以日本电信价格规制为例，因为 NTT 东日本和 NTT 西日本共有 33 个分公司，所以，政府会通过 DEA 法或 SFA 法，求出标杆企业的费用大小，并以此为依据，调整其他分公司申报的费用额。关于 DEA 法请参见前文，至于 SFA 法，则是根据公式 $y_{it} = f(x_{it}, t) \exp(v_{it} - u_{it})$ 和 $TE_i = E[\exp(-u_{i,t}) \mid \varepsilon_{i,t}]$，计算出每个分公司的效率值 TE_i，根据此效率值计算出可以节省的费用。比如在 2012 年版《关于运用价格上限规制的基本观点》的报告书中，研究会根据 DEA 法计算得知，2009 年 33 个分公司可省的支出为 623.2 亿日元，占全部支出的 7.4%，按照 SFA 法的计算结果为 895.5 亿日元，占全部支出的 10.6% 。

三　特许投标竞争

（一）基本理论

特许投标竞争的实质是在企业进入目标市场之前导入竞争机制，即在一定的质量、数量等要求下，将某个产业或某项业务在一定时期内的独家经营权通过拍卖的形式提供给出价最低的企业。特许投标竞争是为了解决具有自然垄断性质的产业或业务中的规模效益与经营效率的两难选择而提出的。这是因为在这些领域，自然垄断性要求只能通过一家企业去经营才能达到规模效益，因此政府需要实施进入规制，这种进入规制带来的竞争不足（或根本没有竞争）会降低经营效率；但是，如果不实施进入规制，垄断定价带来的高额利润又会吸引其他企业进入该行业，从而无法达到规模效益。因此，通过适当机制，确保经营效率最高者获得垄断经营权，然后结合价格规制等配套措施可以缓解上述矛盾，特许投标竞争正是为了达到上述目的而设计的制度安排。

根据植草益（2000），特许投标竞争开始于法国城市供水，1859 年英国人查德威克（Chadwick）建议将其导入英国的规制产业，哈罗德·德姆塞茨（Harold Demsetz，1968）较为系统地研究了该制度，使其开始得到广泛的关注。

在图 1 - 10 中，$AC_1(Q)$ 和 $AC_2(Q)$ 分别为企业 1 和企业 2 的平均费用，其在特许投标竞争中对应的报价分别是 P_1 和 P_2，获胜的可能性分别为 $F(P_1)$ 和 $F(P_2)$。首先，假设企业 1 以大于平均成本的投标报价 [即 $P_1 > AC_1(Q)$]，为了中标，要求 $P_2 > P_1$，企业 1 的期待单位利润为 $[P_1 - AC_1(Q)] \times F(P_1)$。为了尽可能提高中标的可能性，显然，需要 P_1 尽可能接近 $AC_1(Q)$。现假设企业 1 以低于 $AC_1(Q)$ 的价格报价 [即 $P_1 < AC_1(Q)$]，为了中标，仍要求 $P_2 > P_1$，此时企业的单位利润为 $[P_1 - AC_1(Q)] \times F(P_1)$。企业 1 为了确保在中标的前提下尽可能减少亏损，仍需要 P_1 尽可能接近 $AC_1(Q)$。通过以上分析可知，企业 1 在报价时的支配性战略为 $P_1[P_1 = AC_1(Q)]$。

上述分析同样适用于企业 2。

由此可知，通过特许投标竞争后，最有效率的企业即平均成本最低的企业获得了垄断业务经营权，实现了规制目的。另外在确保被规制企业收支平衡的原则下，上述报价即企业提供的产品或服务的价格。

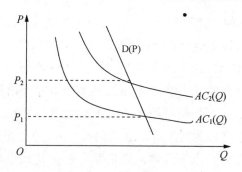

图 1 - 10 特许投标竞争

(二) 存在的主要问题

植草益 (2000)、王俊豪等 (2006) 研究指出,特许投标竞争机制虽然有助于解决经营效率与规模效益的两难选择,但是,对于需要大规模的设备投资、技术投入和需求不稳定的产业而言并不适用,因为特许投标竞争存在五个现实问题。

第一,企业效益与社会效益的冲突。正常情况下,从社会福利的角度而言,只有平均成本最低(即获利能力最强)的企业才应该中标特许投标的竞争,但实际并非如此。现假设在位企业 A 获得特许经营权后可实现的利润为 X,中标的可能性为 P,企业 B 为新的竞标企业,获得特许经营权后可实现的利润为 Y,中标的可能性为 $(1-P)$,设备转移价格为 Z(即设备归在位企业 A 所有,$Z \geq 0$),企业 A 和 B 的谈判成本为 $C(C \geq 0)$,从社会福利最大化的角度而言,只有当 $X > Y$ 时,企业 A 才应该有动机去参加投标。企业 X 的期待收益为 $E(X) = XP + (1-P)Z - C$,企业 Y 的期待收益为 $E(Y) = (Y-Z)(1-P) - C$,整理后可得 $E(Y) = Y(1-P) - (1-P)Z - C$,正常情况下两家企业中标的可能性均等,即 $P = 0.5$,由此可得企业 X 的期待收益为 $E(X) = 0.5X + 0.5Z - C$,企业 Y 的期待收益为 $E(Y) = 0.5Y - 0.5Z - C$,通过对比可知,只有当设备的转移价格为零时,二者的期待收益取决于其获利能力 X 和 Y,即社会福利与企业 A 福利达到了统一。但现实中,设备的转移价格几乎不可能为零,现假设两个企业的获利能力相等,即 $X = Y$,这种情况下,企业 A 去竞争特许投标的动机明显大于企业 B。更为甚者,在一定条件下,即使 $X < Y$,因为仍存在 $E(X) > E(Y)$ 的可能性,所以企业 A 去竞争特许投标的动机仍然大于企业 B,比如设 $X = 0.8Y$,通过计算可知,只要满足 $Y < 10Z$,就可满足

$E(X) > E(Y)$的条件，这种情况下，存在企业效益与社会效益的冲突。

第二，设备转让定价及其设备投资问题。各种假设与上面相同，并进一步假设企业 B 中标，这就涉及资产的转移价格 Z 的大小问题，如果设备的专用性很强（这意味着企业 A 通过其他渠道处理设备只能获得的收益很小，设为 Z_{other}），只有在特许投标的标的业务（即该项垄断业务）中才能获得最大收益（设为 Z_{mono}，Z_{mono} 远远大于 Z_{other}）。正常情况下，资产的转移定价应该在 Z_{mono} 上下浮动，但是因为企业 B 知道该设备的专用性很强，所以自我利益最大化和投机心理会使其努力压低转让价格，使其在 Z_{other} 上下浮动，即典型的敲竹杠（$hold-up$）行为；反之亦然，即当企业 B 通过市场很难购买此设备时（假设购买新设备及其安装等费用为 Z_{new}，而且 Z_{new} 远远大于 Z_{mono}），企业 A 会在 Z_{new} 上下给设备定价，而不是更为合理的 Z_{mono} 附近。这种设备转让中的敲竹杠行为还会直接影响企业 A 在经营期间的投资行为，如果企业 A 认为将来可能转让个好价格，会引发过度投资；反之则会投资不足。

第三，特许投标中竞争不足问题。竞争不足源于两方面原因：一是参加投标的企业较少时，存在合谋的可能性。二是在位企业的信息优势使其处于战略性优势地位，其他企业不愿意与其竞争。这是因为如果在位企业 A 在过去的经营中获得的经验对将来降低成本有很大作用的话，在位企业会以较低的价格投标，同时通过各种手段阻碍竞争企业中标，加大竞争企业的成本，使竞争企业望而却步；如果在位企业没有这样做，竞争企业以较低的价格中标的话，很可能是因为其没有足够的信息从而报价过高，这就是所谓的"赢家诅咒"。

第四，规制部门与中标企业合同条款的签订问题。因为现实中所有合同都是不完全合同，所以规制部门需要相应的机制去应对不完全合同带来的问题，以适应市场需求以及技术进步等变化，这些外部环境的变化会影响产品或服务的质量、数量以及种类。应对机制原则上说有两种办法：其一是缩短合同时间，通过相对频繁的投标和相应的合同条款的变更来惩罚或奖励原中标者，同时适应外部环境的变化，这种方法的缺点是加大了规制成本，而且有利于在位企业中标。其二是签订正常合同，然后通过补充条款来应对中标企业的合同后行为以及外部环境变化等，这种方法的缺点是加大了规制成本，特别是外部环境变化较大时，特许投标竞争规制法与直接规制的区别会越来越小。

第五，中标企业与规制部门之间的敲竹杠行为。相对于规制部门而言，在位企业通过先前的经营掌握了标的业务的更多信息，这种信息不对称和在位企业对自我利益最大化的追求有可能使规制部门处于被动地位。比如在投标阶段，在位企业可能故意高估市场需求，降低投标价格并中标，因为规制部门处于信息劣势，很难判断其中的真伪。一旦中标以后，企业会进行相应的投资等，因为需求被在位企业人为高估，所以当实际需求达不到当初的预测造成企业亏损时，在位企业会通过谈判要求规制部门提高产品或服务的价格。而规制部门因为担心中标企业通过降低质量等其他手段消除赤字，往往不得不同意企业的要求，从而被其敲竹杠。

四　社会契约制度

社会契约制度也叫成本调节制度，起源于美国电力产业中电力企业与规制部门签订的一种合同，该类合同就电力企业的设备运转率、热效率、燃料费、外购电力价格、建筑费等分别设立标准，当电力企业运营绩效好于标准时，电力企业可以分享由此带来的成本节约中的一部分。现在则泛指被规制企业参与企业利润分成的各种激励机制。

假设被规制企业从政府获得的转移支付为 $T = S + (1 - K)C$，其中 S 为企业达到基本标准时可获得的转移支付，C 为企业超过基本标准后带来的额外收益（可以为负数，表示因为没有达到基准带来的损失），K 为奖励系数，当 $K = 0$ 时，表示被规制企业获得额外收益的全部，此时激励强度最大；当 $K = 1$ 时，表示被规制企业获得的转移支付与自己的经营绩效无关，此时的激励强度最小，正常情况下，$0 < K < 1$，如图1-11所示。

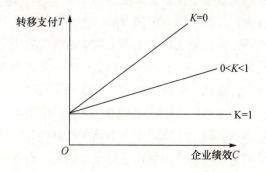

图1-11　社会契约制度

社会契约制度使被规制企业能够获得部分的剩余索取权，同时也要承担相应的经营风险，而且在激励强度一定时，企业经营业绩越好，获得的奖励越高，这种把被规制企业利益与规制部门利益（消费者利益）统一在一起的制度设计有利于促进企业提高经营效率。

第四节　竞争性业务领域的不公平竞争行为及其制度设计

对垄断性产业实施分拆后，为了通过竞争提高不具备自然垄断特性业务领域的效率，政府将对市场开放，然而已经习惯于垄断经营的在位企业（包括从在位企业中分离出来的关联企业）会利用自身的资源优势——比如巨大的体能、对瓶颈设施使用条件的影响力等阻碍其他企业进入该领域与其竞争，这种限制竞争的行为可以分为三类：第一，在终端市场上表现为垄断业务与非垄断业务的捆绑销售，比如将本地市话服务与宽带服务捆绑销售、掠夺性定价等。第二，在中间市场上表现为接入瓶颈设施的垄断性定价、歧视性接入条件等。第三，在在位企业与新进入企业的交易中表现为过于苛刻的交易条件等，比如因为发电能力有限，新进入的发电企业需要从在位发电企业购买一定数量的电力以备急用，在位企业可能以各种理由拒绝交易或提出苛刻的交易条件。由此可知，当一个国家的反垄断法不健全时，只对垄断性产业分拆本身并不能保证竞争性业务领域的平等、有效竞争，而实现规制改革的最初目的。

一　在位企业恶意提高竞争企业成本

以电力行业为例，放开发电领域以后，一些新的企业开始进入，但是因为发电能力有限，而且缺乏顾客及电力需求量变化的历史数据，所以相对于合同规定的供电量而言，新进入企业会产生电力供给不足或供大于求的现象。一般而言，在位发电企业因为有着较为充足的备用发电能力和技术水平，会承担平稳电力的作用，即新进入企业供电不足时，在位发电企业自动提供不足部分，供过于求时则自动购买剩余部分，这就涉及两家企业之间电力交易的价格问题。因为需求是单方面的，而且交易双方是竞争对手的关系，所以在位电力企业一般会尽可能提高出售电力的价格（比如在日本，该电力价格为通常电价的 5 倍），而降低购入电力的价格（比如在日本一定限度以内为通常电价，超过该限度时免费购入），以下分析在位企业采取该种战略的影响。

假设在位企业 I 和新进入企业 C 在最终市场上进行古诺竞争，两家企业的利润分别为 $\prod_I$ 和 $\prod_C$，并都以利润最大化为目标，其中 c 为边际成本，σ 为在位企业给竞争企业带来的额外成本，则有：

$$\prod_I(q) = [p(q) - c]q_I$$

$$\prod_C(q,\sigma) = [p(q) - c - \sigma]q_C$$

假设市场逆需求函数 $p(q) = m - \gamma q$

在 $\sigma = 0$（不增加成本）时，根据古诺纳什均衡的条件可得：

$$\partial\prod_I(q)/\partial q_I = \partial p(q)/\partial q_I \cdot q_I + [p(q) - c] = 0$$

$$\partial\prod_C(q)/\partial q_C = \partial p(q)/\partial q_C \cdot q_C + [p(q) - c] = 0$$

将逆需求函数代入上面的等式，可得：

$$q_I^* = (m - c)/3\gamma$$

$$q_C^* = (m - c)/3\gamma$$

计算后可得均衡价格 $p^*(q)$ 为：

$$p^*(q) = (m + 2c)/3$$

在 $\sigma \neq 0$（在位企业增加新进入企业的额外成本）时，根据古诺纳什均衡的条件可得：

$$\partial\prod_I(q)/\partial q_I = \partial p(q)/\partial q_I \cdot q_I + [p(q) - c] = 0$$

$$\partial\prod_C(q)/\partial q_C = \partial p(q)/\partial q_C \cdot q_C + [p(q) - c - \sigma] = 0$$

将逆需求函数代入上面的等式，可得：

$$\overline{q}_I^* = (m + \sigma - c)/3\gamma$$

$$\overline{q}_C^* = (m - 2\sigma - c)/3\gamma$$

计算后可得均衡价格 $\overline{p}^*(q)$ 为：

$$\overline{p}^*(q) = (m + \sigma + 2c)/3$$

通过比较可知，当 $\sigma \neq 0$ 时，在位企业 I 的产量与 $\sigma = 0$ 时相比增加（$+\sigma/3\gamma$），竞争企业 C 的产量则下降（$-2\sigma/3\gamma$），总的产量减少 $\sigma/3\gamma$，均衡价格则增加 $\sigma/3$。由此可见，这种不公平的竞争行为增加了在位企业的利润（因为其产量和价格均有所增加，但是成本却没有改变），但是损害了社会整体的福利（价格上升和总产量的减少）。

二　掠夺性定价

掠夺性定价是指在位企业作为价格制定者，将价格定于成本之下，以牺牲短期利益为代价将新进入企业驱逐出市场，然后处于垄断地位的在位企业开始获得垄断利益。假设在位企业 I 和新进入企业 C 在最终市场上进行古诺竞争，两家企业利润分别为 $\prod_I$ 和 $\prod_C$，并都以利润最大化为目标，其中 c 为边际成本，市场逆需求函数 $p(q) = m - \gamma q$。假设最初达到古诺竞争纳什均衡，即 $p^*(q) = (m + 2c)/3$。现在位企业 N 决定将价格定为 c/N（$N > 1$），可得市场需求为：$q = (m - c/N)/\gamma$，因为均处于亏损状态，所以新进入企业会根据自己的实际情况决定产量，设为总需求的 $1/R$（$R > 1$），剩下的由在位企业 I 供给，此时 $\prod_I = Rc(1/N - 1)(R - 1)(m - c/N)\gamma$，$\prod_C = c(1/N - 1)(m - c/N)\gamma/R$，因为 $(1/N - 1) < 0$，所以两家企业都处于亏损状态，在边际成本 c 和需求曲线一定时，两家企业亏损额的大小取决于 N 和 R，而 N 和 R 的大小又取决于两家企业的决心和财力状况，在位企业实施掠夺性定价的决心越大，实力越强，N 取值越大；反之，竞争企业的财力越弱，则 R 的取值越小。

因为现实情况往往是新进入企业的财力等远远不及在位企业，所以这种消耗战将最终往往以新企业退出市场而告终，至此掠夺性定价第一步结束。在位企业获得垄断地位后，通过控制产量和价格获得垄断利润，这是掠夺性定价的第二步，也是在位企业实施该行为的主要目的。

如图 1 - 12 所示，假设在位企业和新进入企业的生产函数完全相同，在位企业发动掠夺性定价以前，价格为 P^*，产量为 Q^*，此时消费者剩余为 $\Delta P^* BC$ 的面积，生产者剩余为 $(p^* - A)Q^*$，发动掠夺性定价以后，价格降为 P^1，供给曲线从 S 向下移动变为 S'，但是市场需求曲线和边际

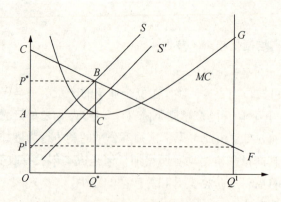

图 1 - 12　掠夺性定价

成本曲线并没有改变，对应的产量为 Q^1，此时消费者剩余为 $\triangle CP^1F$ 的面积，增加了 $\square P^*BFP^1$ 的面积；生产者剩余为 $(G-P^1)Q^1$，为成本高于价格，即处于亏损状态。

经过一段时间的消耗以后，新进入企业退出市场，在位企业开始进入垄断状态，对消费者剩余的影响不再赘述。

在掠夺性定价的第一个阶段，虽然消费者剩余有所增加，但这是短期的，一旦进入第二个阶段，在位企业的垄断状态将一直持续下去，造成社会福利的完全损失。

三　接入定价的社会福利效果

假设上游企业 N 掌握瓶颈设施，在位企业的关联企业 I 和新进入企业 C 在最终市场上进行古诺竞争，三家企业的利润分别为 $\prod_N^*$、$\prod_I$ 和 $\prod_C$，并都以利润最大化为目标，其中 c 为两家下游企业的边际成本，α 为上游企业制定的接入价格，是一个变量，C_N 为上游企业的接入成本，F 为上游企业的固定投资，σ 为在位企业给竞争企业带来的额外成本，则有：

$$\prod_N^*(a)=2(a-C_N)q^*-F$$
$$\prod_I(q,a)=[p(q)-c-a]q_I$$
$$\prod_C(q,\sigma,a)=[p(q)-c-a-\sigma]q_C$$

因为是同质竞争，所以在位企业的破坏活动并不影响产品质量，但是增加了竞争企业 C 的成本。假设市场逆需求函数 $p(q)=m-\gamma q$，在 $\sigma=0$（在位企业不实施破坏活动）时，根据古诺纳什均衡条件可得：

$$\partial\prod_I(q)/\partial q_I=\partial p(q)/\partial q_I\cdot q_I+[p(q)-c-a]=0$$
$$\partial\prod_C(q)/\partial q_C=\partial p(q)/\partial q_C\cdot q_C+[p(q)-c-a]=0$$

将逆需求函数代入上面的等式，可得：

$$q_I^*=[m-(a+c)]/3\gamma$$
$$q_C^*=[m-(a+c)]/3\gamma$$

计算后可得均衡价格 $p^*(q)$ 为：

$$p^*(q)=[m+2(a+c)]/3$$

上游企业的利润为：

$$\prod_N^*(a)=2(a-C_N)[m-(a+c)]/3\gamma-F$$

在 $\sigma\neq0$（在位企业实施破坏活动）时，根据古诺纳什均衡的条件可得：

$$\partial \prod_I(q)/\partial q_I = \partial p(q)/\partial q_I \cdot q_I + [p(q) - c - a] = 0$$

$$\partial \prod_C(q)/\partial q_C = \partial p(q)/\partial q_C \cdot q_C + [p(q) - c - a - \sigma] = 0$$

将逆需求函数代入上面的等式，可得

$$\overline{q_I}^* = [m + \sigma - (a + c)]/3\gamma$$

$$\overline{q_C}^* = [m - 2\sigma - (a + c)]/3\gamma$$

计算后可得均衡价格$\overline{p}^*(q, \theta)$为：

$$\overline{p}^*(q) = [m + \sigma + 2(a + c)]/3$$

上游企业的利润为：

$$\prod_N^*(a) = (a - C_N)[2m - \sigma - 2(a + c)]/3\gamma - F$$

通过以上计算可知，无论在位企业是否实施增加新进入企业成本的行为，接入价格的提高都会导致最终价格$[p^*(q)$和$\overline{p}^*(q)]$的上升和产量的降低，从而降低消费者剩余。

对于上游企业 N 而言，其利润分别为$\prod_N^*(a) = 2(a - C_N)[m - (a + c)]/3\gamma - F$和$\prod_N^*(a) = (a - C_N)[2m - \sigma - 2(a + c)]/3\gamma - F$，即开口向下的二次函数，也就是说，在一定范围之内，上游企业 N 的利润随着接入价格的上升而增加，达到最大利润以后，由于接入价格上升带来的需求减少的效果增大，导致上游企业 N 的利润随接入价格的上升而下降。

四　非对称规制

在位企业利用自身有利条件，会想方设法阻碍竞争性业务领域的公平竞争，以维护自己的垄断地位。因此，在这种情况下，必须要有严格的反垄断法执行部门，时刻监视市场动向，并在必要时采取措施。同时为了尽快培养与在位企业势均力敌的竞争对手，规制部门可以采取非对称规制的办法，使处于市场劣势的新进入企业获得政策上的优惠措施，能够迅速成长起来，形成有效竞争的局面。

非对称规制是一种针对弱势竞争者的暂时性保护措施，其目的是尽快形成有效竞争，因此，非对称规制的内容和强度必须随着市场竞争态势的改变而变化，防止成为保护落后、打击强者的手段，这就要求规制部门要制定一种动态的市场监视机制，尽可能及时了解市场的竞争现状。

第五节 保护消费者权益和普遍服务

考虑到规模效益，公用事业企业大多数具有区域垄断性经营的特点，在缺乏竞争机制以及信息不对称情况下，垄断企业具有降低服务质量、以劣充好的诱因。

以下分析假设：企业的平均生产费用 AC 是产量 q 和质量 X 的函数，即 $AC = AC(X, q)$，生产费用随质量的提高而增加；产品或服务的质量事前无法判断，X^h 代表高质量，X^l 代表低质量，p 代表价格；以劣充好的情况只能持续一期（即消费者通过使用该产品能够判断初期质量好坏），不承担补偿责任。

一 企业按照合同要求提供产品时

按照合同要求提供产品指企业提供的产品产量与价格相匹配（没有溢价），假设企业在提供高质量产品和低质量产品时的平均费用分别为 $AC^h = AC(X, q^h)$ 和 $AC^l = AC(X, q^l)$，边际费用分别为 $MC^h = MC(X, q^h)$ 和 $MC^l = MC(X, q^l)$，提供高质量产品时的均衡价格和产量分别为 p^*、X^*，提供低质量产品时的均衡价格和产量分别为 p^{**}、X^{**}（见图 1 - 13）。在均衡条件下，价格等于平均成本（也等于边际成本），企业利润 $PV_1 = 0$。

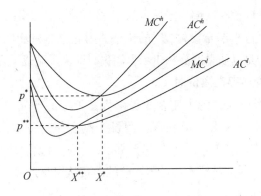

图 1-13 按照合同规定提供产品

二　企业提供产品以劣充好时

当企业利用产品质量的信息不对称，以 p^* 的价格出售质量为 q^l 的商品时，为了达到利润最大化，企业的产量为 X^{***}（见图 1 - 14），此时企业的利润为四边形 p^*HIp^{**} 和三角形 HIG 的面积之和。因为这种以劣充好的行为只能发生一期，所以当利息 $= i$ 时，企业提供产品以劣充好时的利润现值 $PV_1 = \dfrac{p^*HIp^{**} + HIG}{1 + i}$。

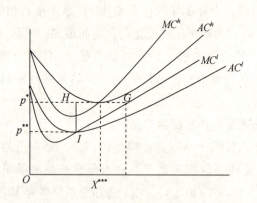

图 1 - 14　企业提供产品以劣充好时

因为以劣充好时企业的利润现值大于按合同提供产品的利润，所以企业有以劣充好的诱因。另外，消费者使用该产品以后发现了以劣充好现象，为防止再次上当，在以后的购买行为中只愿意以 p^{**} 的价格购买产品，在这种情况下，企业即使在次期生产质量为 q^h 的产品，因为消费者在购买前无法判断其质量，也只愿意支付 p^{**} 的价格，因此企业只能生产 q^l 甚至质量更差的产品，于是高质量产品从市场上消失，即劣币驱逐了良币。

三　产品价格存在溢价时

由以上分析可知，为了使企业提供货真价实的产品，必须保证企业在这种情况下能够获得一定利润，假设产品质量为 q^h 时，规制部门设定价格为 $p'(p' > p^*)$，如图 1 - 15 所示，企业每期获得的利润为梯形 $p'KO'p^*$ 的面积，因为消费者通过第一期的消费认可该产品，所以以后每期都会购买，假设持续 N 期，则企业获得的利润现值 $PV_2 = \dfrac{p^*KO'P'}{1 + i} +$ $\dfrac{p^*KO'P'}{(1 + i)^2} + \cdots = \dfrac{p^*KOP'}{i}$。

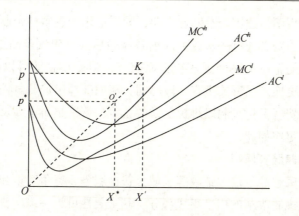

图 1 - 15　产品价格存在溢价时

四　企业存在溢价时仍以劣充好

通过溢价鼓励企业提供货真价实产品的机制本身并不能完全抑制企业的投机行为。在这种情况下，如果企业以劣充好，有可能获得更大的利润，如图 1 - 16 所示，企业获得的单期利润为四边形 $p'Rip^{**}$ 的面积，因为只能获得一期的利润，所以利润现值 $PV_3 = \dfrac{p'Rip^{**}}{(1+i)}$。

通过以上分析可知，为了防止垄断企业在提供公共产品时以劣充好，单纯依靠价格规制是不够的，必须设立消费者保护机制，即对以劣充好的企业实施处罚，从而确保 $PV_1 > PV_2 - V_{处罚}$ 或 $PV_2 > PV_3 - V_{处罚}$。

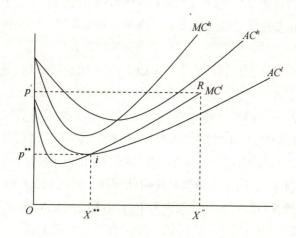

图 1 - 16　存在溢价情况下的以劣充好

　　上述分析不但适用于垄断性企业，同样适用于竞争性企业。在市场机制下，虽然消费者通过一次或数次消费体验后能够识别产品质量的真伪，使以劣充好的企业最终因无法销售而破产，但是该企业可以在不同的地区、以频繁更换产品形式生存一段时间，从而破坏市场竞争秩序，所以也需要建立消费者保护机制以维护正常的竞争，特别是对于涉及生命和财产安全的产品更应如此。

五　普遍服务原则

　　在欧美国家的电信、邮政等领域，普遍服务、竞争政策和接入定价政策共同构成规制改革的三个组成部分，其重要性可见一斑。普遍服务指消费者能够以可支付的价格和条件、在任何地方都能得到生活中必不可少的服务。比如针对电信行业，OECD - ICCP（1991）将普遍服务定义为：无论何人、无论身处国家何处都能够以可支付的价格享受电话服务，而且通话的质量和单价全国一致。

　　1908 年，美国 AT&T 公司提出了 "One Policy, One System, Universal Service" 的理念，首次提出了普遍服务概念，使其成为支持垄断经营的理由之一。但是，作为政府的政策，美国联邦通信委员会（Federal Communications Commission）直到 1984 年才首次提出针对高成本地区和低收入人群的普遍服务政策（依田高典，2000），并在 1996 年的《美国电气通信法》中提出了普遍服务的若干原则，即：①以公平、合理、支付可能的价格提供优质服务；②美国全境都能够接入快速、先进的电话服务；③高成本地区的通话价格等必须与低成本的城市地区相同；④各电信企业平等无差别地承担普遍服务义务；⑤建立透明的基金制度；⑥为医院、学校和图书馆提供先进的通信服务；⑦竞争中立性原则。

　　从经济学的角度而言，提供普遍服务的理由之一被认为是网络的外部性，或称需求方的规模经济。以电话通信网络为例，如图 1 - 17 所示。横轴表示加入同一网络的人数，纵轴表示最后一个加入者的效用值，线段 $U^A N^*$ 为不考虑网络外部性时加入的效用曲线，即随着消费量的增加，边际效用递减。当利用该网络的消费者只有两个时（网络内只有一个消费者时的效用为零），网络本身没有任何外部性，因此第二个消费者的效用与第一个消费者的效用相同，假设为 U^A。随着二者之间通话时间的增加，边际效用递减，呈现出 $U^A N^*$ 形状。但是当第三个消费者加入该网络时，情况则有了质的变化，因为第三个消费者可以与前两个消费者通话，所以他的边际效用显然要大于第二个消费者，以此类推，最后一个加入者的边际效用不断增加，表现为 $U^A HIK$，即第 N^* 个消费者加入网络时，他的效用为 U^K，可知第 N^* 个消费者加入网络时的效用 U^K 要远远大于第二个消费者加入网络时的效用 U^A。$U^K N^*$ 为第 N^* 个消费者的边际效用曲线。

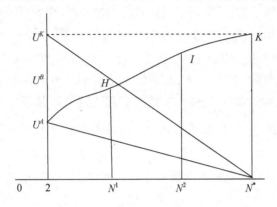

图 1 - 17　网络的外部性

以上为最后一个加入者的效用情况，现在分析随着加入者的增加，已经加入网络的消费者效用变化情况。当第三个消费者加入网络时，第二个消费者和第一个消费者可通话对象也分别增加了一个，所以他们的效用增加了，线段 $U^A N^*$ 向上移动，假设加入者人数达到 N^1 时对应的线段为 LK，如图 1 - 18 所示，已经加入网络的每个消费者对应的效用为 U^C，

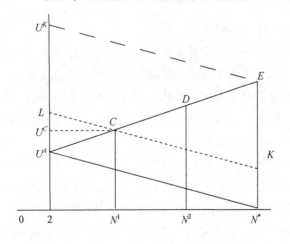

图 1 - 18　消费者效用的变化情况

资料来源：《竞争政策研究》（2003）。

以此类推，曲线 $U^A CDE$ 即为随着加入者的增多，网络内每个消费者的效用变化情况。当消费者人数增加为 N^* 时，第一个消费者的总效用为 U^E，其中 $U^E - U^A$ 部分即为网络外部性带来的效用。

通过以上分析可知，随着网络内消费者人数的增加，每个消费者的总效用都会相应有所增加，即实现了消费者的规模效应。现假设消费者加入网络的成本为 C，在市场竞争或政府规制下，如果消费者认为加入网络的效用 U 大于成本 C，则会自动加入网络。但是对于高成本地区而言，加入网络带来的效用有可能变得小于成本 C，从而使该地区消费者失去了加入网络的诱因。另外，从网络整体而言，该地区消费者加入网络给其他地区消费者所带来的正的外部性 $\sum U > 0$，所以其他地区的消费者作为高成本地区消费者加入网络的受益者，有义务为高成本地区的消费者提供补贴。

网络外部性只是支持普遍服务存在的理论之一，其他依据还包括人权理论，比如公民应享有最基本的交通权、通信权等。根据该原则，一个国家的公民，无论身处何地、无论经济状况如何、无论受教育程度如何，普遍服务提供者都不能被区别对待，要让公民在质量等各方面都一视同仁地享受该权利带来的服务，比如为低收入人群提供普遍服务时还要注重服务价格的可接受性等，根据人权理论，必要时国家有义务为普遍服务提供相应的补贴。

普遍服务的其他依据还包括公平理论，即消除"数字鸿沟"，实现公共服务均等化。

六　实际操作中的问题

在规制改革前的垄断经营年代，垄断企业通过内部交叉补贴自动实现了上述功能，比如低成本地区补贴高成本地区、低成本业务补贴高成本业务。随着规制改革的导入和新企业的加入，在位企业通过内部交叉补贴实现普遍服务的可能性越来越小，这就需要第三者（比如政府）的介入，从而使提供普遍服务的成本能够在不同企业之间实现公平分配。

在实际的操作中，提供普遍服务通常涉及纳入普遍服务的业务范围、普遍服务的提供者、成本的计算方法和分摊方式四个问题。

纳入普遍服务的业务范围越广，消费者享有的权利和便利性越大，但是根据"无论何处、无论何人"的原则，所需的成本也相应越高，因此普遍服务的范围与国家的经济社会发展阶段密切相关，而且是动态调整的。以电信为例，根据日野高志（2012）；欧洲各主要国家的普遍服务内容基本上为紧急电话、公共电话、电话号码查询和市内语音通话业务，不包括宽带接入服务，因为成本太高，而且难以制定统一标准。

普遍服务的提供者一般由政府指定，或者政府给出成为提供者的条件，然后由适合条件的企业申请。为了提高普遍服务提供者的效率，德国电信法规定，政府可以通过招标方式选取；而日本则规定，想要提供普遍服务的电信企业应具备以下四点：第一，拥有程控交换机、电话网等硬件设施；第二，整理并公布关于普遍服务的收入与支出的财务报表；第三，承诺对其他电信企业提供电信网络接入服务；第四，服务范围覆盖全国。从实际情况来看，因为在位的电信企业（指 NTT 系列企业）已经在垄断经营年代铺设了遍布全国的网络，所以在位电信企业成为各国普遍服务提供者的情况较多。

费用计算方式有利润亏损抵消法和基准成本法两种（见图 1-19）。利润亏损抵消法类似于地区之间的交叉补贴，以日本电信为例，普遍服务提供者根据总务省制定的计算准则，计算出固定电话用户线的维修费用与收入（电话的月租费）、紧急电话、公共电话的市内通话、离岛通话等普遍服务范围内电信服务在盈利地区的利润和在高成本地区的亏损额，如果利润不足以抵消亏损，则余额在各家电信企业之间予以分摊。另外，为了消除 NTT 东日本公司（以下简称"NTT 东"）和 NTT 西日本公司（以下简称"NTT 西"）的经营低效的影响，在计算高成本地区的成本时，不采用实际费用法，而是和欧盟各国一样，采用长期增量成本方法（佐佐木勉，2000）。

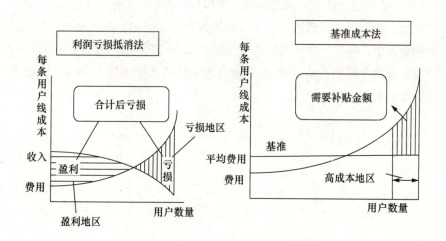

图 1-19 提供普遍服务的费用计算方式

　　利润亏损抵消法简单易行，但是该方法有可能诱使提供普遍服务的企业故意降低盈利地区的收费标准，从而不但增加其他电信企业的普遍服务分摊费用，而且通过低价在盈利地区获得更多的市场份额，这就违反了普遍服务的竞争中立性原则，因此日本信息通信审议会在推荐该方法的同时，建议在相关数据完备后，变更为基准成本法。

　　所谓基准成本法是指利用积累的数据，计算出高成本地区费用，然后按照一定方式对该地区普遍服务的相关费用予以补偿。比如日本和美国，将用户线铺设和保有费用大于日本全国平均值加上两倍标准偏差的地区定义为高成本地区，至于具体的补贴金额，则是高成本地区每条用户线的实际费用与全国平均费用的差额。

　　成本分摊方式包含两个问题：一是在哪些企业之间分摊；二是按照何种基准分摊。考虑电信网络具有外部性，因此，凡是从普遍服务的维持中受益的电信企业都应该分摊成本。根据此原则，日本在 2002 年的制度设计中规定，凡是直接或间接接入 NTT 东和 NTT 西的硬件设备的电信企业都应分摊普遍服务的成本，但是考虑到对小型电信企业的扶持，日本规定年销售额在 10 亿日元以下的电信企业不分摊普遍服务成本，此外为了减轻对企业利润的压力，每个企业负担金额的上限为销售收入的 3%。

　　至于每家电信企业负担的具体金额，2005 年以前的日本是按照销售额的一定比例计算。2005 年，日本对根据销售额确定分摊费用的方法进行了修改，这主要是因为移动电话公司往往将语音服务与数据传送服务（比如电话短信、邮件）捆绑销售，网络服务提供商往往在提供上网服务的同时，免费提供通话语音服务，而将其费用打包在上网服务中，在上述两种情况中，需要分摊普遍服务费用的语音服务销售收入无法准确认定。为了克服这个问题，从 2005 年开始日本采用按各家电信企业拥有的电话号码数量分摊费用的方法。

第二章　日本推进规制改革的制度
设计与影响因素分析

第一节　规制改革的成果

相对于发展中国家，虽然一般认为日本官僚体制的效率较高，但是，官僚机构的部门利益最大化和既得利益集团的自我保护仍然是阻碍日本规制改革的主要力量。20 世纪 80 年代以来，特别是泡沫经济破灭以后，为了获得选民支持进而获得或维持政权，日本政治家试图通过各种制度设计减少规制改革的阻力，可以说日本历届政府都把推进规制改革作为执政纲领之一。

由于缺乏足够的比较对象和令人信服的比较指标，很难评价日本规制改革的效果到底如何。作为参考，表 2 - 1 和表 2 - 2 给出日本的规制改革带来的价格和需求变化及其消费者剩余的增加额情况。

表 2 - 1　　　　部分领域规制改革带来的价格和需求变化　　　单位:%

	规制改革领域及其时间	价格变化率	需求量变化率
通信	移动通信 (1993—2005 年)	-60.6	1902.5
运输	国内航空 (1992—2005 年)	-8.8	7.5
	JR 铁道 (1996—2005 年)	-6.0	1.0
	民营铁路 (1996—2005 年)	-30.1	8.8
	出租车 (1996—2004 年)	-3.0	0.4
	卡车货运 (1990—2004 年)	-27.5	4.2
能源	电力 (1994—2005 年)	-39.1	18.6
	城市燃气 (1994—2005 年)	-35.5	25.1
	汽油 (1993—2005 年)	-21.5	5.1
	轻油 (1993—2005 年)	-17.7	2.5
	灯油 (1993—2005 年)	-30.6	6.0

续表

规制改革领域及其时间		价格变化率	需求量变化率
金融	股票交易委托费（1993—2005 年）	− 72.6	127.5
食品饮料	大米（1994—2005 年）	− 18.3	1.7
	啤酒（1991—2005 年）	− 11.8	12.4
	清酒（1991—2005 年）	− 9.4	− 1.9
	红酒（1991—2005 年）	− 14.0	22.0
其他	化妆品（1996—2005 年）	− 10.2	4.8
	医药品（1996—2005 年）	− 11.5	11.9

资料来源：日本内阁府（2007）。

从数字来看，2005 年，日本因为规制改革带来的人均消费者剩余的增加额约合人民币 11520 元。作为参考，2011 年，上海市人均可支配收入为 36230 元，排名第一；甘肃省人均可支配收入为 14989 元，排在第 31 位。如此看来，日本的规制改革是有一定效果的。

表 2 − 2　　　　部分领域规制改革带来的消费者剩余的增加　　单位：亿日元

规制改革领域		至 1997 年的增加额	至 2002 年的增加额	至 2005 年的增加额
通信	移动通信	13177	26297	27876
运输	国内航空	1915	2730	1206
	铁路	42	2604	4840
	出租车	28	77	125
	卡车运输	15667	32312	34308
	车检制度	5331	8350	8642
能源	电力	10542	26405	56630
	城市燃气	308	2275	4579
	成品油	15130	22660	21410
金融	股票交易委托费	1494	4695	5291
	保险	575	2135	3155
食品饮料	大米	1702	5267	6249
	酒（销售）	3145	8742	7957
其他	化妆品和医药品	173	807	1182
消费者剩余增加额合计(对 GDP 比)		69227（1.8%）	145355（4.0%）	183452（5.0%）
人均消费者剩余增加额 （约合人民币）		5.5 万日元 （4400 元）	11.4 万日元 （9120 元）	14.4 万日元 （11520 元）

资料来源：日本内阁府（2007）。

规制改革的效果不但取决于规制改革内容及其改革路径的设计（斯科特·沃尔斯顿，2003），更取决于规制改革计划的实施机制。有鉴于此，本章主要从规制改革的推进机制和影响因素角度，对日本规划改革的整体状况进行研究。

第二节　日本规制改革概况

一　放松规制、规制改革与行政改革的区别

日本政府将规制定义为政府对市场的介入，将其分为通过财税金融手段实施需求管理的宏观政策和为克服市场失灵而实施的微观政策。规制改革中的规制通常指后者，即微观政策，主要表现为行政许可制度（分为许可制度和认可制度等）、行政指导、设立国有国营企业等。依据目的不同，微观政策意义上的规制又可以进一步分为经济性规制和社会性规制两种。经济性规制以提高经济效益、合理分配资源为目的，表现为市场进入规制、价格规制和投资规制。社会性规制是以保证安全、维护公平、保护弱者为目的（规制缓和·民营化研究会，1994）。

日本的"许可制度"是指政府部门在特定情况下对法律禁止的行为予以解除，授权某人（自然人或法人）可以依法实施该行为。"认可制度"是某人的某种法律行为在无政府部门之同意而无效的情况下，政府部门予以同意，使其行为有效（吉国一郎等，2001）。日语中的"许可、认可等"通常还包括资格认证制度（日语称为"登录"）、登记备案制度（日语称为"届出"）等限制国民权利或增加国民义务的各种行政审批制度（川岛铁男，1968）。

日本政府对于"放松规制"和"规制改革"的定义是不一样的。放松规制包括废除规制、合并规制、将规制权下放（从中央政府下放到地方政府）、放松审批条件或简化程序，与英语中的"deregulation"相对应，日语称为"规制缓和"。规制改革不但包括放松规制，而且包含为了在原垄断行业培育新企业和为促进竞争而制定新的规制，比如电信行业新设的不对称规制属于规制改革的范畴，但不在放松规制之列，规制改革对应英语中的"regulation reform"，日语称为"规制改革"。1999 年 4 月 6 日以后，日本在政府文件中开始将放松规制正式改为规制改革（行政改

革推进总部，《规制缓和委员会名称变更等》），以表示对竞争政策等与放松规制相配套的政策的重视，这是日本政府意识到放松规制与竞争政策等配套措施之间重要关系的外在表现。

　　虽然"放松规制"和"规制改革"有以上区别，但为了表述上的方便，下文将二者统称为规制改革。

　　在日本，经常与规制改革相提并论的概念还有行政改革，规制改革被视为行政改革的一部分。行政改革指为高效而又合理地实现政策目标而对法律法规、行政措施、行政机构及其运行方式实施的改革（田中一昭，2000）。

　　二　规制改革目的与内容的变迁

　　日本的规制改革起源于 20 世纪 60 年代中期日本政府提出的精简行政审批运动，但是随着时间的推移，规制改革的目的和内涵发生了很大变化。

　　（一）精简行政审批

　　日本规制改革的源头在于政府的精简行政审批运动。20 世纪 60 年代，日本处于经济高度增长时期，但是与民间企业的高效运行相比，政府的行政效率低下，无法与之相适应，主要表现为行政审批项目过多过细。根据日本政府统计，在 1968 年 10 月 31 日，各中央省厅所管的行政审批事项高达 11088 项（久保田正志，2009），这不但增加了产业界的时间成本和经济负担，而且致使政府审批任务过多，公务员的数量增长过快，从 1955 年前后的 70 万人增加到 1965 年的 90 万人（田中利幸，2006）。

　　针对上述矛盾，当时的日本首相池田勇人决定实施行政改革，为了明确改革的内容、步骤及其具体措施，经首相提议，日本于 1961 年设立了附属于内阁府（当时称为总理府）和直接对首相负责的"临时行政调查会"。临时行政调查会是依法设立的临时咨询机构，主要负责对日本政府的行政运作体系进行调查研究，并向首相提出改革方案。根据《临时行政调查会设置法》的规定，临时行政调查会的级别很高，主要表现在以下三点：第一，七名委员要通过日本两院（参议院和众议院）的批准后，由首相亲自任命。第二，中央各省厅、地方各级政府要为该机构的调查、研究提供必要的资料等相关协助。第三，首相必须尊重调查会的政策建议，将其落实到日后的政策之中。

　　经过近三年的调查研究，临时行政调查会于 1964 年 9 月发表了《关于行政改革的意见书》，该报告共提出了 16 项政策建议，其中一项为《关于改革行政审批制度的意见》。报告指出：现行行政审批中缺乏时效性和必要性的项目颇多，政府规制范围过广而且手续繁杂，建议实施废除、合并，将其从中央政府下放到地方政府，放松审批条件和简化程序等措施。同时为了防止事后反弹，建议每五年对政府审批实施一次清理（临时行政调查会，1964）。

该调查会于 1964 年提出最终的政策建议后依法解散。

（二）减少财政赤字

受第一次石油危机和经济不景气影响，政府税收减少，而模仿欧美国家所建构的社会福利体制却使日本政府的支出有增无减。在这种情况下，日本被迫于 1975 年首次发行赤字国债，并且逐年增加。凭借"不增加税负、平衡预算收支"的政治理念战胜竞选对手"增税论"主张从而当选日本首相的铃木善幸为了落实自己的选举承诺，于 1981 年设立第二次临时行政调查会，铃木善幸希望临时行政调查会从政府部门入手，提出切实可行的"开源节流"的政策建议。

与垄断企业的规制改革关系最深的是调查会在第三次政策建议中，首次提出将日本的国有国营企业（日本国有铁道公社、日本电话电信公社、日本专卖公社）实施民营化改革的观点。当时日本国有铁道公社因经营不善，每年都需要巨额的政府财政补贴，所以对其实施民营化可以减少政府支出。日本电话电信公社、日本专卖公社虽然处于盈利状态，但调查会认为如果实施民营化改革，则会提高经营效率，创造更多的税收［《基本政策建议（行政改革的理念、行政措施、行政机构、公务员制度、中央和地方的关系、国有国营企业及特殊法人）》］。

（三）释放民企活力

在第二次临时行政调查会的政策建议中，包含 1300 多项具体的行政审批改革内容，几乎涉及中央省厅的所有部门。为了切实推进改革，政策建议书提出：伴随着调查会的如期解散，行政改革将进入实施阶段，在这个阶段起主导作用的应该是中央各省厅。建议政府设立行政改革推进委员会，以密切注视政府各部门的行政改革近况，并适时提出建议和批评（《最终政策建议》）。

鉴于此，时任首相中曾根康弘在 1983 年第二次临时行政调查会解散后，另行成立了临时行政改革推进审议会，负责监视政府各部门对行政改革的实施情况并提出具体的建议，会长由第二次临时行政调查会的会长土光敏夫继续担任，审议会下增设放松规制分科会，这是日本第一次设立独立的规制改革讨论机构。在 1984 年的第一次政策建议中，该审议会提出了"为增强经济活力，对规制产业实施放松规制的改革至关重要"的观点。接着在 1985 年的第二次政策建议中，更是以较大的篇幅阐述了对规制产业实施改革的意义和具体的做法。

1985 年，当时的中曾根内阁根据临时行政改革推进审议会的建议，审议通过了依照《关于行政改革推进方策的政策建议》而制定的《落实行政改革的具体方策》，布置中央各省厅具体推进本部门的行政改革，同时提请议会审议通过了政府对 42 项依法实施的行政审批的处理建议。

（四）缓解贸易摩擦

从 20 世纪 70 年代开始，美国开始将日美之间的贸易赤字问题与政治谈判联系起来，但是考虑"冷战"思维下的日美政治联盟，这种经济问题政治化倾向还只是停留在舆论阶段，特别是 1979 年苏联入侵阿富汗事件更是使日美略显紧张的政治经济关系趋于缓和。但是，"美国的巨额贸易赤字源于日本的巨额贸易盈余、后者巨额的贸易盈余源于其不公平的贸易习惯和国内特殊的经济结构"，换言之，日本政府的各种规制政策和行政指导限制了美国企业和美国商品进入日本市场的逻辑已经成型。这种日本特质论的观点逐渐被美国政府所接受，特别是随着 20 世纪 80 年代前期美国贸易赤字的持续增大和日本贸易盈余的持续增加，美国议会内贸易保护主义逐渐抬头，通过法律手段解决贸易不平衡的观点开始出现（古城佳子，2010）。

1985 年广场协议后，日元汇率的上升并没有减少美日之间的贸易逆差，于是美国进一步向日本提出扩大内需和放开市场的要求。当时的政治环境是 1985 年苏联领导人戈尔巴乔夫上台执政，美苏关系趋于缓和，使美日政治联盟的紧迫性减弱，日本政府为了避免美国议会的法律制裁，不得不接受美国政府的贸易谈判主张。1986 年，中曾根首相接受了自己私人咨询机构（经济结构调整委员会）的政策建议（通称《前川报告》），提出了调整经济结构，减少贸易盈余的政策指向，即扩大内需以减少出口，实施扩张性的宏观政策。作为具体的手段，日本银行连续五次降低存款准备金率，最后成为导致泡沫经济的诱因之一（李宏舟，2008）。

1991 年苏联解体，"冷战"体系结束，美国认为，与解体后苏联的军事威胁相比，日本的经济威胁更甚，因此要求日本放开市场的范围、深度与施加压力的程度与日俱增（滝田洋一，2006）。这种强硬态度一直持续到20世纪90年代后期才有所收敛，主要源于以下三个理由：第一，美国经济日益好转。第二，日本泡沫经济破灭后处于不景气状态，而且日本政府已经将放松规制作为刺激经济成长的手段予以实施。第三，中美之间的贸易顺差逐年增大，美国有了新的对手。

（五）促进经济成长

1992年，日本泡沫经济的破灭和随之而来的长期经济不景气使通过规制改革促进经济成长的意图越来越重，当然，这并不意味着规制改革的其他目的已经消失。

1999年，负责规制改革的"放松规制委员会"改称为"规制改革委员会"，意味着除了通过放松规制释放在位企业的活力以外，还要通过制定新的规制政策以便在原垄断行业中培育新的企业和促进公平竞争，从而拉动经济增长。2001年在小泉纯一郎"没有改革就没有经济增长、改革中没有例外"的口号下，改革的对象从经济性规制扩展到包括就业、医疗、教育在内的社会性规制，而且将规制改革直接纳入了小泉政府的经济成长战略。

日本历届政府都将规制改革作为执政纲领之一加以推进，但是政策的主要目的和重点会因时而变。表2-3和表2-4列举了日本规制改革的基本情况。

表2-3　　　　行政改革推进审议会中关于规制改革的相关内容

政策建议机构名称	政策建议名称	时间	主要内容和观点
第一次行政改革推进审议会（1983—1986年）	《临时行政调查会政策建议的推进状况》	1984年10月	为了释放民间活力，实施规制改革很重要
	《关于行政改革推进方策的政策建议》	1985年7月	对以保护幼稚产业为目的的规制实施改革
第二次行政改革推进审议会（1987—1990年）	《关于政府规制改革的政策建议》	1988年12月	推进对经济性规制的改革
	《最终政策建议》	1990年4月	将规制数量减半

续表

政策建议机构名称	政策建议名称	时间	主要内容和观点
第三次行政改革推进审议会（1991—1993 年）	《关于制定公正透明的行政审批手续法的政策建议》	1991 年 12 月	建议制定《行政审批手续法》
	《关于适应国际化、重视国民生活质量的行政改革政策建议》	1992 年 6 月	推进对与国民生活高度相关的产业的经济性规制改革
	《最终政策建议》	1993 年 10 月	制定改革推进方案，设立第三方规制改革推进机构

资料来源：笔者根据资料整理。

表 2 - 4　　　　　1995 年以后规制改革实施状况

推进计划名称	计划期间	推进与监督主体	改革项目数	主要改革事项
推进放松规制计划	1995 年 4 月至 1998 年 3 月	行政改革委员会放松规制小委会	1091（1995 年度）1797（1996 年度）2823（1997 年度）	电信行业的规制改革
推进放松规制 3 年计划	1998 年 4 月至 2001 年 3 月	行政改革推进本部规制改革委员会	624（1998 年度）917（1999 年度）1268（2000 年度）	金融行业的彻底改革
推进规制改革 3 年计划	2001 年 4 月至 2004 年 3 月	内阁府综合规制改革会议	554（2001 年度）964（2002 年度）1153（2003 年度）	特区制度
推进规制改革与民间开放 3 年计划	2004 年 4 月至 2007 年 3 月	内阁府推进规制改革与民间开放会议	762（2004 年度）1131（2005 年度）1349（2006 年度）	邮政民营化
推进规制改革 3 年计划	2007 年 4 月至 2010 年 3 月	内阁府规制改革会议	750（2007 年度）1100（2008 年度）1400（2009 年度）	废除绿色资源机构
暂无	2010 年 5 月至今	内阁府刷新会议规制改革分科会	暂无	强化社会性规制

资料来源：笔者根据资料整理。

第三节　日本规制改革的推进机制

规制改革的实质是权力和资源的再分配。在这种情况下，掌握权力的既得利益集团必然通过各种途径阻碍规制改革的进程，日本的官僚体制也不例外。政治家为了在选举中获得政权并尽可能维持政权，需要设计相应机制推进规制改革。

为了研究上述问题，有必要首先了解日本的政策制定模式及其变迁过程。

一　政策制定模式及其变迁

（一）政策制定的参与者

根据内山融（2010），2009 年日本民主党执政以前，也就是说在自民党执政期间，日本政策制定的主要参与者包括以自民党和族议员为代表的政治集团、以内阁和中央各省厅官僚为代表的行政机构、以经团联和各种行业协会为代表的利益集团等。

在政策制定过程中，政治集团的主要作用表现为接受各利益团体的游说，通过族议员和事前审查制度将利益团体的主张体现在政府的政策当中。在自民党内部，干事长负责竞选和政治资金的分配，总务会长负责党内决策，政务调查会长负责参与政府的政策制定。其中政务调查会下设立各种小委会，分别对应中央各职能省厅，比如工商小委会、农林小委会、建设小委会等分别对应中央的经济产业省、农林水产省和国土交通省等。按照惯例，中央各省厅在将政策法规草案报请议会审批以前，要征求上述各对应小委会的意见。这一行为被称为"事前审查制度"，虽无法律依据，但是已成习惯。这些小委会里面的负责人通常是有过省厅大臣经历的议员或其他实力派人物，他们对政府政策的制定有着重要的影响力。因长期专门致力于某个产业的政策研究而具备一定的专业知识和行业经验，他们不仅利用自身的岗位权力，还利用自己的学术知识和行业经验在政策制定过程中对行政官僚实施制约，这些议员被称为族议员（内山融，1998）。

族议员形成于 20 世纪 60 年代后期，70 年代以后影响力日益增大。在这之前，因为自民党议员缺乏专业人才，行政官僚在政策制定中起着决定性作用（猪口孝·岩井奉信，1987）。

内阁相当于我国的国务院，由首相和中央各省厅大臣组成的内阁会议是最高行政决策机构。2000年实施政府机构改革以前，日本共有1府22省厅，2001年以后减为1府12省厅。各个省厅的官僚对于自己管辖范围内的事务根据实际情况制定政策草案，重要事项要经过内部讨论后提交内阁会议审批通过，如果是法律，则进一步提请国会审批。因此在政策制定过程中，行政机构的主要作用是政策的起草和组织实施由议会或内阁会议批准的政策。

各种利益集团主要包括经团联（经济团体联合会）、经济同友会（主要会员为企业家）、日本商工会议所（主要代表中小企业）、各种行业协会等，这些代表资方利益的团体主要与自民党关系较为密切，而工会组织则与共产党、社民党等小党派关系较为密切。在政策制定过程中，利益集团的主要作用是向议员或行政官僚提出本组织成员的诉求，同时协助政府落实相关政策法规。对于被排除在外的利益集团，比如劳动者，对政策的影响力是比较小的。恒山惠市（1996）指出：只有当劳方与资方的利益一致时，他们对国家政策才有影响力，作为一个独立的集体，他们对国事的影响力是最弱的。

另外通过审议会、调查会等咨询机构吸收政府系统以外的专家或产业界人士参与到政策制定之中也是日本政府部门常用的方式之一。但是因为审议会或调查会的成员主要由中央各省厅的官僚担任，因此在没有其他制度（比如审议会议事内容的公开等）制衡的情况下，这些审议会有可能成为"摆设"。

（二）政策制定过程中的"铁三角"

日本政策制定过程中的"铁三角"指族议员、官僚和利益集团之间结成的紧密同盟关系（见图2-1）。也就是说，首先利益集团通过政治献金或拉选票维持与族议员的关系。作为回报，族议员通过事前审查制度向官僚施压，使其制定对利益集团有力的政策。官僚为了职务上的升迁或从公务员岗位退休后能够到利益集团所属企业做高级顾问等职务，也愿意合作。三者之间这种相互依存的状态存在于日本的各个省厅，大多数的政策也就是在这种背景下出台的（猪口孝·岩井奉信，1987）。

鉴于族议员、政府官僚和利益集团形成的"铁三角"在日本政策制定中的重要性，欧美学者称这种"铁三角"为"次政府"。显然，当利益集团的自我利益与国家利益大体一致时，上述次政府的弊端并不明显，但是当政治家要制定和推进损害利益集团自身利益的国家政策时，则其推行的难度可想而知。

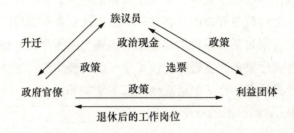

图 2 - 1　日本政策制定过程中的"铁三角"

至于三者之间谁的影响力更大，不同研究者之间的意见不一，但是，作为总的趋势，相对于政治家和利益集团，官僚的影响力在逐渐减小。

（三）弱化省厅大臣权限的行政体制

由于日本特殊的体制问题，各省厅大臣虽然在名义上是本部门内最高的行政长官，在政策制定过程中实际作用并不大。从程序上看，次政府制定出来的政策草案需要本省厅最高行政长官——大臣的审批。换言之，大臣是有权拒绝签字的，但因为以下原因，这种事情很少发生。

第一，从客观上讲，各省厅大臣不是官僚（公务员序列），而大多是国会议员（政治家序列），隶属于自民党内部的各派别，他们是出于人事安排上的党内各派别平衡而被首相任命的，因此被任命的大臣可能不具备职务所需的专业知识，甚至可能不支持首相的改革，频繁的内阁更换更使每位大臣的在职时间很短，没有足够的时间和动力去主动学习必要的知识，这使其不具备能力去判断次政府的政策法案是否最优（内山融，2010）。

第二，从主观上讲，各省厅大臣与其拒绝签字，不如借此机会与官僚建立良好的合作关系，以备将来卸任大臣位置之后，为与自己有关联的利益团体游说相关政策。在这种情况下，选择与官僚合作的大臣是最理性的，这种行为方式久而久之作为一种"潜规则"被固定下来，形成路径依赖，成为一种非正式制度开始约束大臣试图拒绝签字的行为。由于收益递增的原因，破坏这种制度将会带来很大的成本，所以很少有人违背惯例。因此政策制定过程中代表政治集团的大臣的作用被弱化了。

第三，"各省厅事务次官联席会议"制度也弱化了大臣的作用。事务次官相当于我国中央部委的常务副部长或副主任，是日本公务员序列中的最高职务，其位置仅次于大臣，隶属于政治家序列。各省厅事务次官联席会议是指在内阁会议召开以前，各省厅的事务次官先行对提出的政策草案进行讨论，只有通过了该会议的草案才会被提交内阁会议上讨论。因此就实质而言，各省厅事务次官联席会议完全可以屏蔽一些可能伤害政府官僚整体利益的政策法案，比如促进规制改革的法案等。

（四）弱化首相权限的分权体制

日本首相既是行政机构的最高长官，又是执政党的最高领导。从行政机构来看，首相可以通过控制内阁会议使政策方针符合自己的政策抱负。但实际上并非如此，因为大臣的任命不是基于专业知识和是否拥护首相的政治抱负，而是执政党不同派别之间政治平衡的产物，所以即使大臣不支持首相的政策决定，被公开罢免的可能性也很小。另外根据修订前的日本《内阁法》，中央各省厅大臣是本部门事务最高决策者，虽然首相可以越过不服从领导的大臣而直接指导相关省厅的官僚，但因为这种越位领导不被日本文化接受，所以很少使用（竹中治坚，2006）。

可见在这种制度安排下，日本首相通过大臣和官僚推行自己的政治抱负是有前提条件的，即这些下属的价值观与首相相同，支持其政治抱负。换言之，首相仅仅依靠岗位权力而试图推行自己的政治抱负是不现实的。

以上是日本首相在政府部门难以发挥领导力的原因分析。实际上在本党内部，作为党首的首相同样面临相同的问题，主要表现为无法控制族议员（村松岐夫·伊藤光利·辻中豊，2001）。这主要基于以下两个原因。第一，自民党内分为若干派别，派别领袖在党内和政府内重要职务的人事任命方面均有一定的权力，从而弱化了党首的人事任命权。第二，日本国会议员主要通过自己的事务所募集竞选资金，从所属政党分配到的政治资金很少。在这种情况下，为了募集竞选资金，议员必然倾向于为其提供政治资金的利益团体，而不是自己的政党。因为即使被政党开除，照样可以通过选票当选为议员，而如果为了执行政党的政策而伤害了利益团体的利益，则很可能再也无缘日本的国会大厦。

由此可见，日本政治中的分权体制限制了首相在党内和政府内的领导力，因此与体现了首相政治抱负的政策相比，次政府制定的政策更容易通过和实施。

（五）自民党政权的行政体制改革

上面介绍的政策制定模式被日本称为 1955 年体制，这种体制带领日本实现了经济奇迹，曾经广受赞誉（常木淳，2011）。但是，泡沫经济的发生及随后的经济不景气使日本社会开始怀疑这种体制在实现了高速经济成长后的有效性（村松岐夫，1994）。特别是当要对通过改革调整在位利益团体和新生利益团体之间的关系时，以及当需要制定政策保护新生力量的平等竞争环境时，现有的次政府体制的落后性越来越明显。于是弱化政策制定过程中官僚、族议员和利益集团的主导作用被作为日本摆脱经济不景气的一个手段，逐步得到了社会舆论的认可。

1994 年 1 月，细川内阁对政治资金制度和选举制度实施了改革。改革结果是强化了党首对议员的控制能力，增加了政党的向心力，比如小选区制度导入了政党对议员候选人的推荐制度。换言之，如果没有本党的推荐，候选人将很难当选。政治资金制度改革规范了团体或个人对议员提供政治资金的行为，政府对议员提供的政治活动资金有所增加，具体金额由党首负责分配。这两项制度改革改变了议员选举中对利益团体在资金上的依赖，为弱化次政府体质，强化首相在政策制定中的主导地位提供了制度基础。

2001 年日本实施的中央省厅改革也为强化首相的领导力提供了组织保证。比如改革后的《内阁法》授权首相有"提议内阁会议讨论重要政策的基本方针的权利"，扩充作为首相辅助机构的内阁官房的职能，将其功能从"协调各省厅"变为"重要政策的起草和各省厅之间的协调"。同时新设内阁府，在内阁府内设立关于经济、财税、科学技术等专门机构，负责相关政策的调查和起草，目的是摆脱对各省厅官僚的依赖。另外，在内阁府设立"经济财政咨询会议"，负责起草政策草案，以求逐步取代"次政府"对政策方向的选择和草案内容的决定权等。

以"没有改革就没有成长"为竞选口号的小泉纯一郎在 2001 年 4 月组阁后，进一步推行"首相官邸主导、自上而下型"的政策决定体系，以代替原来的"官僚主导、自下而上型"的政策决定体系。比如在中央各省厅增设副大臣和政务次官，辅佐大臣工作，共同指导、监督官僚工作等。

（六）民主党政权的行政体制改革

2009 年 9 月日本民主党成为执政党以后，针对自民党执政时期政策制定过程中的"官僚、族议员主导"和"政府、执政党的二元体制"，提出了"政治主导"和"政策制定一元化"的口号。主要措施包括以下几个方面，即完善大臣、副大臣和政务次官制度，选派具有专业知识的国会议员担任上述三个职务，废除族议员的事先审查制度；废除事务次官等联席会议和相应的官僚内部协调制度；在内阁官房设立国家战略室，负责起草国家的大政方针；在内阁府设立"行政刷新会议"，负责政府的行政体制改革，包括规制改革。

经过自民党和民主党的一系列行政体制改革，日本首相无论是在党内，还是在政府内的领导力都得到了加强。在具体政策起草阶段，以首相为主的政治家集团作用逐渐扩大，中央各省厅官僚的作用则越来越被限制在政策的执行层面，而不再是政策议题的选择和政策内容的起草。这是一种权力的再分配，是对既未能预防泡沫经济的发生，又未能事后有效抑制其负面影响的日本官僚体制的否定（福冈峻治，2010）。

实际上，日本规制改革政策的制定和实施正是在这种大背景下展开的。

二　规制改革政策的推进模式分析

山口二郎（1987）提出了日本制定政策的三阶段模型，即概念提示、基本内容设计和实施设计。这三个阶段可以通过一个主体比如通过某个中央省厅单独完成，也可以分别通过不同的主体联合完成。

从推进模式而言，日本的规制改革大体可以分为以下三个阶段。

（一）第一阶段（1983 年以前）

如上文所述，日本规制改革的起点是 1961 年的第一次临时行政调查会，如果按照山口二郎的模型，与此次调查会相关政策的概念是由当时日本首相本人提出的，即"提高政府效率"。为了将这个概念转化为可操作的政策，第一次临时行政调查会提出了包括减少行政审批在内的 16 条建议，其中针对减少行政审批，提出了废除、合并、下放和放宽审批条件等四种具体的解决方案。在 1964 年出版的《关于减少行政审批的意见》这本长达 420 页的书中，临时行政调查会详细列出了建议政府减少的行政审批的具体领域。

至于是否减少、如何减少行政审批等这些操作性的问题，即政策内容的实施设计，则是通过具体的主管省厅来落实的。这些主管省厅通常要设立审议会或各种临时的专门委员会，讨论具体的操作问题，比如先后顺序、实施的重点等。

1981 年开始活动的第二次临时行政调查会基本沿袭了第一次的推进模式。

如果从决策、设计、实施和评价监督的角度来看，两次临时行政调查会的政策制定及其推进模式如表 2 - 5 所示。

表 2 - 5　　　　　　第一阶段的规制改革政策制定及其推进机制

决策者（概念提示）	设计者	实施者	评价、监督者
首相	临时行政调查会	中央各主管省厅（内部审议会等）	无

（二）第二阶段（1983—1993 年）

临时行政改革推进审议会的目的是促进行政改革，即监督、评价政府是否按照临时行政调查会的政策建议在实施各项改革。实际上《临时行政改革推进审议会设置法》第二条规定：审议会针对中央政府部门依照临时行政调查会的政策建议而采取的改革措施向首相提出自己的意见，同时向首相提出咨询意见。

因为包括规制改革在内的行政改革的实质是减少甚至废除中央政府部门的审批权等既得权益，减少政府可控制的资源，所以在正常情况下，出于自我利益最大化和部门利益最大化的考虑，政府各部门缺少积极推进这种改革的动机。同时处于铁三角的另外两极的族议员和利益团体也会游说政府官僚推迟改革的进程甚至变更改革内容，避重就轻，从而继续维持"次政府"体制下的三者利益最大化。

在这种情况下，单纯依靠中央各省厅的自身力量很难按照上层（临时行政调查会）设计的原则和方案推进改革。因为中央各省厅掌握了规制改革的实施权，它们可以决定规制改革项目的先后顺序、进程安排等，形成"上有政策，下有对策"的格局，而且会以省厅内部设立的审议会、调查会的名义实施上述政策，从而保证手续上的合法性和合理性。实际上，因为省厅具有审议会成员、议事项目的选择权，省厅的官僚有办法通过审议会等外部咨询机构控制规制改革的内容和具体的进度。

正是为了预防上述现象的发生，同时按照临时行政调查会的建议，日本首相成立了后续的临时行政改革推进审议会，并且在设置法中特别强调审议会具有向首相提出建议的权力（见表2-6）。

表2-6　　　　　　　　第二阶段的规制改革政策制定及其推进机制

决策者（概念提示）	设计者	实施者	评价、监督者
首相	临时行政改革推进审议会	中央各主管省厅（内部审议会等）	临时行政改革推进审议会

（三）第三阶段（1994年以后）

按照临时行政改革推进审议会的设想，临时行政调查会根据首相的政治理念进行政策设计，设定规制改革的内容，然后中央各省厅在自己的管辖范围内，依照规制改革的内容，编制更为具体的实施方案即规制改革路线图并具体落实。最后自己（临时行政改革推进审议会）监督、评价中央各省厅是否按照既定的方针推进规制改革，并将结果反馈给首相，再通过首相、各省厅大臣、官僚的上下级管辖权，对改革进行纠偏，最终形成一个包括设计、执行、监督、反馈、纠偏、再设计在内的闭路循环。

上述机制设计本身没有任何问题，但是其成功运行的前提是首相对中央省厅的各大臣、各大臣对本省厅的行政官僚具有相当的影响力；同时为了消除族议员对规制改革的阻碍，作为党首的首相对党内议员也要有相当的影响力。而实际上如上文所述，1955年以后形成的政治分权体制使日本首相无论是在党内还是在政府内的领导力都受到了削弱，党内派别领袖和政府的行政官僚分享了本属于首相和大臣的权力。

日本这种多元化的分权体制和部门利益最大化的官僚法则成了阻碍规制改革的绊脚石。经过近十年规制改革实践，前后三届临时行政改革推进审议会意识到了现行日本政治体制、行政体制以及规制改革推进体制中的弊端，因此第三次审议会（1990—1993年）将其政策建议的重点从"改什么"转向了"如何设计机制、推进规制改革"。

1993年10月27日，第三次临时行政改革推进审议会向首相提出《最终政策建议》，给出了关于改善推进机制的具体想法：①编制规制改革行动方案；②完善推进规制改革的机制设计；③设立专门负责推进规制改革的第三方机构；④制定和公布《规制改革白皮书》，利用舆论的力量推进改革。

日本政府在 1994 年以后的规制改革推进机制基本上是按照上述建议设计的。1994 年，作为推进规制改革的第三方独立机构——行政改革委员会依法设立，依照《行政改革委员会设置法》，该委员会不但具有建议权，而且具有通过首相对各省厅大臣提出劝告的权力。因为劝告的内容通常是要在媒体上公开报道的，而且日本的政治家为了获得选民的支持，舆论对于他们而言有着很大的约束力，因此这一举措实际上是在利用舆论压力迫使大臣协助首相推进包括规制改革在内的行政改革。

1995 年，行政改革委员会下设的规制改革小委会制订了第一部规制改革行动方案——《推进规制改革计划》，并且通过了内阁会议的审议。《推进规制改革计划》详细列出各省厅应该着手实施改革的内容和期限，并且通过后续跟踪不断更新。具体的操作步骤如下：每年的 12 月，规制改革小委会（或其他名称的第三方独立机构）根据年度内对各省厅规制改革实施状况的把握，编制《规制改革意见书》。内阁府依据该意见书的建议，编制或更新规制改革的行动方案，并且在通过内阁会议的审议后作为政策下发至各省厅执行，从而完成将规制改革小委会的建议转变为内阁制定的政府政策的过程。

日本政府从 1995 年开始发布《放松规制白皮书》，但是 2001 年以后终止出版。

第三阶段的制定及其推进机制如表 2-7 所示。

表 2-7　　　　　第三阶段的规制改革政策制定及其推进机制

决策者	首相	概念提示
内容设计者	设立于内阁府的第三方机构	每年 12 月制定《规制改革意见书》
实施方案设计者		
方案实施者	中央各主管省厅	依照内阁会议通过各年度《规制改革计划》
评价监督者	设立于内阁府的第三方机构	建议权、劝告权
	国民	通过《规制改革白皮书》与网络等进行监督

与第二阶段相比，第三方独立机构不但设计规制改革内容，而且负责设计规制改革实施方案，中央各省厅的官僚机构不再具备实施方案的设计权，而只是方案的实施者，而且要接受第三方机构等的评价和监督。

以上主要从日本行政体制的角度考察了推进规制改革的制度设计问

题，考虑到日本的规制改革主要参考了欧美的实际做法，因此为了全面地解释日本规划改革的效果，有必要从政策移植的角度进行进一步的分析。

第四节　基于政策移植视角的影响因素分析

一　政策移植论的概念与核心内容

英国学者戴维·P. 多洛威茨（David P. Dolowitz）认为，政策移植是一个过程，在这个过程中，在一个时间或地点存在的政策、行政管理安排或机构被用于另一个时间或地点来发展有关政策的知识、行政安排管理或机构（David P. Dolowitz，2000）。他们在总结其他学者研究成果的基础上，将政策移植的概念细分到八个要素，即政策移植的契机、政策移植的参与者、政策移植的对象、教训的来源、政策移植的程度、制约政策移植的因素、政策移植的外部宣传和政策移植的成败评价。

政策移植的研究中，最为关注的重点是哪些因素影响移植的效果。为了回答这个问题，多洛威茨和马什（Marsh）在分析大量发达国家与发展中国家的政策转移案例后发现，政策移植的失败至少有三个方面的原因。第一，盲目的政策转移。政策引入者的体制对转移来的政策、制度及其在原有政治系统中运作的情况并不了解。第二，不完全的政策转移。即尽管政策转移确实发生了，但是一项政策或制度结构在原有国家中得以成功的关键要素也许并没有被同步转移，最终导致政策失败。第三，不适当的政策转移。即对输出方和接收方体制之间的经济、社会、政治和意识形态的差异没有给予足够的重视（D. Dolowitz and Marsh，2000）。

影响政策移植效果的各种因素中，接收方原有制度的阻碍作用往往很大，政策移植研究主要是借用制度经济学中的"路径依赖"和"锁定"分析框架对此现象加以解释。"一旦一个特殊的（制度的或生物的）系统被建立起来，它就趋于自我维持。"制度的自我强化主要取决于以下四个方面的因素：第一，制定政策所花费的固定成本随政策推行逐渐降低。某一政策一旦被采纳，其后续的运行成本低于制定成本，运行时间越长，固定成本投入越低。第二，适应政策而产生的组织作为既得利益集团会强烈支持现存政策框架，它们以自己的利益来影响政治实体。第三，一项政策的实施会产生与其相适应的组织和政策，形成互补性的政策体系。互补性的政策体系一旦形成，由于配套政策的持续性与惯性，要替代其中某一政策就会困难重重。第四，在既定的政策环境中，人们对政策会持续下去的预期越普遍，接受该政策调节的行为就越普遍，政策持久下去的不确定性就越小（马什，2005）。

二　作用机理

在综述了政策移植研究框架的基础上，秋田贵雄（2007）认为，现有研究虽然指出了阻碍或促进政策移植的因素，但是这些因素与移植效果之间的因果关系和作用机理的研究不够明确，因此他将政策移植过程分为三个阶段，并将政策制定程序、强制性压力、现有政策的遗产和否决者的影响力作为影响政策移植的因素，阐述了后者影响前者的作用机理。

政策移植的第一个阶段为政策典范的转换，即现有政策的局限性被认识，政策移植的参与者开始思考借鉴国外政策。第二阶段为移植政策草案的构建，主要是探求国外相关政策内容，以求为我所用。第三阶段为政策草案的制度化，即接收方依据政策草案的内容和本国的实际情况，进行具体的政策设计并组织实施。

政策制定程序对于政策移植的三个阶段都很重要，因为它决定了谁将有权力参加政策制定的过程以及在这些参加者中的权力分配模式。特别值得一提的是，政策制定的程序决定了社会中的知识精英能否参与政策移植及其所能发挥的作用。知识精英指在特定的政策领域具有专门知识的专家学者，他们主要通过普及新的观点和专门知识、影响政策决策者的观点和知识、担任能够对政策决定施加影响的职务三个渠道直接影响政策的制定。一般认为，知识精英的参与能够减少政策移植失败的可能性，所以政策制定的程序是否允许他们的参与及对其意见的尊重程度直接影响政策移植的效果。

认识现有政策的局限性本身并不能保证自动进入第二个阶段。也就是说，因为现存的政策被从该政策中获利的参与者所支持，所以即使在现有政策的局限性被认识后也可能无法自动转化为寻求新的政策的动力。为此，需要外部的力量迫使其转变，这种外部力量被称为强制性压力。这种强制性压力主要来自上级组织的正式或非正式的压力（Lodge，2003），比如具有指令性意义的上位政策、国家元首直属机构的意见、多国合作组织（比如 EU 指令）等。

在政策移植的第二个阶段，政策草案开始形成，政策遗产对草案的内容起着约束作用。因为路径依赖等方面原因，规定了 T + 1 期制度核心的政策草案很可能要受到 T 期制度的影响。因为现有的制度不但规定了各个利益团体之间的利益分配结构，而且影响着政策制定参与者的政治技能和思维方式，所以大规模的制度变更需要较高的转型成本，这也决定了从零开始制定新政策的可能性很小，新的制度中总是要残存旧的制度。所以在构建政策草案的第二个阶段，起着决定性作用的行政官僚要受到各个利益团体的诉求的牵制，很少会将国外既存的政策原封不动地搬过来，他们会考虑到政策的连续性，因此旧的制度会被部分保留下来。

如果说政治遗产的影响是接收方国内客观情况在政策草案中的合理反映，则否决者的影响主要为既得利益者的人为阻碍，这种阻碍可能来源于私利的考虑，也可能是因为价值观的不同。否决者指对改变现有政策持有否决权的个体或组织，在日本的政治背景下包括官僚和族议员，当移植的政策有可能损伤这些人的利益时，他们会动用手中的否决权阻碍政策移植。这种阻碍可以分为两种形式：第一种是使政策草案的内容避重就轻，将对自身的伤害降到最低程度，使移植的政策和输出方的政策"貌似神异"。第二种是在移植政策的具体执行过程中避重就轻，拖延怠慢，形成"上有政策、下有对策"的局面。内山融（2005）指出，否决者的影响力程度取决于两个因素，即移植政策推进者和否决者之间权力大小和二者之间价值观的差异程度。推进者的力量越大，二者之间的价值观差异程度越小，否决者的影响力越有限。

三 航空规制改革事例分析

借助政策移植的分析工具，秋田贵雄（2007，2010）探讨了日本航空规制改革的政策移植过程及其影响因素。他认为，日本规制改革的概念来源于美国。针对航空产业而言，1984 年三家在位航空企业之间关于航线的冲突使日本政府认识到现有航空政策的缺陷，开始考虑借鉴国外的经验对处于垄断下的航空产业实施改革。但是 20 世纪 80 年代后期的航空规制改革与既定目标相比，相差较大，是一种日本式的"被管理的竞争"。而与此相比，90 年代后期开始的第二次改革则更为彻底，是一种美国式的"自由竞争"。针对上述事实，秋田贵雄借用政策移植的分析框架，对产生差异的原因进行了剖析。

从政策制定的程序来看，在航空产业规制改革的第一阶段，虽然各家航空公司之间的恶性非价格竞争以及航线冲突暴露了现有规制政策的局限性，但日本政府当时并没有从根本上改革航空产业政策的意愿，同时负责制定航空政策的国土交通省（当时为日本运输省）航空局的能力也没有受到挑战，依然由该部门负责制订具体的规制改革方案，为规制改革提供政策草案的各种审议会或研讨会的成员、议事日程等全部由航空局选定。另外，在当时日本的学者中，关于航空产业规制改革的理论基础（比如可竞争理论）和国外实践做法的研究成果还很少，处于一种盲目移植的状态，这些都导致 20 世纪 80 年代中期第一次改革成为官僚主导的政策移植。出于对自我权益的保护，航空局实质上并不想导入竞争机制，所以，第一次改革的主要内容只是放松了对价格的规制，即航空公司可以在一定程度上自由定价。

1996 年，三家航空公司相继发布新的价格体系，但与消费者的期待相反，约有一半的航线不降反涨，而且票价折扣的条件非常苛刻。至此，航空局主导的第一次航空规制改革被认为是失败的，日本开始启动第二次规制改革。

与第一次相比，在政策制定程序上，因为航空局的能力和改革意愿受到怀疑，规制改革草案的制订权已经转移到首相直属的行政改革委员会规制改革小委会，航空局不再掌握小委会成员选择和议事日程的决定权。20 世纪 90 年代后期，日本关于规制改革的研究成果已经在理论和国外经验研究上取得了很大进展，这些研究者被吸收到了规制改革小委会，他们通过政策草案的制订，将国外的政策内容等移植到了日本的航空规制改革中。同时由于规制改革小委会被赋予了监督权和劝告权，从而对航空局形成了一定的压力，迫使其接受并实施规制改革小委会制订的规制改革草案，推进改革的进程。

与 20 世纪 80 年代中期第一次航空产业的规制改革相比，第二次改革在政策制定程序、强制性压力、现有政策的遗产和否决者影响力方面都有显著的不同。特别是经历了第一次的改革失败后，官僚主导的规制改革的局限性得到了认识，因此否决者的权力变小、否决者与推进者之间价值观差异的程度也有所降低。同时，由于第二次改革是在第一次改革的基础上实施的，所以来自政策遗产的影响也不尽相同。

以上在借鉴秋田贵雄的研究结果的基础上，从政策移植论的角度分析了影响日本规制改革效果的因素。实际上，还有一些学者从其他的角度分析了影响规制改革效果的因素。

第五节　基于六因素分析框架的影响因素分析

恒山惠市（2010）在综述了影响日本关于规制改革的政治因素的研究之后，提出了可能影响日本规制改革进展速度的六个因素，即技术等变化情况、对象产业的市场构造、"铁三角"的影响力、舆论导向、来自美国的压力和涉及的省厅数量。

第一，关于技术等变化情况。由于技术变化等原因而在某一规制产业内部出现了非同质的竞争性产品或服务时，会产生来自新企业要求放松进入规制和在位企业要求放松投资、价格等规制的压力，从而成为影响规制改革进度的因素。比如日本快递服务的发展，从根本上动摇了同是提供货物运输服务的在位企业的客户基础，从而迫使在位企业不得不要求政府放松对价格和营业范围等的规制。

第二，对象产业的市场结构。当规制产业主要是由少数几家大企业构成时，搭政策"便车"的现象较少，大企业容易集中起来对族议员或官僚进行游说活动。而当规制产业主要由多数的中小企业构成时，出于选举中获得选票的考虑，族议员也愿意充当其代言人，因此具备上述两种市场结构的产业有着更大的政治影响力，能更容易推进或阻碍规制改革的进程。至于影响力量的大小，还要看政党之间的力量对比状况，当执政党和在野党之间的力量相差不大时，为了防止对手获得更多的选票和议会席位，利益集团对族议员，并通过族议员影响政策制定的能力增大。20 世纪 70 年代，日本在野党和执政党力量相当。70 年代末期到 80 年代结束，自民党成为唯一的优势政党。1989 年以后，自民党和民主党的力量又变得不分伯仲。

第三，"铁三角"的结合程度。从趋势来看，"铁三角"的影响力越来越弱。一是行政体制改革弱化了族议员和官僚的影响力，从制度上对"铁三角"格局进行了约束。二是日本的巨额财政赤字和随之而来的财政支出紧缩减少了官僚控制的资源数量（比如伴随各种政府项目的公共支出），从而使利益团体试图通过"铁三角"关系获得资源的动机减弱，这意味着"铁三角"构造从内部开始出现瓦解迹象。比如久美郁男（2006）通过问卷调查发现，与1980年相比，1994年议员、官僚和利益团体之间的接触频度与利益团体领导自我感觉到的影响力等都有大幅度的下降。

第四，舆论导向。20世纪80年代，随着"小政府"（与次政府的概念不同，主要指精简政府机构，扩大市场机制在资源分配中的作用）、"不增加税负、平衡预算收支"、"国铁民营化"等政治主张的流行，日本普通大众开始接受"行政改革"的观点。特别是90年代以后，自民党和民主党为了获得选民支持，纷纷把行政改革中的放松规制和限制"铁三角"联系起来，使规制改革成为时代的流行语，被各种媒体广泛报道；同时泡沫经济后的长期不景气，使日本产官学各界将规制改革看成实施市场机制、培育新的经济增长点的重要途径之一。因此说，规制改革已经成为日本支配性的政策思想，直接影响着规制改革的进度。

第五，来自美国的压力。一般认为，来自美国的压力越大，规制改革进展的速度越快。针对日美之间的贸易不平衡，美国政府要求日本通过自主缩减出口，扩大对美直接投资来缓解。之后美国政府又开始要求日本实施金融产业等的规制改革，放开国内市场，并逐步将谈判的范围扩大，包括大型超市领域、服务业、电信，等等。

第六，涉及的省厅数量。相对于多头管理而言，对象产业的归口政府管理部门只有一个省厅时，实施规制改革的阻力相对较小。这是因为管理部门越多，需要协调的事项和关系越多，涉及的"次政府"越多，因此进展速度越缓慢。

恒山惠市（2010）逐个分析了大规模零售店等六个行业的规制改革过程和改革程度的大小，基本情况如表2－8所示。

因为"铁三角"的结合程度和舆论导向对所有产业的规制改革所起的作用相同，所以它们不作为解释不同产业规制改革进展程度差异的因素。其他四个因素对规制改革的影响力度如表2－9所示。以电力产业为例，电力产业的技术变化较小，所以来自技术变化引发的规制改革的压力应该较小，表中用负号表示。电力产业主要由9家电力企业组成，为了维护自己的垄断地位，推进规制改革的动机很小，甚至为负，表中用负号表示。来自美国的压力小，对规制改革的促进作用也小，表中也用负号表示。电力产业的归口管理部门为经济产业省，数量小，因此需要协调的事项少，表中用正号表示。

表 2-8   日本部分行业规制改革情况

行业	残存的规制	市场动向	规制改革程度
大规模零售店	《大店选址法》《都市计划法》	小规模零售店（规制保护对象）逐年衰退	小
酒的生产与销售	年龄确认、酒类销售负责人制度	啤酒生产商和酒制品零售店激增	大
公路货物运输	许可证制度（安全管理）、最低保有 5 台	大型企业破产增多、小型企业数量增加	大
电力	价格规制（yardstick）行为规制（送配电）	新进入的发电企业市场份额极低	小
石油	品质确认义务、资格认证制度、储备义务	精炼能力过剩、加油站数量减少	大
电信	资格认证制度、网络接入的非对称规制	新进入企业在宽带、移动通信领域的市场份额较大	大

资料来源：恒山惠市（2010）。

表 2-9   各解释变量对日本规制改革推进程度的解释力度

行业	技术变化等	市场结构	美国压力	省厅数量	规制改革程度
大规模零售店	大（+）	大（-）	大（+）	大（-）	小
酒的生产与销售	大（+）	大（-）	小（-）	小（+）	大
公路货物运输	大（+）	小（+）	小（-）	小（+）	大
电力	小（-）	大（-）	小（+）	小（+）	小
石油	小（-）	小（+）	小（-）	小（+）	大
电信	特大（+）	大（-）	大（+）	大（△）	大

说明：汉字大小表示该影响因素的大或小；后面的 +（或 -）表示该影响因素促进规制改革的影响力大（或小），△表示无法确定。

资料来源：恒山惠市（2010）。

恒山惠市（2010）认为，相对于其他因素而言，美国压力的解释力最弱，即根据美国压力的大小基本无法判断规制改革的推进程度，因果关系不明确。这个研究结果与谷口将纪（1997）和 Schoppa（1997）有相同之处。后者的研究认为，只有当日本国内存在与美国的选择相同的势力时，来自美国的压力才会增大日本国内具有相同选择偏好的势力的力量，从而推动政策（规制改革）的变化；而当日本国内不存在这种力量时，来自美国的压力很难改变日本的政策。

2010 年，日本内阁府发表了该年度的规制改革经济效果分析（内阁府，2010）。根据该报告，截至 2008 年，因规制改革增加的消费者剩余为251620 亿日元，增加的就业人数在 1996—1999 年、1999—2001 年、2001—2004 年及 2004—2006 年分别为 64.25 万、64.48 万、64.06 万和63.21 万人。针对日本规制改革的上述成果，本章主要从推进机制和影响因素两个方面进行了分析。

日本的政治体制通常被称为官僚内阁制，之所以把官僚放在内阁的前面，表明政策制定过程中官僚（通过族议员代表了某些利益集团的利益）的相对重要性。在这种体制下，如果对体现官僚利益的行政体制实施改革，其阻力之大不言而喻。这种阻力可能表现为：各省厅绝不主动起草损害部门利益的政策法规；对于外部提出的改革方案避重就轻，搪塞推延。同时日本的政治体制又被称为多元化分权体制，这种体制重视相互制约的作用，所以作为党首和行政最高长官的首相并没有绝对的权威。

政府机构的效率低下、高额的财政赤字、泡沫经济的发生、长期的经济不景气，加之被媒体报道的官僚丑闻，致使普通百姓对官僚主导的政策制定体系不信任、不满意的情绪日益增强。正是在这种背景下，为了获得选民支持，无论是执政党还是在野党都纷纷提出了改革行政体制、以政治主导代替官僚主导的治国主张。

考虑官僚机构很难实施自我革命，所以历届日本首相在推进包括规制改革在内的行政改革时，都要设立附属于内阁府的临时咨询机构。作为日本中央省厅之一的内阁府在吸收合并其他省厅基础上成立于 2001 年，按照《内阁府设置法》，首相是该部门的直接行政长官，可以直接督导官僚的工作，这一点与其他中央省厅不同（比如日本的经济产业省，在首相和省厅官僚之间还有大臣的存在，因此增加了执行首相政治抱负的成本）。另外，通过直接掌握咨询机构成员的选择权和决定咨询机构的议题选定权，首相可以确保自己的政策理念能够被咨询机构理解和转化为政策建议。实际上，日本首相在推进行政改革的方式上，还有另外的备选方案。以削减行政审批为例，他可以只在内阁会上宣布这一决定，然后交由各省厅设计方案、实施落实，即自己负责提出政治主张，而将政策内容设计权和实施权同时交给省厅负责。日本首相之所以没有采用这种机制，而是将概念提示和政策内容设计全部控制在自己手里，就是担心各中央省厅在设计阶段就开始避重就轻、阳奉阴违。

即便如此，负责监督、评价规制改革进展状况的临时行政改革推进审议会在十年的工作实践中发现，日本中央政府各省厅仍在利用其在实施方面的裁量权抵触内阁会议通过的规制改革方案，为此第三届审议会不得不提出了新的推进机制。实际上，设立第三方独立机构的目的是将规制改革政策实施权的一部分从中央省厅剥离出来，改为第三方机构设计具体的实施路线图，减少各省厅的自由裁量权，将其降为按照内阁会议通过的计划方案实施者，同时由第三方机构负责监督，滚动推进，并将改革的进程等予以公布，利用舆论和国民的力量促进改革的实施。

按照山口二郎的分析模型，在规制改革政策的制定和推进过程中，日本首相的权力不断增大，从当初的概念提示和基本设计扩大到第三阶段的实施设计领域，而中央各省厅的权力则相应减弱，越来越接近于单纯的实施者和被评价者。

在日本规制改革实施中，另一个值得注意的问题是所有首相咨询机构都是临时的，通常三年为一个任期，除了委员长可以连任以外，其他成员通常不再连任。一般认为，之所以有这样的制度安排，为的是防止形成新的"族议员、官僚和审议会成员之间的利益共同体"，防止利益集团将自己的观点渗透到政策设计层面。

另外，如表 2 - 10 所示，规制改革咨询机构的设置依据也有所变化，从需要议会审批的法律，过渡为内阁府令（需要首相的签名），最后成为内阁会议。同时审议会的负责人也从代表经济界整体的经团联会长变为某一大型企业的负责人。这种变化的原因可以从三个方面来解释：其一，通过改革选举制度、政治资金制度和废除事务次官联席会议制度等，作为党首的首相在党内的资源分配权被提高，从而强化了其对大臣和议员的影响力和控制力，因此阻碍规制改革的力量被削弱。其二，随着规制改革推进模式的优化，需要发挥首相个人领导力的必要性逐步减少。其三，随着规制改革的推进，一些负面现象开始出现，比如雇用制度改革带来的失业率增加、社会的两极分化、食品质量低下等，日本社会开始反思"原则上取消经济性规制、社会性规制实施自我负责"的规制改革方针，因此现在的规制改革处于调整期。

表 2 - 10　　　　　　　　　　日本规制改革咨询机构及设置依据

政策建议机构名称	设置依据	负责人	权力
临时行政调查会 （第一次，1961—1964）	《临时行政调查会设置法》 总理府（内阁府）临时机构	三井银行董事长 首相任命、议会批准	建议权
临时行政调查会 （第二次，1981—1984）	《临时行政调查会设置法》 总理府（内阁府）临时机构	经团联会长 首相任命、议会批准	建议权
临时行政改革推进审议会 （第一次，1983—1986）	《临时行政改革推进审议会设置法》 总理府（内阁府）临时机构	经团联会长 首相任命、议会批准	建议权
临时行政改革推进审议会 （第二次，1986—1989）	《临时行政改革推进审议会设置法》 总理府（内阁府）临时机构	经团联会长 首相任命、议会批准	建议权
临时行政改革推进审议会 （第三次，1990—1993）	《临时行政改革推进审议会设置法》 总理府（内阁府）临时机构	经团联会长 首相任命、议会批准	建议权
放松规制小委会 （1995—1998）	《行政改革委员会设置法》 行政改革委员会下设机构	三菱重工前董事长 首相任命	建议权 劝告权
规制改革委员会 （1998—2001）	《行政改革推进法》 行政改革推进本部下设机构	欧力士董事长 首相任命	建议权
内阁府综合规制改革会议 （2001—2004）	《内阁府令》 内阁府临时机构	欧力士董事长 首相任命	建议权
推进规制改革与民间 开放会（2004—2007）	《内阁府令》 内阁府临时机构	欧力士董事长 首相任命	建议权
规制改革会议 （2007—2010）	《内阁府令》 内阁府临时机构	日本邮船董事长 首相任命	建议权
规制和制度改革分科会 （2010 年以后）	内阁会议决定 行政刷新会议下设机构	住友商事董事长 行政刷新会议任命	建议权

资料来源：笔者根据资料整理。

　　为了分析影响日本规制改革效果的因素，本章借鉴了政策移植论和六因素分析模型观点，规制改革往往来自认识到现有政策的局限性，但是因为现存的政策被从该政策中获利的参与者所支持，所以即使在现有政策的局限性被认识后也可能无法自动转化为寻求新的政策的动力——推动规制改革的动力。为此，需要外部的力量迫使其转变，这种外部力量被称为强制性压力，主要来自上级组织，比如具有指令性意义的上位政策、国家元首直属机构的意见、多国合作组织（比如 EU 指令）等。

　　从政策移植论的角度而言，当一个国家在借鉴其他国家的规制改革政策时，面临着三个方面的风险，即盲目的政策转移、不完全的政策转移和不适当的政策转移。一般认为，知识精英的参与能够减少规制政策移植失败的可能性，所以政策制定的程序是否许可他们的参与及对其意见的重视程度直接影响规制改革的效果。

　　在影响规制改革效果因素中，除外部环境外，被规制产业的某些自身特点，比如技术变化情况、市场机构、参与规制的省厅数量等也起着一定作用。针对日本而言，来自美国的压力似乎并不能作为解释变量来预测规制改革的推进速度，只有当日本国内存在与美国的选择相同的势力时，来自美国的压力才会增大日本国内具有相同选择偏好的势力的力量，从而推动规制改革，而当日本国内不存在这种力量时，来自美国的压力很难改变日本的政策。

第三章 日本的规制影响分析

第一节 日本导入规制影响分析的过程

根据 OECD（1997），规制影响分析是指对现存或将要公布的规制的正面影响和负面影响进行系统分析的过程，其目的在于提高政府规制政策制定过程中的透明性和客观性，履行对国民和相关利益团体的解释义务，从而达到提高规制质量的最终目的。这是因为：一方面，政府规制具备维护社会秩序、保护国民的生命和财产安全、保护环境和消费者利益的功能，具有积极的一面；另一方面，它也限制了国民的权力和行为、增加了国民的义务，具有增加成本和约束的性质。因此，为了综合分析政府规制的利弊，有必要对其可能出现或已经出现的影响实施评价［规制改革·民间开放推进3年计划（平成16年3月19日内阁会议决定）］。日本政府在2007年第157号政令（《关于修改〈行政机关政策评价法实施令〉的规定》）中规定：自2007年10月开始，依据法律或法律授权的政令，增加、改变或废除规制的内容时，必须实施规制影响的事前评价。其目的在于通过预测成本和收益，为是否制定规制、规制的具体内容及其强度提供帮助；向相关利益团体和国民解释制定规制的必要性并提供相关结果的信息，履行政府的说明义务；同时，通过从相关利益团体和学者那里收集有意义的信息，使规制的内容更符合社会需求（岸本充生，2008）。

日本正式导入规制影响分析的时间较晚，但是，类似的制度似乎在日本早已存在。比如1987年日本政府成立中央省厅审批制度研讨会，开始讨论对各省厅拟实施规制政策的审查制度，之后该研讨会提出了《对新设审批内容实施审查和定期修改的政策建议》。经过一段时间的准备以后，1994年2月，日本内阁公布的《行政改革推进方策》中规定，今后中央各省厅要对新制定的规制政策实施定期审查，并适时修改。1999 年 3 月，日本内阁会议审批通过了《关于在制定、修改和废除规制政策中征求意见程序的规定》。该规定指出，为了确保政策制定的透明性，充分尊重相关利益团体及普通国民的意见，政府在有关规制的制定过程中，要通过公布征求意见稿方式，吸收各种有益意见、信息和专业知识。上述程序限于内阁及各中央省厅负责制定的政令、省令和告示，不包括议会出台的法律。

2001 年，日本议会审议通过了《行政机关政策评价法》，该法规定政府在实施公共投资、对外开发援助和研究开发时，必须实施事前评价制度，当时之所以没有将规制影响分析纳入法定义务，主要是因为规制影响分析的方法尚未确立，因此其客观性和准确性无法保证。同年，日本内阁公布的《政策评价基本方针》提出：对国民生活和社会经济有较大影响的政策或需要较多财政投入才能产生预期效果的政策，要逐步导入事前评价制度。另外，对于涉及规制的有关政策，要积极收集数据、信息等，为规制影响分析的早期导入做好准备。

2004 年 4 月，日本政府决定开始对规制影响评价实施试运行。2003 年，日本总务省行政评价局成立了规制政策评价方法研究会，该研究会于 2004 年 7 月提出了最终的报告书，报告书汇总了国外有关规制影响评价的相关做法和经验。随后日本各中央省厅也纷纷成立委员会，开始落实规制影响分析的试运行制度，并相继公布了相关的政策建议书。

为了规范评价手法，提高规制影响分析的质量，总务省于 2005 年成立规制政策评价研究会，先后于 2005 年 11 月、2007 年 8 月和 2007 年 9 月提出了《关于规制政策事前评价的建议》、《规制政策事前评价指南》和《规制政策评价研究会最终报告》。

2004 年 4 月到 2007 年 10 月，经过三年半的准备，在各种工作相继到位并有了一定经验积累以后，日本政府开始正式实施规制影响分析制度。日本实施规制影响分析的依据不是法律，而是内阁的政令。日本政府计划待各省厅规制影响分析的质量有了进一步的提高以后，将规制影响分析纳入《行政机关政策评价法》的管辖范畴，以提高其法律地位。日本总务省行政评价局为了确保自己在该制度中的主导地位，积极研究国外的评价体系，以求完善日本国内的规制影响评价制度。

第二节 规制影响分析的具体内容

2007 年 8 月，日本的内阁会议通过了总务省提出的《规制政策事前评价指南》，指南本身只有 10 页，仅规定了纲领性的原则问题，细节内容主要体现在总务省行政评价局组织编写的《规制政策评价研究会最终报告》（2007 年 9 月）和《国外政策效果定量分析方法调查》（2005 年 3 月）等政府文件上。此外，日本的各中央省厅也纷纷结合自己的管辖内容，组织编写了相应的指南，比如日本消费者事务厅制定了《公共品定价的规制影响分析指南》（2006 年 6 月）。

一 主要内容

由日本总务省牵头、中央各省厅政策评价联席会共同制定的《规制政策事前评价指南》是指导规制影响分析的纲领性文件，该指南规定了撰写规制影响分析报告书的三个主要内容。

第一部分为规制目的、内容和必要性。依照 1996 年日本政府根据日本行政改革委员会的建议而公布的《行政介入基准》的规定，凡是通过价格机制能够解决的问题，政府原则上不得介入。为了遵守该项政策，关于规制必要性的记载要求政府必须说明依靠价格机制无法解决或单纯依靠市场机制会产生问题的理由。在随后公布的《规制政策评价研究会最终报告》中，日本列举了英国和美国实施规制政策的相关理由，比如市场失灵、追求公平公正等伦理价值观经常是英国政府介入的主要动机；同样美国在《联邦政府规制行为的必要性分析》中指出，克服市场失灵是实施规制的理由之一，但不是唯一的，改善政府职能、提高分配的公平性和保护个人隐私也使规制政策得以正当化。至于市场失灵的主要种类，两国都列举了公共品的提供、外部性、自然垄断和信息不对称等。

第二部分为规制的成本效益分析。这里的关键是成本、效益的范围及其货币化价值和基准值的设定。成本效益分析不但要列举出因规制的变化而可能要增减的直接或间接的成本和效益，而且要给出负担或受益的个体及其发生的具体过程。《规制政策评价研究会最终报告》列举了成本效益分析的四个步骤。第一步为列举实施规制可能影响的范围，包括经济（企业的运营成本、国内市场的竞争、企业的守法成本、国际竞争力和贸易、技术革新和研发、消费者、特定地区或部门、政府部门的执行成本、宏观经济）、环境（大气污染、水质与水资源、土壤环境与土壤资源、气候变化、可再生资源和不可再生资源、生物物种的多样性、废弃物、事故风险以及自然灾害风险、能源的使用）和社会方面的影响（就业和劳动市场、劳动安全和劳动者权力、社会各阶层的公平性、个人隐私权、市民参与权和知情权、公共卫生、犯罪与恐怖活动，社会保障及教育）。第二步从上述项目中挑选重要项目，预测影响的时期和受影响者，影响时期的选择一般是到规制失效或规制的主要影响完全释放以后。第三步主要预测被选项目的成本效益状况，尽可能实现定量化和货币化。第四步是进行成本效益、成本效果或成本分析，得出最后结论。

在日本评价表中，共列出了守法成本、行政成本和其他成本三种。守法成本包括直接的货币支出（手续费等）、设备投资成本、运营成本（为了遵守规制每年需要投入的水电气等费用）、管理成本（信息的收集整理以及做成报告书的费用）。行政成本是指为了制定和实施该项规制政策，中央政府和地方政府所承担的费用，包括政府主管科室的管理费用、监督费用和诉讼费用等。

基准值是指如果不实施提案中的规制政策时，最有可能发生的状况及其成本效益值。只有当实施规制政策后的成本效益值大于基准值时，才有必要实施此项规制，而且与基准值的差额越大，表明规制的影响或效果越大。由此可见，基准值的选择对规制影响分析非常重要，《国外政策效果定量分析方法调查》给出了事前评价和事后评价两种情况下基准值的选择及其比较内容。如图 3－1、图 3－2 和表 3－1 所示。

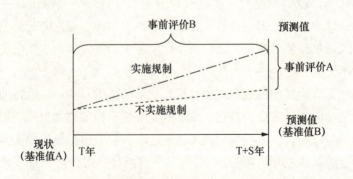

图 3－1　规制影响分析中事前评价基准值的选择

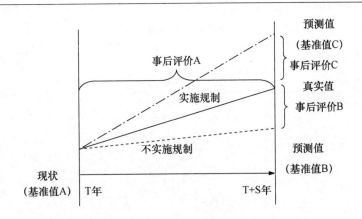

图3－2　规制影响分析中事后评价基准值的选择

表3－1　　　　　　　规制影响分析中成本效益分析的比较内容

		比较内容
事前评价	事前评价 A	将假设不实施规制、按照自然发展的 T＋S 时点的预测值（基准值 B）与实施规制后 T＋S 时点的预测值相比较
	事前评价 B	将 T 时点的基准值 A 与实施规制后 T＋S 时点的预测值相比较
事后评价	事后评价 A	将实施规制后 T＋S 时点的真实值与规制开始实施时的真实值（基准值 A）相比较
	事后评价 B	将实施规制后 T＋S 时点的真实值与假设不实施规制、按照自然发展的 T＋S 时点的预测值（基准值 B）相比较
	事后评价 C	将实施规制后 T＋S 时点的真实值与规制开始实施时、假设实施规制情况下的预测值（基准值 C）相比较

资料来源：日本总务省行政评价局（2005）。

　　规制影响分析事前评价表的第三部分为学者的观点等。这部分主要是定性描述，比如列举出该领域专家学者对该项规制的主要看法、评价中所需资料的来源及其参考文献等。此外，评价表还包括修改该项规制的时期或所需的前提条件、备选方案的成本效益分析等。表3－2 为指南中推荐的规制影响分析评价。

　　作为参考，表3－3 为美国的规制影响分析事前评价。

表 3 - 2   日本规制影响分析事前评价

规制名称			
负责部门	部局处电话:		邮箱:
评价实施时期			
规制目的、内容和必要性等	法律名称、关联条款和内容		
代替方案	代替方案 1		
	代替方案 2		
规制费用	费用大小	备选方案 1	备选方案 2
	遵守费用		
	行政费用		
	其他费用		
规制效益	效益大小	备选方案 1	备选方案 2
政策评价结果 （费用与效益的比较）			
学者等的观点			
修改的时期或条件			
备注			

资料来源：日本总务省行政评价局（2007）。

二 对市场竞争及其特殊利益团体的影响分析

对比美国和日本的评价表，最明显的区别在于前者在表的最后有"对特殊群体或特殊事项"的影响分析一栏，这些特殊群体包括州政府等地方政府、中小企业等。日本政府没有借鉴美国的经验增加这些分析，但参考了英国的做法，设计了竞争影响分析测试表，即以提问的方式评价规制可能对市场竞争的影响，具体格式如表 3 - 4 所示。

表 3 – 3   美国规制影响分析事前评价

OMB 序号： 规制名称		负责省厅： 日期：		
分类	最优推测值	最大推测值	最小推测值	数据出处
效益				
货币化效益				
数量化效益				
定性化效益				
成本				
货币化效益				
数量化效益				
定性化效益				
转移				
预算内转移				
转出与转入对象				
预算外转移				
转出与转入对象				

分类	影响	数据出处
对州、地方或少数民族的影响		
对中小企业的影响		
对工资的影响		
对经济成长的影响		

资料来源：美国行政管理和预算局（OMB，2006）。

表 3 – 4   日本规制政策的竞争影响分析测试

	问题	具体回答
1. 此规制政策会对哪些市场的竞争产生影响？（受影响的范围包括现存企业、潜在企业和价值链上的上下游企业）		
2. 对企业数量	2.1 规制政策是否会使只有特定企业或企业集团能够继续运营？	
	2.2 规制政策是否会使只有满足条件的企业能够继续运营？	
	2.3 规制政策是否会限制企业活动的地理范围？	
	2.4 规制政策是否会使某些企业因成本大幅度增加而退出市场？	

续表

	问题	具体回答
3. 对竞争手段	3.1 规制政策是否会使企业的价格固定在某点或某个范围?	
	3.2 规制政策是否会使企业的质量固定在某点或某个范围?	
	3.3 规制政策是否会使企业的生产和销售活动受到限制?	
	3.4 规制政策是否会使企业的广告活动受到限制?	
4. 对竞争意愿	4.1 规制政策是否会增加企业间对价格、成本、产量的相互了解?	
	4.2 规制政策是否会增加消费者的转化成本?	
	4.3 规制政策是否会限制消费者的选择范围和相关信息?	

资料来源:日本公平交易委员会网页(http://www.jftc.go.jp/)。

作为参考,表 3 – 5 为英国的市场竞争影响测试。

表 3 – 5 英国规制政策的竞争影响分析

问题	回答
1. 受此规制政策影响的市场是否有市场份额在 10% 以上的企业?	
2. 受此规制政策影响的市场是否会出现两家企业市场份额在 30% 以上的现象?	
3. 受此规制政策影响的市场是否会出现三家企业合计份额在 50% 以上的现象?	
4. 此规制政策是否会对某个企业产生过大的负担?	
5. 规制政策是否会对市场结构和企业数量产生影响?	
6. 规制政策是否会对新成立企业或潜在企业带来过高的进入成本?	
7. 规制政策是否会对新成立企业或潜在企业带来过高的运营成本?	
8. 受此规制政策影响的市场是否面临激烈的技术创新?	
9. 规制政策是否对企业的价格、质量和流通渠道加以限制?	

资料来源:CAO (2003)。

图 3 – 3 为英国对中小企业的测试分析项目及其过程。

三 规制影响分析的评价过程

日本在《规制政策事前评价指南》中没有给出针对某项规制的影响分析应该何时启动,但是给出了应该完成和对外公布的时点:(1)当依法增设或修改、废除规制时,规制影响分析报告书最晚要在内阁会议审议法律草案之前;(2)当依照政府令、各省厅令增设或修改、废除规制时,规制影响分析报告书最晚要和征求公众意见稿同时完成;(3)当依照公众意见对规制草案实施修改时,要重新评估规制的影响并予以公布。

实际上,规制政策制定过程与规制影响分析过程往往同步启动,平行前进。这样做的目的是充分尊重利益相关者诉求,积极听取专家学者以及广大国民的意见,将规制影响分析过程作为与相关个人或团体实施充分沟通的过程,以求获得被影响者的理解和支持。

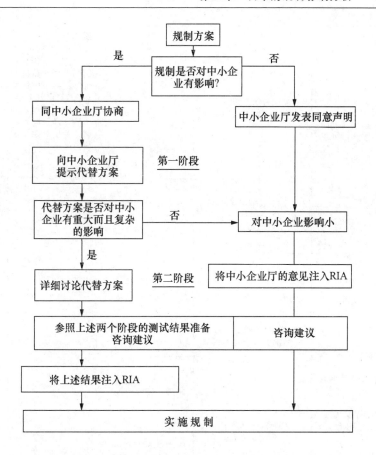

图 3 – 3 英国规制政策的中小企业影响分析测试

资料来源：日本三菱株式会社（2006）。

《规制政策评价研究会最终报告》还给出了英国、美国等国家规制影响分析的实施过程。图 3 – 4 为美国制定规制的过程及其评价制度。

第三节 成本效率的定量分析方法

一 分析步骤

决定实施规制的重要指标之一是假定实施情况下的成本效益值要优于基准值。如果有数个备选方案，则需首先通过计算选出最优规制方案，然后再将其与基准值比较。

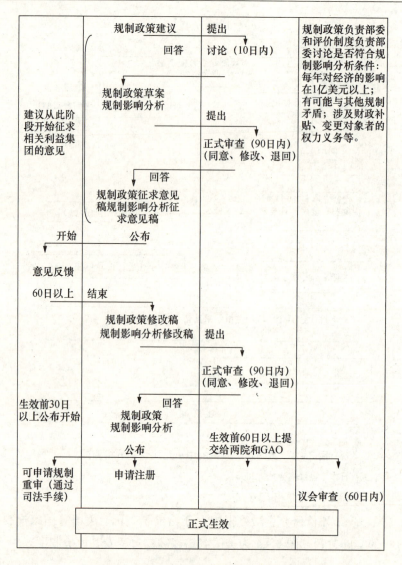

图 3 - 4 美国规制制定的过程及其评价制度

资料来源:日本总务省行政评价局 (2007)。

　　大体而言,规制影响分析可以分为定量和定性两种手法。其中定量分析又可分为成本分析、成本效果分析和成本效益分析。当对规制影响无法实施定量化的评价或没有必要时,比如各个备选方案的效果相差不大或备选方案本身相差不大时,通常只实施成本分析,并选取成本最小的规制方案。当对规制影响能够实施定量化分析时,通常是按照单一指标或多项指标方法对各个备选方案实施效果分析。比如实施限制时速的规制后，如果能够计算出每年可以减少的伤亡人数，则此方法即为效果分析。成本效益分析的前提是能够对定量化的指标予以货币化，比如在上例中，如果能够推算出生命的价格或负伤者的费用，则通过计算减少的伤亡人数与各自的价格，可以得出具体的效益值（即减少的损失金额）。

成本效益的定量分析基本可以分为六个步骤：第一步确定成本的范围和定量化；第二步确定收益的范围和定量化；第三步计算评价期间内各年度的成本和收益；第四步则利用适当的折扣率，将各年度的成本收益折算为现值；第五步进行数据的敏感度分析和风险分析；最后是选择判断的标准，根据侧重点不同，可以选用净现值法、成本收益比值法和内部收益率法，具体的计算方法如表 3 - 6 所示，表 3 - 7 为英国在实施规制影响评价时采用的折扣率，图 3 - 5 为成本效益分析。

表 3 - 6　　　　　　　　　　成本效益分析的评价指标

评价指标	标准	公式	特征
净现值法	NPV = 总收益 - 总成本 NPV > 0 采用	$\sum_{t=1}^{n} \dfrac{B_t - C_t}{(1+i)^{t-1}}$	可求出纯收益；可与各备选方案比较纯收益大小；纯收益受到折扣率的影响
成本收益比值法	CBR = 总收益 / 总成本 CBR > 1 采用	$\dfrac{\sum_{t=1}^{n} B_t / (1+i)^{t-1}}{\sum_{t=1}^{n} C_t / (1+i)^{t-1}}$	可求出单位费用的收益；可与备选方案比较投资效率大小；同样受折扣率的影响
内部收益率法	IRR = 内部收益率 IRR = r > i 采用	$\sum_{t=1}^{n} \dfrac{B_t - C_t}{(1+r)^{t-1}} = 0$ 求 r	求出的结果为各期的平均收益率；可与备选方案比较内部收益率；大小不受折扣率的影响

n 表示评价期间；B_t 表示 t 年的收益；C_t 表示 t 年的成本；i 表示折扣率；r 表示收益率。折扣率英国为 3.5%，美国为 3%（美国中期国债的实质年回报率）或 7%（美国资金的平均机会成本），欧洲为 4%（欧盟长期债的实质年回报率），日本为 3%

资料来源：日本总务省行政评价局（2005）。

表 3 - 7　　　　　　　　　　英国长期折扣率的取值

期间（年）	0—30	31—75	76—125	126—200	201—300	301 年以上
折扣率（%）	3.5	3.0	2.5	2.0	1.5	1.0

资料来源：日本总务省行政评价局（2005）。

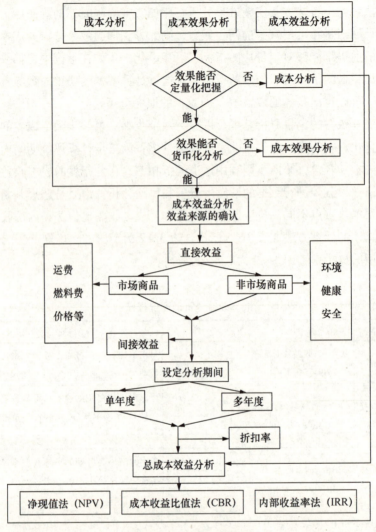

图 3 – 5　成本效益分析

资料来源：日本总务省行政评价局（2005）。

二　非市场商品的金钱换算方法

　　实施成本效益分析的基础是能够对规制的影响效果实施货币化衡量，这对于在市场上流通的商品而言，困难要相对小一些。但是，当分析规制对噪声、环境等没有价格、没有在市场上流通的事物产生的影响时，困难则大一些，往往需要特殊的方法。对于这些非市场流通事物，规制影响分析通常采用支付意愿法计算其货币价值。支付意愿法可以分为两类：第一类为显示性偏好法，主要是通过消费行为间接计算非市场商品的价格，比如通过旅游费用和地价这些可货币化的数据推算非市场商品的价格，包括旅游费用法、特征价格法（Hedonic Price Method，HPM）、替代法；第一类叫做陈述偏好法（Stated Preference Method，SPM），指通过问卷调查或采访的形式直接询问对方愿意支付的价格，并以此为基础推算非市场商品的价格，包括条件价值评价法（Contingent Valuation Method，CVM）和联合分析方法。

旅游费用法通常用来计算修缮公园等公共游乐设施时所带来的货币价值，计算公式为：

总效益＝个体旅行费用（单价）×受益者人数（效果数量）

HPM 的指导思想是政府等对环境治理改善最终将体现在地价的变化上，因此通过计算地价的变化求出规制的影响，计算公式为：

环境改善的价值＝（实施规制政策时的地价－不实施规制政策时的地价）×受影响的范围（面积）

替代法指的是寻找一种可以替代非市场流通事物的市场商品，以后者的价格计算前者。

对于非市场流通事物，还可以直接通过问卷等方式询问对方愿意支付的最大价值，并以此推算出非市场流通事物的价格，此方法多用于环境改善等方面的效益计算。联合分析是通过假定产品具有某些特征，然后让消费者根据自己的喜好对这些虚拟产品进行评价，并采用数理统计方法将这些特性与特征水平的效用分离，从而对每一特征以及特征水平的重要程度作出量化评价的方法。

还有一种叫效益转移法，实质上是参考对具有相似性的非市场流通事物所做的评估结果，推算评估对象的价值。

三　效益的计算

规制影响效益分为直接效益和间接效益两部分。在计算直接效益时，消费者剩余法是经常被利用的方法之一（金本良嗣，2004）。

第四节　日本的规制影响分析事例

一　事前评价

表 3 - 8 为日本经济产业省公布的规制影响分析事前评价报告书中的

一个部分。从内容来看，基本上遵从《规制政策事前评价指南》的要求。

表 3 - 8　　　　　　　　　新设规制影响分析的事前评价

1. 规制名称	生活耐用品生产者对消费者在产品维修、保养方面的售后服务制度
2. 法律依据	《生活耐用品安全法》
3. 负责部门	制品服务流通小组制品安全科制品安全制度审查股
4. 公布日期	2007 年 6 月 29 日
5. 规制的目的和内容	近年来，随着产品的多样化和消费者安全意识的提高，确保产品在整个生命周期内安全运行的要求越来越强，为了防止产品在消费者使用阶段事故的发生，对于那些消费者难以自行维修、保养的产品（燃气热水器、灯油燃料取暖器、浴室用电动取暖、换气设备），建议导入生产者定期点检等售后服务制度

6. 规制影响评价	预期效果与成本 \ 备选方案		维持现状	方案1：导入消费者定期点检或备案制度	方案2：导入强化生产者售后服务制度	方案3：导入消费者自我点检制度	指标
	预期效果	减少重大事故发生数量	○	◎ 全部(135 件)	◎ 105 件	○ 7 件	重大事故发生数量
	预期成本	成本的合计		△ (1030 亿日元)	△ (72 亿日元)	△ (8.5 亿日元)	成本额
		增加的守法成本	○	△ (942 亿日元)	△ (70 亿日元)	△ (8.5 亿日元)	成本额
		增加的行政成本	○	△ (88 亿日元)	△ (2 亿日元)	（—）	成本额

7. 各种备选方案之间的比较	作为防患于未然的措施，要求消费者实施定期点检和备案制度（类似于车检）的情况下，所需的成本过高；如果只要求消费者实施自我点检制度，防患于未然的目的难以到达；如果导入生产者对消费者的维修、保养提供帮助的制度，则可防范的事故数量和所需成本相对最优，建议导入此制度
8. 其他	对制度的评价时期：2018 年 学者等的观点：产业构造审议会消费者经济分会制品安全委员会

说明：与维持现状相比，收益增加或成本降低情况用◎表示，相反情况用△表示，相同情况用○表示。括号内为与维持现状相比较的增减值。

资料来源：日本经济产业省网页（http：//www. meti. go. jP/Policy_ manage）。

拟导入的规制是要求生活耐用品（如燃气热水器、灯油燃料取暖器、浴室用电动取暖、换气设备）生产者强化对消费者在产品维修和保养方面的售后服务，以减少重大人身伤亡事故。根据该事前评价报告书可知，如果不采取任何措施，则每年发生的事故数量为135件。在三种备选的规制方案中，方案1的规制强度最大，可以将事故减少至零，但是所需的成本较大，特别是消费者的守法成本为942亿日元，行政成本为88亿日元；与此相比，方案3虽然所需成本仅为8.5亿日元，但是只能将事故数量减少7件，起不到规制的目的。所以作为相对最优选择，方案2比较可取。

从手法上可知，该事前评价为定量分析中的成本分析，没有给出年间135件事故的货币化损失额（基准值），而是默认相对该损失额而言，72亿日元的成本支出是有意义的。按照正常计算步骤，应该给出减少105件事故所带来的收益或者减少的损失额，然后与成本相比，得出净收益，最后用此净收益与135件事故的货币化损失相比较，得出最后结论。

另外，报告书没有给出计算成本的依据，而只给出了成本的出处，即产业构造审议会消费者经济分会的制品安全委员会。

二　事后评价：利用者角度

日本内阁府于1997年首次出版《规制改革的经济效果分析》，后来于1999年、2000年、2001年、2003年、2007年和2010年分别公布了一系列规制改革的效果分析，这些报告分别从消费者剩余、生产效率和就业三个方面分析了近年来日本在各个领域实施规制改革的经济收益和社会效果。

在内阁府出版的《近年来规制改革的经济效果：利用者价值的分析》1997年版、2001年版、2007年版和2010年版中，分别从消费者剩余角度对电信、运输（航空、铁路、货运、出租车）、能源（石油、电力、城市煤气）、金融、食品（米、酒类）的规制效果进行了分析。

（一）评价的基本方法

报告书利用的是消费者剩余法，基本思路是规制改革消除或削弱了行业进入壁垒，促进了企业之间的竞争，企业间的竞争导致价格下降、服务质量上升和产品的多样化等。其中价格降低带来的消费者剩余的增加可以通过计量的方法计算出来，从而作为规制改革的经济效果的一部分。

　　按照上述逻辑，需要计算因规制改革导致的价格下降和因价格下降导致的消费增加。利用现有的统计资料，可以查到包括基准年度（规制改革起始年度）在内的各年度该商品或服务的价格（P'_t）、消费量（Q'_t）。但是这些数据无法直接使用，这是因为针对价格而言，现实中导致商品价格下降（$P_0 - P'_t$）的原因不只是规制改革带来的竞争，还包括原材料价格以及趋势的影响等。比如机票的价格变动除了规制改革的因素以外，还有航油价格的变化、趋势影响等，所以必须从这些因素中分解出因规制改革导致的价格下降（$P_0 - P_t$）。需求量面临同样的问题，而且更为复杂，这是因为导致需求变化（$Q'_t - Q_0$）的因素除了价格以外，还有消费者的收入情况等，所以也要从这些因素中提炼出因价格导致的需求量变化（$Q_t - Q_0$），如图 3-6 所示。

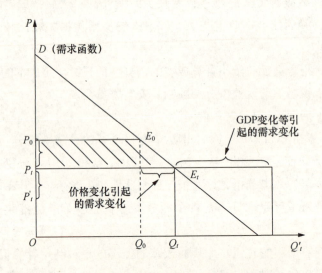

图 3-6　因规制改革引发的价格和需求变化概念

　　在计算需求量变化时另外一个值得注意的是需求曲线本身的移动，如图 3-7 所示。当商品的价格发生变化时，价格不但会通过增加现有消费人群的消费量来增加需求，而且会增加新的消费人群，从而通过需求曲线的右移增加需求。因此在计算价格下降引发的消费者剩余增加时，还应考虑这个因素。

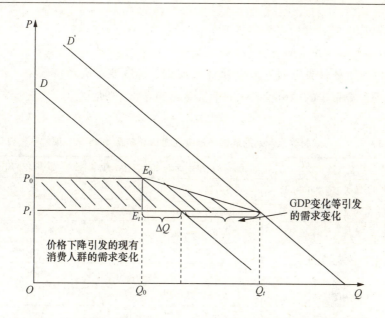

图 3-7　规制改革、价格变化、需求曲线右移引发的需求增加概念

为了解决上述问题，报告书使用回归方法剔除了非规制改革引发的价格或需求的变化，以需求为例。

设定需求（Q）、价格（P）和 GDP 之间存在以下关系：

$$\Delta \ln Q = \alpha \times \Delta \ln GDP + \beta \Delta \times \ln P + \varepsilon$$

通过上述回归求出系数 α、β，进而通过以下关系可以求出价格变化对需求变化的贡献度，即 x_p：

$$x_p = \beta [\exp(\ln P_t - \ln P_0) - 1] / [\exp(\ln Q_t - Q_0) - 1]$$

通过上式可以求出（$Q_t - Q_0$），即：

$$Q_t - Q_0 = (Q'_t - Q_0) \times x_p$$

式中，Q'_t 和 Q_0 分别代表 t 年度和基准年度某种产品或服务消费量。经过上述计算，梯形面积 $P_0 E_0 E' P_t$，即从基准年度到 t 年度间消费者剩余的增加量可得：

$$消费者剩余 = \frac{1}{2} [Q_t + Q_0 + \Delta Q + (Q_t - Q_0)] \times (P_0 - P_t)$$

针对某一商品在某些年度的需求剧增，可以考虑需求曲线本身发生了右移，因此在设定需求函数时，要做相应的调整，即增加虚拟变量，需求剧增年度为 1，其他年度设为 0。

$$\Delta \ln Q = \alpha \times \Delta \ln GDP + \beta \Delta \times \ln P + \chi DUMMY + \varepsilon$$

（二）主要评价结果

经过上述计算以后，2010 年版《规制、制度改革的经济效果》给出了规制改革带来的消费者剩余的增加量，如表 3 - 9 所示。

表 3 - 9　　　　规制改革带来的消费者剩余的增加（截至 2008 年）单位：亿日元

规制改革领域		至 2005 年的增加额	至 2008 年的增加额	2005—2008 年的增加额
通信	移动通信（1994 年起）	34059	47756	13697
运输	国内航空（1993 年起）	3504	3661	157
	铁路（1997 年起）	3701	4017	316
	出租车（1997 年起）	125	229	104
	卡车运输（1991 年起）	27100	31926	4826
	车检制度（1995 年起）	9385	9426	41
能源	电力（1995 年起）	52619	62648	10029
	城市燃气（1995 年起）	4453	7806	3353
	成品油（1994 年起）	27828	39800	11972
金融	股票交易委托费（1994 年起）	3864	4904	1040
食品饮料	大米（1995 年起）	10089	11555	1466
	酒（销售）（1998 年起）	14921	21081	6160
其他	化妆品和医药品（1997 年起）	653	1295	642
	幼儿保育（1994 年起）	4712	5199	487
	营养饮料（1999 年起）	186	317	131
合计		197200	251620	54420

说明：上述消费者剩余的增加主要指各领域规制改革开始年度至 2008 年增加值。

资料来源：日本内阁府（2010）。

三　事后评价：生产者角度

2006 年，日本内阁府出版《近年来规制改革的经济效果：生产效率的分析》一书，该书从劳动生产率、资本生产率（单位资本的产出）和全要素生产性（TFP）三个方面衡量了规制改革前后对象产业变化情况，同时在数据许可情况下，定量分析了规制改革对 TFP 变化的贡献程度。

（一）评价的基本方法

该书还试图通过计算非效率性衡量规制改革前后产业生产效率的变化情况。具体而言，如果一个产业具有竞争性，那么竞争的压力会促使先进的生产技术迅速在行业内普及推广，那些无法实现更新的企业最终将因为生产的低效或无效而被迫退出市场。这将最终体现为各企业与最有效企业之间的效率之差较小，这些效益差的平均数也比较小（见图3-8a）。

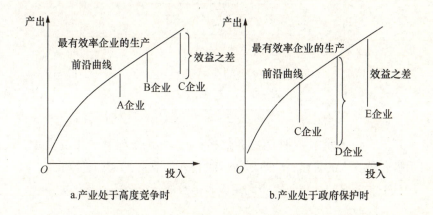

图3-8　产业内竞争程度与效益之差示意

与此相反，当企业的进入和退出受政府规制时，即使无效企业也会因为政策保护而残存在产业内部，则各企业与最有效企业之间的效益差较大，这些效益差的平均数也比较大（如图3-8b所示）。因此说效益差的平均数大小可以视为产业生产效率高低的指标之一。考虑到对象产业多投入、多产出的现状，报告书采用了Tornqvist的方法计算TFP和TFP的成长率。具体如下：

设定 $TFP = \dfrac{Q}{Z}$（Q 表示总产出；Z 表示总投入）　　　　　　　（3-1）

则 $\dfrac{\Delta TFP}{TPF_{t-1}} = \dfrac{TFP_t - TFP_{t-1}}{TFP_{t-1}} = \dfrac{TFP_t}{TFP_{t-1}} - 1$　　　　　　　（3-2）

对式（3-2）两边求导并代入式（3-1），可得：

$$\ln \frac{\Delta TFP}{TPF_{t-1}} = \ln \frac{TFP_t - TFP_{t-1}}{TFP_{t-1}} = \ln\left(\frac{Q_t}{Z_t} \times \frac{Z_{t-1}}{Q_{t-1}}\right) = \ln\left(\frac{Q_t}{Q_{t-1}} \div \frac{Z_t}{Z_{t-1}}\right)$$

$$= \ln \frac{Q_t}{Q_{t-1}} - \ln \frac{Z_t}{Z_{t-1}} \qquad\qquad (3-3)$$

即 $\dfrac{\Delta TFP}{TPF_{t-1}} = \exp\left(\ln \dfrac{Q_t}{Q_{t-1}} - \ln \dfrac{Z_t}{Z_{t-1}} \right) = \exp\left(\ln \dfrac{Q_t}{Q_{t-1}} \right) / \exp\left(\ln \dfrac{Z_t}{Z_{t-1}} \right) = \dfrac{\dfrac{Q_t}{Q_{t-1}}}{\dfrac{Z_t}{Z_{t-1}}}$

$$(3-4)$$

根据定义，变量的计算公式如下：

$$\frac{Q_t}{Q_{t-1}} = \exp\left[\sum_m \frac{\dfrac{p_{mt} \times q_{mt}}{\sum_m p_{mt} \times q_{mt}} + \dfrac{p_{mt-1} \times p_{mt-1}}{\sum_m p_{mt-1} \times p_{mt-1}}}{2} \times \ln\left(\frac{q_{mt}}{p_{mt-1}} \right) \right] \quad (3-5)$$

$$\frac{Z_t}{Z_{t-1}} = \exp\left[\sum_n \frac{\dfrac{w_{nt} \times z_{nt}}{\sum_n w_{nt} \times z_{nt}} + \dfrac{w_{nt-1} \times z_{n,t-1}}{\sum_m w_{nt-1} \times z_{nt-1}}}{2} \times \ln\left(\frac{z_{nt}}{z_{nt-1}} \right) \right] \quad (3-6)$$

其中，p_m 表示第 m 种产出的价格；q_m 表示第 m 种产出的数量；w_n 表示第 n 种投入的价格；z_n 表示第 n 种投入的数量；t 表示时期。

对于非效率的计算，报告利用成本函数的计算公式，具体如下：

$$C_{it} = \alpha + \beta x_{it} + u_{it} + v_{it}$$

其中，C_{it} 为第 i 个企业的费用，x_{it} 为资本、劳动等投入要素价格，u_{it} 为第 i 个企业的非效率项，为定值，v_{it} 为通常的扰乱项。式中除去 u_{it} 项后，$C_{it} = \alpha + \beta x_{it} + v_{it}$ 为效率企业的费用函数。对每个企业投入变量做 within 变换后，得到：

$$\tilde{C}_{it} = \alpha + \beta \tilde{x}_i + u_{it} + v_{it}, \text{则有：} C_{it} - \tilde{C}_{it} = \beta(x_{it} - \tilde{x}_i) + v_{it}$$

根据此式可以得出系数的推定值 β 和干扰项推定值 v_t 的大小，$\alpha + u_t = \dfrac{1}{K} \sum (\alpha + u_t + v_t) = \dfrac{1}{K} \sum (C_{it} - \beta x_{it})$，其中 K 表示推算的期间数。因为 α 是常数项，所以 $\alpha + u_t$ 最小的即为现实中最有效率的企业，各企业与此企业的差距定义为非效率性，产业的平均非效率性通过以下公式可求：

$$v = \sum_{j \neq base}^{N-1} [(\alpha + u_j) - (\alpha + u_{base})] / (N-1)$$

（二）主要评价结果

针对电信行业，报告以 NTT 为例研究显示，1986—1990 年 NTT 的 TFP 年均增长率为 6.7%，1991—1995 年为 9.1%，1996—1999 年为 5.3%。劳动效率的提高也较快，比如上述三个期间，分别为 10.7%、

16.3% 和 14.2%。

报告对 1965—1999 年导致 NTT 的 TFP 变化变量进行了回归，回归方程式为：$\ln TFP = C + \alpha_1 \ln(Q) + \alpha_2 CP + \alpha_3 D_1 + \alpha_4 D_2$（其中，$Q$ 为产出指数，CP 为通话回数中新加入企业的比例，D_1、D_2 为竞争效果的变量，两个虚拟变量 D_1 和 D_2 分为代表民营化和表示技术进步的趋势变量）。

结果发现，竞争、民营化和技术进步都对 TFP 的提高有着显著影响，其中代表规制改革效果的 CP 的系数为 0.025，也就是说，新进入企业的份额每提高 1%，则 TFP 增加 2.5%。1986 年开始实施规制改革以后，NTT 的 TFP 年均增加 7.1%，结合新进入企业的市场份额变化和 2.5% 的系数，报告认为，源于竞争导致的 TFP 增加为 3.4% 左右，约占全部的 50%，因此认为，规制改革为促进电信企业生产效率的提高做了较大贡献。

对于航空产业，代表性企业在 1986—1999 年的年均 TFP 增加额为 3.6%，其中源于规制改革的增长为 1.1%。电力产业在 1981—1985 年的非效率性为 42%，1991—1995 年的非效率性降为 18%，1996—1999 年则进一步减为 12%。换言之，规制改革引发的竞争机制促进了企业间的技术推广，促进了产业整体效率的提高。报告还对城市燃气、零售业的情况进行了分析，基本上都是规制改革促进了生产效率的提高。

2006 年日本内阁府出版了《近年来规制改革的推进与生产效率额关系》的报告，该报告在给出了相对于 1995 年而言目标产业的规制强度指标后，计算了规制改革与目标产业 TFP 的定量关系。作为参考，表 3 - 10 为报告书中给出的 21 个产业的规制强度指标变化情况。

报告书给出了 1995—2002 年 97 个产业（按照日本 JIP 2006 版）的规制改革与 TFP 的相关关系。比如以产业部门的规制强度值为解释变量，以 TFP 对前一年度的成长率为被解释变量，回归后发现，与 1995 年比，规制强度值每下降 10%，则 TFP 成长率提高 0.14%。又比如以规制改革的年均变化率为解释变量，以同一期间 TFP 的成长率为被解释变量，回归后发现，规制改革每推进 10%，则 TFP 成长率提高 0.073%。另外，如果将样本限制在非制造业，规制强度值每下降 10%，则 TFP 成长率提高 0.19%，要高于全部产业的数值 0.14%。

报告书又分别对农业、金融、电力、房地产、运输等产业做了上述回归分析，系数大小虽有不同，但是，各产业的规制改革与 TFP 增长率之

表 3 - 10　　　　　　　　日本 21 个产业的规制强度指标

年份	1995	1999	2002	2005
农林水产	1	0.923	0.768	0.805
矿业	1	0.659	0.718	0.723
制造业	1	0.322	0.261	0.227
土木建筑	1	0.550	0.775	0.849
电力	1	0.388	0.285	0.277
城市燃气供热	1	0.531	0.439	0.388
城市供水	1	1.012	1.265	0.992
工业废弃物处理	1	0.861	1.198	1.318
批发业	1	0.235	0.234	0.225
零售业	1	0.274	0.296	0.287
金融	1	0.831	0.709	0.427
房地产	1	0.505	0.554	0.558
铁路	1	0.466	0.445	0.218
公路运输	1	0.321	0.209	0.184
水路运输	1	0.525	0.392	0.332
航空运输	1	0.874	0.686	0.727
其他运输及包装	1	0.671	0.566	0.502
电信	1	0.622	0.121	0.073
其他公共服务业	1	1.122	1.061	0.864
其他对法人服务业	1	0.566	0.414	0.275
其他对个人服务业	1	0.474	0.448	0.376
产业整体	1	0.483	0.447	0.394

说明：规制强度值$_{i,t} = \sum_{jk}[(jk) \times N_{jk}^{it}]$，其中，$j$ 表示规制用语强度权重，分为五类，权重分别是 10000（绝对禁止等表达方式）、1000（行政许可）、100（资格认证等）、10（登记报告等）、1（上述表达方式以外的规制）；k 表示规制的出处权重，分为四类，权重分别是 4（法律）、3（政府令）、2（中央省厅令）、1（通告）；N_{jk}^{it} 表示第 i 产业在时点 t 时在法令 k、用语 j 的规制总数。规制强度指标$_{it} = \dfrac{规制强度值_{it}}{规制强度值_{i1995}}$。

资料来源：日本内阁府（2006）。

间都存在着正相关关系。据此，报告书建议对于仍然存在进入壁垒的农林水产业、教育产业、医疗产业、金融产业等进一步实施规制改革，促进竞争，从而提高这些产业的生产效率。

值得注意的是，虽然上述回归分析中系数在 95% 的置信水平上显著，但回归方程的拟合度很低，基本都在 0.1 以下。

四　事后评价：就业的角度

实施规制改革后，产业内部的竞争程度会有所增加，部分企业会因为经营不善而破产，但同时新企业的进入会创造新的工作岗位。同时，竞争导致的价格降低和产品的多样化会增加市场需求，从而增加就业岗位。但是，技术进步有可能加大劳动的替代效果，从而减少对劳动的需求。所以从以上分析来看，规制改革与就业的关系无法事先判断。

2000 年日本经济企划厅（即现在的内阁府）公布了《规制改革领域的就业调整动态》一书。该报告分析了 10 个实施规制改革的产业，并得出了以下结论：从规制改革开始到 1999 年 7 月为止的 8 年间，10 个产业共新增工作岗位 537 万个，失去工作岗位 571 万个；其中因开业率（当年开业企业数量与年初的企业数量之比）的提高而增加的工作岗位有 110 万个，因破产率（当年破产企业数量与年初的企业数量之比）的提高而失去的工作岗位有 90 万—140 万个。需要注意的是，因为数据较少，所以上述分析中没有剔除趋势变量对开业率和破产率的影响。

2010 年，日本内阁府出版了《近年来规制改革的经济效果：利用者价值的分析》，其中也有关于规制改革与就业的分析，与十年前的报告相比，本次的分析相对更为科学。报告书通过以下几个步骤来计算二者之间的关系：第一步，回归分析就业率（被解释变量，当年新增就业人数与年初就业人数的比值）与开业率（解释变量）之间的定量关系；第二步，回归分析趋势变量对开业率的影响；第三步，设定 1991—1993 年的平均开业率为基准期，1994 年以后开业率增加值（剔除趋势变量的影响以后，相对于基准值的增加）视为规制改革的效果；第四步，用第三步计算的开业率增加值乘以第一步得到的系数，得到就业率的增加值；第五步，用就业率增加值乘以年初就业人数，得出因为规制改革带来的就业岗位的增加值；第六步，用相同的方法计算出因规制改革带来的就业岗位的减少值；第七步，将第五步和第六步的数值相加，得出就业岗位的净增（或减）。

经过上述计算后，2010 年版报告书给出了如表 3-11 和表 3-12 所示的计算结果。

表 3 – 11   规制改革带来的就业人数的增加

时间	入职者数（万人）A				
	合计	电力、煤气、供热与供水	运输与通信	批发零售餐饮服务	金融与房地产
1996—1999 年	110.88	—	0.16	110.72	—
1999—2001 年	116.85	—	0.70	116.15	—
2001—2004 年	121.54	—	1.23	120.31	—
2004—2006 年	125.68	—	1.84	123.84	—

表 3 – 12   规制改革引发的就业人数的减少与净增

时间	离职者数（万人）B				
	合计	电力、煤气、供热与供水	运输与通信	批发零售餐饮服务	金融与房地产
1996—1999 年	46.63	—	0.03	46.60	—
1999—2001 年	52.37	—	1.23	51.14	—
2001—2004 年	57.48	—	2.41	55.07	—
2004—2006 年	62.47	—	3.72	58.75	—

时间	纯增人数（万人）A – B				
	合计	电力、煤气、供热与供水	运输与通信	批发零售餐饮服务	金融与房地产
1996—1999 年	64.25	—	0.13	64.12	—
1999—2001 年	64.48	—	- 0.54	65.02	—
2001—2004 年	64.06	—	- 1.18	65.24	—
2004—2006 年	63.21	—	- 1.88	65.09	—

资料来源:日本内阁府（2010）。"—"表示 1994 年以后的开业率和破产率低于基准值，即整个产业处于"低出生率和低死亡率"的状态。

日本劳动研究机构（日本劳动厚生省的下属科研机构）在 2003 年公布了一项题为《规制改革产业的就业状况分析与 90 年代失业增加的宏观成本的推算》的研究成果，其中也包含英美国家的情况。在美国实施规制改革的 8 个研究对象产业中，有 4 个产业的就业岗位有所增加，3 个产业的就业岗位有所减少，1 个产业基本没有变化，如图 3 – 9 所示。

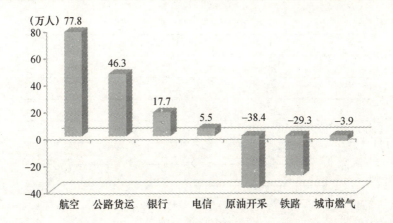

图 3-9　美国部分规制产业就业岗位变化情况（规制改革开始至 2000 年）

资料来源：日本劳动研究机构（2003）。

　　该研究还调查了英国 10 个实施规制改革的产业，其中就业增加的有 3 个产业，包括银行、航空和原油开采；就业减少的有 7 个产业，包括电力、电信、城市燃气、铁路、汽车制造等。需要注意的是，日本劳动研究机构（2003）的研究只给出了英美两国实施规制改革的部分产业的就业岗位变化情况，但是没有剔除掉其他因素的影响。换言之，作为上述雇用人数变化的原因，除规制改革外，还有宏观经济等其他因素的影响。

第五节　规制影响分析现状与问题

一　规制影响分析现状

　　2011 年 6 月 3 日，日本京都大学教授丸山达也在日本公平交易委员会做了题为《规制评价的现状与问题》的报告。丸山达也作为主要成员，参与了京都大学在 2010 年接受的内阁府委托研究——《关于规制评价的经济学分析》，是日本专门从事规制影响分析的学者之一，因此本部分的内容主要参照他的研究成果。

　　从制度上讲，日本从 2007 年 10 月开始正式实施规制影响分析，部分省厅在这之前已经开始试行，具体的实施情况如图 3-10 和图 3-11 所示。

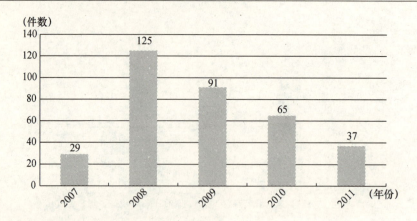

图 3 - 10　日本各年度实施规制影响分析走势 (2007—2011 年)

注:2011 年的数据为前三个月。

资料来源:丸山达也 (2011)。

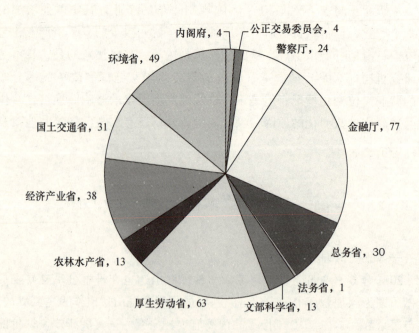

图 3 - 11　日本中央各省厅规制影响分析实施状况

资料来源:丸山达也 (2011)。

从数量上看, 2008 年日本中央各省厅公布的规制影响分析最多, 为 125 件。从各省厅的分布情况来看, 厚生劳动省公布的数量最多, 为 63

件（见图3－10）。从时间上来看，会计年度末的2—3月和年中的10月公布的数量最多，如图3－12所示。

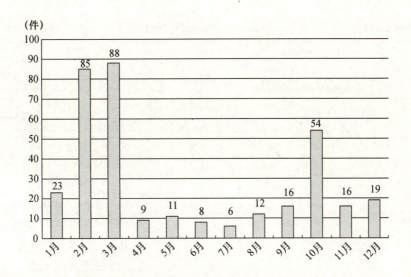

图3－12 不同月份的规制影响分析报告提出状况

资料来源：丸山达也（2011）。

规制影响分析是否进行了定量化分析和货币化分析是衡量其质量高低的主要指标，按照此标准，丸山达也（2011）对公布的规制影响分析报告书进行了归类。从守法成本看，做定性描述的为216个，做货币化分析的有29个，做定量分析的为0；关于行政成本的上述分类分别为236个、6个和3个；在其他成本分析中，有227个做了定性化描述，剩下的18个没有做任何分析。从收益的角度看，做定性化描述的有232个，货币化分析的有5个，定量化分析的有8个。

从分析手法看，有237个规制影响分析报告书做了成本分析，有6个做了成本效果分析，剩下的2个做了成本效益分析。从备选方案的有无来看，2007年，62.1%的规制影响分析提供了备选方案，2008年该比率上升为78.4%，2009年增至82.4%。

二 规制影响分析的质量问题

为了定量评价日本规制影响分析的情况，丸山达也（2011）引用Cecot等（2008）的打分标准，计算日本年度和各省厅的得分状况。

Cecot 等（2008）共给出了四类指标，每类指标分为若干子项目（见表 3 - 13）。

表 3 - 13　　　　　　　　Cecot 等（2008）的打分标准

1 成本的推算		3 成本效益的比较	
1.1	成本的描述	3.1	净收益的推算
1.2	成本的定量化（至少有若干个）	3.2	净收益的点推定
1.3	成本的货币化（至少有若干个）	3.3	净收益的区间推定
1.4	几乎所有的成本全部货币化	3.4	成本收益比值的推算
1.5	全部成本的点推定	3.5	成本收益比值的点推算
1.6	全部成本的区间推定	3.6	成本收益比值的区间推算
1.7	联邦政府的行政费用	3.7	是否推算出净收益
1.8	非联邦政府（地方政府）的行政费用	3.8	净收益或成本收益比值的推算
1.9	生产者成本	3.9	净收益和成本收益比值的推算
1.10	全体成本的最可能值和区间推定	3.10	净收益的点推算和区间推算
2 收益的推算		3.11	净收益的点推算或区间推算
2.1	收益的描述	4 备选方案的评价	
2.2	收益的定量化（至少有若干个）	4.1	至少给出一个基准值
2.3	收益的货币化（至少有若干个）	4.2	至少给出一个备选方案
2.4	几乎所有的收益全部货币化	4.3	备选方案成本的定量化
2.5	全部收益的点推定	4.4	备选方案成本的货币化
2.6	全部收益的区间推定	4.5	备选方案收益的定量化
2.7	安全收益的货币化	4.6	备选方案收益的货币化
2.8	健康收益的货币化	4.7	备选方案的成本效益比值的推算
2.9	（与健康无关）减少污染的收益货币化	4.8	备选方案的净收益的推算
2.10	（与健康有关）减少污染收益货币化	4.9	备选方案的净收益或成本效益比值的推算
2.11	全部收益的点推定或区间推定	4.10	讨论了多个备选方案
2.12	全部收益的点推定和区间推定		
2.13	与健康有关的收益的货币化		

资料来源：Cecot 等（2008）。

根据上述打分表，丸山达也（2011）计算了日本规制影响分析的得分状况，如图 3 - 13 所示。从纵向来看，从 2007 年的 0.28 分减为 2009 年的 0.19 分，呈现下降的趋势。从各省厅的得分状况来看，经济产业省的得分最高，为 0.36 分；公平交易委员会最低，仅为 0.12 分。

日本各年度规制影响分析重要项目的实施状况如表 3 - 14 所示。

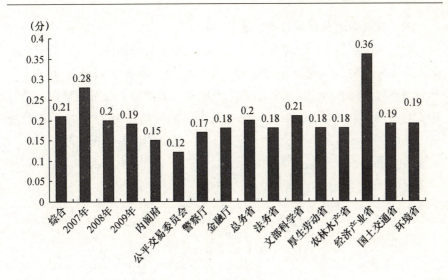

图 3-13 各政府机构规制影响分析的得分状况
资料来源：丸山达也（2011）。

表 3-14 日本各年度规制影响分析重要项目的实施状况

年份	2007	2008	2009
成本			
成本的描述（%）	100.0	100.0	100.0
成本的定量化（至少有若干个）（%）	44.8	9.6	9.9
成本的货币化（至少有若干个）（%）	44.8	8.8	9.9
全部成本的点推定或区间推定（%）	34.5	6.4	7.7
收益			
收益的描述（%）	100.0	100.0	100.0
收益的定量化（至少有若干个）（%）	17.2	6.4	4.4
收益的货币化（至少有若干个）（%）	3.4	4.8	3.3
全部收益的点推定或区间推定（%）	17.2	4.8	0.0
纯收益、成本收益（效果）比			
净收益或成本收益比值的推算（%）	13.8	2.4	1.1
备选方案			
至少给出一个备选方案（%）	62.1	78.4	82.4
备选方案成本的定量化（%）	13.8	2.4	4.4
备选方案成本的货币化（%）	13.8	2.4	4.4
备选方案收益的定量化（%）	13.8	3.2	1.1
备选方案收益的货币化（%）	0.0	2.4	1.1
净收益或成本效益比值的推算（%）	13.8	2.4	0.0

资料来源：丸山达也（2011）。

三　规制影响分析的日美欧比较

如图 3 – 14 所示，从整体来看，日本规制影响分析的质量要低于欧美国家，比如欧盟的平均得分为 0.45，重要规制影响分析得分为 0.71。另外从趋势看，2007 年的 0.55 分高于 2003 年的 0.4 分，处于质量提高的态势。美国环保总署（EPA）在过去 17 年中的平均得分为 0.71，相对最高，不但高于日本的平均，而且高于日本的最高省厅的 0.36 分。

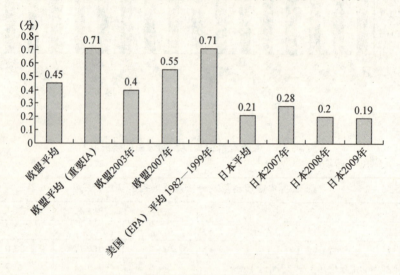

图 3 – 14　日美欧规制影响分析质量的得分状况

资料来源：京都大学经济研究所（2010）。

表 3 – 15 为 2003 年和 2007 年欧盟成员国规制影响分析重要项目的实施状况，虽然其他项目的定量化和货币化分析比例提高，但是，针对收益而言，定量化和货币化的比例反而有所下降。

通过与欧美各国的比较，京都大学经济研究所（2010）认为，日本规制影响分析的质量问题主要表现在以下几个方面：第一，实施成本定量化和货币化的规制影响分析评价书太少。欧盟的评价书中约有 40% 实施了点推定或区间推定，而日本只有 10%。第二，实施收益的点推定或区间推定的欧盟评价书占 20%，而日本不足 10%。第三，实施了净收益分析或成本效益比分析的欧盟的评价书占全部的 20%—30%，日本为 3% 左右。第四，对备选方案实施定量化或货币化分析的欧盟的评价书占全部的 10%—40%（各年度不同），日本不足 5%。第五，从得分状况来看，欧盟处于上升态势，而日本处于下降趋势。

表 3 - 15 欧盟成员国规制影响分析重要项目的实施状况 单位:%

	欧盟（2003）	欧盟（2007）
成本		
成本的描述	60.0	96.0
成本的定量化（至少有若干个）	40.0	84.0
成本的货币化（至少有若干个）	40.0	76.0
全部成本的点推定或区间推定	29.0	52.0
收益		
收益的描述	93.0	100.0
收益的定量化（至少有若干个）	67.0	40.0
收益的货币化（至少有若干个）	53.0	40.0
全部收益的点推定或区间推定	20.0	20.0
纯收益、成本收益（效果）比		
净收益或成本收益比值的推算	27.0	24.0
备选方案		
至少给出一个备选方案	87.0	100.0
备选方案成本的定量化	13.0	64.0
备选方案成本的货币化	7.0	60.0
备选方案收益的定量化	33.0	28.0
备选方案收益的货币化	13.0	24.0
净收益或成本效益比值的推算	27.0	12.0

资料来源：Robert Hahn 和 Paul Tetlock（2008）。

四 日本提高规制影响分析质量的改进方向

自 1966 年丹麦政府首次导入规制影响分析以来，绝大多数欧美国家已经实施了该制度。截至 2008 年，30 个 OECD 成员国全部导入了规制影响分析（Claudio M. Radaelli，2010）。就政府的重视程度和实施数量而言，日本处于中等偏下的水平（京都大学经济研究所，2010）。这样的结果与日本导入该制度的时间较短有一定的关系。为了提高日本规制影响分析的质量，丸山达也（2011）和日本总务省行政评价局认为日本应该从制度安排上着手解决。

综合欧美的规制影响分析评价制度，日本总务省行政评价局提出了日本实施制度建设的方向，具体构想如表 3 - 16 所示。针对规制影响分析的

表 3 – 16　　　　　　　　日本政府规制影响分析的制度设计

	评价方式、时间和概要	实施主体	评价对象的选定	评价的视角
与制定规制同步实施	1. 规制影响分析：在导入、修改和废除时实施，尽可能实施定量化分析，以求与利益相关者沟通	制定规制的中央省厅	全部	必要性、有效性和效率
	2. 对规制影响分析的评价：以提高规制的质量和改善规制影响分析的内容为目的，重视负责管理评价制度的省厅与主管省厅的沟通	负责管理评价制度的省厅		必要性、有效性、效率性、手续的适当性
规制实施以后	1. 规制影响分析的"综合评价"：对于经过上述第二步的规制影响分析实施评价；对评价方法实施评价	第三方机构（会计检查院）	抽样实施	
	2. 项目评价：规制实施一段时间以后，规制的被遵守状况、预想效果的实现状况、实施规制的最佳方法等	制定规制的中央省厅、第三方机构（会计检查院）		规制的被遵守状况、规制的有效性和经济性

资料来源：根据日本总务省行政评价局资料整理。

事前评价，行政评价局建议规制主管省厅和第三方负责管理评价制度的省厅同时进行，前者的主要任务是编制规制影响分析，并通过此过程尽可能多地获得相关团体的理解和支持。后者主要是评价规制影响分析报告书的水平，提出改进建议，同时积累好的案例和手法，并将其在各省厅的规制影响分析中普及。

日本会计检查院是根据宪法成立的独立审计机构，既不隶属于日本议会，也不隶属于日本政府和司法部门，主要职责是依法对各级政府和接受政府财政援助的社会团体收入和支出情况实施检查。因此通过独立于政府各省厅之外的会计检查院的抽样检查，可以避免政府各部门之间的相互"包庇"，提高规制影响分析的效率。

项目评价属于规制影响分析的事后评价，日本总务省行政评价局建议通过两个部门分别抽样实施。制定规制的中央省厅实施项目评价的目的是调查规制的被遵守状况及实际的成本效益与规制影响分析中的成本效益分析的差异及其产生的原因，以便积累经验，为以后的影响分析提供经验教训。会计检查院的项目评价除以上目的外，还有一个监督政府的作用。

　　除完善规制影响分析的制度体系外，丸山达也（2011）建议，在中央各省厅设立专职的规制影响分析员，通过跨省厅培训、案例开发与共享、扩大与学术界的交流，支持相关领域的学术研究来提高规制影响分析的整体水平。

第四章　日本电信行业的规制改革

第一节　电信行业规制改革概述

一　竞争的导入与展开

1985 年日本制定和实施了《电气通信事业法》，该法打破了成立于 1952 年的日本电信电话公社（简称"电电公社"）在国内电信领域的垄断地位，导入了竞争机制（成立于 1953 年的日本国际电信电话株式会社垄断着日本的国际通信业务，1997 年该公司被许可进入国内通信业务；1998 年日本废除了《国际电信电话株式会社法》，使国际电信电话株式会社从特殊法人变为一般的股份制企业，同时许可其他电信企业进入国际电信业务）。同年日本对电信电话公社实施股份制改革，使其从公共企业转变为国有民营的股份制公司，即日本电信电话株式会社（NTT）。

从各国实践看，电信领域的竞争主要体现在两个方面：一是基于设备的竞争，即电信企业通过购买和保有通信设备提供电信服务；二是基于服务的竞争，即电信企业通过租用其他电信企业的通信设备提供电信服务（IP 化下竞争规制定恳谈会，2006）。日本通信产业的竞争政策主要是在促进上述两种形式的竞争的同时，平衡鼓励企业设备投资与促进竞争之间的关系（水野敬三，2005）。

为了促进基于设备的竞争，日本政府主要在三个方面采取了措施：一是为新设立的电信企业铺设通信网络提供用地等物理上的方便；二是为地方政府等光缆通信设施拥有者将通信设备租给电信企业提供方便；三是促进网络接入的多样化，包括开发和普及无线网络、鼓励有线电视企业和电力企业利用自有网络提供通信服务。

针对基于设备的竞争而言，新设立的电信企业在决定通过自有设施提供电信服务时，除要购买相应的硬件设备以外，还要通过铜线或光缆把这些设备连接成可以传送语音或数据等的通信网络，如果新企业通过自己铺设电线杆和地下管道的方式实现上述目的，不但投资额巨大，而且可能因为地形地貌的限制无法实现。另外，一些在位的企业（比如 NTT 系列的企业、电力公司、铁路运输企业等）在之前的设备投资中，已经完成了电线杆和地下管道等基础设施的土建工程，如果新设立的电信企业能够租用这些设施，必将大大促进电信领域的竞争，从而增进社会整体的福利。但是，如果上述租借行为完全依靠市场机制，则处于强势地位的几家在位企业很可能通过合谋等方式人为抬高租金，或是将这些设施优先或低价出租给与自己有资本关系的企业，形成垄断势力的延伸，从而违反公平竞争的原则，因此需要政府部门的介入。

至于政府介入程度，日本政府考虑即使在同一地区拥有这些设施的企业也不止一家（至少有 NTT 和本地区的电力公司），因此这些设备不具备瓶颈设施的条件，不需要强制性的行政介入，而是通过指南等形式予以规范。比如日本总务省于 2001 年发布了《公益事业者的电线杆、管道等使用指南》（以下简称《指南》），该《指南》规定，公益事业者包括电信企业、电力公司和铁路运输企业，申请租借方为政府认可的电信企业，租借对象为电线杆、管道等铺设通信线路所需要的设施；租借的基本原则是公正性、公平性、透明性和效率性。

《指南》共有 16 条，主要包括租借时间（5 年为一期）、关于租借可否的回答期限（2 个月以内）、拒绝租借的原因（空间受限、技术上不可行等）、租金的计算方式、使用规则、遭遇自然灾害等的处理办法等。其中，《指南》第 13 条规定，设施所有者要根据本指南的内容和自己的实际情况，制定并在网络上公布具体的实施细则。根据《指南》的附加条款的规定，每年的 4 月 1 日，总务省要根据实际情况讨论指南内容的实效性，并适时修改。截至 2012 年，共修改了五次，其中最后一次的修改内容是把移动通信网络的铁塔纳入租借对象范围。

根据日本总务省综合通信基础设施局在 2011 年 9 月公布的资料（《通过开放通信设施促进竞争》），截至 2009 年，设施所有者共出租电线杆 3090 万根，管道等 13 个（共计 400 公里）。在商谈租借阶段，电线杆被拒绝出租的比例为 0.2%，主要为技术原因和空间受限（约占 92%），其他原因包括设施改造等；管道等被拒绝出租的比例为 6.9%，主要为没有多余空间（约占 94%）。

值得一提的是，作为管道等留作自用的理由，设施所有者必须要有相应的实施计划等作为证明材料，同时要申报备案以便将来验证，从而防止设备所有者的恶意拒绝。同时，为了确保《指南》内容的权威性和可操作性，《电气通信事业法》第 128 条规定，当事双方无法达成租借协议时，可申请总务省依法裁决（主要依据《指南》、各企业公布的实施细则和《电气通信事业法》）。

日本的地方政府等为了行政管理上的需要，在各自的行政区域内铺设了光缆，这些光缆中有相当一部分没有被使用，因此可以出租给电信企业。针对这种情况，2002 年，日本总务省制定了《关于地方政府向电信企业开发光缆的标准手续》，以方便地方政府和电信企业之间的租借谈判。根据 2011 年 3 月总务省综合通信基础设施局公布的资料，截至 2010 年 11 月，日本共有 826 个地方政府铺设并保有光缆，总长度为 419 万公里，其中可开放供外界租用的长度为 179.2 万公里，已经租借给电信企业的光缆长度为 134.4 万公里。

促进网络接入多样化的具体措施包括放松规制，许可电力企业和有线电视企业提供电信服务。比如 2002 年，东京电力公司取得第一种电气通信事业者的资格，开始向东京的部分地区提供光缆到户（FTTH）的电信服务。另一种基于设备的竞争方式为无线接入技术的开发和普及，主要是 2.5GHz 的宽带无线接入技术。

基于服务的竞争主要指新设立的电信企业通过接入 NTT 的固定电话网络，向消费者提供电信服务，其实质是利用 NTT 的设备，提供与 NTT 相同或相近的服务，两者之间主要通过价格、服务质量或服务内容进行竞争。日本政府促进基于服务竞争的主要措施为 1997 年开始导入的接入规制政策，以及后来的用户线共享制度、直收电话制度等。

二　接入规制及其种类

日本针对电信企业的接入规制分为一般接入规制、第一种指定电气通信设备制度和第二种指定电气通信设备制度三类。一般接入规制针对所有拥有硬件通信设备（用户线、交换机、电话网等设备）的企业，规定其有承担其他电信企业要求接入自身通信网络的互联互通义务。

第一种指定电气通信设备制度针对固定电话的用户线数量超过本地区用户线总数 50% 以上、提供固定电话语音服务（1997 年导入）、数据服务（2001 年导入）等电信业务的企业，规制内容主要是接入合同的审批和公开制度、接入价格的计算方法规制、网络改造计划的提前申报备案和公开制度等。

第二种指定电气通信设备制度针对拥有移动用户数量超过本地区移动客户总数 25% 以上、提供移动电话语音服务、数据服务等电信业务的企业，规制内容主要有接入合同的登记备案制（2001 年导入）和接入价格的计算方法规制（2009 年导入）。

日本电信行业接入规制的制度建设起源于 1985 年的《电气通信事业法》，该法首次导入了电信企业之间的相互接入制度，但当时这种接入制度以当事者双方自由谈判为主，只有当出现争议致使无法达成协议后，一方当事人向政府主管部门（当时为邮政省）申请调解时，邮政省根据《电气通信事业法》授权，可以履行裁决权、要求当事人变更合同内容的权力和要求当事人必须参与接入谈判的权力（电气通信审议会，1996）。

实际上，随着竞争的展开，因为在位的电信运营商（主要是 NTT）担心自己的业务被新设立的电信企业侵蚀，对于接入谈判消极应对，双方矛盾不断升级，而且接入价格居高不下（相对其他发达国家而言）。针对这种情况，根据电气通信审议会在《关于电信接入的基本规则》（1996 年12 月 9 日）中提出的建议，1997 年日本对《电气通信事业法》等相关法律做了修改，导入了一般接入规制和第一种指定电气通信设备制度。2001年根据审议会提出的《关于修改接入规制的问题》的建议，日本政府又导入了针对移动电话的第二种指定电气通信设备制度，同时将用于传送数据（主要是宽带）业务的设备纳入第一种指定电气通信设备的范围。2008 年日本政府又一次修改《电气通信事业法》，将智能电话网纳入第一种指定电气通信设备的范围。2009 年再次修改上述法律，进一步完善了第二种指定电气通信设备制度，将接入价格的计算方法纳入规制范围，同时编制《第二种指定电气通信设备制度运用指南》，指导移动电话通信设备的功能细分、接入成本的计算方法和步骤等现实问题。

三　行业进入和退出的规制改革

根据 1985 年《电气通信事业法》，为了确保电信服务业务的稳定供给，当时日本根据电信企业是否拥有电话网、交换机等相关通信设备，将其分为第一类电气通信企业和第二类电气通信企业。对于申请设立拥有设备的第一类电信企业实施严格的进入审批制度，主要审查企业的资金能力和技术力量，以及当时电信服务的供需状况，如果邮政省认为批准企业设立有可能造成供大于求，则即使资金能力和技术力量通过审查，新的电信企业也不得设立。同样，已经运行的第一类电气通信企业没有政府许可，不得变更电信服务的种类（比如市内电话、长途电话、国际电话等）、不得退出电信服务领域、对电信服务的价格和服务内容实施审批制。

对于租用第一类电气通信企业的通信设备提供电信服务的第二类电气通信企业，日本实施的是资格认证或登记备案制度，服务内容和价格则完全依靠市场调节，政府不予干涉。

1997 年，日本废除了电信领域的供需调节制度，对第一种电气通信企业的审批内容放松为对技术、资金等方面的审核。2004 年，日本进一步废除了第一种和第二种电气通信企业的分类规制框架，将进入审批制放松为资格认证或登记备案制，行业退出规制简化为登记备案制。同时，对服务内容、服务条款和价格等原则上实施市场机制（NTT 的市内语音通话除外）。

四　非对称规制

在日本，电信领域的非对称规制主要指与其他电信企业相比，政府对 NTT 系列企业实施更为严格的规制。针对日本的现实并借鉴国外的经验，日本电气通信审议会（2000，2002）提出了四点建议：第一，在日本电信领域导入市场主导者概念，并对其实施有针对性的规制办法。第二，降低对非市场主导者的规制水平。第三，废除 1985 年导入的分类规制的办法。第四，将规制重点从事前规制变为事后规制，强化对消费者权益的保护和争端解决机制。对于市场主导者的认定，电气通信审议会建议根据市场份额、销售额、通话时间（回数）、瓶颈设施的有无等综合判断。

实际上，日本电信领域的非对称规制始于 1997 年的"第一种指定电气通信设备"制度，之后于 2000 年开始导入的针对 NTT 基础电信业务（市内通话等）价格上限也是非对称规制的内容之一，电气通信审议会于 2000 年和 2002 年提出的政策建议中又增加了对市场主导者的行为实施规制的内容。2003 年，日本修改《电气通信事业法》，废除了 1985 年的分类规制（2004 年开始实施），开始实施以市场主导者为重点规制对象的非对称规制，规制框架及其内容如图4-1所示。另外，表4-1为日本电信产业的规制改革过程和主要内容。

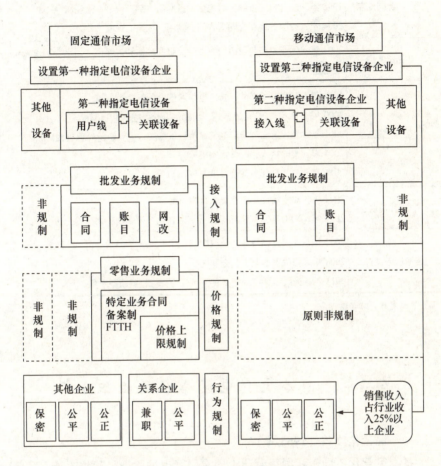

图4-1 日本非对称规制框架和内容

资料来源：笔者整理。

表4-1 日本电信产业的规制变迁

进入退出规制	1997年，废除供需调节审查 2004年，废除第一种、第二种规制手法改审批制为资格认证和登记备案制
外资规制	1998年，原则上废除外资规制，但政府需保有NTT控股1/3以上，外资保有NTT控股1/3以下，NTT控股需全部持有NTT东和NTT西的股票，外国人不得担任上述三家公司的董事、监事

续表

价格、合同规制	1995 年，移动电话价格改审批制为事先登记备案制
	1998 年，改价格审批制为事先登记备案制，NTT 价格上限规制
	2004 年，废除价格和合同内容的备案制，原则上自由
消费者保护	2004 年，休业或停业前的周知义务，服务条件的解释说明义务，顾客投诉的迅速处理义务
接入规制	1997 年，互联互通义务，指定电气通信设备制度
	2000 年，导入 LRIC 定价方式，功能细分化，空间共享制度
	2001 年，导入第二种指定电气通信设备制度，设立纠纷处理机构
	2004 年，废除接入合同备案制度
	2011 年，接入会计整理公布义务（移动）
非对称规制	2001 年，对市场优势企业导入行为规制
	2011 年，NTT 东和 NTT 西会计分离的强化行为规制扩大至子公司
普遍服务义务	2002 年，导入普遍服务基金制度
	2006 年，修改普遍服务基金制度
	2011 年，光缆电话在一定条件下可视为提供普遍服务对象

资料来源：笔者整理。

第二节　日本电信电话公社的组织分拆

一　民营化改革（1985 年）

日本民营化不同于我国民营化，国有民营也被称为民营化改革，我国则多称其为股份制改革。

日本对电信电话公社（以下简称电电公社）实施改革的建议起源于 1981 年的第二次临时行政调查会（以下简称调查会）。调查会认为，垄断经营和一家独大直接导致了电电公社的冗员低效，而且国有国营的企业性质使其难以排除政治的影响，不能自主经营。比如 1978 年以后电电公社虽然实现了电话转接的自动化，但是却无法裁减多余的员工，只能通过减少招聘数量和自然退休的消极办法实现对职工数量的调整，从而形成了冗员低效的经营局面。如表 4 - 2 所示，电电公社的人均销售额不仅低于同样提供电信服务的国际电信电话公司，而且远远低于同时垄断经营的东京电力和东京煤气，同时也低于纯民营企业的新日铁（因为产业不同，这种比较的科学性有待讨论，只作为参考）。因此调查会认为应该对其实施民营化和分拆改革，至于具体的改革方式，则建议成立委员会另行讨论。

表4－2　　　　　日本部分企业人均销售额（1983年）

	电电公社	国际电信电话	东京电力	东京煤气	新日铁
销售额（亿日元）	44994	1921	37118	7421	26597
员工数量（千人）	318	7	40	13	68
人均销售（百万日元）	14	29	93	58	39

资料来源：林铉一郎（1985）。

作为参考，电电公社的人员状况如表4－3所示。值得一提的是，因为1985年日本在电信领域开始导入竞争机制，为了应对这种政策变化，电电公社将销售部门的人数从改制前的37600人猛增至60100人，占全部员工的将近1/5。

表4－3　　　　　日本电信电话公社人员状况（1979—1985年）

年度	1979	1980	1981	1982	1983	1984	1985
业务部门	—	59200	57000	55300	53300	53400	41700
维修部门	—	113300	113800	113500	112500	111800	102800
销售部门	—	35500	36900	37400	37500	37600	60100
电报部门	—	15700	15400	14900	24500	12500	9700
其他部门	—	103500	103600	102200	99700	98300	89700
总人数	328700	327200	326700	323300	317500	313600	304000

资料来源：日本邮政省《通信白皮书》1980—1985年版。

对于调查会的建议，当时电电公社的主管部门邮政省表示反对，其理由是放松政府规制可能会使企业利用现实中的垄断性任意提高工资待遇，从而导致通信服务费用的上涨。自民党的通信族议员也提出三点反对理由：第一，无法确保公民通信的隐私；第二，可能使高成本的偏远地区居民失去获得通信服务的权利；第三，无法保证日本在通信领域的基础研究和高端研究（当时由电电公社负责实施）。叶芳和（1991）认为，虽然邮政省和族议员的反对有一定的道理，但是其根本原因在于不愿意失去对电电公社的控制权。

当事者电电公社同意实施民营化改革，但是坚决反对任何形式的分拆。这是因为企业的公社性质伴随诸多的政府限制，比如电电公社的年度预算需要经过议会的批准、工资待遇等不能随经营业绩而变、对外投资需要经过法律的特别批准、通信服务费用由国家决定等。为了排除限制，电电公社同意实施民营化改革，但是又不愿意失去垄断权，因而反对分拆。

调查会认为，邮政省和通信族议员列举的改革弊端可以通过具体的制度设计加以避免，因此坚持实施民营化和分拆改革同时逐步放开通信领域，导入竞争机制。考虑到电信行业的特殊性，调查会建议将电电公社分拆为负责经营电话网络的基础设施公司（一家）和负责地方通信服务的业务公司（数家），组织形式为政府独资的股份制公司，之后根据情况逐步减少政府的持股比例。1985 年，日本议会通过了《日本电信电话株式会社法》，电电公社正式改组为国有独资的日本电信电话公司（以下简称 NTT），由于电电公社的强烈反对和族议员的支持，1985年的改革没有实施分拆，提出了 5 年以后（1990 年以前）重新讨论该问题的附加条件。

为了保证国家对通信领域的控制权，1985 年的《日本电信电话株式会社法》规定，政府必须持有 NTT 1/3 以上的股份、外资持股不得超过1/3、NTT 具有提供电信普遍服务的义务、负责电信行业的基础性研发和相应的技术普及等。

二　会计分离（1990 年）

1987 年，NTT 在东京证券交易所上市，日本政府以此为契机，逐步通过股市减少自己的持股比例。针对 NTT 的组织分拆问题，电气通信审议会于 1988 年开始研究，并于 1989 年提出了三种初步分拆方案：横向分拆，组建若干家区域性通信公司；按业务分拆，组建一家市内通信公司和一家长途通信公司；按业务分拆，组建若干家市内通信公司和一家长途通信公司。最后综合各方意见，1990 年，电气通信审议会在最终的政策建议中建议政府按业务分拆 NTT，组建一家市内通信公司和一家市外长途通信公司，并于 1995 年前完成分拆工作（电气通信审议会，1990）。

上述最终方案公布后，由于股东担心分拆后失去垄断优势的 NTT 的盈利能力，纷纷抛售股票致使股价大跌，使当时持有 65.1% 的 NTT 股份并择机继续实施减持计划的大藏省坚决反对分拆建议。最后执政党的自民党代替政府提出了"暂时搁置分拆方案，5 年以后再行讨论；对 NTT 加以若干限制，确保公平竞争"的意见（NTT，2006）。

自民党提出的公平竞争条件主要包括：①实施会计分离，具体方式为导入事业部制，在 NTT 内部设立长途通信事业部（竞争性业务）和若干区域通信事业部（垄断性业务），公布各事业部的收支状况；②禁止竞争性业务和垄断性业务之间的交叉补贴，事业部之间的交易条件要等同于与其他电信企业之间的交易条件；③实施通信网络的公开化，确保内外部接入条件和接入价格的一致性；④对移动通信业务实施结构分离；⑤将通信终端设备销售业务和卫星通信业务适时分离；⑥提高经营效率等 18 条具体措施。

1990 年的制度改革只是推迟了讨论分拆的时间，并没有从根本上解决问题，所以，从 1994 年开始，设立在邮政省内部的电气通信审议会又开始讨论上述问题。同期，隶属首相的行政改革委员会下设的放松规制小委会、日本公平交易委员会、日本经济团体联合会（经团联）也分别设立专门的委员会，探讨 NTT 的分拆问题。为了促进通信领域的竞争，应该将 NTT 的垄断性业务和竞争性业务实施分拆是这些政府部门或民间团体的基本观点。

三　结构分离（1999 年）

1996 年，电气通信审议会提出了最终的政策建议，即《关于日本电信电话公司的改革问题》，整个建议分为六个部分，其中包括对 1990 年公平竞争条件的检验、不实施结构改革的后果、组织分拆的具体方案、其他配套措施等。

针对 NTT 是否认真履行了 1990 年提出的公平竞争条件，电气通信审议会通过检查发现，NTT 在竞争性业务和垄断性业务的交叉补贴、接入条件的一致性、接入价格的合理性、电话网络的公开性、经营的效率性等诸多方面存在问题。比如 1994 年，三家新成立的长途电话电信企业的话费收入为 6750 亿日元，其中支付给 NTT 的接入费用就高达 3103 亿日元，占全部话费收入的 49.4%。审议会认为，因为接入价格是基于接入成本计算的，而 NTT 在用户线网络中具有垄断性，所以缺乏提高经营效率的压力和动机，这自然导致了接入价格的居高不下。

如果不对 NTT 实施组织分拆，电气通信审议会认为将会存在如下几个方面的问题：①NTT 将继续通过垄断固定电话网（主要是用户接入线）获得垄断利润，缺乏提高经营效率的压力；②市外长途等需要接入 NTT 用户线的电信业务无法实现公平竞争；③通信服务费用居高不下；④较高的规制成本（用来监督 NTT 是否在遵守公平竞争条件等）。

对此，电气通信审议会提出的具体分拆方案为：①将现有公司分拆为一家负责长途（省与省之间）通信业务的公司和两家负责区域（省内）通信业务的公司；②长途通信公司经营竞争性业务，为一般性质企业，政府逐步减持其股份；③因为区域通信公司垄断着用户线等市内电话网络，经营的是垄断性业务，因此将其定性为履行普遍服务业务的特殊公司（特殊法人），禁止在各自的营业区内经营长途通信、有线电视等关联业务，防止垄断势力的延伸；④上述分拆于 1998 年以前完成。

NTT 坚决反对电气通信审议会的上述分拆方案，其理由是组织分拆引发的资源分散化不利于电信领域研发活动的推进和在全国铺设光缆计划的实施，不利于培养具有国际竞争力的电信企业，不利于普遍服务义务的落实等（NTT，2006）。经过调解，1996 年 12 月，日本邮政省和 NTT 达成协议，设立日本电信电话控股公司（简称 NTT 控股公司），控股公司完全持有长途通信公司（NTT communications）和两家区域通信公司（东日本电信电话公司和西日本电信电话公司，简称 NTT 东日本和 NTT 西日本）的股份，控股公司负责研发业务。

为了防止长途通信公司和两家区域通信公司之间的关联交易等，邮政省于 1997 年更新了 1990 年的公正竞争条件。新的公正竞争条件分为 10条，核心内容为：①长途通信公司与地方通信公司之间不能有管理层的相互兼职；②地方通信公司在接入条件等方面一视同仁；③NTT 控股公司在成果普及等方面一视同仁等。

1999 年 7 月，上述重组工作完成。应该说，与 1990 年的会计分离相比，1999 年的结构分离前进了一步，但是因为经营垄断性业务的区域通信公司和经营竞争性业务的长途通信公司同为控股公司旗下的全资子公司，在缺少有效监督的情况下，NTT 控股公司整体滥用垄断势力和延伸垄断势力的可能性仍然存在（参见第一章有关内容）。

图 4-2 为日本针对 NTT 系列企业实施的非对称规制的主要内容。

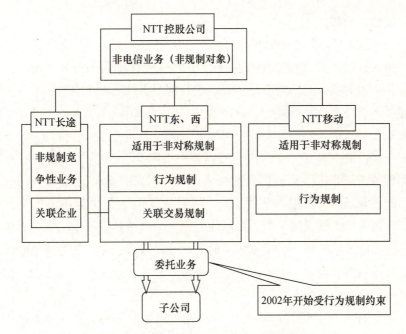

图 4-2　NTT 系列企业实施的非对称规制

资料来源：笔者整理。

第三节　接入规制的种类和内容

一　第一种指定电气通信设备制度

第一种指定电气通信设备制度是根据 1996 年电气通信审议会的建议于 1997 年正式导入的。因为符合条件的电信企业只有 NTT 东日本、NTT 西日本及其在全国各省级地区的全资子公司（2002 年导入），所以该制度是针对 NTT 系统的。换言之，第一种指定电气通信设备制度奠定了日本对强势电信企业实施非对称接入规制的基础。

根据规定，在日本的各个都道府县（相当于我国的省、直辖市和自治区）内拥有本地区 50% 以上固定电话用户线的电信企业，其拥有的电话用户线以及与用户线联系在一起，并且在同一个县域（等同于我国的省）范围内的通信设备（电话交换机、市内电话网等）被指定为第一种指定电气通信设备，这些设备又被称为瓶颈设备或不可或缺设备。

针对这些指定电气通信设备的接入规制主要包括以下内容（电气通

信审议会，1996）。

（一）接入合同的审批和公开制度

接入合同的审批和公开制度是指 NTT 东和 NTT 西的子公司与其他电信企业之间的接入合同需要得到政府主管部门审批后方才生效，而且合同内容要予以公开。根据规定，合同的主要内容包括：①NTT 一方承诺其他电信企业可以接入瓶颈设备的任何部分，NTT 为其接入提供帮助，比如提供用于架设通信线路的电线杆、管路和在 NTT 电话交换局内设置自有通信器材的空间等；②明示接入的技术条件，对所有电信企业（包括 NTT 自己的业务部门）的接入条件相同；③当 NTT 一方的电话用户选用其他电信公司提供的语音服务时，可以使用原有的电话号码；④NTT 一方承诺向其他电话公司的客户提供本公司的电话号码查询服务，并将其他电话公司客户的电话号码写入本公司出版的电话号码本。

（二）会计分离制度

根据 1996 年的建议，日本于 1997 年导入了针对电信领域强势运营商的会计分离制度，即接入会计制度，该制度的核心内容有三点：第一，按照功能而不是设备收取接入费用，当一个设备具有多项功能时，NTT 一方只能针对被使用的功能收取费用。第二，NTT 一方必须将与接入收入和费用相关的财务数据从其他财务数据中独立出来，按照《指定电气通信设备接入收入的成本计算准则》（1997 年邮政省令第 92 号）划分能够计入成本的会计项目，按照《指定电气通信设备接入会计准则》（1997 年邮政省令第 91 号）计算各项成本在各个功能之间的分配。第三，按照收益率规制法计算接入价格。

（三）指定设备的接入点和功能细分

计算接入成本时首先要考虑应该计入成本指定设备的范围及其功能。指定设备的范围与接入点的多少直接相关，比如提供长途电话服务的新设电信公司为了实现与最终客户的联系，需要接入 NTT 的市内电话线网络，二者之间的接入点可以选择加入者交换机，也可以选择中转交换机。当选择在加入者交换机设立接入点时，借用的 NTT 设备包括加入者交换机、用户线等；当选择在中转交换机时，新设电信公司租用的设备还要包括中转交换机、市内电话网，因此所要支付的租金也要相应地增加，如图 4-3 所示。可以说 NTT 设立的接入点越多，新进入公司在租用 NTT 的设备和自购设备之间的选择范围越大，在谈判中越相对有利。

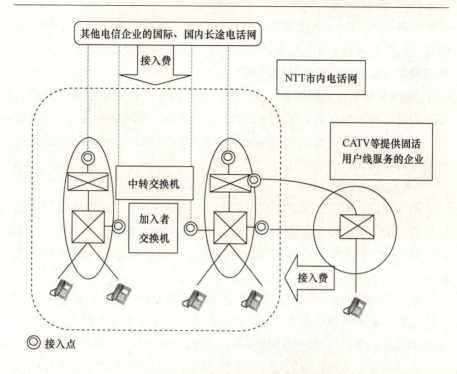

图 4-3 其他电信企业接入 NTT 电话网络

其次是指定设备的功能细分化，或非捆绑化。比如，加入者交换机可能有很多个组成部分，而且每个组成部分的功能不一样，当新设电信公司只租用其语音功能时，它只需对完成该功能的部分支付对价，而不是对整个交换机；又比如用户线除了传递语音信号以外，还可以被用来传递数据，在这种情况下，用户线的折旧、维修等相关费用需要在语音传递功能和数据传递功能之间合理分配。显然，指定设备的功能细分化程度越高，新设电信公司需要支付的对价越有针对性，也越合理，因为这等于是根据租用的功能模块付费，而不是对整体设备付费，相应的支付费用也低。

在接入点的设置和设备功能细分化的问题上，NTT 一方和提出接入要求的新设电信公司之间存在着直接的利益冲突，而且前者因为垄断供给处于明显的优势地位。为此，1997 年的《指定电气通信设备接入收入的成本计算准则》明确指出了计入接入定价的设备范围的原则：新设电信公司提出了接入点和功能细分化的要求；上述要求在技术层面能够实现；上述要求不会给 NTT 一方带来过大的经济负担，而且不影响网络系统的正常运行。凡是符合上述三个条件时，NTT 一方必须按照新设电信公司的要求设置接入点实施功能细分化。

在 1997 年制定功能细分化规则时，NTT 将第一种指定电气通信设备细分为用户线终端设备、用户线、加入者交换机、中转交换机、市内电话网（连接两个加入者交换机的电话线）和中转电话网（连接加入者交换机和中转交换机的电话线）。

（四）接入定价的方法

根据规定，NTT 需按照成本加上合理利润的方法，即收益率上限规制法计算各个功能的接入价格。这里又涉及四个问题，即接入成本的会计项目、成本的计算方法、合理利润的计算方法和电信服务量（通话时间或次数）的计算方法。

根据 1997 年的《指定电气通信设备接入会计准则》，指定设备的成本包括设备成本、销售成本及其一般管理费等间接成本三个类别。计算出总成本以后，通过以下三个步骤在各个功能之间分配（见图 4-4）：第一步，将总成本分为语音通信功能应承担的成本和数据通信功能应承担的成本；第二步，在语音或数据通信成本中，除去专用客户应承担的成本，剩下为一般客户提供语音（数据）通信服务时应承担的成本；第三步，在

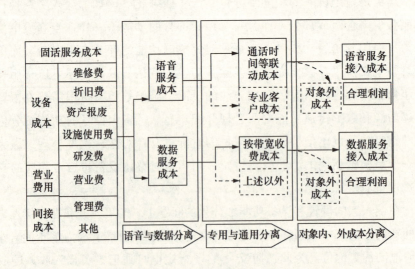

图 4-4　接入定价计算方法

资料来源：根据 1997 年的《指定电气通信设备接入会计准则》整理。

一般客户应该承担的成本中，去掉不能计入接入价格的成本，剩下的就是为实现接入功能付出的成本。成本计算方法是指按照何种会计方法计算通信设备的成本。根据日本总务省（2001 年电信产业的主管省厅）的省令，NTT 先后导入了四种计算方法。①实际成本法，即根据前两个会计年度的实际成本计算本年度的成本。②预测成本法，适用于刚刚导入市场、需求会在未来短时间内有较大增加的通信服务，这种情况下根据预测计算本年度的成本（差别较大时，有事后精算制度）。③长期增量成本法，为的是克服成本方面的信息不对称和 NTT 的低效性，即假设为实现相同功能导入目前最为经济、高效的技术重新构建通信网络的情况下需要的成本，并以此成本为基础计算接入成本。④批发价计算法，针对专用客户（或集团客户），接入成本等于零售成本减去营销费用。

合理利润等于 NTT 自有资本成本、借入资本成本和利润对应的税金。借入资本的利息取各种利息的加权平均数，自有资本收益率按照资本资产定价模型（Capital Assets Pricing Model，CAPM）计算。语音业务需求按照通话时间计算，数据业务需求按照传送的数据量计算出每秒的最大传递速度（比如系统最大传递速度为每秒 100 个单位，则接入企业中每秒传递速度为 1 个单位的负担额为全部的 1%）。

有了上述的数据以后，再根据接入成本和总需求量计算出单位需求成本，比如每秒通话成本或每秒单位传送速度成本，该单位成本与接入企业需求量乘积为该接入企业的总成本，加上合理利润以后为最终支付给 NTT 的接入费用。

（五）职能分离制度

作为会计分离的配套措施，NTT 东和 NTT 西的各家省级子公司要在内部设立固定电话（或宽带）业务批发部门和零售部门。批发部门主要负责指定设备（瓶颈设备）的维护，其客户是申请接入 NTT 指定设备的电信企业，属于垄断性业务。零售部门是 NTT 内部负责销售固定电话或宽带上网服务的业务部门，属于竞争性业务。值得一提的是，批发部门的客户既包括其他独立的电信企业，也包括 NTT 内部的零售部门。具体关系如图 4-5 所示。

（六）通信网络改造、变更计划的备案和公布义务

因为 NTT 电话通信网络在建成之初并没有考虑其他电信企业的接入要求，因此为了实现互联互通的目的，NTT 需要对通信网络进行改造或变

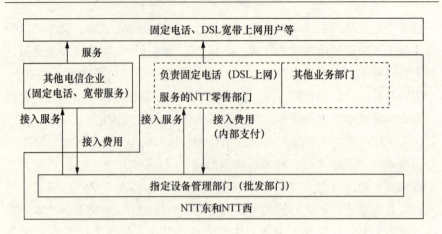

图 4 - 5　指定设备职能分离概念

资料来源:笔者整理。

更等,这就涉及改造的方法、时间和费用等问题。为了确保公平性,日本政府要求 NTT 在实施改造计划六个月前向主管部门备案并公布通信网络的改造计划,具体内容包括:提出接入要求的其他电信企业需要承担的改造费用及其计算方法;网络改造中 NTT 自己使用的功能和其他电信企业使用的功能的具体描述;通信网络的改造、变更计划吸收了其他电信企业的合理建议;政府可以通过行政命令的形式确保其他电信企业的合理建议得到采纳。

此外,第一种指定电气通信设备制度还包括对 NTT 违反公平竞争原则时(比如恶意推迟接入时间、要求接入企业提供不必要的资料等)政府可采取的行政命令及其辅助措施。

二　第二种指定电气通信设备制度

2001 年,针对移动电话领域内接入纠纷多发的现象,日本总务省组织情报通信审议会制定了针对具有优势市场地位的移动电话公司的接入规制,称为第二种指定电气通信设备制度。

(一)2001 年版规制内容

第二种指定电气通信设备制度规定,各都道府县内移动电话用户数量占本地区 25% 以上的移动通信公司,在与提出接入要求的其他电信企业签订接入合同时,需要向日本总务省登记备案,并且将合同内容予以公开;日本总务省认为必要时,可命令其更改接入合同内容(情报通信审议会，2001）。

至于接入价格的计算方法等，2001 年的规制没有做具体的规定，而是由双方谈判而定。鉴于当时移动通信公司的接入价格与国外相比不高，如表 4－4 和表 4－5 所示，所以审议会没有建议采用长期增量成本法，而是认为采用实际费用方式即可。

表4－4　　　　　　1999 年日本主要移动通信公司网络接入价格

移动电话公司	接线价格（日元/分钟）
NTT DOKOMO	18.5
A 社	19.0
B 社	18.7
C 社	18.8

资料来源：情报通信审议会（2001）。

表4－5　　　　　　2000 年移动通信接入价格国际比较

国家	国际电信联盟公布结果						Ovum－interconnect 公布结果					
	日本	美国	英国	德国	法国	意大利	日本	欧洲平均	英国	美国	德国	法国
接入价格（日元/分钟）	18.5	48.3	22.3	32.3	30.7	22.7	18.5	22.96	17.50	26.24	21.87	25.15

说明：Ovum 是一家在世界电信产业界富有权威性的中立咨询顾问公司，主要从事电信与信息技术商业策略研究。

资料来源：情报通信审议会（2001）。

（二）2009 年版规制内容

随着移动电话的普及，2007 年移动电话的通话时间首次超过了固定电话，而且随着 3G（2001）和 3.5G（2007）技术的成熟和产业化，移动电话的数据传送速度有了很大的发展，与固定电话的传送速度不相上下。技术和市场的变化使移动电话的接入问题不仅仅限于移动电话公司之间，一些没有获得无线电频率，但是希望通过接入移动电话的通信网络向移动电话用户提供增值服务的移动虚拟网络运营商（Mobile Virtual Network Operator，MVNO）与移动电话公司接入纠纷逐渐增多。

因为 2001 年制度设计以语音接入业务为主，但是，随着移动虚拟网络运营商通过手机向客户提供音乐、影视和游戏等数据类业务的出现和增加，原有的规制内容已经滞后。主要表现为：首先，在以提供语音服务为主的早期，接入谈判的双方都是移动电话通信公司，在接入需求等方面具有对等性，因此没有对指定移动通信设备实施细分化的需求。其次，因为双方都有接入对方网络的必要性（否则一个网络的用户就无法和另一个网络的用户实现交叉互通），所以谈判双方都有就接入价格和接入条件等达成协议的意愿。但是，随着移动虚拟网络运营商的发展和对移动通信网络接入的需求，双边接入变成单边接入，接入谈判双方的力量和达成协议的意愿有了变化。简而言之，移动通信公司并不积极，它们更希望通过纵向一体化模式，通过自己旗下的公司提供这些电信增值服务。

鉴于双边接入的对等性，所以2001年的接入规制只是确定了接入合同的备案制和公开义务，以保证移动通信公司在接入条件和价格上的一致性，至于设备的功能细分化和接入价格的计算方法等并没有统一的、强制性的规制。对此，具有单边接入要求的移动虚拟网络运营商希望政府能够导入与第一种指定电气通信设备相同的接入规制。

针对这个问题，日本情报通信审议会认为，固定电话网络和移动电话网络的情况不同。NTT旗下的全资子公司在日本所有地区的固定电话用户线中占有绝大多数的比例，具有不可替代性，如果其他公司不接入NTT的固定电话网，就无法和绝大多数用户实现通话或数据接送等电信业务。但是移动电话不同，因为至少有三家电信公司在日本全国范围内提供移动通信服务，所以每家移动电话公司的网络都不具备不可替代性。固定电话的用户线及其相关通信网络具有瓶颈设备的性质，而移动电话的网络不具备瓶颈设备的特点。针对上述客观情况，审议会建议对第二种指定电气通信设备规制手法应与第一种指定电气通信设备的规制手法有所不同，指导性内容要多于指令性内容（情报通信审议会，2009）。

鉴于移动通信领域的接入冲突主要体现在功能细分和接入价格的计算方面，审议会建议编制运用指南，对功能细分和接入价格等作出具体规定，建议拥有第二种指定电气通信设备的移动电话公司参照执行。同时为了保证上述指南的权威性，审议会建议参照第一种指定电气通信设备制度中的接入会计准则，制定相应的会计制度，规定对象企业必须向日本总务省提交与接入收入相关的年度财务报表及财务数据备案，而且需要有注册会计师签字，同时公开财务报表。

2009 年，根据审议会的上述建议，日本修改了《电气通信事业法》，2010 年 3 月日本总务省公布了《第二种指定电气通信设备制度的运用指南》。

三　促进宽带普及的接入制度

该制度主要包括 2000 年情报通信审议会针对 DSL 宽带上网的三项功能细分化。

其一是将 NTT 电话局内部的设备进一步细分，将总配线架与接入交换机分开，在总配线架与接入交换机之间设立相互接入点，提供宽带接入服务的企业可以在收容局内设置提供上网服务的设备，而不必再租用 NTT 的接入交换机（见图 4 - 6），从而大大减少了宽带接入服务商（ISP）的租金和终端客户的上网费用。

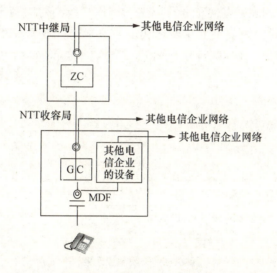

图 4 - 6　中转交换机、加入者交换机和 MDF 的接入

其二是针对用户线的线路共享制度。因为用户线既可以传递语音信号服务，也可以传递数据信息，经过功能分拆以后，包括 NTT 在内的多家电信企业可以使用该用户线同时向客户提供语音服务和宽带服务，用户可以根据价格和质量等选择电信服务商，从而实现即使利用 NTT 的硬件设备，但不一定必须选择该公司提供电信服务的竞争机制（见图 4 - 7）。线路共享制度的导入彻底打破了 NTT 对用户线使用权的垄断地位，极大地降低了宽带上网的价格，促进了日本宽带的普及。

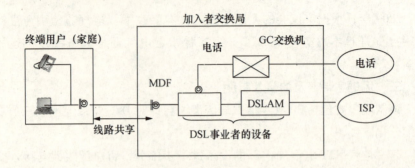

图4-7　线路共享示意

其三是接入规制为干线制度。针对一些用户不再使用固定电话提供的语音服务，而只是利用固定电话的用户线实现上网的需求，干线制度规定包括 NTT 在内的多家电信企业可以使用该用户线同时向客户提供上网服务（见图4-8）。与线路共享制度相似，该制度打破了 NTT 对用户线使用权的垄断地位，竞争机制极大地降低了宽带上网的价格，从而促进了日本宽带的普及。

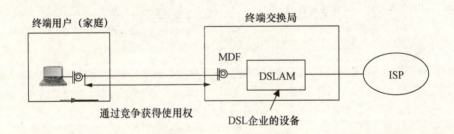

图4-8　干线制度示意

第四节　价格规制的变迁

一　通信服务的价格规制

（一）1985 年民营化改革以前

1952 年，日本电信电话局改组为日本电信电话公社（电电公社），属于公益性企业，为了防止垄断经营产生的弊端，电电公社的所有收费项目都需要经过日本议会审批后方可执行，收费的基本原则为总收入等于总成本，总成本按以下公式计算：

总成本＝营业费＋设备折旧＋税＋利息＋部分建设资金

上述公式中，没有加入自有资金成本，当时的逻辑是电电公社为全资的国有企业，不需要分红；之所以将部分建设资金加入其中，是因为当时要求安装电话的用户数量剧增，因为建设资金不足等原因，电电公社每年新增设的电话数量有限，如表4－6所示。因此，在政府的批准下，电电公社希望通过提高收费的方式筹措部分建设资金，以扩大建设能力。1953年电电公社曾申请将通信费整体提高35%，后大藏省调整为20%，调整范围包括电报费用、电话的月租费和通话费。

表4－6　　　　　　电电公社电话安装数量及其待安装数量

年份	1953	1954	1955	1956	1957	5年合计
安装数量（万部）	21.9	19.7	20.9	22.2	24.1	108.8
待安装数量（万部）	45.9	39.0	36.6	48.8	58.4	228.7
	1973	1974	1975	1976	1977	5年合计
安装数量（万部）	318.1	327.8	289.9	208.4	151.8	1296
待安装数量（万部）	180.8	98.7	48.1	22.9	15.9	366.4

资料来源：高野学（2005）。

1978年，电话的安装能力低于需求的状况得到彻底解决，排队等候安装电话现象不复存在，因此将建设资金纳入总成本的计算方式失去了依据。实际上早在1977年，根据议会的要求，日本政府就成立了专门讨论电信服务收费方式的审议会，会长为一桥大学教授都留重人，根据审议会的建议，新的收费原则仍为总收入等于总成本，总成本按以下公式计算：

总成本＝营业费＋设备折旧＋税＋利息＋必要的公共剩余

必要的公共剩余＝自有资本×自有资本利用率

必要的公共剩余主要用于电气通信设备的改良投资、扩建投资和补贴因通货膨胀引发设备折旧的不足额。根据审议会的观点，因为电电公社每年要按照一定的比例从利润中提取利润剩余金纳入自有资本，因此这种计算方式可以在不增加总成本的前提下，诱导公社提高经营效率、增加利润，进而得到更多的可自由支配的资金（即必要的公共剩余）（高野学，2005）。

实施新的成本计算方式以后，日本电信电话公社先后于 1980 年和 1984 年两次较大幅度地降低通信服务费用。

（二）收益率规制

1985 年，日本对电电公社的经营体制实施民营化改革，同时在电气通信领域导入竞争机制。但是鉴于导入竞争机制的时间不长，完全依靠市场机制难以保证合理的电信服务价格，所以日本对当时的第一种电气电信公司（拥有电话网、交换机等硬件设备的电信公司）实施价格规制，采用的方法为收益率规制。

收益率规制采用总收入等于总成本的原则，总成本按以下公式计算：

总成本 = 营业费 + 设备折旧 + 税 + 合理报酬

合理报酬 = 资产 × 合理利润率(上限 – 下限)

合理报酬包括公司的债权成本和自有资本成本，债权成本相当于 1985 年以前的利息支出，自有资本成本用于支付股东的红利等。合理利润率的计算方式采用的是加权平均资本成本法，其中自有资本成本（即股权成本）的上限为 CAPM，下限为零。

导入收益率规制的目的在于通过控制收益率（特别是自有资本成本）和资产，实现对总成本进而对电信服务价格的控制。

（三）价格上限规制

由于收益率规制法的内在缺陷，往往会引起被规制企业的过度投资，即 A—J 效应。比如根据醍醐聪（1994），1991 年 NTT 拥有的用户线数量为 9226 万条，其中正在使用的回线数量为 6090 万条。按照以往的经验，保有 620 万—660 万备用回线是必要的，由以上数据可知，有将近 2500 万条的备用用户线是多余的，NTT 明显存在过度投资的问题。

2000 年，随着竞争深入，作为电气通信产业规制改革的一环，日本将对第一种电气通信企业的价格审批制度改为登记备案制，但是对于在市内固定电话服务中占有 50% 以上份额的 NTT 则开始采用价格上限规制。

适用于价格上限规制的通信服务最初有三种，即 NTT 的铜线用户线电话及 ISDN 电话的语音业务（话费，包括公共电话）、月租费和企业专用线。随着电信企业之间关于企业专业线竞争的深入，2009 年以后，该服务被划出价格上限规制的适用范围（价格上限研究会，2009）。

价格上限规制的计算方法如下：

当期价格指数=前期价格指数×（1+前期消费者物价指数变化率 − X ± 其他因素）

其中，价格指数 $= \dfrac{\sum \text{各种固话服务的当期价格×该服务的当期供给量}}{\sum \text{各种固话服务的前期价格×该服务的当期供给量}}$，

X 为政府决定的生产效率增加值，其计算方法有两种。第一种以全要素生产效率为基础，计算当年各行业全要素生产效率的均值与电信行业全要素生产效率的差，以此作为 X 的取值；另一种方法根据以下公式计算：

收入×（1+消费者物价指数变化率 − X）^{3} = 营业费 + 设备折旧 + 税 + 合理报酬

日本以三年为一个计算周期，所以上述公式的数值全部为第三年的预测值，换言之，通过使第三年的收入等于支出，从而计算出 X 的取值。其中收入主要是根据以前的数据和固定电话今后的需求状况，按照表4−7的方法计算。

表4−7　　　　　　　　　　　　X 值计算中所需要数据及其计算方式

收入类别	具体的算定方法
用户线的月租收入	用户线数量×单价
省内通话收入	通话回数×每次的通话收入（平均）
公共电话收入	通话回数×每次的通话收入（平均）
114服务台收入	用户线数量×单价
固话打给移动电话的话费收入	通话回数×每次的通话收入（平均）
固话打给050−IP电话的收入	通话回数×每次的通话收入（平均）
普遍服务基金收入	预测

资料来源：价格上限研究会（2012）。

为了达到提高效率的目的，日本总务省通过价格上限研究会对NTT申报的各项费用进行审查。具体而言，日本总务省要求NTT编制未来三年合理化经营计划，提出具体的费用缩减金额；然后研究会通过DEA或SFA等方法计算既定产出下的可缩减的费用金额，然后与NTT提出的缩减金额相比较，以验证其合理性。比如在确定2012年10月至2015年9月三年间的X值时，NTT提出了如表4−8所示的合理化经营计算，其中

具体的费用缩减金额为 2500 亿日元（三年间）。

表 4 - 8　　　　　　　　　　NTT 提出的提高经营效率方案

经营效率化政策	内容
内退后返聘制度	51 岁以上员工从 NTT 东和 NTT 西内退后，旗下子公司返聘，工资降低 15%—30%（从 2002 年已经开始实施）
基本工资冻结制度	基本工资继续保持不变
削减经费支出	减少对各关联公司的外包支出
抑制固话设备投资	停止对铜线用户线和交换机的设备投资（维修更新除外）

　　针对 2500 亿日元的费用缩减是否合理，价格上限研究会通过两种方法进行了验证。第一种方法为 DEA 法，根据 2009 年的数据，可以得出 2009 年度 NTT 东和 NTT 西可以减少的费用约为 623 亿日元；第二种方法为 SFA 法，同样得出 2009 年度可以缩减的费用金额为 895 亿日元。假设该数值同样适用于未来三年，则 NTT 东和 NTT 西在未来三年通过提高效率可以节省的费用分别为 1869 亿日元和 2685 亿日元。

　　特别值得一提的是，因为 NTT 提出的 2500 亿日元是针对所有下属支店的，而 DEA 和 SFA 是针对非效率支店的。也就是说，在所有支店按照相同程度减少 2500 亿日元以后，仍有非效率的支店（相对于 DEA 为 1 的支店而言），所以上述的 1869 亿日元和 2685 亿日元是在削减 2500 亿日元的基础上，仍可以节省的费用（价格上限研究会，2009）。

　　至于为计算合理报酬而需要的资产范围和合理利润率，以及消费者物价指数变化率（过去 3 年的平均值或使用政府部门以及研究机构的预测值）等，研究会也要根据相关规定予以确认，最后得出 X 的预测值范围。2009 年以后，随着数据的积累，研究会开始利用 Tornqvist 计算出过去数年中 NTT 的 TFP 年变化率，然后取其平均数作为未来三年 X 的取值参考。

　　但是在不同的假设条件下，TFP 年变化率的取值很难确定在具体的某一个点，而是在某一范围内变动。对于这种情况，研究会（2009，2012）认为：①实施价格上限规制的目的在于对通过市场机制无法形成合理价格的服务，为了防止垄断利润的产生，通过设定 X 值来促进垄断企业提高经营效率，达到与市场竞争相同的目的。目前日本的电气通信市场正处于过渡期，通过以静态环境为前提计算得出的 X 值缺乏一定的合理性；

②如果使 X 的值大于 CPI，则 NTT 需要在未来的三年降低固定电话的价格，其结果可能延缓铜线用户线电话向光纤 IP 电话的转化进程，延迟 PSTN 网的存续时间，从而使 X 不能在通信网络升级中保持中立性；③如果使 X 的值小于 CPI，则意味着 NTT 将提高固定电话价格，从而获得垄断利润，如果将在固话服务中获得的垄断利润用于 IP 网的建设，从而构成内部交叉补贴，也不符合公平竞争的原则。

鉴于以上原因，研究会建议将 X 值设定为等于年度 CPI，即维持固话价格（名目价格）保持不变。实际上，自从实施价格上限规制以来，只有在第一个三年间（2000 年 10 月至 2003 年 9 月），针对固话通话的 X 设定为 1.9%。其余各个时期，因为上述原因，X 均等于年度 CPI，至于针对固话月租的 X 值，则一直等于年度 CPI。

二　接入定价规制

关于接入规制在前面已经有了较为详细的研究，本部分重点分析 2000 年导入的长期增量成本法（Long Run Incremental Cost，LRIC）。如前所述，根据 1997 年制定的《指定电气通信设备接入价格的成本计算规制》，NTT 东日本和 NTT 西日本根据总成本法计算接入价格，即营业费与自有资本成本、借入资本成本和税金之和。接入价格规制确实降低了新设立企业的接入成本（见表 4-9），但是因为没有将 NTT 在垄断年代经营中形成的过剩雇佣和过剩投资所带来的低效排除在外，致使接入价格仍然相对较高，如表 4-10 和表 4-11 所示。

表 4-9　　　　　　　　日本 NTT 接入价格的变化　　　　　　单位：日元/分钟

接入法	1994 年	1995 年	1996 年	1997 年	1998 年	1999 年	2000 年	2001 年	2002 年	2003 年
ZC 接入	19.78	18.45	14.48	12.93	11.98	10.84	7.65	5.88	4.78	5.36
GC 接入	—	—	6.31	6.19	5.81	5.57	4.95	4.80	4.50	4.37

资料来源：日本 NTT 网页（http://www.ntt.cojp/abart/inolex.hml）。

表 4-10　　　　　　　接入价格的国际比较（1999 年）　　　　单位：日元/分钟

接入法	日本	美国	英国	法国	德国
ZC 接入	10.84	6.56	3.31	6.39	7.32
GC 接入	5.57	4.99	2.27	3.26	3.39

资料来源：电气通信审议会（2000 年）。

表4－11　　　　　　　　接入价格的国际比较　　　　　单位：日元/分钟

	NTT 东和 NTT 西					英国 (BT)	法国	德国	美国
	1998 年	1999 年	2000 年	2001 年	2002 年				
中继交换机（ZC）	11.98	10.84	7.65	5.88	4.78	2.70	4.30	5.58	3.38
加入者交换机（GC）	5.81	5.57	4.95	4.60	4.50	1.86	2.09	2.59	2.16

说明：日本以外的国家为 2001 年数据。

资料来源：价格上限研究会（2009）。

　　根据定义可知，LRIC 是假设按照目前最有效率的方法重建通信网络情况下的成本，而不是历史成本，所以可以克服历史对现在的影响。另外，1998 年日本开始放宽外资对日本电信市场的准入规制，进入日本电信产业的外资企业需要接入 NTT 系统的通信网并支付相应的费用，与其他国家相比高额的接入价格遇到了外资企业的抵制，并最终转化为国与国之间的贸易谈判内容。比如 2000 年日本的北海道峰会以前，美国政府明确提出希望日本采用 LRIC 方式计算接入价格。

　　在这种内外压力下，日本政府承诺于 2000 年开始导入 LRIC 方式。

　　实际上，早在 1996 年电气通信审议会设计接入规制制度时，曾经考虑过 LRIC 方式，并于 1997 年成立了 LRIC 方式研究会，讨论日本导入 LRIC 方式的具体计算方法和模型的设计（高野学，2003）。为了计算 LRIC 方式下的接入价格，将电话通信网络分为四个模块，即用户线模块、网络模块、交换局模块和费用模块，如图 4－9 所示。

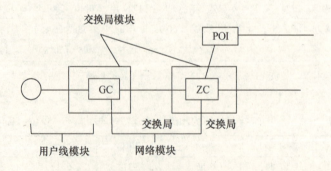

图4－9　长期增量成本法的模块构成

资料来源：日本总务省（2002）。

　　用户线模块根据某个地区对用户线的需求数据，按照目前最为高效的方式配备用户线，计算出铜线（或光缆）的长度、地下管道的长度、引线长度和配线长度等设备需求量。网络模块主要是根据用户线模块计算出的结果和给定的通话数量（时间和次数）计算出所需交换机数量、连接交换局之间电话线的长度及其施工量等。交换局模块主要是根据网络模块的计算结果，进一步计算出交换局内容纳上述设备所需的空调设施、电力设施及其建筑物面积等。上述三个模块计算得出的设备量成为费用模块中计算设备投资的基础数据，在费用模块中，主要是根据上述设备投资额计算折旧、自有资本、借入资本、税金、固定资产总额等，最后得出接入价格，如图4-10所示。

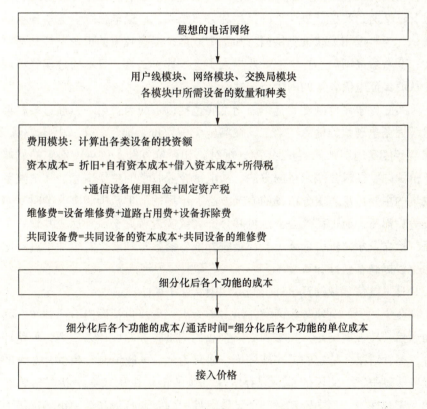

图4-10　长期增分费用方式计算接入价格的方法

资料来源：日本总务省（2002）。

第五节　公平竞争的制度设计与现状

一　电信市场的竞争评价制度

2004 年，日本对《电气通信事业法》进行了大幅度的修改，原则上废除了该产业的市场准入、价格和服务条款方面的审批制度，而是改为资格认证或登记备案制度。政府的规制手段从事前规制转换为事后规制，作为配套措施，日本从 2003 年开始启动竞争评价制度。

根据《电气通信领域竞争评价的基本方针》，该制度的主要目的有三个：①及时准确把握以 IP 化、宽带化和移动化为特点的通信市场的竞争状况；②通过实施竞争评价的过程和公布结果，形成电信产业竞争现状的共识，为制定相关政策提供信息和基本数据，提高政策的可预见性和透明性；③欧盟诸国已经在电信产业导入了竞争评价制度，日本通过实施该制度从而保证电信政策的国际协调性。

实施竞争评价制度的基本原则主要包括以下四点：第一，通过多种渠道掌握竞争现状的信息；第二，在实施竞争评价之前，公布《基本方针》和《年度实施细则》，包括年度分析对象和评价方针、该年度实施的战略评价课题、征求公众意见的方法、从电信企业收集的主要信息、从消费者收集的主要信息、服务市场的界定方法、市场的地理范围和实施的时间安排等；第三，通过征求公众意见和公开会议实现意见交流和达成共识；第四，设立竞争评价咨询委员会，吸收外部专家参与到整个竞争评价过程之中，以提高客观性和科学性。

日本电信领域的竞争评价制度如图 4 - 11 所示。

竞争评价的对象分为两类：第一类为点评价，包括固定电话领域、移动通信领域、网络接入领域和面向企业的网络服务领域；第二类为战略评价，是针对某一特定领域实施评价，通常为随后的政策制定提供针对性的服务。竞争评价的目的是对现存电信市场的市场机构和竞争状况实施客观、宏观评价，不同于针对某个具体案件中的企业行为和滥用市场优势力量的有无所实施的反垄断调查。

在信息收集过程中，针对电信企业的调查分为两次：第一次以全体电信企业为对象收集信息，第二次针对需要补充信息的个别企业实施问卷或实地调研。针对消费者的调研主要通过网络和信件的方式实施。

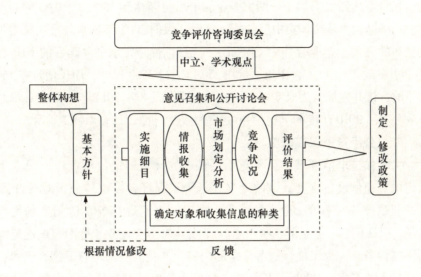

图 4 - 11　日本电信领域的竞争评价制度

资料来源: 日本总务省 (2003)。

竞争状况的分析和评价主要应用以下指标, 即各家电信企业的市场份额、市场集中度 (HHI 和累计集中度)、企业数量、价格推移等。鉴于竞争评价的根本目的在于通过数据分析并结合政府相关政策, 判断电信市场是否处于"存在市场支配企业" (根据自己的意愿可以对产品的价格、数量、质量和种类实施某种程度的影响) 和"其他企业能否有效应对某个支配性企业或某几个支配性企业"的状态, 竞争评价将市场支配力的有无分为两个阶段考察: 第一阶段为存在与否; 第二阶段为滥用与否。这种分类体现了日本政府认可市场垄断结构的存在, 但是禁止垄断行为发生的政策理念。判断是否存在市场支配力量的考虑因素包括范围经济性、规模经济性、网络经济性、切换成本、瓶颈设备等电信产业的市场结构特点和市场成熟度、市场份额、市场集中度、企业数量、价格推移等竞争状况。当数据显示存在市场支配企业时, 下一步将重点判断是否存在约束其滥用市场优势力量的政策等其他力量。在界定市场支配企业时进一步划分为单个企业的市场支配和通过企业间合谋的多个企业的市场支配, 同时考虑市场支配力向上下游产业的延伸。

在具体的认定上，竞争评价参考了日本反垄断法的标准，即单个企业的市场份额达到 50% 以上，两家企业的市场份额达到 75% 以上时，称为垄断的市场结构。从市场集中度的指标来看，根据 2004 年日本公平交易委员会公布的《关于企业合并中反垄断法的运用指针》，水平并购后的 HHI 在 1500 以下或 2500 以上，HHI 增量在 250 以下或 2500 以上，HHI 增量在 150 以下时，该并购被认为对竞争不会造成实质性影响。2011 年 9 月，日本总务省公布了 2010 年度的《电信领域竞争状况评价》，如表 4 - 12 所示。

二　公平竞争保证制度

为了保证电信领域的公平竞争，日本的《电气通信事业法》设立了指定电气通信设备制度，该制度主要是为了保证各家电信公司对 NTT 所有的瓶颈设备的平等、合理的接入。同时，为了防止 NTT 滥用市场优势力量，《NTT 法》设立了一些限制 NTT 及其旗下企业业务范围和地理范围的限制性条款。为了确认这些规定的内容在变化的外部环境下是否仍然有效，日本总务省从 2008 年开始实施公平竞争保证制度，设立该制度的目的虽然不是为了制定新的规制政策，但是如果通过实施该制度确认现行的制度需要修改时，日本总务省将启动相关程序修改法律，以确保法律条款的动态最佳性（日本总务省，2008）。

（一）验证内容

1. 第一种指定电气通信设备制度的验证

指定电气通信设备制度分为针对固定电话的第一种指定电气通信设备制度和针对移动电话的第二种指定电气通信设备制度。针对固定电话的验证主要有以下三个方面的内容：

（1）认定为第一种指定电气通信设备制度的要件是否合理。根据《电气通信事业法》第 33 条和《电气通信事业法实施规则》第 23 条的相关规定，当某家电信企业所拥有的电话回线数量占本地区内电话回线总数的 50% 以上，其他电信企业与该企业电话回线及其相关设备的接入有助于提高消费者利益和对电信产业的整体发展必不可少时，该企业的相关设备被认定为"第一种指定电气通信设备"。所以该项验证主要判断 50%、提高消费者利益、对电气通信产业的发展必不可少这三个要件是否合理。

（2）第一种指定电气通信设备的范围是否合理。根据《电气通信事业法》第 33 条和《电气通信事业法实施规则》第 23 条的相关规定，2001 年日本总务省第 243 号告示规定了第一种指定电气通信设备的具体设

表 4 – 12   2010 年日本电信产业竞争状况

领域			主要指标的分析		竞争状况的评价结果	
	固定市场		NTT 系列公司的市场份额和 HHI	其他需要考虑因素	存在市场优势	滥用市场优势
					今后的注意事项	
固定电话	固定电话		80.8%↓ 6643↓	瓶颈设施，指定电信通信设备规制、对宽带市场竞争的影响	存在，单独	垄断势力延伸
					利用瓶颈设施影响宽带市场竞争	
	中继电话	市内	74.2%↓2228↓	固话市场整体在萎缩	存在 单独或合谋	很低
		省内市外	72.7%→2134↓			
		省外	71.9%→3278↓		市场在持续萎缩，从评价对象中剔除的可能性	
		国际	66.5%→2715↓			
	050 – IP 电话		37.9%↑ 3182→	市场前三企业合谋 市场整体在萎缩	通过合谋	很低
					市场在持续萎缩，从评价对象中剔除的可能性	
移动	携带电话·PHS		47.1%↓ 3386→	市场整体在扩大、NTT 旗下子公司份额较大，市场前三企业合谋、指定电信通信设备规制	存在 单独或合谋	很低
上网	宽带		52.5%↑ 2994→	市场整体在扩大、NTT 旗下子公司份额很大	存在 单独或合谋	防止 垄断势力延伸
					将 FTTH 作为分析重点	
		FTTH	74.4%→ 5703↓	市场整体在扩大、NTT 旗下子公司份额很大，网络电视公司的竞争、指定电信通信设备规制	存在 单独或合谋	防止 垄断势力延伸
					与固话网的关系、智能网的发展状况	
		ADSL	34.9%→ 3258→	市场整体在萎缩、竞争公司之间势力均势，指定电信通信设备规制	存在 单独或合谋	很低
					重点考虑对 FTTH 市场的影响	
		CATV	— 2581↑	市场整体在扩大、来自 FTTH 市场的竞争压力	没有	—
					重点考虑对 FTTH 市场的影响	
		ISP	28.7%↓ 1289→	市场整体在扩大，前三企业影响力减小	没有	—
					重点考虑对 FTTH 市场的影响	

资料来源：日本总务省（2011）。

备名称，所以该项验证主要判断被指定的对象设备是否符合提高消费者利益和必不可少这两个要件。日本总务省根据验证结果设立"重点关注设备名单"，主要记载将来可能需要废除或新增的设备名称。

（3）设备的非捆绑化程度是否合理。设备的非捆绑化是指其他电信企业根据自身的需要，只租用特定电信企业整体通信设备的某个部分或某个功能，并只对租用的设备或功能付费，而不是整体设备付费。显然，设备的分解程度（非捆绑化程度）越低，越符合特定企业（NTT）的利益，而新设的电信企业需要支付的租金越高。根据规定，只要其他电信企业提出设备分解要求，并且在技术上可行，则 NTT 必须提供非捆绑化服务（为提供此分解服务需要 NTT 负担过大的成本时除外），所以该项验证主要根据上述的两个规定判断设备的非捆绑化程度是否合理。

2. 第二种指定电气通信设备制度的验证

关于该项制度的验证主要有两个方面的内容：

（1）认定为第二种指定电气通信设备制度的要件是否合理。根据《电气通信事业法》第 34 条和《电气通信事业法实施规则》第 23 条的相关规定，当接入某家电信企业所拥有的中转通信线路的移动电话终端设备数量占本地区内移动电话终端设备总量的 25% 以上，则该企业的相关设备被认定为第二种指定电气通信设备。该项验证主要判断 25% 的指标要件是否合理。

（2）第二种指定电气通信设备的范围是否合理。该项内容与固定电话的相关内容相同。

3. 禁止行为的验证

该项制度的验证主要有三个方面：

（1）要件是否合理。根据《电气通信事业法》第 30 条和《电气通信事业法实施规则》第 22 条相关规定，拥有第一种指定电气通信设备的电信企业，以及拥有第二种指定电气通信设备的电信企业，且年度移动电话业务收入占该地区全部移动电话业务收入总额的 25% 以上，这两类电信企业的以下行为将被禁止，即将通过提供电信接入服务获得的其他电信企业的相关信息外泄，对提出接入要求的电信企业不能一视同仁，对其他电信企业、电信设备生产企业和电信设备销售企业实施干涉的行为。该项验证主要判断 25% 的指标要件是否合理。

（2）禁止行为是否被落实。日本公平交易委员会在 2008 年版《电气通信领域竞争指南》（简称《指南》）中列举了上述三种被禁止行为的具体事例，因此该项验证主要是依据 2008 年的《指南》检查对象企业（拥有固定电话的指定电气通信设备的电信企业和符合条件的拥有移动电话的指定电气通信设备的电信企业）对禁止行为的落实情况。

（3）是否落实了对关联企业的禁止行为。根据《电气通信事业法》第 31 条规定，拥有第一种指定电气通信设备的电信企业的董事会成员、监事会成员等不能在上述电信企业的母公司、母公司下属的其他子公司内兼任董事、监事等职务，在接入服务和其他电信业务方面不得对上述关联企业提供特殊的关照。同样，日本公平交易委员会在 2008 年版的《指南》中列举了需要特别关照的具体事例，因此该项验证主要查看上述电信企业是否落实了对关联企业的禁止行为。

4. 对 NTT 等公平竞争要件的验证

在 1992 年（将移动通信从 NTT 中分离出去）和 1999 年（将 NTT 进一步分解为 NTT 控股集团公司、NTT 东日本电信电话公司、NTT 西日本电信电话公司和 NTT 长途通信公司）日本政府对 NTT 的组织结构实施调整时，为了防止 NTT 及其旗下企业滥用市场优势力量，阻碍公平竞争，分别导入一系列的限制条件，主要反映在 1992 年日本邮政省（当时电信产业的主管部门）和 NTT 联合发表的《伴随业务分离的公平竞争条件》和 1996 年日本邮政省公布的第 664 号公示《公平竞争基本事项》两个公开文件之中。

此外，为了有效利用 NTT 东和 NTT 西的技术、设备和人才优势，2001 年日本修正了《NTT 法》，许可上述两家公司在一定条件下可以从事县与县之间（等同于中国的省与省之间）的电信业务（在法律修改以前，上述两家公司的各个全资子公司只能从事所在县的县内通话和数据等业务），开设该类业务时需要日本总务省逐个审批。为了保证电信领域的公平竞争，总务省会在批准每项业务的同时，根据《伴随 NTT 东和 NTT 西扩大业务范围的公平竞争指南》提出相应附加条件。比如 2003 年 NTT 东申请开设县与县之间的光缆网络服务时，作为批准该项业务的附加条件，NTT 东必须做到：①如果公司自行铺设县与县之间的通信光缆，则必须公布其他电信企业租用该通信光缆时的条件和费用；②如果公司租用其他企业的现有光缆，必须保证租用手续和过程的透明性和公平性，不能做出有利于关联企业的选择。

所以该项验证主要是依据相关内容,确认 NTT 及其关联企业是否落实了上述的公平竞争要件,上述的公平竞争要件是否需要适时修改。

(二) 具体过程及对结果的应对措施

通常,总务省会分两次分别向电信企业征求这些企业希望验证的具体项目,然后要求对象企业 (主要是 NTT 及其关联企业) 针对这些验证项目作出回应,并将验证结果予以公布,征求公众意见。经过一段时间以后,总务省公布正式的验证结果,同时要求 NTT 等作出整改措施,最后将本年度的公平竞争保证制度的验证结果上报相关的审议会。

比如 2011 年 5 月 17 日日本总务省的综合通信设备局公布了 2010 年验证结果。根据该报告,2010 年 9 月 10 日至 11 月 12 日总务省分两次征集需要验证的项目,然后实施验证。2011 年 3 月 4 日公布验证结果的第一稿并征求意见,截止日期为 4 月 4 日,之后根据意见修改或重新验证,5 月 13 日公布最终的验证结果,并通知 NTT 等做相应的整改,5 月 17 日将验证报告上报给信息通信和邮政行政审议会下属的电气通信小委会。2010 年度的验证报告共涉及 56 项内容,其中 27 项与制定电气通信设备制度有关,29 项与禁止行为的相关规定有关 (日本总务省综合通信设备局,2011)。

根据验证结果,对于违反禁止行为的电信企业和违反公平竞争要件的 NTT 等,日本总务省可以依据《电气通信事业法》和《NTT 法》的授权,直接采取相应的补救措施。对于其他方面出现的问题,比如指定要件、非捆绑化的程度等,日本总务省要在提请信息通信审议会的审议后,根据审议会的意见采取相应的措施。

三　促进宽带普及的公平竞争评价制度

(一) 设立公平竞争评价制度的目的

为了在 2015 年前让日本每个家庭实现宽带上网的政策目标,即光路计划,日本总务省于 2010 年公布了为实现此目标而采取的基本方针,其中包括对 NTT 东和 NTT 西实施功能分离、将禁止行为的适用对象扩大到上述两家公司的子公司、上述两家公司开设新的县外业务时的事先审批制度改为登记备案制度、采用新的计算方法以降低光缆的接入价格、讨论下一代网络 (智能网) 的非捆绑化问题等。

根据日本总务省计划,2012 年上述政策将逐步到位。为了验证基本方针的有效性，日本总务省将在 2012—2014 年实施年度评价，并在 2014 年实施综合评价。如果光路计划的进展情况不容乐观，总务省将采取必要的措施，特别是公平竞争没有得到有效保证时，将进一步扩大瓶颈设备的开放程度，对 NTT 实施结构分离甚至包括所有分离。评价的主要视角包括：①NTT 东和 NTT 西对相关政策的遵守情况；②网络接入费用和市场份额情况；③各相关组织对光路计划的实施状况。

为了实现上述目的，日本总务省在扩充现存的公平竞争保证制度的基础上，从 2012 年开始新设促进宽带普及的公平竞争审查制度，同时废除公平竞争保证制度（其检验内容在该制度下继续实施）（日本总务省，2012a）。

（二）评价内容

1. 对促进宽带普及的相关措施的评价

为了检验宽带硬件设施的铺设状况和实际利用情况，每年调查公布宽带设施到户比率（可利用宽带的家庭数与全部家庭数的比率）和宽带设施利用比率（已经利用宽带的家庭数与全部家庭数的比率），从而寻找宽带普及率低或高的原因；调查公布购买宽带服务的合同数量、提供宽带服务的企业数量、市场份额及其市场集中度，以便把握宽带服务市场变化情况；调查公布消费者的宽带上网价格、网线速度和网络服务提供商的接入价格，从而了解宽带服务消费者的情况；从扩大宽带设施的到户比率、促进 ICT 的利用和完善公平竞争环境三个方面整理、评价中央政府、地方政府和电信企业的各种措施。

2. 对 NTT 东和 NTT 西守法情况的评价

评价的内容除包括公平竞争保证制度中的指定电气通信设备制度、NTT 等公平竞争要件外，增设对上述两家公司的子公司的行为监视。

增设对上述两家公司的功能分离的实施状况的评价内容，即依据《电气通信事业法》第 31 条和《电气通信事业法实施规则》第 22 条的相关规定，根据两家公司落实功能分离的年度报告，评价其进展状况。

根据评价结果，日本总务省可以采取的措施及其实施过程与公平竞争保证制度基本一致。

3. 2012 年的评价结果

2012 年 5 月，日本总务省公布了 2011 年度促进宽带普及的公平竞争评价的初步结果，如表 4 – 13 至表 4 – 15 所示。

表 4 – 13　　　　　　　　日本宽带普及情况　　　　　　　单位:%

	2011 年 9 月末	2010 年度末	2009 年度末
宽带硬件设备到户率	100	100	99.9
宽带利用率	64.7	63.7	61.6
超高速宽带硬件设备到户率	95.1	92.7	91.6
超高速宽带利用率	43.3	40.7	36.0

资料来源：日本总务省（2012b）。

表 4 – 14　　　　　　　宽带上网提供商企业数量

	2011 年 12 月末	2010 年 12 月末
FTTH	228（+21）	207
ADSL	36（-4）	40
CATV INTERNET	362（-16）	378

资料来源：日本总务省（2012b）。

表 4 – 15　　　　　宽带上网提供商市场份额情况（前三名）

FTTH 2011 年 12 月末（%）（2010 年同期份额）	ADSL 2011 年 12 月末（%）（2010 年同期份额）
NTT 东　42.1（42.3） NTT 西　32.4（32.2） KDDI 9.2（9.1）	SOFTBANK BB 38.8（38.3） NTT 东　17.1（17.4） NTT 西　17.6（17.6）
CATV 2011 年 12 月末（%）（2010 年同期份额）	综合 2011 年 12 月末（%）（2010 年同期份额）
Jcom Group 49.9（49.4） JCN Group 9.2（8.8） It's Communications 2.8（2.4）	NTT 东　29.9（28.9） NTT 西　23.9（23.3） Jcom Group 8.5 SOFTBANK BB（9.7）

资料来源：日本总务省（2012b）。

第六节　电信产业的普遍服务

一　电信产业普遍服务的范围

在 2000 年电气通信审议会发布的《旨在推进 IT 革命的电信产业竞争

政策指针的第一次建议》中，根据普遍服务的"生活上的必需性、地理上的全覆盖性和经济上的可支付性"原则，同时借鉴其他发达国家的经验，审议会建议将以下内容定义为普遍服务的范围：①固定电话用户线的铺设和保持、固定电话的市内通话、固定电话的离岛通话（离岛居民与同一区号的其他固定电话之间的通话）；②街头等公共场所设置的公共电话的用户线的铺设和保持、公共电话的市内通话、公共电话的离岛通话；③紧急电话的通话（警察110、火警119和海上救援118）。

这是因为固定电话用户线的铺设和保有是实现其他多种电信服务的基础，而市内电话的通话量占到全部通话量的60%以上，并且由NTT东和NTT西垄断提供，公共电话可以向经济条件各异的市民提供基本的室外电信服务，符合普遍服务的三项原则。至于网络服务和移动电话，审议会认为二者仍处于普及阶段，技术上变化速度快，网络服务的标准速度难以确定、移动电话则难以做到地理上的全覆盖性，所以将其定义为"次时代普遍服务的范围"。

2001年，日本修改《电气通信事业法》，按照建议内容将上述三项服务定义为法定的普遍服务义务。

随着电信产业竞争的深入，一些基本情况发生了变化，比如在2000年，NTT东和NTT西的市内通话时间占全部市内通话时间的96.9%，通话次数占全部的96.5%。但是，随着2001年电信领域导入MY LINE制度（固定电话的用户仍然使用NTT的用户线，但是市内、国内长途、国际长途等通话服务可以在提供该项服务的各家电信公司中选择，该制度在通话领域导入了竞争机制）、2003年直收电话制度（NTT东和NTT西以外的电信公司租用NTT东和NTT西用户线中没有使用的备用线，向固定电话用户提供用户线服务，该制度在固定电话的初装费和月租费领域导入了竞争机制）的导入和展开，NTT东和NTT西以外的电信公司在2005年3月的市内通话中所占比例接近1/3（通话次数和通话时间）。另外，有5家电信公司已经在日本全国范围内提供市内电话服务。据此情报通信审议会认为，即使依靠市场机制，市内通话也可以得到保证，因此在2005年的《普遍服务基金制度指针》的政策建议中，将市内电话不再列入普遍服务的范围。

随着日本总务省"光路计划"的展开，新的问题出现了，即在开发新的住宅小区时，根据"光路计划"，需要将通信光缆铺设至小区内部

（用户线的光缆化），但是因为光缆 IP 电话不属于普遍服务的范围，和铜线用户线不能替代，因此电信公司（NTT 东和 NTT 西）还需要同时将铜线用户线铺设至小区内部，造成双重投资。针对这个问题，情报通信审议会在 2010 年的《关于宽带全国普及过渡期普遍服务的制度设计》的政策建议中，提出了将符合一定条件的光缆 IP 电话纳入普遍服务范围，可以与铜线用户线电话相互替代的建议，以此避免双重投资和对"光路计划"的负面影响。

　　具体条件包括四条：①考虑该制度的目的是避免双重投资，因此该光缆 IP 电话必须是由已经提供铜线用户线固定电话服务的电信企业提供，这样的企业有 NTT 东、NTT 西、KDDI、SOFTBANK、TECHNOLOGY NET-WORK；②为了确保通话质量，光缆 IP 电话必须通过国家电信管理部门的质量认证，获得与铜线用户线相类似的电话号码（区号＋用户号）；③为了促进"光路计划"的实施，该光缆 IP 电话所使用的用户线必须全部是光缆（FTTH）；④考虑普遍服务中"经济上的可支付性"原则，该光缆 IP 电话的月租费不高于 NTT 东和 NTT 西的铜线用户线的月租费 1700日元，如果电信公司租用地方政府的光缆提供光缆 IP 电话时，月租费不高于 1870 日元。

　　作为总结，2010 年以后日本电信产业普遍服务的范围包括：①光缆用户线的铺设和保持、铜线用户线的保持、固定电话的离岛通话（离岛居民与同一区号的其他固定电话之间的通话）；②街头等公共场所设置的公共电话的用户线的铺设和保持、公共电话的市内通话、公共电话的离岛通话；③紧急电话的通话（警察 110、火警 119 和海上救援 118）。

　　二　提供普遍服务的电信企业

　　在 2002 年发布的《旨在推进 IT 革命的电信产业竞争政策指针的第二次建议》制定提供普遍服务电信企业应具备的条件之前，根据《NTT 法》第三条规定，NTT 控股公司、NTT 东和 NTT 西是承担电信普遍服务义务的电信企业。NTT 主要通过地区之间的交叉补贴落实该项义务，但是随着电信产业内竞争的展开和发展，NTT 提出单纯依靠内部交叉已经不足以弥补提供普遍服务所需支出，该项服务的支出需要外部补贴。

　　通常而言，单位面积内用户线的数量越少，铺设和保持（维修）的成本越高，这样的地区被称为高成本地区；反之则是低成本地区，比如日本北海道的夕张地区总共有 3 条用户线，密度几乎为零，每月每条用户线的费用高达 40 万日元，与此相比，札幌地区的费用仅为 1615 日元。因为涉及外部补贴，为了显示公平，情报通信审议会开始讨论提供普遍服务的电信企业应具备的条件，主要体现在 2005 年的《普遍服务基金制度指针》中。原则上讲，任何符合条件的电信企业都可以申请，经日本总务省批准后成为提供普遍服务的电信企业，在履行义务的同时享受相应权利。

对于提供铜线用户线固定电话电信企业而言，主要条件包括以下四点：①拥有程控交换机、电话网等硬件设施；②整理并公布关于普遍服务的收入与支出的财务报表；③承诺对其他电信企业提供电信网络接入服务；④服务范围覆盖全国。

对于提供光缆用户线固定电话的电信企业而言，首先要符合将光缆 IP 电话认定为普遍服务范围的四个条件，然后还要符合铜线用户线固定电话的四个条件。

就日本 2012 年现阶段而言，实际上只有 NTT 控股公司（通过全资子公司 NTT 东、NTT 西具体实施）符合条件。如果符合条件的企业（比如 NTT）不主动申请提供普遍服务义务，则日本总务省可以根据《电气通信事业法》的规定，指定其必须提供普遍服务。

三 普遍服务的成本的计算方法

随着竞争的展开，NTT 东和 NTT 西依靠地区之间的内部交叉补贴无法完全弥补提供普遍服务所需要的费用，需要将该项费用在相关电信企业之间按照一定的原则分摊，但是作为前提，首先需要明确该项费用的具体计算方法。

（一）用户线铺设和保有费用的计算方式

根据 2002 年政策建议，日本最初采用的是利润赤字抵消法。即 NTT 根据日本总务省制定的计算准则，计算出固定电话用户线的维修费用与收入（电话的月租费）、紧急电话、公共电话的市内通话、紧急电话和离岛通话等普遍服务范围内电信服务在盈利地区的利润和在亏损地区的亏损额，如果利润不足以抵消亏损，则余额通过其他电信企业予以分摊。另外，为了消除 NTT 东和 NTT 西的经营低效的影响，在计算亏损地区的成本时，不采用实际费用法，而是采用 LRIC 法。

利润亏损抵消法简单易行，但是，该方法有可能诱使两家 NTT 企业故意降低盈利地区的收费标准，从而不但增加其他电信企业的支出，而且通过低价在盈利地区获得更多的市场份额，这就违反了普遍服务义务的竞争中立性原则，因此情报通信审议会在推荐该方法的同时，建议在相关数据完备后，将计算方法变更为基准成本法。

　　所谓基准成本法是指利用积累的数据，计算出高成本地区的费用，然后按照一定方式对该地区普遍服务相关费用予以补偿。针对日本而言，经过计算以后，情报通信审议会将用户线铺设和保持费用大于日本全国平均值加上 2 倍标准偏差的地区定义为高成本地区，占日本全国用户线的 4.9%。其依据如下：①日本 Telecom 公司在其提供的直收电话服务范围条款中，将全国 6% 的地区排除在外。这意味着该公司认为该 6% 地区内的直收电话服务亏损的可能性较大，该 6% 地区与上述 4.9% 的用户线所在地区有较大的重合性。②日本政府定义的人口稀少地区与 4.9% 的用户线所在地区有 70% 的重合度。③法国于 2001 年导入标准成本法，高成本地区的用户线密度为每平方公里 25 条，日本为每平方公里 20 条。④2004 年导入基准成本法的美国将费用在平均值加上 2 倍标准偏差的地区定义为高成本地区。至于具体补贴金额，则是高成本地区每条用户线的实际费用与全国平均费用差额。

　　在确定了费用计算的基准成本法以后，为了控制外部补贴的过度上涨，2007 年日本总务省修改了补贴金额的计算方法，即将高成本地区每条用户线的实际费用与全国平均费用加上 2 倍标准偏差（原为平均费用加上标准偏差）的差额定为补贴金额，其示意图如图 4 - 12 所示。

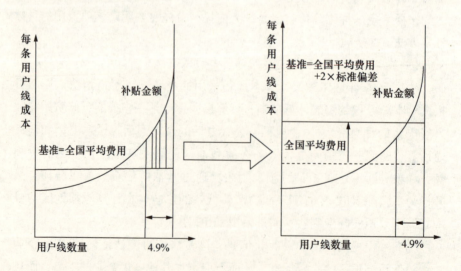

图 4 - 12 　日本电信行业普遍服务中基准成本计算法

随着在低成本地区光缆 IP 电话的普及，低成本地区铜线用户线固定电话的用户逐渐减少，低成本地区铜线用户线固定电话的减少意味着全国平均费用的上升，这将导致其他电信公司对 NTT 补贴金额的减少，如图 4-13 所示，为了缓解低成本地区光缆 IP 电话的增加对普遍服务制度的影响，根据情报通信审议会的建议，2009 年日本总务省做了相应的调整，即在计算全国的平均成本时，使用 2005 年的用户线数据，以此克服上述影响。

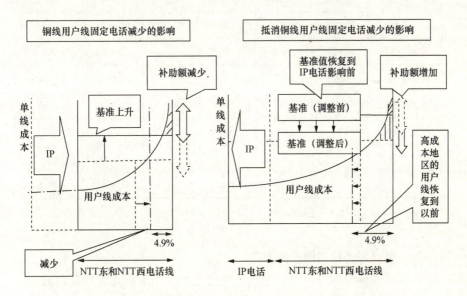

图 4-13　铜线用户线固定电话减少的影响及其抵消措施
资料来源：根据日本总务省资料整理。

（二）公共电话和紧急电话计算方式

根据 NTT 提供的资料，全国范围内公共电话服务一直是亏损的，所以，2002 年的制度设计中对该项服务的补贴金额等于收入与成本的差额。

对于紧急电话，鉴于其他提供语音服务的电信公司同样提供该项服务，考虑到公平性原则，只对高成本地区 NTT 东和 NTT 西的固定电话提供紧急电话服务时的收入与成本的差额提供补贴，在计算成本时采用的是 LRIC 法。

虽然日本从 2000 年就开始设计电信产业普遍服务制度，并在 2002 年和 2005 年作出较大修改，但实际上直到 2005 年，NTT 东日本和 NTT 西日本才在提供普遍服务中出现赤字，需要外部的补贴，如表 4 – 16 所示。

表 4 – 16　　NTT 东日本和 NTT 西日本提供普遍服务中赤字情况（2005 年）

	NTT 东日本			NTT 西日本		
	营业收入	营业费用	营业利润	营业收入	营业费用	营业利润
固定电话	521510	548265	– 26754	52360	543931	– 20471
月租	521510	547725	– 26214	523460	543039	– 19579
紧急通报	—	539	– 539	—	892	– 892
公共电话	1825	4495	– 2670	975	2902	– 1926
市内电话	1821	4483	– 2661	970	2887	– 1916
离岛电话	3	9	– 6	4	12	– 7
紧急通报		2	– 2		2	– 2
合计	523335	552760	– 29424	524435	546834	– 22398

资料来源：根据日本总务省资料整理。

四　普遍服务成本的分摊方法

这里涉及两个问题：其一是哪些电信企业应该承担普遍服务的成本；其二是在这些企业之间如何分摊。考虑电信网络具有外部性，因此凡是从普遍服务维持中受益的电信企业都应该分摊成本。根据此原则，在 2002 年的制度设计中规定，凡是直接或间接接入 NTT 东和 NTT 西的硬件设备的电信企业都应分摊普遍服务的成本，但是考虑到对小企业的扶持，上述电信企业中年销售额在 10 亿日元以下的不分摊成本，此外为了减轻对企业利润的压力，每个企业负担金额上限为销售收入的 3% 以下（当时将要承担费用的电信企业的营业利润率平均为 7%—9%，而运输和通信业的整体平均营业利润率为 3%—4%，所以即使分摊 3% 的费用，这些企业仍然能够达到产业整体的平均利润率）。

每家企业负担的具体金额，按照销售额的一定比例计算。比如符合条件的所有电信企业的销售总额为 R，需要补贴的费用为 C，A 电信企业的销售额为 r，则该公司应承担的费用为 $C/R \times r$。值得注意的是，在计算每家企业的销售额时，只将因为接入 NTT 为提供普遍服务而设置的硬件设备所获得的销售额计算在内，其他如移动电话之间的通话收入、完全利用电信公司自有设备提供服务获得的收入等不计算在内。

2005 年，日本对根据销售额确定分摊费用的方法进行了修改，主要是因为移动电话公司往往将语音服务与数据传送服务（比如电话短信、邮件）捆绑销售，而网络服务提供商往往在提供上网服务的同时，免费提供通话语音服务，而将其费用打包在上网服务中。在上述两种情况中，需要分摊普遍服务费用的语音服务销售收入无法准确认定。为了克服这个问题，经过争取电信公司的意见以后，情报通信审议会共有三种备选方案：一是仍然沿用现存办法，对于无法直接获得的语音服务销售收入，通过模型推算得出；二是将电信公司的全部销售额作为计算的基础；三是根据各家电信公司拥有的电话号码数量分摊费用。

情报通信审议会认为，第一种方法中的推定模型有较大困难；第二种方法对以传送数据为主业的电信公司有失公平；第三种方法使只提供中转电话服务的电信企业（该类型的公司通过租用其他电信公司的市内电话线和自己铺设城市之间的通信线路向客户提供长途电话服务，该类型公司不需要向用户分配电话号码）免除义务，不符合受益者分摊成本原则。针对这种情况，经过第二次征求电信企业的意见，第三种方案获得了多数支持，所以，2005 年以后，开始采用按电话号码数量分摊费用的方法。

具体而言，假如各家电信企业拥有的电话号码总数（包括固定电话、移动电话和小灵通）为 N，需要分摊的费用为 C，A 企业拥有的电话号码数量为 n，则该企业应该分摊的普遍服务费用为 $C/N \times n$。同样，10 亿日元以上和 3% 以下的规定仍然有效。

各家电信公司分摊的费用全部通过增加话费的方式转移给了最终消费者，企业本身并没有承担任何费用。日本电信产业普遍服务费用的外部分摊方式于 2006 年正式实施（补贴 NTT 2005 年的相关亏损），表 4 - 17 为各年度的分摊总额及每个电话号码分摊的普遍服务费用额。

五 普遍服务的运作方式

为了体现公正和效率原则，日本将普遍服务的具体业务委托给日本的电信行业协会——电气通信事业者协会承办。该协会于 2006 年成立普遍服务业务办公室，主要是根据相关的法律法规和 NTT 提交的普遍服务业务专用财务报表，计算出需要补贴的总体金额和各个符合条件的电信企业（2012 年 6 月时点共有 26 家）应分摊的金额，在得到总务省的批准后，向电信企业征收，然后转交给 NTT 东和 NTT 西。其运作过程如图 4 - 14 所示。

表 4 - 17   **每个电话号码负担的普遍服务费用情况**

（2006—2011 年）   单位：日元

	2006 年		2007 年		2008 年		2009 年		2010 年		2011 年	
	NTT 东西合计	单价	NTT 东西合计	单价	NTT 东西合计	单价	NTT 东西合计	单价	NTT 东西合计	单价	NTT 东西合计	单价
月租	12011	7 日	9243	6 日	13787	8 日	14493	8 日	10953	7 日	7081	5 或
紧急通话	83	元/	73	元/	62	元/	60	元/	49	元/	51	3 日
公共电话	3083	月	4245	月	4191	月	4261	月	4193	月	3974	元/月
合计	15177	号码	13561	号码	18040	号码	18814	号码	15195	号码	11106	号码

资料来源：根据日本总务省资料做成。

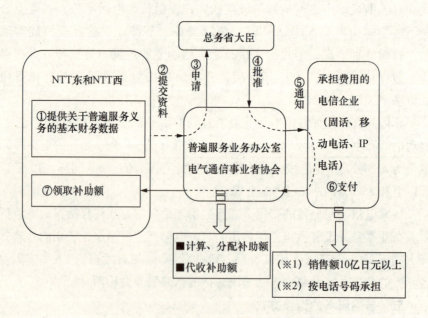

图 4 - 14 日本电信行业普遍服务的运作方式

资料来源：电气通信事业者协会网页（http：//www.tca.or.jp）。

第七节　对电信行业规制改革的评价

日本于 1998 年修改《电信事业法》，强化了对接入规制的政策力度，以后又多次修改相关法律。同时日本电信行业的规制机构——电信审议会也在 2002 年、2006 年和 2011 年先后公布了三个意在促进宽带普及的指导性文件，这些文件在监督、更新接入规制等相关政策方面起了较大作用。

一　规制内容的动态性

规制内容的动态性是指根据电信产业整体环境变化，不断更改规制的内容，主要体现在指定电气通信设备的范围和功能细分化程度。比如 2009 年对第二种指定电气通信制度的修改可以说是典型的事例，另一个比较有代表性的事例为 2008 年将智能电气通信网纳入第一种指定电气通信设备。智能电气通信网络是指将 PSTN（公共交换电话网络）的质量稳定性和 IP 通信网的灵活性结合在一起的次世代通信网络，日本的 NTT 从 2007 年开始提供商用服务。

针对是否应该将智能网纳入第一种指定电气通信设备的范围，NTT 认为，自己已经开放了中转光缆和 NTT 电话交换局内的空间，而设置智能电网的路由器可以从市场上购入，所以任何企业都可以通过购买路由器安装在 NTT 的电话交换局内，通过接入 NTT 的中转光缆构建自己的智能网络，因此不具备不可替代性，不应纳入指定范围。

另外，包括上网服务提供商在内的有接入需求的电信企业认为，这些企业采用的商业模式为在不构建自有通信网络前提下向消费者提供增值服务，即固定虚拟网络运营商（Fixed Virtual Network Operator，FVNO），对于该类企业而言，智能网是不可替代设备；另外，智能网与具有瓶颈特征的用户线是联系在一起的，符合指定电气通信制度条件（不可替代性）；再者，现有 FTTH 70% 的客户和光缆 IP 电话 75% 的客户是通过智能网获得的通信服务，如果智能网不被列入指定电气通信设备的范畴，则这些客户无法获得固定虚拟网络运营商提供的增值服务，违反了提高消费者福利的指定原则。

针对双方观点，情报通信审议会（2008）做出三点判断：第一，从固定虚拟网络运营商的角度而言，鉴于 FTTH 的 70％ 的客户和光缆 IP 电话的 75％ 的客户是通过智能网获得的通信服务，因此智能网作为基干网的重要性不断增强。尽管固定虚拟网络运营商理论上可以构建自有网络，但是这与其既定的商业模式不符，现实中不可行。考虑到日本现有 160 多家上网服务提供商（2008 年），从公平竞争和提高消费者福利的角度，智能网对这些企业开展业务具有不可替代性。第二，从已经拥有固定电话网和 IP 网的固定网络运营商角度，虽然部分企业提出了构建自有智能网的设想，但是其具体完成时间不可预测，因此目前 NTT 的智能网具有不可替代性，以后可以根据竞争保证制度的年度实施结果判断这种不可替代性的有无。第三，从消费者角度，固定电话用户可以使用 NTT 的铜线用户线，而选择其他电信公司的交换机等关联设备，从而实现了电信公司之间的竞争。但是对于 NTT 的 FTTH 用户而言，除了必须使用 NTT 的光缆用户线以外，限于目前的技术，还只能使用 NTT 的交换机等相关设备，不具备任何竞争性，只有将智能网纳入第一种指定电气通信设备，使用 NTT 光缆用户线的 FTTH 用户才可以选择其他电信公司的交换机等设备，从而形成竞争机制。

鉴于上述理由，审议会建议将智能网纳入第一种指定电气通信设备的范畴。

另一个需要保持动态性调整的内容是功能细分化的程度，本着现实需要性、技术可行性和经济负担适度性的原则，功能细分化的程度从最初的 7 个功能已经增加至 2008 年的 33 个功能。

二　规制手法的差别化

制定规制政策时，除了考虑规制的效果以外，还要考虑规制成本，包括政府监督成本和被规制对象执行成本等，这就决定规制的内容和程度应该有一个最佳点，不是越多、越严格越好。规制手法的差别化主要指针对固定电话网和移动电网不可替代性的有无，实施了不同的接入规制方式。考虑 NTT 占据全国 90％ 以上的固定电话的用户线，具有不可替代性，因此对于竞争对手而言，具有绝对的市场优势力量，单纯依靠市场机制无法或很难实现平等竞争。在这种情况下，日本制定了包括接入合同的审批和公开制度、接入价格计算方式的法定遵守义务和接入财务报表的注册会计师审查、向主管部门登记备案和公开义务、网络改造计划的备案和公开义务等。

对于移动电话的通信网络而言，因为至少有三家企业在全国范围内竞争，所以任何一家移动通信网络都不具备不可替代性。但是因为某些移动通信公司具有较大的市场份额，这也使其具有较大的谈判力量，从而在接入价格的谈判中占有相对优势。在这种情况下，应该实施以市场机制为主，行政介入为辅的规制手法。为了保护公司之间的公平竞争和减少政府的过度干涉，第二种指定电气通信设备制度的内容较少，只包括接入合同的备案（不是审批）和公开制度，接入财务报表的注册会计师审查、向主管部门登记备案（而不是审批）和公开义务。

与第一种指定电气通信设备制度不同，第二种指定电气通信设备制度建议双方签订的接入合同最好参照指南，不具备强制性；指导接入价格的计算方法和细分化程度的指南——《第二种指定电气通信设备制度操作指南》同样不具备强制性；不需要对网络改造计划登记备案并公开。但是作为规制对象的三家移动公司在按照《第二种指定电气通信设备接入会计规则》编制并公开接入会计报表方面具有强制性。换言之，接入价格等细节问题可以通过双方谈判而定，但是其结果必须如实反映到接入合同和接入财务报表中并予以公开，从而确保了不同公司之间接入条件和接入价格的一致性，特别是针对内部客户和外部客户的一致性。

从根本上说，通信公司的网络提供的功能有两类，即信息（语音、数据、动漫等）传递功能和系统自动控制功能，资格认证、收费等通信平台功能属于网络的系统自动控制功能。在 1997 年和 2001 年的规制内容中，重点关注的对象是如何确保不同通信公司在利用同一通信网络传递信息时的公平性，但是，随着越来越多的媒体内容提供商通过网络向消费者提供音乐、影视和游戏服务，验证消费者是否有资格获得该项服务和收取相关服务费用的资格认证等系统自动控制功能的重要性不断增强。为了应对这种现实情况的变化，日本接入规制的重点正在从信息传递功能转向系统自动控制功能（情报通信审议会，2009）。

三　电信价格比较

无论是收益率规制法、价格上限规制法，还是 LRIC 法，其根本目的都在于以政府规制代替市场竞争，防止 NTT 滥用优势市场力量。但实际上，日本政府利用在数据选择上的裁量权，完全可以操纵各种价格。比如 1985—1998 年，日本政府对第一种电气通信企业实施收益率规制法，通过计算公式可知，不但运营费和资产的范围可以裁量，而且因为报酬率采用了上下限制度，所以政府可以根据自己的意图调整各家电信公司的价格。当时的日本政府为了在长途电话领域培养 NTT 的竞争对手，每次审批后的价格总要使新设立企业低于 NTT，以便使新设立企业在竞争中获得更多的市场份额（高野学，2004）。

又比如在 LRIC 的计算中，影响接入价格的重要因素之一为设备的使用年限，有两种计算年限的方法，即根据日本税法的计算方法和根据实际的使用年限的计算方法，日本政府往往根据产业政策的需要，在两种方法中有目的地选择。

从结果来看，日本的接入规制政策是有效的（依田高典，2011）。如表 4 - 18 所示，日本 DSL 通信速度为 51.2MBIT/秒，为全世界最快；上网费用为 0.06 美元/100kbps，为全世界最低。我国的排名在第 70 位以后，而同属于发展中国家的巴西的排名则比较靠前。

表 4 - 18　　　　　　　　　　宽带上网费用及其速度国际排名

每100kbps 的宽带上网费用（USMYM/100kpbs）				DSL 的通信速度（MBIT/秒）			
日本	0.06	美国	0.49	日本	51.2	哈萨克斯坦	8.192
韩国	0.08	德国	0.52	韩国	51.2	英国	8.128
荷兰	0.14	英国	0.63	新加坡	30.72	葡萄牙	8.128
中国台湾	0.18	中国香港	0.83	瑞典	24	巴西	8
瑞典	0.24	葡萄牙	0.94	芬兰	24	中国香港	6.144
新加坡	0.25	中国澳门	1.07	荷兰	20.48	波兰	6.144
意大利	0.31	加拿大	1.08	中国台湾	12.288	德国	6.016
芬兰	0.36	巴西	1.2	意大利	12.288	菲律宾	5.12
法国	0.37			法国	10.24		

资料来源：原始资料来自 TUI 发布的 Internet Report 2006 和 TUI 发布的 World Infomation Society Report 2007，转载自日本总务省（2011a）。

衡量接入规制效果的另一个指标是接入服务的市场结构，如果接入规制无效的话，拥有网络资源的 NTT 东和 NTT 西股份公司完全可能垄断接入服务市场（2011 年中国电信和联通在我国该市场的份额为90%）。

表 4 - 19 反映了日本 DSL 宽带上网服务商的市场份额变化情况，从

数据来看，NTT 东和 NTT 西股份公司的合计份额为 35% 左右，不及 2000 年以后开始进入该市场的 SOFTBANKBB，后者是日本软银的全资子公司，主要通过接入 NTT 东西股份公司的接入线提供宽带上网服务。

表 4 - 19　　　　日本 DSL 宽带上网服务商的市场份额变化情况　　　　单位:%

时间	SOFTBANKBB	NTT 东	NTT 西	E - ACCESS	AKKA - NETWORKS	其他
2005 年 3 月	34.90	20.70	17.40	13.30	9.40	4.30
2006 年 3 月	34.80	20.70	18.50	13.20	8.60	4.30
2007 年 3 月	36.80	19.90	18.10	13.70	7.80	3.60
2008 年 3 月	37.80	19.00	17.70	14.60	7.50	3.50
2009 年 3 月	38.40	18.40	17.30	15.50	7.10	3.30
2010 年 3 月	38.7	17.50	17.30	23.50	0.00	3.00
2011 年 3 月	38.40	17.30	17.60	23.80	0.00	3.00

注:2009 年 6 月，AKKA - NETWORKS 被 E - ACCESS 并购。

资料来源:日本总务省 (2011b)。

实际上，在选择电信服务提供商方面，日本的用户拥有更大的选择权，比如电话用户虽然使用的是 NTT 东西股份公司铺设的电话网，但他却可以将电话月租业务、通话业务、宽带上网业务分成三种服务，分别在提供各类服务的运营商中根据价格、质量等进行选择。比如可以选择 NTT 东西股份公司提供的电话月租服务，KDDI 提供的通话服务，SOFTBANK-BB 提供的 DSL 宽带上网服务。

也就是说，NTT 东西股份公司虽然垄断了本地通信中的电话网络，但是在通过该网络实现的增值服务中，NTT 东西股份公司却只能通过价格、质量等手段去竞争，而不能滥用对网络设备的垄断优势去影响电信增值服务市场上的公平竞争。

通过以上两组数据，我们可以初步认为，日本政府对电信行业的接入规制是有效的。

作为比较，2011 年大连联通 DSL 宽带上网包年费用为 900 元/1Mbps，如果与电话捆绑消费，年租金为 780 元/1Mbps，平均每月费用为 75 元/1Mbps（或 65 元/1Mbps），按照中国人民银行公布的 2011 年 11 月平均汇率计算，日本 NTT 和 SOFTBANKBB 的包月费用约为 5.9 元/1Mbps 和 4.1

元/1Mbps，约为中国的 1/18—1/10。根据国际货币基金组织公布的 2010 年世界人均 GDP 排名，日本位列第 17，人均收入为 42325 美元，我国位列第 90，人均收入为 4520 美元，约为日本的 1/10，如表 4 - 20 所示。

表 4 - 20   宽带上网价格的国际比较

	NTT	SOFTBANKBB	首尔	纽约	大连
按汇率（日元）	72	59	43	272	915
按购买力平价（日元）	72	59	82	371	—

资料来源：日本总务省（2010）等。

也就是说，中国（至少大连）的消费者要以日本 10% 左右的收入，支付高于日本 10 倍以上的宽带入网费用。当然，因为国家发展阶段不同，这种比较只能作为参考。

必须强调的是，电信行业的改革涉及范围较广，必须协调推进，与上述接入规制政策相伴随的是电信领域的普遍服务义务，同时在经济全球化的影响下，电信行业的改革还必须要和通信主权的确保和电信企业国际竞争力的培养联系在一起。实际上，日本的电信审议会在 2002 年、2006 年和 2011 年先后公布了三个旨在促进宽带普及的指导性文件，这些文件在监督、更新接入规制等相关政策的同时，无一不对普遍服务义务、通信主权的确保、电信企业国际竞争力的培育等相关问题做了详尽的分析和政策建议，也正因为这些政策的综合实施，使日本的宽带经济性和速度位居世界第一，同时电信服务运营企业的销售额从 1985 年改革之初的 5 兆 5800 亿日元增加到 2008 年的 15 兆 5140 亿日元，NTT 集团公司在公平竞争的前提下，不仅销售额增加了将近 1 倍，而且在电信行业整体的研究开发和提供普遍服务义务等方面起到了行业龙头作用。

第五章　电力行业的规制改革

第一节　电力行业规制改革概述

日本于 1995 年开始实施首轮电力体制改革，其标志是对 1964 年制定实施的《电力事业法》进行修改，开始在电力行业导入竞争机制。日本政府对电力体制进行改革的原因主要有三点（山口聪，2008）。第一，产业理论研究的进步。现代产业理论认为，在发电、送电、配电和供电四大业务领域中，除送电和配电因为规模经济而具有自然垄断性质之外，发电和供电领域具有可竞争性。第二，世界范围内电力行业实施市场化改革潮流的影响。比如英国（1990）、挪威（1991）、新西兰（1993）和澳大利亚（1994）等纷纷实施了规制缓和政策，在电力行业导入了竞争机制。第三，电价的国内外差价。根据 OECD 的计算，1994 年，日本非家庭用电的电价为 18 日元/度，而英国、法国、美国只有 5 日元/度，德国、意大利约为 10 日元/度，同年日本家庭用电的电价约为 25 日元/度，而最低的美国只有 8 日元/度（竞争环境整备，2006）。受经济衰退和日元升值的影响，日本制造业的国际竞争力已经逐步弱化，由此产业界要求减少国内外电价差距、降低生产成本呼声日益强烈。最令产业界不满的是，在日本制造业效益普遍下滑的 20 世纪 90 年代前期，东京电力等电力公司的利润却不断上升。

鉴于上述原因，负责电力产业政策制定的日本经济产业省于 1993 年设置了包括植草益教授在内的经济学者、行业代表和电力主管部门官员等构成的电力事业审议会，开始探讨日本电力行业市场化改革与否以及具体的改革目标、内容、步骤、要达到的效果以及政府规制方式等。随着讨论内容的深入，审议会下面又相继设立了公平交易小委会、核心问题小委会、成本估算小委会、制度建设小委会、效果评价小委会和市场监视小委会。

如前所述，电力行业包括发电、送电、配电和供电四大业务领域，而各业务领域内的企业数量及其相互关系决定了电力企业的市场结构，从而决定了电力市场的垄断和竞争状况（王俊豪，2008）。

一　发电领域

（一）独立核算（会计分离）

1995 年电力体制改革之前，日本实施的是以发送配供纵向一体化、地区内民营企业垄断经营为特点的电力体制。这一体制是于 1950 年根据当时的《电气事业再编成令》和《公益事业令》，在分拆、合并原日本发送电公司和 9 家配供电公司的基础上形成的。1964 年，日本政府颁布实施了新版《电气事业法》，授权通产省（现在的经济产业省）根据该法的规定，对电力企业的设立、运行、退出以及电价实施政府规制，同时规定了电力公司的普遍服务义务。1976 年，南方的冲绳电力公司合并吸收了岛内 5 家配供电公司，确立了发送配供纵向一体化和岛内垄断经营的体制，并于 1988 年实现了民营化（橘川武郎，2002）。

日本政府于 1995 年开始实施以导入竞争机制为主的电力行业改革，但是对在位的 10 家纵向一体化电力公司（法律名称为一般电气事业者）并没有进行纵向分拆，而是采用了改革阻力较小的独立核算（会计分离）和行为规制，以保障新的电力公司（主要指电力体制改革后新进入的发电企业）能够和 10 家在位公司在送电和配电（送电和配电所需网络设备等仍由 10 家在位企业所有并运营）方面享有同等的待遇。

换言之，日本政府并没有剥离 10 家一般电气事业者的送电和配电业务，而是保留了其在送电和配电方面的区域垄断权，维持了 10 家公司在发电、送电、配电和供电方面的纵向一体化体制（八田达夫、田中诚，2004）。

（二）进入规制

如果说市场结构规制是以调整原有企业的数量、业务范围和相互关系为手段，以形成以有效竞争为特征的市场结构框架为目标，进入规制则是指以放松和控制新企业进入特定业务领域为手段，以从动态上保持该行业的有效竞争为目标（王俊豪，2008）。

日本在 1995 年的电力体制改革中，首先放开的是发电领域。修改后的《电力事业法》废除了发电领域的许可证制度，改为资格审查制，即任何符合以下条件的法人和自然人都可以进入发电领域：①将生产的电力全部批发给 10 家在位电力公司；②二者之间签订的供电时间超过 10 年，每年供电量在 1000 千瓦以上或③供电时间在 5 年以上，每年供电量在 10万千瓦以上的电力企业。在法律上这类新进入的发电企业被称为"独立发电事业者"（Independent Power Producer，IPP）或"电力供给批发事业者"（在日本《电气事业法》上，还有一类"电力批发事业者"，即将电力批发给 10 家在位电力公司、发电规模达到 200 万千瓦以上的发电企业。这样的公司只有两家，即成立于 1952 年的电源开发公司和成立于 1957 年的日本原子能发电公司）。

1995 年电力体制改革的第二项内容为"特定电气事业者"制度的设立。根据该制度，符合条件的新设企业可以在特定地区利用自有发电和送配电设备，对区内用户实施电力供应，法律上称这类发电企业为"特定电气事业者"。一般而言，这样的地区多为用电量较大，而且用户集中的高端用户，利润率较高。该制度的设立体现了日本政府许可新设企业利用撇脂战略迅速成长，使其发展成为对在位企业具有一定牵制力量的市场主体的政策意图。

随着改革的深入，2000 年修改的《电气事业法》又新设了"特定规模电气事业者制度"（Power Producer and Supplier，PPS），根据该制度设立的公司也被称为新电力公司，这些公司不但可以发电，而且有权利用10 家在位电力公司的送电和配电设施，向法律许可的最终用户直接销售电力。该制度的设立标志着 10 家原有电力公司在供电领域的垄断地位被打破，供电领域也开始导入了竞争机制。

（三）招标制度

1995 年电力体制改革的第三项内容为火力发电的招投标制度，即为了控制成本，在发电领域导入竞争机制。根据新规定，10 家在位的电力公司在新建、扩建和改建火力发电厂（建设期间在 7 年以内的项目）时，必须实施招标制度。在位的电力公司参考收益率规制方法计算并公布最高报价，但是自身不能投标，成本最低者中标并承建电厂的建设。该制度的导入强化了发电领域的竞争意识，事实表明，其建设成本普遍低于在位电力公司根据报酬率规制法计算得出的价格上限（见表 5-1），因此日本政府决定从 2000 年开始，对所有的火力发电新建、扩建和改建项目均实施招投标制度，当建设期间是超过 7 年的长期项目时，在位的 10 家电力公司也可以参加投标。

表5-1   发电行业招投标情况

	招标电力（万千瓦）	投标电力（万千瓦）	合同电力（万千瓦）	上限价格（万千瓦）
北海道电力	10.0	24.5	10.0	—
东北电力	15.5	85	18	2
东京电力	100.0	386.0	109.99	2
中部电力	20.0	115.3	27.05	1
关西电力	100.0	358.0	112.25	2
九州电力	20.0	102.5	27.4	3
合计	265.5	1081.3	304.69	—

资料来源：电气事业审议会基本政策分会（2006）。

　　但是，2003年日本成立电力批发交易市场以后（竞价上网制度），作为配套措施，日本全面废除了火力发电的招标制度。这是因为，电力批发市场的设立意味着如果10家在位电力公司电价高于电力市场的批发价，则电力用户会转向通过交易市场购买电力，因此会对一般电气事业者形成竞争压力，使其不得不降低发电厂的建设和运营成本。

二　供电领域

（一）市场化改革

　　在供电领域首先导入市场化的业务是合同电压在2万伏特以上、合同供电能力在2000千瓦以上的大型工厂、大型超市和商用办公楼等电力消费者，这些用户可以通过谈判，从10家在位的电力公司或PPS手中购买所需的电力。自2000年导入上述制度之后，供电领域的市场化改革不断扩大，截至2005年，合同供电能力在50千瓦以上的电力用户全部可以从电力市场上自由选择发电公司，这些用户所消费的电力约占日本全部的60%。与此相对，家庭（约占电力消费的35%）和小型办公场所及便利店（约占电力消费的5%）只能从地区内的一般电气事业者中购买电力，不能进行自由选择。供电领域的市场化改革过程如图5-1所示。

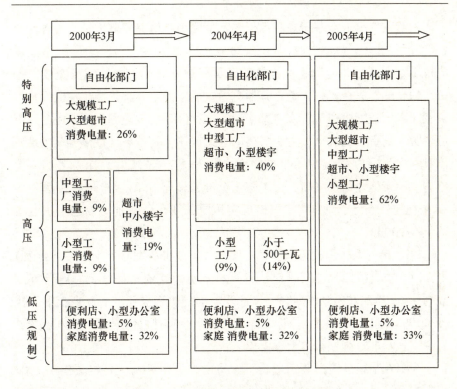

图 5-1　日本供电领域市场化改革过程

（二）价格规制

日本电力零售的定价方式主要有两种机制，即合同供电能力在 50 千瓦以上的电力用户通过谈判与供电公司（一般电气事业者、PPS）确定电价（相当于我国的大客户直购电制度）；而家庭、零售店等 50 千瓦以下的电力用户只能从本地区的一般电气事业者手中购买电力，支付的电价受政府规制。

政府根据收益率规制法确定电价（即运营成本 + 合理利润），并在此基础上于 1996 年导入电价与燃料费联动制和标尺竞争制度（2010 年导入了太阳能发电附加费）。日本政府于每年 4 月 1 日（新财政年度开始日）公布当年的标准燃料费，并作为成本计入电价，之后每三个月公布一次平均燃料费用，此平均燃料费用和标准燃料费之差将作为下下个月燃料调节费计入电价。

电价 = 起步费 +（从量单价 ± 燃料调节费 + 太阳能发电附加费）× 消耗电量

一般电气事业者基于燃料以外的其他原因申请提高电价时，经济产业省能源厅电力煤气局将根据《电气事业法》第 19 条、《一般电气事业者电价算定准则》和电力企业提供的资料，重点对计入电价的可变成本和资产的合理性进行审查，并与其他电力企业进行效率比较〔（发电设备投资额 + 发电送配电以外设备投资额 + 一般费用）/发电量〕，同时召开听证会听取消费者的意见，之后将初步意见报请"物价省厅联席会"（隶属于日本内阁府），决定是否批准提价的申请。至于一般电气事业者的降价申请，则实施登记备案制。为了防止电价的只升不降，《电气事业法》第 23 条规定，经济产业省有权根据现实情况的变化，强制一般电气事业者调低规制电价。

1995 年电力体制改革以前，一般电气事业者从发电企业购买（批发）电力时，也是按照收益率规制法计算批发价，其依据是《批发电价算定准则》，交易双方参照该准则决定批发电价，然后报经济产业省核准后执行（1995 年以前为审批制）。同样，经济产业省有权依据《批发电价变更命令实施基准》强制修改批发电价。

为了在全国范围内调剂电量，保持电力供需平衡，日本政府于 2003 年在东京设立了全国唯一的电力批发交易市场。电力批发交易市场采取有限责任中间法人的形式（出资者对法人债务不承担责任，收入盈余不得分配给出资者），市场主要交易者包括电力批发企业（比如电源开发公司）、独立发电事业者（IPP）、特定规模电气事业者（PPS）、自有设备发电者（主要是工厂等）和一般电气事业者。根据交割的时间不同，主要的交易品种有三类，即第二天交割（0：00—24：00）、特定时间交割和当天午后交割（12：00 至第二天 12：00，仅限于卖方出现发电故障和卖方的最终电力客户出现紧急增量需求时才可购买），交易价格由市场机制决定。

三　送配电领域

（一）接入规制

按照日本现有电力体制，集发电和终端供电业务于一体的 PPS 必须通过 10 家在位电力公司的送电网络和配电设施才能将电力送至最终用户，因此会涉及电网使用费用（过网费）等诸多问题，其中的核心是接入条件和接入价格。因为后者在网络方面具有区域垄断权，如果不存在外部约束机制，垄断企业完全有可能制定垄断高价，牟取垄断利润。因此接入价格和接入条件的制定权不能完全掌握在网络垄断企业手中，而必须列入政府规制范围，实施接入规制。

日本《电气事业法》第 24 条第 3 款对送配电的相关问题做了原则性的规定，即：①PPS 和在位的电力公司必须根据经济产业省公布的合同范本签订《送配电合同》；②根据《一般电气事业者送配电价格计算准则》的相关规定，二者之间商定接入价格，报经济产业省核准后执行；③经济产业省有权命令在位的电力公司（一般电气事业者）修改接入价格。

接入规制原则有两点：①送配电设施的所有者能够回收送配电所发生的成本，即成本回收原则；②送配电设施的使用者（包括送配电设施所有者、其他一般电气事业者和特定规模电气事业者）的接入价格和接入条件相同。

根据《一般电气事业者送配电价格计算准则》，接入价格的计算采用运营成本＋合理利润的原则（即收益率规制定价法）。一般电气事业者根据该准则的细则，计算出未来 1 年中运营该网络所需的成本，再加上投入资本与资本成本的乘积（即合理利润），算出的总额即为网络使用者要支付的费用，然后各个送配电设施的使用者（一般电气事业者不支付过网费，只有 PPS 支付）根据送电量多少按比例支付。

因为电力具有供给和消费的同时性，而且难以储藏，所以《电气事业法》规定送配电网络所有者有义务保持电力供给和消费的即时等量性，也就是说，当 PPS 等竞争对手通过电网提供的电量小于其用户需求的电量时，电网所有者（一般电气事业者）有义务通过提供自有电量以满足消费者的需求。这种调节电量供需平衡的义务使一般电气事业者必须要有相应的计划外备用发电设施，因此增加了其成本，需要电网使用者支付，这就是所谓的额度范围内或额度范围外售电收入。

考虑客观上电力供需难以保持绝对的即时等量，同时为了提高 PPS 等保持电量供需平衡的积极性，减少其针对电网所有者（一般电气事业者）的投机行为的可能性（比如故意减少自己的供电量，以加大一般电气事业者的填补量，从而增加其对计划外供电的固定投资），《电气事业法》规定，以 30 分钟为单位，如果 PPS 等的上网电量小于《送配电合同》规定电量的 3%，一般电气事业者按自己的发电成本收取电费（额度范围内售电收入），如果超过了 3%，超过部分则按额度范围内的 3 倍计算（额度范围外售电收入）；相反，如果 PPS 等的上网电量小于《送配电合同》规定电量的 3%，一般电气事业者按自己的发电成本购入多余电力，如果超过了 3%，则超过部分免费。而一般电气事业者的成本电价也要报请经济产业省核准后才能实施。

考虑 PPS（特定规模电气事业者）在运营初期，由于对用户以往的电力需求情况掌握不足，所以很容易发生额度范围外送电不足的现象，因此会产生高额的惩罚性电费支出，这将不利于将其培养成一般电气事业者在发电和供电领域的有力竞争者的改革目标，为此《电气事业法》规定在最初的 2 年内，PPS 的额度范围内送电不足可以放宽到合同电量的 10%（上限为 1000 千瓦）；同时日本公平贸易委员会在《电力交易指南》中规定，一般电气事业者有义务将自己掌握的有关先前客户电力消费的信息提供给为这些客户提供电力的特定规模电气事业者。

《电气事业法》及其相关实施细则还规定了一般电气事业者收取的额度范围内和额度范围外售电收入的累积上限、收取过网费的累积上限、调整过网费的前提条件、过网费收入的信息公开原则和使用范围及其强制退还条件等。

为了保证投资成本回收和减少对环境的负担，日本政府规定：当电力需求小于供给时，优先保证核能发电和水力发电的机组运行，主要通过停转火力发电机组保证供需平衡，电网运营者可据此原则向电网使用者发出发电指令（南部鹤彦，2003）。

（二）行为规制

日本政府在电力体制改革中没有将送电和配电业务从 10 家一般电气事业者中分拆出来成立独立电网公司，所以这些企业在经营垄断性送电和配电业务的同时，还经营着竞争性的发电和供电业务。为了确保其他新进入企业（主要是指 PPS）在电网使用上的公平性，除了规定一般电气事业者（10 家在位企业）要在送配电部门和其他部门之间实施会计分离以外，日本《电气事业法》和《电力交易指南》对一般电气事业者中的某些行为进行了规制，即：①禁止送配电部门和发供电部门间的交叉补贴；②禁止送配电部门将特定规模电气事业者在利用其电网时提供的相关发电能力及其他信息透露给本企业的其他部门或企业；③禁止送配电部门在电网的使用上对特定规模电气事业者有任何的歧视行为。

为了落实这些行为规制，《电力交易指南》从《反垄断法》的角度，列举了一般电气事业者的合规和违规行为。比如要求一般电气事业者成立独立的送配电业务部门，要求这些部门在办公场所上要与其他部门隔开，同时禁止日本公司常见的人员轮岗制（rotation）；送配电部门要建立自己的财务部门，对外公开经独立会计师审计通过的每一年度的收入与支出情况；公开电网容量相关信息；等等。

为确保电网使用的公平性和透明性，《电气事业法》授权成立全国唯一的送配电业务支援机构，即日本电力系统利用协议会，该协议会成立于2004年，截至2013年，共有会员63家，包括33名中立学者、10家一般电气事业者、12家特定规模电气事业者（PPS）和8家发电企业。协议会下设规则制定委员会、规则监视委员会、运营委员会和信息委员会等，主要职责包括：①负责制定全国的电网设备投资规划、电网接入规则、电网运用规则、电网容量信息公开规则；②负责监视上述规则的实施情况；③负责调查、调解电网使用者之间的纠纷；④负责收集、公布电网的容量、空容量等信息。

在跨网送电方面，新的制度设计使日本电力系统利用协议会的作用尤为重要。跨网送电的步骤如图5-2所示，即电力公司需要跨网（其他一般电气事业者所有、运营的电网）将电力送至客户时，首先该电力公司的送电指挥中心要将送电的时间、电量、最终客户的所在地等相关信息传给电力系统利用协议会，然后协议会向涉及的电网所有者的送电指挥中心确认送电的可能性，汇总后将能否送电的结果转给询问者。这种送电机制的设计，原则上说可以确保送电公平性和透明性，同时使电力系统利用协议会及时掌握送电设备的故障率、容量等问题，为监督送配电设备的合理投资提供依据。

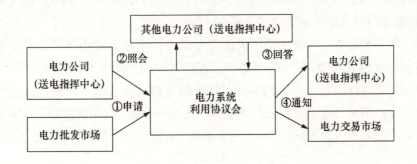

图5-2　跨网送电程序

值得一提的是，上述规定要服从历史优先原则，即在该制度实施以前10家在位电力公司和用户签订的长期购电合同要优先安排送电。

日本电力规制部门对行为规制的介入主要为事后的合规检查以及处理电力企业之间关于电网使用方面的纠纷。经济产业省能源厅下设的电力煤气局每年对一般电气事业者实施书面和现场评估，然后将评估结果及处理意见汇报给电力事业审议会下设的市场监视小委会，该小委会最后对评估结果和处理意见作出判断，交规制部门执行。市场监视小委会是根据电力事业审议会的建议，为保证经济产业省在处理电力行业相关事项的中立性和弥补其专业知识的不足而设立，主要负责判断经济产业省是否应该启动某些行政处罚措施。具体而言，小委会根据经济产业省能源厅电力煤气局提供的资料，对以下三类问题进行审议：①如何解决电力企业之间的业务纠纷；②电力企业对行为规制的执行情况及其处理意见；③规制电价（未实施市场化改革的领域）的合理性。

四　普遍服务义务

2000年电力零售领域导入市场化改革以前，10家一般电气事业者在享有区域垄断权的同时，也承担了对区域内电力用户的普遍服务义务（对公司服务范围内的所有客户保持电价和电力质量的一致性）。2000年以后，《电力事业法》规定这些电力公司仍对50千瓦以下的电力用户有普遍服务义务，而对于区域内通过市场机制购入电力的用户只需承担最终供给义务，即当从其他电力公司购入电力的区域内用户因为某种原因无法获得电力时，该区域内的一般电气事业者有义务以事先经济产业省核准的价格和条件（《最终电力保障合同》）向其提供电力，经济产业省有权参照具体情况，命令一般电气事业者修改《最终电力保障合同》的内容（比如电价过高、供电条件过于苛刻等）。

除了普遍服务义务和最终供给义务以外，10家一般电气事业者还要承担长短期供需预测的上报义务，上报的具体内容如图5-3所示。如果经济产业省认为该计划有问题，可以根据《电气事业法》的授权提出修改命令；特殊情况下可以强制其供电。此外，一般电气事业者必须保有超过最大电力需求量8%以上的备用发电能力。

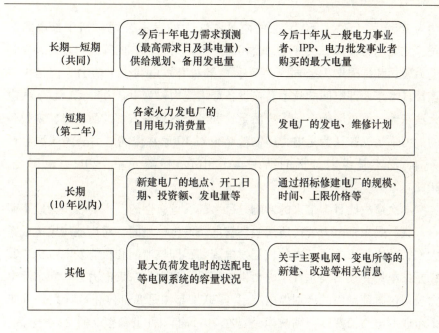

长期—短期 （共同）	今后十年电力需求预测 （最高需求日及其电量）、 供给规划、备用发电量	今后十年从一般电力事业 者、IPP、电力批发事业者 购买的最大电量
短期 （第二年）	各家火力发电厂的 自用电力消费量	发电厂的发电、维修计划
长期 （10年以内）	新建电厂的地点、开工日 期、投资额、发电量等	通过招标修建电厂的规模、 时间、上限价格等
其他	最大负荷发电时的送配电 等电网系统的容量状况	关于主要电网、变电所等的 新建、改造等相关信息

图 5 – 3　一般电气事业者的电力预测及其上报义务

资料来源：根据日本《电气事业法实施令》第46条整理。

第二节　福岛核泄漏与日本电力体制改革

2011年3月11日发生的日本福岛核电站核泄漏事件使日本的电力体制改革重新成为日本各界议论焦点，究其原因主要有两个：第一，福岛核电站所有者东京电力公司（简称"东京电力"）的设备投资和日常维修费用分别从电力体制改革前1994年的15672亿日元和6326亿日元减至2009年的5921亿日元和3739亿日元，减幅分别为62%和41%，这被部分地认为是电力体制改革的"果"和核泄漏事件的"因"（Nikkei Business，2011；戒能一成，2011）；第二，核泄漏发生后，电网的交流供电频率为50赫兹的东日本（大的发电公司包括东京电力公司、东北电力公司和北海道电力公司，共3家）受其影响严重缺电（日本经济产业省大臣江海田万里在3月25日的记者会见中表示，东日本的最大电力不足量约为 1500 万千瓦），60 赫兹的西日本（大的发电公司包括中部电力公司、北陆电力公司、关西电力公司、中国电力公司、四国电力公司、九州电力公司和冲绳电力公司，共 7 家）虽然有发电和供电能力，但是由于连接日本东西部电网的频率转换设备最大能力仅为 100 万千瓦，致使西电无法东输，严重影响东日本灾后重建和经济活动的恢复，而频率转换设备的能力不足又被认为是电力体制改革仅对 10 家在位的电力公司采取会计分离，而不是纵向分拆的结果（山田光、伊藤元重，2011；山田光，2012）。

本次事故给日本带来的影响是巨大的、危机性的。主要表现为以下两点：其一是东京电力公司所属福岛核电站发生核泄漏，对当地居民造成重大伤害并直接影响了日本的核能发电规划，即核泄漏和核能发电危机；其二是核电站受损引发东日本电力供应不足，表现为东京电力公司和东北电力公司供电范围内的计划停电（已于 2011 年 4 月 8 日停止该计划）和工矿企业的电力消费强制缩减指令（在 2011 年 7 月 1 日至 9 月 22 日之间，东京电力公司辖区各工矿企业的最高消费电力必须降至上年同期的 85%，东北电力公司辖区内的实施时间为 7 月 1 日至 9 月 9 日，内容相同）的实施，即电力供应不足危机，之所以称为危机，是因为危害较大，比如 2011 年 5 月 31 日，日本经济新闻社所属日本经济研究中心理事长岩田一政在内阁府原子能委员会上指出，根据该中心试算，政府未来 10 年处理本次核事故所需的费用在 5.7 万亿（约合 4500 亿元人民币）—20 万亿日元（1.6 万亿元人民币）之间，其中包括废弃土地的收购费用约 4.3 万亿日元，受害灾民补偿费用 7400 亿日元，报废核反应堆处理费用 7400 亿—15 万亿日元，这些费用不包括政府 3 月 23 日公布的地震带来的直接损失为 16 万亿—25 万亿日元；至于计划停电和电力消费强制缩减 15% 指令给日本的经济带来的负面影响虽然还没有估算，但是考虑到东京是日本经济的中心，东北地区是日本微电子制造业的中心，本次电力消费的强制缩减指令的经济影响不会太小。

2011 年 5 月 30 日的记者会见中，日本政府发言人表示政府将设置专门委员会讨论进一步深化电力体制改革问题，并将该委员会置于"国家战略室"下面，而不是通常的经济产业省，目的是排除利益相关者（主要是上述 10 家电力企业）对改革内容和进程的影响。

第三节　存在的主要问题

在 2011 年 "3·11" 核泄漏事件以前，日本电力体制改革的指导思想是追求发电领域的规模效益，通过若干家地理上集中的大型、超大型的发电设备，特别是核能发电设备满足国内生活和生产用电；太阳能发电、生物发电等地理上分散的、规模上小型的发电设备仅仅处于补充的、辅助的地位；供电领域保持 10 家在位电力公司的纵向一体化区域垄断格局，区外购电和送电处于次要地位（伊藤元重，2012）。

"3·11" 核泄漏事件使日本政府认识到，地理上集中发电、供电方面区域垄断的现存电力体制在自然灾害面前的脆弱性。此外，事件后通过对东京电力财务会计信息的审查也暴露了规制改革后日本电力体制及其监管中存在的一些问题。

一　会计信息失真

如前所示，现有的日本电费定价制度分为两个部分，即规制电价和市场电价。其中针对占日本全体电力消耗 40% 左右的家庭和小型超市等实施的是规制电价，具体的定价方式为收益率规制法，配套措施有以下三点：①电力公司降低电价时实施登记备案制度，提高电价时实施政府审批制度；②电力公司每年公布《提高经营效率报告书》，定性并尽可能定量地分析公司为提高经营效率所做的努力、效果以及对降低电价的贡献等；③政府制定《电力费率信息公开指南》，指导电力公司在《提高经营效率报告书》中需要披露的信息，比如内部留存的使用方法等，从而使第三者可以根据这些信息，判断现有的规制电价是否合理。

现实中，这些规定的实际效果如何呢？

为了处理东京电力公司在 2011 年 3 月 11 日福岛核泄漏事件发生后的相关问题，日本政府成立了东京电力经营财务调查委员会，2011 年 10 月 3 日，该委员会公布了长达 230 页的调查报告书，其中的第六章报告了东京电力在电力成本方面的会计信息，从一个侧面反映了现有日本电价规制制度的问题点。从报告书中可知，从 2000 年日本开始导入下调规制电价的登记备案制度以来，东京电力先后五次主动下调电价。主动降价符合消费者的利益，问题是降价的幅度和动机。因为根据现有制度，降价时只需备案，可以避开政府的审查。换言之，日本政府在过去的 10 年中没有对东京电力的财务状况实施过任何详细的审查，没有对收益率规制下的现有电价的合理性实施任何验证。

根据收益率规制的计算公式，电力公司的电费收入应该等于该年度内的运营成本与合理报酬之和。根据此项规定和东京电力经营财务调查委员会披露的资料可知，东京电力的规制电价问题主要体现在以下几个方面：

第一，申报成本与实际成本之间有较大出入（做假账问题）。如表 5 - 2 所示，2001—2010 年，东京电力向政府提交的成本数据和实际的成本数据每年都有较大的出入；虽然也有申报成本小于实际成本的年度，但从十年的统计结果来看，无论是固定成本还是可变成本，申报的成本都要多于实际的成本，而且主要的差别体现在修理费上面。

表 5 - 2　　　　　　　东京电力登记备案成本与实际成本的差额

（备案成本 - 实际成本）

年份	2001	2002	2003	2004	2005	2006
固定成本差额	35505	1979	99725	83280	129353	77694
可变成本差额	1785	4968	-10168	-5717	9267	17662
修理费差额	43699	49866	47390	27030	19351	18740
年份	2007	2008	2009	2010	合计	
固定成本差额	140783	-4683	-31632	30467	562471	
可变成本差额	26626	-2730	7958	6505	56157	
修理费差额	31218	31296	29709	9820	308121	

资料来源：东京电力经营财务调查委员会（2012）。

会计信息失真还表现在接入价格方面。因为按照日本现有的电力体制，PPS 租用一般电力事业者的电网向最终消费者送电并支付相应的费用，即过网费。过网费受政府规制，具体金额按照报酬率规制法计算。委员会发现，东京电力同样存在申报费用与实际费用不一致的问题，其中特备高压的最大差别为 5%，高压的最大差别为 10%。

第二，任意增加运营成本项目。根据收益率规制原则，只有那些与发电有直接关系的支出才能计入成本，但是，东京电力经营财务调查委员会发现，东京电力把电气化广告费用、社会捐赠、图书费用、行业协会的会费、福利费用等费用也计入了成本，从而增加了计算电价的成本。

第三，规制电价带来超额利润。除了支付运营成本以外，电力公司电费收入的另一项支出为资本成本（即合理利润），主要用于支付利息和红利。2000—2009年，东京电力申报的资本支出为3兆5958亿日元，但实际上支付的利息和红利的合计为2兆7498亿日元，除法定盈余公积金4826亿日元以外，仍有3634亿日元的"超额利润"，根据规制企业收入等于支出的原则，超额利润是不应该存在的。

造成上述超额利润的原因之一恰恰是制度设计上的问题，比如按照日本的规定，依据加权平均资本成本（Weighted Average Cost of Capital，WACC）计算电力公司的资本成本时，一律按照30%的股权成本和70%的债权成本计算，但实际上各家电力公司的股权成本普遍低于30%，以东京电力为例，在过去的十年间，其股权成本的最高比例为21%，最低不过为9%（见图5-4）。因为股权所要承担的风险高于债权成本以及后者的节税效果，所以股权成本一般要高于债权成本，所以按照现有规定计算得出的资本成本肯定要高于电力公司的实际资本成本支出，从而产生"合法的超额利润"。

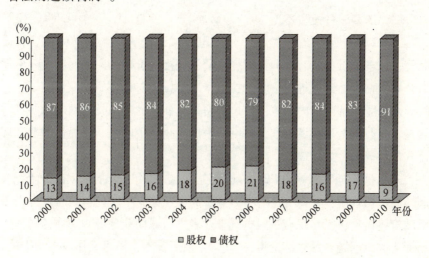

图5-4 2000—2010年东京电力公司的资本构成变化情况

另一个问题是资本项目的范围，委员会认为一些与发电没有直接关系的项目被计入了资本项目，从而人为虚增了电价的成本。

第四，自评与他评的效果有限。东京电力公司虽然每年公布《提高经营效率报告书》，但是基本没有涉及公司是如何通过提高经营效率降低电价，如何将内部留存收益用于消费者（电力用户）等核心问题，所以委员会认为通过自评提高经营效率的规制目标基本没有达到。

另外，根据《电力费率信息公开指南》，各家电力公司需要公布相关的会计信息使第三者可以验证现行电价的合理性，但是因为电力公司没有公布实际的财务报表，第三者得到的只能是修改后的成本状况，所以通过第三者验证电价是否合理的规制目标同样没有达到。

二　存在交叉补贴现象

2006—2011 年，东京电力在竞争领域通过市场机制销售的电量占全部的 62%（1801 亿千瓦时），但是其营业利润仅占全部的 9%（143 亿日元），销售的规制电量占全部的 38%，但是其创造的营业利润却占全部的91%（1394 亿日元）。竞争业务领域与垄断业务领域的这种数据关系表明，东京电力有可能通过故意压低竞争领域的电力价格以排挤竞争对手（比如 PPS），反过来通过虚增成本提高规制电价以弥补竞争领域的利润损失，即内部交叉补贴。内部交叉补贴违反了公平竞争的原则，是被法律禁止的行为。

三　跨网设备投资不足

"3·11" 核泄漏事件之前，送配电领域讨论的焦点是如何在现有体制下，在电网设备所有者和使用者之间保证接入价格的合理性和接入条件的公平性，以达到促进竞争和维持电网正常投资与运转的双重目的。讨论的具体问题包括范围内与范围外过网费计算公式、范围外过网电量的具体含义、一般电气事业者收取的过网费使用途径、政府强制变更过网费计算公式条件等。

"3·11" 核泄漏事件以后，送配电领域的讨论开始从以前的行为规制转向结构规制，在 2011 年 5 月 30 日的记者会见中，日本政府发言人表示政府将讨论包括对现有一般电气事业者进行纵向业务分割在内的电力体制深化改革问题，最终结论将在 2020 年前后公布。同时，作为短期措施，将重点强化日本东部电网和西部电网的跨网连接问题。如前所述，由于历史原因，日本东部地区电网的交流供电频率为 50 赫兹，而西部地区电网的交流供电频率为 60 赫兹，因为供电频率的不同，两套电网之间不能直接跨网送电。在现实中，连接日本东西部电网的频率转换设备最大能力仅为 100 万千瓦，致使在本次的 "3·11" 核泄漏事件中，一方面东部电力不够,另一方面西部电力过剩却无法全部跨网送至东部。

提高频率转换能力有利于促进日本电力市场的一体化,解除东西部跨网送电的设备瓶颈,对于促进区域间竞争,打破10家一般电气事业者的区域内垄断是有利的,但是这种促进竞争的行为无疑会损害垄断者的利益,因此10家一般电气事业者完全没有动机提高频率转换能力(高桥洋,2011)。

第四节 改革趋势

一 发电领域

受福岛核电站泄漏事件的影响,2012年2月日本政府成立了电力体制改革专门委员会,成员主要为大学教授、民间研究机构的学者和消费者协会的代表,经过八次集中讨论,当年7月,该委员会作出最终报告书,即《电力体制改革的基本方针:建立开放的电力体制》,该报告建议日本政府尽最大努力减少对核电的依赖,开发清洁可再生能源、开发普及节能技术、保持电源结构的多样化和电源供给的分散化,避免对少数几个超大型发电设备(特别是核能发电)的过度依赖,委员会建议应将上述原则定为今后改革电力体制的立足点。

2010年6月日本内阁通过的《日本能源基本规划》中,日本政府提出将可再生能源发电量占全部电量的比例从2007年的9%提高至2030年的21%,将核发电从26%提高至53%,将煤炭、液化天然气和石油的发电比例从66%降至26%的计划。为此政府提出了到2020年增设9座核电站,到2030年增设14座核电站,同时将核电站的设备运转率从目前的68%提高至85%以上的核电发展规划。但是受核泄漏的影响,在2011年6月7日召开的第九次以日本首相为委员长的成长战略会议上,日本政府明确提出了①重新估算核发电成本,讨论《日本能源基本规划》中关于核电的发展规划;②调整核电安全规制机构。

如表5-3所示,根据日本政府的试算结果,核发电不但对环境污染小,而且发电成本低(不发生事故的前提下),这也是日本大力发展核电的原因所在。但是现有核电的成本核算中没有考虑发生事故后的善后费用,而"3·11"核泄漏事件表明这种成本非常巨大(本次福岛核泄漏的全部损失为 10 万亿—20 万亿日元），因此日本政府需要重新计算核电成本，同时综合考虑对环境的影响，最终调整电源结构。

表 5-3　　　　　　　　　不同燃料发电成本比较　　　　　　单位：日元/度

运转率（%）＼贴现率（%）		0	1	2	3	4
水力发电	45	8.2	9.3	10.6	11.9	13.3
石油发电	30	14.4	15	15.7	16.5	17.3
	70	10.4	10.6	10.9	11.2	11.6
	80	10	10.2	10.5	10.7	11.0
液化天然气发电	60	6.2	6.4	6.6	6.8	7.1
	70	6.0	6.1	6.3	6.5	6.7
	80	5.8	5.9	6.1	6.2	6.4
煤炭发电	70	5.3	5.6	5.9	6.2	6.5
	80	5.0	5.2	5.4	5.7	6.0
核电	70	5.4	5.5	5.7	5.9	6.2
	80	5.0	5.0	5.1	5.3	5.6
	85	4.8	4.8	4.9	5.1	5.4

资料来源：经济产业省（2011）。

假如日本决定放弃核电，通过增加化石燃料（煤炭、石油、天然气）发电弥补空缺，根据经济产业省的试算，2011 年增加的电力成本为 2.4 万亿日元，2012 年为 3 万亿日元（海江田万里，2011），电力成本的增加会通过电价传导至包括制造业在内的日本产业界，从而降低日本的竞争力，加剧产业的空洞化现象。

图 5-5 为"3·11"核泄漏事件后日本电源结构的变化，火力发电的比例从 4 月的 63% 增至 12 月的 86.1%，而核能发电从 28.2% 降为 7.4%。

1998 年，日本进口化石燃料支出为 5.1 万亿日元，占日本进口支出的 14% 左右，2008 年的支出约为 23 万亿日元，占进口支出的 30% 左右，如果以化石燃料代替核发电的话，截至 2035 年，日本需要额外付出 200 万亿日元（海江田万里，2011）。考虑到这些现实问题，日本政府不太可能完全放弃核电，只能是通过提高对核电的安全规制减少事故的发生。为

了降低成本，实现规模经济和范围经济，在 2012 年 7 月的电力体制改革
方案中，委员会建议政府鼓励日本有实力的企业进入发电领域，成立综合
型能源企业，如图 5 - 6 所示。

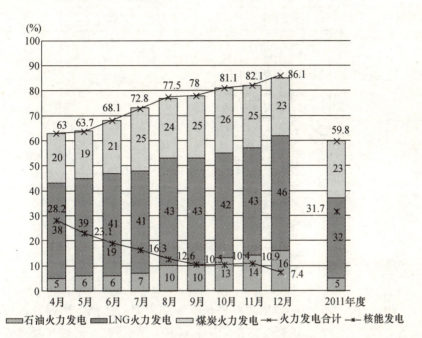

图 5 - 5　"3·11"核泄漏事件后日本电源结构的变化

资料来源：电力系统改革专门委员会（2012）。

　　日本对核电企业安全规制的法律依据为《关于核原料、核燃料以及
核反应堆的法律》和《电气事业法》，经济产业省下设的核安全局是具体
的规制部门，负责对核电企业的审批、安全检查等日常业务，隶属于内阁
府的核能委员会负责制定日本的核能政策、核能技术的开发普及等，并对
核安全局的工作进行监督和检查，必要时通过首相对核安全局的工作提出
自己的建议。

　　在现实中，核安全局掌握着核电安全规制的实际权力，核安全委员
会的监督作用难以实施，因为负责促进日本核能发电的能源厅也隶属于
经济产业省，"3·11"核泄漏事件的最终调查结果表明这种监管体制
的无效性已经成为众矢之的。针对这种情况，日本开始讨论调整核电规
制体制，将核安全局从经济产业省分割出来，与核能委员会合并，置于

内阁府管辖之下。

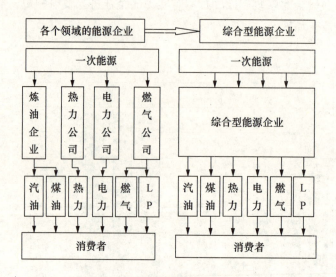

图 5 - 6　日本能源企业发展方向
资料来源：电力系统改革专门委员会（2012）。

2012 年 9 月，日本政府最终将核安全规制部门从经济产业省调至环境省，成立专门核能规制委员会（核能规制决策机构），同时在环境省下设核能规制厅（核能规制执行机构）。为了确保规制机构的中立性和独立性，根据《原子力规制委员会设置法》规定，核能规制厅的干部及其工作人员不得借调到负责促进核能开发的政府机构；从事与促进核能开发相关工作的政府工作人员不得转到核能规划厅工作。

二　供电领域

供电领域的讨论焦点主要集中在市场化范围是否扩大到包括家庭在内的全部细分市场。如前所述，截至 2005 年，合同供电能力在 50 千瓦以上的电力用户全部（约占 60%）可以从电力市场上自由选择发电公司，而包括家庭、小型工厂和便利店（约占 40%）在内的电力用户还不能进行自由选择。

日本综合能源调查会电力分会在 2008 年提出的报告中，给出了讨论是否应该扩大市场化范围时需要考虑的三个问题：①现实中已经市场化的电力用户是否有充分的自由选择供电公司；②成本收益分析；③电力企业可能采取的应对方案及其后果（综合资源调查会电气事业，2008）。

针对第一个问题，该报告书认为，从特定规模电气事业者（PPS）的数量、市场份额、一般电气事业者的跨区供电现状，以及其对应区外电力用户购电申请的态度来看，即使是在制度上已经实施了市场化的电力用户在现实中选择供电公司的余地也很小。除了超高压这一细分市场以外，供电领域的市场结构还是垄断竞争状态，委员会担心一旦将市场化的范围扩大到家庭后，因缺少实质竞争反而可能导致市场化后的电价提高。对于第二个问题，成本效益小委会给出了全面市场化后的成本效益试算结果，即单纯实施全面市场化后的净现值为－8063亿—6794亿日元，实施全面市场化的同时强化竞争的净现值为4464亿—6894亿日元，单纯实施强化竞争政策的净现值为11741亿日元。对于第三个问题，该报告书认为，实施全面市场化以后，电力企业由于对需求预测的难度增大和失去回收成本的政策保证（收益率规制方法下的价格规制能够保证成本的回收），可能减少其对于投资额大、回收期长的核发电的投资（日本政府的能源计划是促进核能发电）；对于送电网设备的投资可能降低；因为不再承担普遍服务义务而影响对某些高供电成本区域的供电行为。

根据以上分析，该报告书认为日本扩大供电领域市场化范围的条件还不成熟，因此当务之急是改善已经市场化的供电领域竞争环境，到2013年再对日本的市场环境进行分析，决定是否扩大市场化的范围。

"3·11"核泄漏事件从根本上否定了上述观点。在2012年7月的《电力体制改革的基本方针：建立开放的电力体制》中，依照电源供给来源的分散性和促进可再生能源发电的改革原则，委员会建议打破电力供给的区域垄断性，将电力零售的市场化范围扩大至家庭，即实施电力零售的完全市场化；同时废除电力零售的价格规制和一般电气事业者的供给义务，制定新的最终供给制度和电力产业的普遍服务制度。

作为供电领域自由化的配套措施，根据改革方案，日本将废除电力批发的定向销售制度。因为根据现行的电力政策，独立发电事业者（IPP）和"电力批发事业者"只能将所发电力全部批发给一般电气事业者，从而减少了能够进入电力交易所实施交易的电量，同时也减少了能够向新电力企业（比如PPS）出售电力的卖家，不利于电力销售领域的竞争。

实施新的电力体制改革后，这些电力批发企业的电力可以直接销售给新电力企业、一般电力事业者和电力交易所，如图5－7所示。

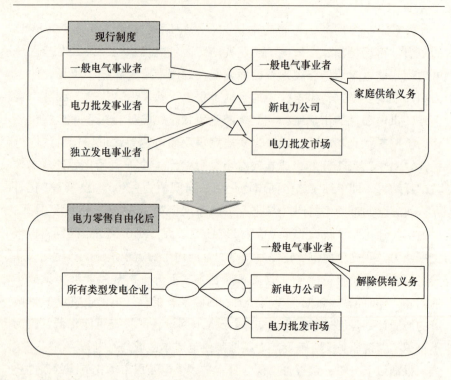

图 5 – 7 电力零售自由化改革趋势

资料来源：电力系统统改革专门委员会（2012）。

三　送配电领域

鉴于现有电力体制下跨区送配电能力的绝对不足，日本政府提出对一般电气事业者的送配电业务实施纵向分割，成立独立的电网公司的设想（中濑哲史，2012）。

根据 2012 年 7 月的电力体制改革方案，日本将撤销电力系统利用协议会（ESCJ），新设跨区系统运用机构，负责协调各区之间的电力配送，其主要职能包括制订电力系统计划方案和负责电网系统的有效运用，前者的业务包括长短期的电力需求预测、长短期的发电量统计、长短期的电网设备投资方案、各发电企业发电机组维修等计划的制订、跨区电网和主干线电网使用规则的制定；后者业务包括保证电力的供需平衡、调整发电频率、对跨区电网和主干线电网的使用状况实施监督和必要的劝告等。

为了保证送配电领域的公平性，报告方案提出了对在位的电力企业实施职能分离和结构分离的建议，但是具体方案仍在讨论之中（伊藤元重，

2012)。

四 具体课题

根据报告方案，电力体制改革专门委员会将具体讨论以下问题：①电力零售领域实施市场化改革的配套措施，包括最终保障服务的提供者、相关费用的负担方式；普遍服务的制度设计（比如离岛居民等高供电成本地区的电费问题）。②电力批发领域实施市场化改革的机制设计，包括日本电力交易所的管理方式、扩大电力交易所交易量的措施，容量市场的设立和发电厂建设的招标制度。③确保送配电行为中立性的相关措施，包括跨区送电中心与区内送电中心之间的职责分配与合作机制，送配电制度的设计（主要是过网费的设计），发电与送电的协调问题等。④关于电力规制机构的改革问题，主要讨论是否设立新的规制机构。实施电力销售的市场化改革以后，电力零售价格将主要通过市场机制决定，政府对电力行业的价格规制将只剩下接入价格，即过网费的价格规制。目前日本采用的是收益率上限规制，作为将来可供选择的备选方案，主要有收入上限规制。

另外，对10家在位的电力公司实施结构改革（纵向分拆）时，可供选择的方式也并不唯一，下一节将具体讨论日本电力体制改革的备选方案。

第五节 备选的改革方案

一 美国的送配电分拆模式

（一）分拆模式

到目前为止，日本的电力体制改革维持了10家在位电力公司发送配售的纵向一体化体制，只是通过会计分离和行为规制的方法将送配电部门与其他部门分开，在这种模式下，电网的所有权和日常的调度权仍然掌握在10家在位企业手里（参与送电调度的还有成立于2004年的日本电力系统利用协议会）。

与日本不同，美国电力公司存在四种形式的分拆模式（服部彻，2012），如图5-8所示。第一种模式与日本相同，即会计分离，电网的所有权和日常调度权仍掌握在实施内部分离后的在位电力企业手里，主要通过行为规制确保接入的平等性，美国西北部和东南部的电力公司采用的是该种分拆模式；第二种为功能分离，即在位电力公司仍然拥有发电和电网资产，但是电网的日常调度权和网络投资规划权移交独立的第三方机构（Independent System Operator，ISO 或 Regional Transmission Operator，RTO，截至 2012 年，美国共有 7 个这样的机构），美国中西部或西南部的电力公司多采用该种方式；第三种分拆模式为功能 + 结构分离，即发电公司和电网公司隶属于同一家控股公司（结构分离），电网公司主要负责设备投资和维修并向使用者收取过网费，电网的日常调度权和网络设备投资规划权要移交给独立的第三方机构（功能分离），比如得克萨斯州的电力公司；第四种为功能 + 所有分离，即将电力公司所属的电网出售给与在位电力公司没有资本关系的第三方，成立独立的电网公司（所有分离），并将电网的日常调度权和网络设备投资规划权移交独立的第三方机构（功能分离），该种方式是最为彻底的分拆模式，纽约州等东北部的电力公司多采用该种方式。

图 5 - 8　美国电力企业四种形式的分拆模式

资料来源：服部彻（2012）。

从实际情况看，美国实施会计分离和功能分离的情况较多，这主要是因为美国的电力公司以民营企业为主，对其实施强制性资产分割（即所有分离）会涉及较多法律问题，转型成本较高。

（二）主要问题

实施发电部门与送配电部门的分离是为了确保电网接入的公平性，促进发电领域的竞争，从而为提高发电效率和降低电价作出贡献；实施送配电部门的资产所有权（电网公司）与使用权（独立的第三方机构）的分离，则是为了防止接入价格的收益率规制方法诱导电网公司过度投资，缓解 A—J 效应（Brunekreeft, G. and R. Meyer, 2011）。但是，上述的双重分离（功能分离和所有分离）也伴随着一些其他问题，比如可能导致发电领域的投资不足，这是因为发送电分拆以后，发电领域导入了竞争机制，结果是高效的发电公司获得收益的同时，在竞争中失败的企业将面临较大的损失，因此与纵向一体化企业相比，独立的发电公司的风险较高，如表 5 - 4 所示，纵向一体化电力公司的资本成本普遍低于独立的发电公司，而较高的资本成本有可能导致发电领域的投资不足。在电力领域未实施自由化改革以前，美国规定电力公司要保有15%—25% 的备用发电能力，市场化改革以后，上述备用发电规制不复存在，因此服部彻（2012）认为发电领域投资不足的威胁会一直存在。

表 5 - 4　　　　　　　　　美国不同类型发电企业资本成本

纵向一体化电力企业	独立的发电企业
AEP CO. 7. 6%	GENON ENERGY、INC 10. 1%
SOURTHERN CO. 7. 2%	CALPINE CORP. 10. 4%
ENTERSY CORP. 7. 1%	DYNEGY, INC. 14. 1%
PROGRESS ENERGY, INC. 6. 7%	NRG ENERGY, INC. 9. 7%
XCEL ENGERGY, INC. 6. 1%	
ALLETE, INC. 6. 7%	

资料来源：服部彻（2012）。

第二个问题是电网设备所有权与设备投资规划权的分离所带来的激励不对称问题。实施功能分离以后，ISO 或 RTO 对确保送配电系统的安全性和可靠性负有义务，根据需要提出设备维修和投资计划，得到联邦规制委员会（Federal Energy Regulatory Commission）的认可后，电网公司负责具体实施，其成本按照收益率规制法计入接入价格。但问题是如何激励没有任何资产的 ISO 或 RTO 制定高效稳定的送配电网投资规划，Pollitt（2011）通过对美国 ISO 的调查发现，这些机构在送配电网络的短期管理上较为高效，但是缺乏规划最佳网络设备投资的动机。实际上，根据Greenfiled 和 J. Kwoka（2011）的定量分析，作为非营利组织的 ISO/RTO 的运营效率也存在较大的问题。

二　欧盟的送配电分拆模式

欧盟情况与美国截然不同。为了推进成员国的电力体制改革，欧盟于 1996 年、2003 年和 2009 年先后发出三个电力改革指令。根据 2009 年第三次指令，为了保证发电企业对电网公平接入和促进电网的设备投资，欧盟委员会向成员国推荐了电力产业的三种纵向分拆形式，即所有权分离（独立的电网公司拥有电网的所有权和调度、投资规划及其投资权）、结构分离（电网公司与发电公司隶属同一控股公司，电网公司拥有电网的所有权和调度、投资规划及投资权）和功能分离（将电网的调度权和投资规划权交由独立的第三方机构实施），如图 5-9 所示。截至 2012 年，在 26 个成员国中，有 18 个选择所有权分离，7 个选择结构分离，爱尔兰作为过渡形式选择的是功能分离，这与美国情况相差较大（美国选择功能分离的较多）。

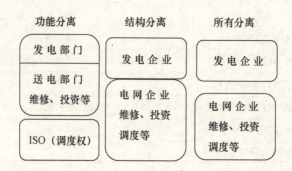

图 5-9　欧盟成员国电力企业的分拆模式

资料来源：后藤美香、服部彻（2012）。

之所以会出现这种状况，是因为欧盟各国认为随着太阳能发电等可再生能源发电的逐步导入，以智能电网、智能电表为代表的送配电设备投资将会有较大的需求，而所有权分离和结构分离保证了电网设备所有者、日常运营者、设备投资计划者和设备投资的实施者同为一个主体，便于协调。与此相反，功能分离会使上述四个职能分属不同的主体，从而出现激励不对称的现象，如表 5-5 所示。也就是说，在指导思想上，美国看重对过度投资的预防，而欧盟则看重投资中的协调问题，因此尽量保持电网所有者与运营者的同一性。

表5-5　　　　　　欧盟关于电力体制改革的第三次指令内容

	所有权分离	功能分离	结构分离
电网所有者	TSO	NO	ITO
电网系统运营者	TSO	ISO	ITO
电网投资计划者	TSO	ISO	ITO
电网投资实施者	TSO	NO	ITO

TSO：Transmission System Operator 完全独立电网公司（在产权上与发电公司没有隶属关系）

NO：Network Owner 电网所有者（在位的电力企业）

ISO：Independent System Operator 独立的电网运营公司（只有电网的运营权，没有所有权）

ITO：Independent Transmission Operator 独立电网公司（与发电公司同属一个控股公司）

资料来源：后藤美香、丸山真弘（2012）。

三 各种分拆方式的优缺点

Machiel Mulder、Victoria Shestalova 和 Mark Lijesen（2006）分析了所有者分离的正面影响和负面影响，其中的正面影响包括提高电网的使用效率（来源于电网公司目的的专一性和规模经济）、提高规制部门效率（因为所有权分离使电网公司失去了交叉补贴等反竞争行为的动机）、促进竞争（独立的电网公司将失去交叉补贴发电部门、向其提供竞争对手信息和歧视其他发电公司的动机）。所有权分离的主要负面影响包括增加交易成本、失去规模经济和增加发电领域投资不足等（因为资本成本的增加和失去长期的稳定客户）。

尽管理论上预测了所有权分离的优点和伴随的成本，但是后来的实证研究表明，结果并不像理论预测那样，比如后藤美香和服部彻（2011）通过研究综述 P. Arocena（2008）、D. Balmert 和 G. Brunekreeft（2009）、A. Fetz 和 M. Fillippini（2010）、R. Künneke 和 T. Fens（2007）、M. Pollitt（2008）发现：①以美国、日本和欧洲为样本的实证研究表明，发电和送电之间的范围经济是存在的；②关于所有权分离可以促进发电和零售领域的竞争、提高发电企业效率、降低电费和促进电网投资的实证研究较少，而且其结果因为国别和期间的不同而各异。

"3·11"核泄漏事件以后，日本政府提出了对一般电气事业者实施分拆的想法。结合日本的实际情况，经济产业省列出了纵向分拆的各种形式及其优缺点，如表5-6所示。

表5－6　　　　　　　　纵向一体化电力企业分拆模式及其优缺点

		会计分离	结构分离	功能分离	所有分离
中立性	优点	成本信息不对称情况有所缓解	规制成本降低，成本信息不对称情况有所缓解	公平性较高，成本信息较为公开	公平性最高，成本信息最为公开，规制成本最小
	缺点	公平性较低，规制成本增加	公平性较低，仍需政府的行为规制	仍需政府的行为规制	—
跨网送电	优点	可以跨网送电	可以跨网送电	可以跨网送电	可以跨网送电
	缺点	现有的10家体制下，实施高效跨网送电的成本较大	现有的10家体制下，实施高效的跨网送电成本较大	现有的10家体制下，实施高效跨网送电的成本较大	现有的10家体制下，实施高效跨网送电的成本较大
设备运营	优点	发送配售一体化经营较容易	与所有分离相比，发送配售一体化经营较容易	可以从多个电力企业筹措电力以平衡供需	送配电设施的运营较为顺利
	缺点	从单一企业调集电力以平衡供需的可能性较大（不公平）	从单一企业调集电力以平衡供需的可能性较大（不公平）	增加发电部门与送配电部门的交易成本	增加发电部门与送配电部门的交易成本
设备投资	优点	便于设备投资	与所有分离相比，便于设备投资	便于全国范围内的最优化配置	有利于电源结构的多样化
	缺点	不利于全国最优化配置，不利于电源结构的多样化	不利于全国最优化配置，不利于电源结构的多样化	送配电设备的所有与运营分离，可能导致设备投资的不足或过多	不利于全国最优化配置
转型成本	优点	转型成本最小	比会计分离要大，等同于所有分离	—	比会计分离要大，等同于所有分离
	缺点	—	—	需要一定的过渡期间和成本，需要培养专门人才	—
其他	优点	不涉及私有财产的分割	经营的自由度有所提高	如果实现电力交易所和配送电系统运营的一体化，则有利于设立跨网送电调度中心	经营的自由度最高
	缺点	同一企业内规制部门和竞争部门同在，经营自由权受限	涉及私有财产的分割，涉及税的问题	同一企业内规制部门和自有竞争部门同在，经营的自由权受限	涉及私有财产分割，涉及税的问题

资料来源：笔者根据日本经济产业省资料整理。

四　德国的送配电接入定价规制方法

德国有四大送电公司和 900 多家配电公司，按照 1996 年欧盟第一次电力指令，德国于 1998 年实施了电力零售的自由化改革和送配电的平等接入政策。按照当时的规定，电网利用者和电网所有者通过谈判协商过网费用等相关条件，后来德国在实际操作中发现该制度下的电网效率很低，比如根据 C. Hirschhausenvon、A. Cullmann 和 A. Kappeler（2006）的研究，2001 年 307 家配电公司的效率改善余地高达 31%—58.6%；第二个问题是送配电企业之间合谋抬高过网费用。鉴于德国及其他成员国之间在过网费（接入定价）和接入条件等方面的差异，2003 年的第二次 EU 电力指令建议各成员国设立独立的能源规制机构，同时将送配电的接入定价权置于规制机构的管理之下。

2005 年德国成立联邦网络厅，并决定在送配电的接入定价方面导入激励性规制。作为先行工作，联邦网络厅从 2006 年开始针对送配电公司先后实施了两次成本精简运动，其中第一次精简成本 12.1%，约合 4.5 亿欧元；第二次进一步压缩了全部成本的 5% 左右，使家庭用送配电过网费从 2006 年的 7.3ct/kWh 降到 2009 年的 5.8ct/kWh（商用过网费从 6.37ct/kWh 降到 4.99ct/kWh，制造业过网费从 1.65ct/kWh 降到 1.43ct/kWh）（Federal Network Agency Annual Report，2008）。

2005—2008 年，德国对电网的接入价格实施审批制，使用的计算方法为收益率上限规制法。从 2009 年开始，德国开始对送配电公司的接入定价导入收入上限规制，其计算公式为：

$$R_{it} = \left[C_{ib,0} + (1 - V_t) \times C_{i,0} \right] \times \left(\frac{CPI_t}{CPI_0} - XF_t \right) \times EF_t + C_{in,t} + Q_t$$

其中，R_{it} 为第 i 家送配电公司在 t 年的收入上限；$C_{ib,0}$ 为该送配电公司在基准年产出（送配电量、居民数量、服务面积等）一定时的效率成本；V_t 为到 t 年年末应该消除的非效率比例；$C_{i,0}$ 为该公司在基准年产出一定时的非效率成本（即实际成本与效率成本之间的差值）；CPI 为消费者物价指数；XF_t 为各家送配电企业共同的效率因子；EF_t 为针对配电企业的调整项，如果配电公司扩大服务面积或增加接地线数量，则可以通过 EF_t 项得以调整，但是如果对现有服务范围内的设备更新，比如设置智能电表，则此费用没有办法通过收入上限公式得以补偿；$C_{in,t}$ 为送配电企业无法控制的成本（税和员工的法定福利等）和送电企业的投资调整项，对送电企业的设备投资而言，根据现有规定，当送电公司的设备投资（比如智能电网）100% 投入使用并且得到联邦网络厅的认可后，可以通过成本加合理利润法计算后加入 $C_{in,t}$；Q_t 为送配电质量调整项，德国决定在确定了相关的标准和指标以后，从第一阶段（2009—2013 年）中期或第二阶段（2014—2018 年）开始导入。

根据上述公式，送配电企业可以计算出未来 5 年间的收入上限。

举例而言，假设企业在基准年完成送电 A 千瓦时，实际成本为 B，其中企业不可控成本为 B_1（相当于公式中的 $C_{in,t}$），企业可控成本为 B_2（B_1 与 B_2 之和为 B），通过 DEA 或 SFA 计算出为送电 A 千瓦时所需要的最低可控成本为 $B_{2,b}$（相当于公式中的 $C_{ib,0}$），则 B_2 与 $B_{2,b}$ 之间的差即为公式中 $C_{i,0}$。

德国收入上限规制的示意图如图 5 - 10 所示。

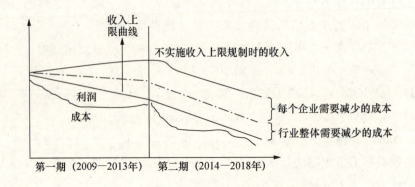

图 5 - 10　德国送配电公司收入上限规制

根据利润等于收入减成本的会计关系式，送配电公司的成本越少（即经营效率越高），其利润越大，因此说收入上限规制法可以缓解送配电公司因地区垄断而引发的低效，属于激励性规制。另外，德国的联邦网络厅在上限收入计算式中加入了效率因素（XF_t），从而诱导整个送配电行业要通过创新等降低成本，提高效率。但是对于设备投资的有关规定，送电公司认为从开始实施设备投资到完全投入使用会有一段时间的间隔，而此期间的资本成本因为没有计入公式而只能由公司承担，这种机制会阻碍送电企业的设备投资，不利于与太阳能发电等密切相关的智能电网的建设（Konstantin Petrov，Viren Ajodhia，Daniel Grote，2010）。但是，规制当局认为，上述计算方式可以防止收益率规制下设备投资的 A—J 效应。另外，因为收入上限规制公式将研发投资纳入了企业可控成本之中，也属于标杆比较的对象项目，所以送配电企业担心为了提高效率不得不降低研发投入，这可能不利于这些机构实施智能电网、低碳环保送电等相关课题的研究（Eurelectric，2011）。

从总体来看，德国的收入上限规制强调了效率因素，同时考虑了设备投资、质量因素等。但是因为企业的成本计算是在基准期产出基础上确定的，如果企业处在快速扩张期间，每年产出数量（上网电量）的变化较大，则相对投入成本必然要随之增加，但是在上述公式中却无法体现，因此对被规制企业而言，会产生收入上限过小和上网电价过低的问题。但是这种规制方式对于德国这种发达国家而言，因其经济已经处于成熟期，每年（基准期与随后的四年间）的送电数量变化不大，因此产生上述问题的可能性较小（高桥洋，2012）。

五　英国的送配电的接入价格规制方法（RIIO 方式）

英国 1989 年对国有电力企业实施民营化改革，从 1990 年开始对送配电公司实施价格规制，负责的规制部门为天然气和电力市场办公室（Office of Gas and Electricity Market，OFGEM）。现行规制方法为收入上限法（以前为价格上限法），计算公式如下：

$$R_t = R_{t-1}(1 + RPI - X) \pm Q \pm Z$$

其中，RPI 为物价上涨值，X 为事先定好的效率值，其他项分别为质量和调整项。其中基准年度的收入上限的计算依据为成本加合理利润法，即收入应该等于考虑了效率因素后的运营成本（不是实际成本，而是最小成本）和认定后的资本成本（加权平均成本与认定的资本额的乘积）之和（服部彻等，2012）。

自 1990 年开始实施激励性规制以来，英国送配电效率得到了较大提高，接入价格有所降低，OFGEM（2009）的研究表明，1990—2006 年的 16 年间，去除物价因素以外，英国送配电企业的可控运营成本的降幅在 3.1%—5.5%，之所以比例不是很大，是因为当初的基数成本并不是实际成本，而是当时产出下的最小成本（根据 DEA 或 SFA 计算所得）。学者的研究基本上支持了上述观点（T. Jamas and M. Pollitt，2008）

英国实施收入上限规制方法的重点是提高效率，而不是促进投资。但是随着电力领域低碳环保概念的深入（R. Bolton and T. J. Foxon，2011），与智能电网和智能电表相关的设备投资将是未来数年送配电产业的重点（总投资约 320 亿英镑），而且随着新型设备投资的增加，接入价格将会有所提高，这需要得到消费者的理解。为了实现上述双重目的，OFGEM 决定导入一种新的规制方法，即促进创新和产出的收入上限法（Revenue Using Incentives to Innovation and Outputs，RIIO）。其基本计算公式为：

RIIO = 基本收入 ± 业绩调整 ± 不确定性引发的调整

送配电公司与利益相关者事先协商而定的六项产出指标是决定上述公式中基本收入的主要依据。六项产出包括消费者满意度、安全性、送电质量、联网时间、环境影响和公司的社会责任（见表 5 - 7）。送配电公司把上述六项产出看作产品，制定出为生产这些产品所需费用等的商业计划书（business plan），政府规制部门审核各家公司提出的商业计划书，对其合理性和效率性进行评价（评价的方法包括标杆法、设备投资的事后调整法和虚拟外包法），并根据需要提出修改意见。六项产出分别有自己的指标和标准，当送配电公司的实际业绩超出或低于事前规定的标准时，给予相应的奖励或惩罚；如果实际成本低于事先规定的成本时，消费者和送配电公司按一定比例分享差额。不确定性引发的调整包括物价指数调整、消费者数量变化调整、设备投资调整等。

表 5 - 7 　　　　　　　　　　　RIIO 中产出事例

产出的种类	配电公司	送电公司
消费者满意度	根据事先设计好的指标和定期的问卷调查获得	
安全性	遵守法律、为公共利益而追加的安全对策	
送电质量	停电次数、停电时间、未能按计划供给的电量	未能按计划供给的电量、关于限制送电的指标
联网时间	与上游客户（电厂）和下游客户（消费者）实现网络联通需要的时间	
环境因素	二氧化碳排出量、低碳电源的比例、对景观的影响、对消费者节能活动的贡献	
社会责任	对弱势群体的应对措施（公共服务责任等）	

资料来源：OFGEM（2010）。

作为收入上限的配套所示，OFGEM 设立了 Network Innovation Competition 基金，各送配电企业通过竞争的方式获得基金的支持，并从事低碳送配电等的相关研究。基金于 2013 年 4 月开始启用，OFGEM 已经公布了评审标准，重点支持处于实证阶段的研发项目。对于中标的项目，基金支持全部费用的 90%，申请者自行配套 10%。2013—2018 年，基金规模为 2.4 亿英镑，主要由各家送配电公司按照最终用户的数量按比例承担，然后通过计入接入价格最终转嫁给电力消费者。

与之前的规制方法相比，RIIO 的特点有以下几点（C. Jenkins，2011）：①积极促进送配电利益相关者的参与。这些利益相关者包括消费者及其团体、环保团体、政府机构、投资者、各种类型的发电企业、电气自动车制造商等。促进利益相关者的目的是因为预想到将来的送电费会有所增加，通过使其参与其中而获得理解。②继续考虑送配电企业效率性。这些措施包括在审查各家送配电企业提交的商业计划书时，通过各种方法衡量其效率性，包括将一些业务外包以减少支出；通过标杆法衡量费用支出是否最低；对于某些送配电设施的新建或改造项目的更新采用招投标方式。当然，根据业绩调整收入上限的范围也体现了对效率的重视（C. Cambini and L. Rondi，2010）。③时间跨度长：每期 RIIO 的时间跨度为 8 年，长于原来收入上限规制下的 5 年。延长改订期限的目的是使送配电企业能够从事较为长期的投资和增加提高内部经营效率的动机，减少规制成本。④强调第三者的作用。为了导入竞争机制，非送配电企业也可以参与送配电建设项目的投资和研发招标，如果中标，规制部门将授予其送配电许可权，从而获得在某一地区建设电网和送配电的权利。

按照 OFGEM 的计划，从 2013 年开始在煤气管道和送电企业中，从 2015 年以后开始在配电企业中导入 RIIO。

第六节　规制改革后的电力行业

为了便于电力市场监视小委会了解情况，经济产业省电力煤气局每年定期向该委员会提交《电力行业报告事项》，汇报电力行业现状。该年度报告较为全面，是了解日本电力行业现状的权威资料，以下本书使用的资料主要来自 2010 年 7 月 6 日公布的年度报告（因为 2011 年 3 月的福岛核泄漏事件，2011 年度和 2012 年度没有公布）。

一　发电领域

根据规制内容的不同，日本的发电企业可以分为六大类，即一般电气事业者（10 家在位企业）、独立发电事业者（IPP，1995 年导入）、电力批发事业者（电源开发公司和日本原子能发电公司）、特定电气事业者（1995 年导入）、特定规模电气事业者（PPS，2000 年导入）、自有设备发电者（主要工厂等，以自用为主，多余的上网外卖）。对各类发电企业的规制内容如表 5 - 8 所示。

表 5 - 8　　　　　　　　　日本主要发电企业类型及其规制内容

	法定交易方	进入许可	价格规制	其他规制	公益特权	代表企业
一般电气事业者	无限制	许可证制度	50 千瓦以下电力	停业、退出规制、供给义务、供给命令等	享有（暂时使用他人土地、采伐植物等）	东京电力等 10 家
电力批发事业者	一般电气事业者	许可证制度	交易价格等备案	同上	同上	电源开发公司等 2 家
独立发电事业者	一般电气事业者	资格认证	交易价格等备案	无	在受灾时可以采伐植物等	日本共同火力发电公司等
其他发电企业（PPS、工厂等）	无限制	无（技术、安全等除外）	无	无	同上	住友金属工业公司等

资料来源：笔者整理。

另外，根据日本经济产业省（2011），虽从 1995 年开始电力体制改革至今已有 15 年之久，但是作为新生事物的 PPS（从 2000 年开始）的发电容量所占份额不足 1%。作为其主要竞争对手的一般电气事业者的所占份额虽略有减少，但是仍维持在 70% 以上，自有设备发电量增加近 5%，所占份额约为 16%，电力批发事业者（包括 IPP）的份额基本没变。

从电力批发市场来看，图 5 - 11 为交易主体及其获得电力的途径和数量。在特定规模电气事业者（PPS）作为卖方提供的 163 亿度电中，自己发电 45 亿度，从一般电气事业者手中购买的电力为 74 亿度（占 45% 左右），其余来自自有设备发电者、电力批发事业者和电力批发市场。另外，在 2009 年会计年度，批发市场的电力交易量仅占全国电力交易量的 0.4% 左右。

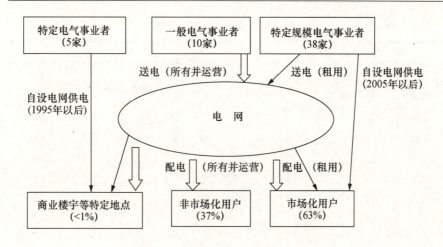

图 5 –11　改革后日本供电领域市场结构

注：PPS 从自有设备发电者和电力批发事业者购买的电力之和为 85 亿千瓦时。

资料来源：山口聪（2008）。

从电源结构来看，水力发电的总量在 1965—2010 年变化不大，但是所占比例从当初的 42% 左右减到不到 9%，而石油、煤炭、液化天然气这些化石燃料发电的总量有了较大的增加，但是所占比例变化不大，这其中的差额主要是通过核能发电补充的，从 1980 年的 17% 增至 2010 年的 30% 左右。另外，由于发电成本较高，清洁能源的比例很小。

表 5 –9 为日本过去 45 年间电源结构的变化情况，表 5 –10 为部分国家电源结构。

表 5 –9　　　　　　　　日本电源结构变化（1965—2010 年）　　　　单位：亿千瓦时

年份	新能源	水力	石油	LNG	煤炭	核能	合计
1965	0	691	506	0	430	0	1627
1970	0	725	1733	46	389	46	2939
1980	0	845	2210	747	219	820	4841
1990	0	881	2109	1639	719	2014	7362
2000	56	904	1005	2479	1732	3219	9451
2005	88	813	1072	2339	2529	3048	9977
2010	115	858	753	2945	2511	2882	10179

资料来源：第三次电力系统改革专门委员会办公室（2012）。

表 5 - 10　　　　　　部分国家的电源结构比例（2009 年）　　　　单位：%

	煤炭	石油	天然气	核能	水力	其他	合计
日本	27	9	27	27	7	3	100
美国	45	1	23	20	7	4	100
中国	79	2	2	2	14	1	100
欧盟	27	3	23	28	10	9	100
俄罗斯	17	2	47	17	17	0	100
印度	69	3	12	2	12	2	100
加拿大	15	1	6	15	61	2	100
德国	44	2	13	23	3	15	100
法国	5	1	4	76	11	3	100
巴西	5	3	3	0	84	5	100
韩国	46	4	16	33	1	0	100
英国	29	1	44	19	1	6	100
西班牙	13	7	36	18	9	17	100
意大利	15	9	51	0	17	8	100
澳大利亚	78	1	14	0	4	3	100
土耳其	29	2	49	0	19	1	100
瑞典	1	1	1	38	48	11	100
瑞士	0	0	3	0	96	1	100
芬兰	22	1	14	33	17	13	100
丹麦	49	3	18	0	0	30	100
世界平均	40	5	21	13	18	3	100

资料来源：第三次电力系统改革专门委员会办公室（2012）。

二　供电领域

在日本，改革后的供电企业由原来的 10 家增加为 53 家，市场化用户除了可以从本辖区内的一般电气事业者购买电力以外，还可以从 PPS（特定规模电气事业者）和辖区外其他一般电气事业者手中购买电力。从长期看，这种可选择性的增加无疑会增加供电企业的竞争意识。但是从市场份额来看，PPS 在全国电力销售总量中所占的比例还比较低，2010 年约为 3.4%，其中超高压细分市场为 4.2%，高压细分市场为 2.8%，呈缓慢上升趋势。实际上，PPS 在日本 10 个区域内的市场份额相差很大，比如

在经济最为发达的东京电力辖区内，PPS 在超高压市场的份额最高达到了
9%，高压市场的份额为 4%，全部市场化领域的份额（PPS 的超高压和
高压的销售电量/50 千瓦以上的销售电量）为 5.1%，其次是关西电力辖
区内，分别为 6.5%、3.2% 和 4.8%。

北陆电力和四国电力（2004 年除外）辖区内特定规模电气事业者的
市场份额为零。

三　送配电领域

如前所述，日本的送配电领域保留了原有 10 家一般电气事业者的区
域内垄断地位，2000 年导入的特定规模电气事业者（PPS）只能租用上述
10 家电力企业的送配电设施对自己的客户实施供电。10 家企业收取的过
网费不尽相同，改革之初，超高压的最高过网费为 3.3 日元/度，最低的
为 1.9 日元/度，10 家平均值为 2.96 日元/度。几经修改以后，2010 年上
述价格分别降为 2.2 日元/度、1.48 日元/度和 2.3 日元/度；2000 年高压
的最高过网费为 5.67 日元/度，最低为 4.4 日元/度，平均为 5.29 日元/
度；2010 年上述价格分别为 4.4 日元/度、3.8 日元/度和 4.05 日元/度。

2009 年，PPS（特定规模电气事业者）从一般电气事业者手中购入的
额度范围内和额度范围外不足电量约为 1.6 亿度，支付费用约为 18 亿日
元，其中购买额度范围内不足电量占全部的 90%，而支付的费用约占 18
亿日元中的 23%。

第七节　对电力行业规制改革的评价

2011 年 "3·11" 核泄漏事件暴露了日本电力行业规制改革中的一些
问题，但并不否认规制改革的一些正面效果。

鉴于 1995 年日本实施电力体制改革的主要目的是通过导入竞争机制
降低电价，因此衡量规制改革效果的主要指标应该是电价的变化情况，同
时参考电力产品的质量（比如停电时间的变化情况）和行业内竞争状
况等。

一　电价变化情况

与电力体制改革前的 1994 年相比，2009 年家庭用电（电灯）电价、
非家庭用电（电力）电价和二者的平均电价分别从 24.81 日元/度、

17.15 日元/度和 19.38 日元/度降为 20.54 日元/度、13.77 日元/度和
16.02 日元/度,降幅分别为 17.2%、19.7% 和 17.3%。

从国际比较来看,在 2000—2009 年,除韩国以外,日本的电价与其
他各国电价之间的差异在逐步减少。换句话说,相对于其他国家而言,日
本的电价变得便宜了(见图 5 – 12 和图 5 – 13)。

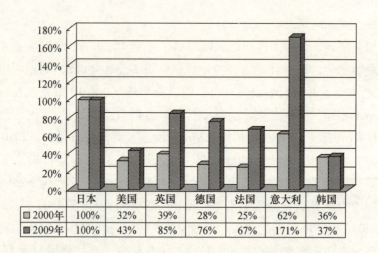

	日本	美国	英国	德国	法国	意大利	韩国
2000年	100%	32%	39%	28%	25%	62%	36%
2009年	100%	43%	85%	76%	67%	171%	37%

图 5 –12　产业用电电价的国际比较(按汇率计算)

资料来源:技术分析研究所(2010)。

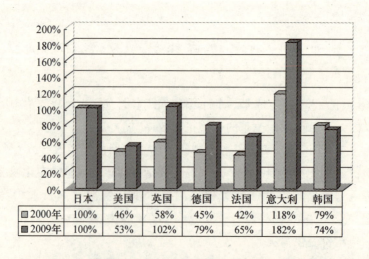

	日本	美国	英国	德国	法国	意大利	韩国
2000年	100%	46%	58%	45%	42%	118%	79%
2009年	100%	53%	102%	79%	65%	182%	74%

图 5 –13　产业用电电价的国际比较(按购买力平价计算)

资料来源:技术分析研究所(2010)。

由于家庭用电的电价变化情况有着与产业用电相同的趋势，本书不再详述。

二　电价变化原因分析

尽管日本在电力体制改革以后出现了电价下调现象，但是考虑影响电价的因素还有燃料费等其他要素，因此有必要通过进一步的分析，将导致电价下调的因素与其效果予以定量分析。

针对上述问题，日本独立行政法人经济产业研究所的高级研究员戒能一成（2005）进行了探索性的研究。他认为影响电价的因素除了电力体制改革以外，还包括利息（因为日本大的电力企业的资本负债率较高，比如东京电力 1996 年的负债额高达 10.5 万亿日元，资本负债率约为89%）、燃料费、需求变化；电力体制改革主要通过两个途径影响电价，即发电企业的设备投资和管理费用。他的研究发现，在 1989—2003 年的15 年间，剔除通货膨胀的影响，日本电价实质降低 2.64 日元/度，其中制度改革的影响占 54%（约合 1.43 日元/度），其余电价的降低则来自其他解释变量。

三　供电质量

在电力制度改革评价小委员会（2006）提出的《制度改革评价小委员会报告书》中，从 5 个方面对电力体制改革对电力长期稳定供给的影响进行了论述，包括 10 家一般电气事业者的设备投资、连接 10 家电网的跨网建设、电力的跨网运送状况、防灾与应急体制、研究开发费用。从数据来看，设备投资从 1993 年的 4.7 万亿日元减为 2005 年的 1.2 万亿日元；预备发电量维持在 8%—10%，没有明显的变化；每年的停电时间基本维持在 10 分钟左右，远远低于英美的 100 分钟；跨网设备建设落后于跨网送电的需求，出现了电网容量不足的现象；电网的日常维修保养费用从 1993 年的 2.8 日元/度减为 2005 年的 1.6 日元/度；同时研发费用也从1994 年的 2000 亿日元减为 2005 年的 1200 亿日元。

根据以上数据，评价小委员会认为，从停电时间、电压、事故率等指标来看，电力体制改革对电力长期稳定供给的负面影响没有明显出现，如果 10 家一般电气事业者能够按照电力的需求预测落实设备投资，则能够在未来的 10 年中保持适当的预备发电量（8%以上）。

表 5 - 11 为电力系统利用协议会根据 10 家一般电气事业者提交的供需预测报告计算的备用发电能力，2010 年为 14.8%，2020 年为 10.7%，

高于法定的 8%。

但同时报告书也指出，设备投资特别是跨网设备投资的不足有可能影响紧急情况下的跨区送电；制度改革对电力稳定供给的影响需要较长的时间才能显性化，因此需要长期的关注和评估。

表 5 – 11   一般电气事业者提交的供需预测报告计算的备用发电能力

		北海道	东北	东京	50Hz 计	中部	北陆	关西	中国	四国	九州	60Hz 计	冲绳	全国计
2010年度	最大需要电力	473	1386	5899	7758	2653	515	3029	1137	545	1665	9454	143	17355
	供给力	648	1626	6442	8714	3060	613	3423	1377	685	1863	11022	195	19932
	供给预备力	174	240	543	957	497	98	394	240	140	198	1568	52	2577
	供给预备率（%）	36.9	17.3	9.2	12.3	19.4	19	13	21.1	25.7	11.9	16.6	36.3	14.8
2020年度	最大需要电力	520	1520	6395	8435	2785	568	3159	1246	577	1813	10148	164	18747
	供给力	610	1683	7008	9302	3024	630	3515	1447	658	1946	11219	228	20748
	供给预备力	90	163	613	867	239	62	356	201	81	133	1071	64	2002
	供给预备率（%）	17.4	10.8	9.6	10.3	8.6	10.9	11.3	16.1	14	7.3	10.6	39.1	10.7

资料来源：电力系统利用协议会（2012）。

四　竞争状况

电力体制改革后日本电力行业的市场结构已经在前面有所阐述，就结果来看，在发电和供电领域虽然导入了竞争机制，但是作为新生事物的特定电气事业者（1995 年导入）、独立发电事业者（IPP，1995 年导入）和特定规模电气事业者（PPS，2000 年导入）的市场份额还很小，对在位的10 家一般电气事业者还没有足够的竞争压力。在发电领域各类电力公司的市场份额情况，实际上供电领域具有相同的趋势，比如 2009 年一般电气事业者的市场份额高达 85.6%，而特定规模电气事业者和特定电气事业者的市场份额之和仅约为 2.1%。根据电气事业联合会统计委员会（2010）的资料，如表 5 – 12 所示，PPS 的份额在 0—6.3%，可以说是微乎其微。

但是在某些细分领域，特定规模电气事业者的市场份额已经达到了不容忽视的地步，比如在为商业楼宇供电的超高压细分市场，特定规模电气事业者的份额基本维持在 20% 以上，部分年份已经达到了 28%；在 2005—2009 年间，特定规模电气事业者每年参加的超高压电力招标件数在 120—200 件，中标率维持在 40%—60%；每年参加的高压电力招标件数在 600 件左右（2005 年除外），中标率在 30%—70%（经济产业省，2011）。从这些数据来看，虽然在供电整体市场上，新进入者的市场份额还很小，但是，在某些细分市场（比如东京地区和超高压市场），新进入者相对在位者的竞争压力已经很强大。

表 5－12　　各种类型发电事业者在各个地区的发电比例（2000 年）

	北海道	东北	关东	中部	北陆	近畿	中国	四国	九州	冲绳
PPS	3.4	0	0.1	0	0	1.3	0	6.3	0	0
特定电气事业者	0	0	0.6	0	0	0	0	0	0	0
电力批发事业者	5.7	30.5	7.2	4	27.9	3.8	25.3	30.3	25.2	23.5
一般电气事业者	91	69.5	92.1	96	72.1	95	74.7	59.3	74.8	76.5

资料来源：根据电气事业联合会统计委员会（2010）。

另外，一般电气事业者的跨区供电情况可以作为 10 家在位者之间相互竞争的指标使用，从日本现实情况看，尽管制度改革已经十余年，但是跨区供电的事例只有一个。根据日本经济产业省 2010 年所做的《电力市场的竞争环境及需求意识调查》，在 2919 个电力消费者样本中，有 9.9% 的被调查者回答曾经向本地区以外的一般电气事业者提出过供电申请，但全部无果而终，其主要原因（70%）是区外的一般电气事业者反应消极，缺乏供电诚意。尽管根据以上事实很难判断 10 家在位企业之间有合谋行为，但现实情况是它们之间几乎没有形成任何竞争。换言之，以促进竞争为目的的日本电力体制改革没有达到预期的目的（八田达夫、伊藤元重，2011；金本良嗣，2011）。

尽管如此，供电领域的自由化还是给消费者带来了经济利益。比如 2009 年经济产业省的办公大楼通过招标的方式购买电力，中标金额为 2.8 亿日元，在消耗电力不变的情况下比前一年节省约 1000 万日元，又如某制造企业通过招标供电商的方式节省电费支出约占全部电费的 8%。

第六章 铁路产业的规制改革

第一节 铁路产业规制改革概述

一 国有铁路的分拆与民营化改革

1872 年，日本明治政府出资铺设的新桥至横滨的铁路开通，标志着铁路产业在日本开始兴起。鉴于铁路建设耗资巨大，当时的政府鼓励民间资本积极参与，并授予其相应的区域运营垄断权。20 世纪初期，日俄战争和中日甲午战争以后，为了便于军事物资的运输，1906 年，日本政府宣布对私有的干线铁路实施国有化，并将行业主管部门从通信省铁道厅升格为直属于日本内阁的铁道院和后来的铁道省（相当于我国的铁道部）。此时日本的铁道产业政企不分，铁道省既是政府职能部门，又是铁路产业的建设者和运营者。第二次世界大战后的 1949 年，日本成立了特殊法人国有铁路，国有铁路是国有国营的公共企业（public corporation），不再具备政府职能，而是纯业务部门，归口主管机构为当时的铁道省（三桥良士明，1978）。

由于特殊法人国有铁路经营不善等内外部原因导致其巨额亏损（见图 6 - 1）和相应的巨额财政补贴（见图 6 - 2），1987 年日本政府对其实施了分拆、民营化改革，新成立的各家铁路公司及其关联企业如表 6 - 1 和图 6 - 3 所示。

分拆当时各家铁路客运公司的情况如表 6 - 1 所示。

二 价格规制改革

1997 年，日本导入区域间标尺竞争下的价格上限规制，在此之前，对铁路运输（客运和货运）的价格实施的是收益率规制，铁路运输企业在改定（上调或下降）票价时需报请国土交通省审批，通过后才能实施。因为审批的手续繁杂，所以等待审批的时间较长。收益率规制方法致使铁

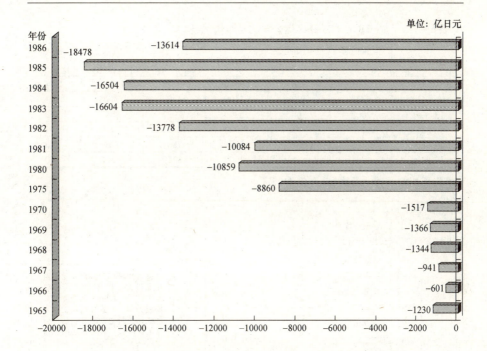

图 6 - 1 日本国有铁路经常性亏损的变化（1965—1986 年）

资料来源：日本国道交通省（2011）。

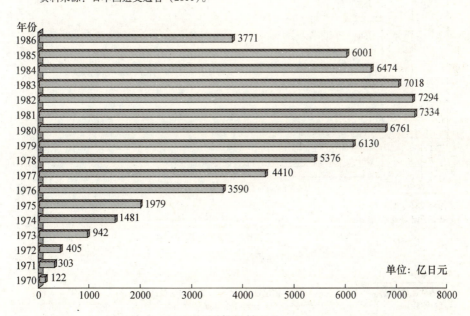

图 6 - 2 日本政府对特殊法人国有铁路的财政补贴款（1970—1986 年）

资料来源：日本国道交通省（2011）。

表6-1   JR 各家铁路客运公司的基本情况 （1987 年 4 月）

公司名称	运营里程 （公里）	前年度运量 （亿人公里）	职工人数	资产额 （亿日元）	收入 （亿日元）	利润 （亿日元）
JR 东日本	7657	956	89540	39176	15351	2881
JR 西日本	5323	432	53400	14402	7470	701
JR 东海	2003	360	25200	7037	8683	710
JR 北海道	3177	37	13000	10171	726	- 535
JR 九州	2406	67	15000	7801	1266	- 280
JR 四国	881	15	4900	3389	306	- 140

资料来源：一桥大学铁道研究会（1994）。

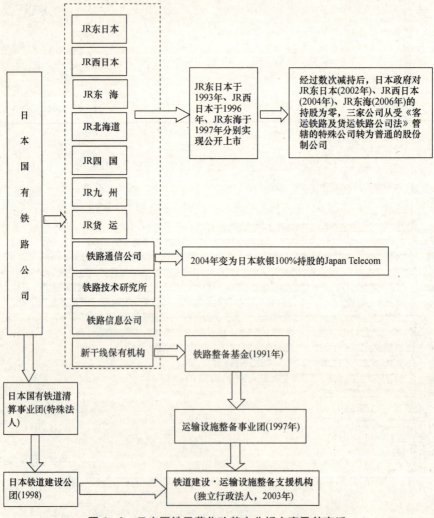

图6-3   日本国铁民营化改革中分拆方案及其变迁

资料来源：笔者整理。

路运输企业无法根据季节、地点等外部因素的变化实施一些促销活动（比如以学生为对象的周末或放假期间的打折票价、温泉等旅游路线的优惠联票等）；同时由于 A—J 效应，收益率规制有可能使经营者忽视成本控制，有过度投资的倾向。

在日本对公益事业的规制改革潮流中，1997 年，日本政府导入了区域间标尺竞争下的价格上限规制。所谓价格上限，是指政府只对每家运输公司的价格上限进行审批，如果价格在上限范围以内则可以自由定价，所谓区域间标尺竞争是指政府在审批各铁路运输公司的价格上限时，参考同类其他地区的铁路运输企业的成本状况。

三　行业进入和退出规制改革

2000 年，日本议会对《铁路事业法》进行了修改，放弃了意在调整铁路运输供求关系（主要是控制供给）的进入和退出审批规制。对于新设的铁路运输企业或线路，规制部门审查的重点放在确保运输安全的资金能力、技术水平等社会性规制方面；线路废止审批制改为备案制，即铁路客运公司在决定废止某线路 1 年前向政府主管部门备案，主管部门会联合沿线地方政府、消费者团体等部门组成协议会，商讨路线废止后的相关问题。讨论结果不影响铁路客运公司的废止决定，但是客运公司有义务提供过去数年的财务数据，证明废止线路是不得已的选择，以求获得沿线居民的理解和为选择替代的运输手段提供数据。

日本铁道产业的规制部门为国土交通省的铁道局，该部门同时还是铁道产业的行政主管机构，主要负责行业进入审批、价格规制、安全规制、产业发展规划等相关职能。交通政策审议会铁道分会是主要的政策咨询机构，铁路产业的行业法规为《铁路事业法》。铁路事故调查机构在 2008 年以前为航空铁路事故调查委员会，该委员会附属于国土交通省，委员由国土交通省选定；2008 年以后改组为运输安全委员会，委员会主任的任命要经过两院议会，权限有了较大的增加。

第二节　日本国有铁路的组织分拆

一　作为特殊法人日本国有铁路的性质

如前所述，作为特殊法人的日本国有铁路（简称国铁）是根据《日本国有铁路法》于 1949 年成立的公共企业，其前身为政企合一的日本铁路局。二者的主要区别在于：在公司体制下，管理层和铁路员工从政府官员和公务员转为企业编制；会计制度从完全的财政拨款转为独立核算；政府从直接经营转为间接监督。

根据《日本国有铁路法》规定：（1）国铁的服务内容为铁路运输及相关业务；（2）国铁总裁由首相亲自任命，副总裁、理事由中央归口主管部门核准、总裁任命，监事则由归口主管部门任命；（3）国铁向归口主管部门提交年度的收支预算及投资预算，经归口主管部门与中央财政部门协商后提交内阁会议审议，最后提交国会批准；（4）票价等收费项目的设定和改定需要报请国会批准；（5）新线路的铺设、运营及其既存线路的停运要报请归口主管部门批准。

另外，根据 1922 年日本制定的《铁路敷设法》，1951 年在归口主管部门下设铁道建设审议会，协助归口主管部门决定新建铁路的选址等重大事项，该审议会由国会议员（10 名）、政府官员和学者共 28 名组成（一桥大学铁道研究会，1994）。

二　巨额亏损及其原因分析

日本国铁自从 1964 年开始出现单年度亏损以后，这种状态一直持续至 1987 年 4 月 1 日的企业改制。在 1986 年 4 月 1 日至 1987 年 3 月 31 日的会计年度里，日本国铁的销售收入为 3.2 兆日元，亏损高达 1.4 兆日元；截至 1987 年 3 月 31 日，日本国铁的累计亏损额为 15.5 兆日元，长期负债高达 25.3 兆日元，当时的职工人数为 22.4 万人（最多为 1975 年的 46 万人）（一桥大学铁道研究会，1994）。

从已有的研究结果来看，国铁经营失败的主要原因可以归纳为以下几点。

（一）替代产业引发市场需求减少

如表 6-2 所示，在以汽车为主的其他运输工具的竞争下，日本铁路客运的市场份额从 1965 年的 67% 减至 1985 年的 39%，货运的市场份额则从 31% 锐减至 5% 左右，在这种情况下，收入减少成为不可避免的事情。但值得注意的是，国铁和私铁减幅是不同的，前者要远远大于后者，比如国铁的同期减幅分别是 49% 和 97%，私铁则只有 27% 和 60%，造成差异的原因正是如后所述的各种其他方面的原因。

表6-2　　　　　　　运输市场中各种交通工具的市场份额　　　单位:%

	年度	国铁	私铁	汽车	船舶	航空
客运 (人公里)	1965	45.5	21.3	31.6	0.9	0.8
	1975	30.3	15.3	50.8	1.0	2.7
	1980	24.7	15.3	55.2	0.8	3.8
	1985	23.0	15.5	57.0	0.7	3.9
货运 (吨公里)	1965	30.3	0.5	26.0	43.3	0.0
	1975	12.9	0.2	36.0	50.9	0.1
	1980	8.4	0.2	40.7	50.6	0.1
	1985	4.9	0.2	47.4	47.4	0.1

资料来源：国道交通省（1998）。

（二）政治干预导致缺乏经营自主权

国铁虽然为独立核算的企业，但其国有国营性质及《日本国有铁路法》相关规定使其难以摆脱来自政府等权力部门的干预，主要表现为庞大的基建投资、亏损线路的建设和维持等。由于在人事任免、财政预算、项目投资等重大事项上国铁没有最终决定权，而是取决于上级行政主管部门、铁道建设审议会和国会，这为政府官员和国会议员介入国铁经营提供了渠道。比如为了发展地方经济、创造就业机会等为政业绩，以便在竞选中获胜，地方的主要行政官员（省长或市长）以尽可能多地获得中央政府的投资预算为己任，其中铁路建设是最重要的载体项目之一，为此地方行政官员往往通过本地区的国会议员对铁道建设审议会施加影响，而国会议员为了获得地方选民的支持，也乐于从中周旋，这就是日本当时有名的"我田引铁"现象（想方设法把铁路建设项目安排在自己的选区）。在发展地方经济、保证地方居民交通权的名义下，具有企业属性和实施独立核算的国铁被迫不断接受根本无法通过项目可研报告中经济评估的线路建设任务，致使尽管赤字经营，但每年基建投资仍高达1兆日元以上。虽然高额的利息严重地影响了国铁的财务状况，但是因为国家全额投资的公共企业的性质使其没有破产危险、政府将为其最终买单的预期使银行也乐于贷款。同时由于国铁高官和员工的工资比照公务员水平，不受企业绩效的影响，所以他们也缺少抵制盲目扩建线路的动机和能力（伊藤直彦，2011；Ron Kopicki and S. Louis，1995）。

实际上，如下所述，国铁员工甚至是高额基建投资的受益者。

（三）内部管理混乱导致效率低下

按照《日本国有铁路法》的规定，国铁的工程项目原则上要通过招投标选择施工方，但是紧急情况下，也可以以其他方式选择施工方。然而公开后的资料表明，每年约 15 万件的工程项目中有 85% 没有招标、14% 指定投标方、只有剩下的 1% 是通过公开招投标的方式进行的。建筑企业为了获得国铁的工程和尽可能高的承包价格，纷纷通过议员等各种各样的渠道和方法影响决定承包方的国铁管理层。作为回报，建筑企业向议员加入的各个政治团体捐赠资金，同时接受国铁的退休高官到本公司再就业或做挂名顾问，支付高额的报酬。比如负责铁路工程建设的铁道弘济会在 1983 年共有职工 18000 名，其中国铁的退休职工就有 1800 名（一桥大学铁道研究会，1994）。

至于普通国铁职工，因其大多来自原来政企不分的国有铁路，求稳惧变的公务员意识难以转变，加之管理松散，无故带薪休假、骗取出差补助的现象时有发生，严重损害了国铁的经营效率和财务状况（三桥良士明，1978）。

三　体制内改革与体制外改革

国铁出现累计亏损以后，作为主管部门的铁道省设立了国铁财政再建推进会，国铁自己也设立了隶属于总裁的国铁咨询委员会，负责协助总裁推进国铁的改革，1966—1979 年，国铁先后进行了四次内部改革，但是由于经济环境（比如 1973 年的石油危机）、政府政策（田中角荣内阁的列岛改造计划）、议会里政党斗争和职工罢工等原因，四次内部改革先后失败。在迫不得已的情况下，日本国铁于 1980 年提出了题为"最后的改革"的改革方案，具体内容包括：（1）将运输重点集中于一定规模以上城市；（2）实施多种方式应对赤字经营的地方线路，包括以汽车客运代替铁路运输、提高票价、将线路运营权转交给地方政府或民营企业等；（3）1985 年以前裁员 7.4 万，将员工降至 35 万；（4）一定幅度内，议会授权国铁有权自由修改票价；（5）极力削减建设投资，变卖闲置资产；（6）冻结 6 兆日元的累积亏损（停止支付利息）；（7）政府对职工退休金提供财政补贴；（8）政府对赤字路线提供财政补贴。

考虑铁路运输在国民经济生活中的重要性，1980 年，日本议会通过了以上述内容为主的《日本国有铁路经营再建促进特别措施法》。

　　然而，国铁的重建工作并没有按照上述设想进行。如第二章所述，1981 年，协助内阁总理推进政府行政改革的最高智囊团——第二次临时行政调查会正式依法成立，其中国铁改革的内容与方式成为调查会的主要议题之一。1982 年，调查会认为国铁缺乏自我再建能力，维持原有体制前提下的改革（体制内改革）根本无法改变现状，独自提出了 "5 年内完成对国铁的民营化和分拆" 的改革方案（体制外改革）。当时的中曾根首相接受了调查会的方案，成立了以他自己为负责人的国铁再建对策推进本部，着手制定国铁改革的具体方案。1985 年，反对改革方案的国铁总裁等主要干部应政府之意辞职，铁道省副大臣（副部长）续任总裁，并按照国铁再建监理委员会（1983 年成立）提出的《国铁改革意见书》，具体落实各项工作。

　　1986 年 12 月，日本议会通过了为实施国铁改革而制定的 8 部法律，1987 年 4 月 1 日，成立于 1906 年并于 1949 年改组的日本国有铁路正式解体，取而代之的是 6 家铁路客运公司、1 家铁路货运公司和其他的关联企业。

第三节　区域间标尺竞争下的价格上限规制

　　日本政府对铁路客运价格实施管制的法律依据为《铁道事业法》，该法第 16 条规定，铁路客运公司各自制订（或改订）管区内旅客运输的最高价格，然后提请国土交通省审批；国土交通省依据合理成本加适当利润的原则，对价格上限的合理性进行审查；铁路客运公司实施的客运价格在批准后的上限价格以下时，只需向国土交通省备案即可，无须审批。

　　在具体操作过程中，当铁路客运公司申请最高价格时，国土交通省铁道局将申请材料提交给运输审议会，运输审议会根据具体情况决定是否召开价格听证会，并且当审议会决定批准申请时，国土交通省还要将申请材料等提交 "物价问题部委联席会" 做最后的审批，之后将审批结果告知申请者。

　　运输审议会是国土交通省的常设机构，其法律依据为《国土交通省机构设置法》，由 6 名委员构成，包括 1—2 名的专职委员和 4—5 名兼职学术委员，主要的职责是从专业角度对国土交通省负责的《铁道事业法》、《道路运输法》和《航空法》的有关事项提供咨询意见,审议会成员由国土交通省的部长提名,国会审批后任命,审议事项、结果及其理由等相关资料公开,可在网上查询。

至于价格规制方式,日本在导入区域间标尺竞争下的价格上限规制之前,对铁路客运价格实施的是收益率管制。按照当时的规定,铁路客运公司在改订(无论是上调还是下调)票价时需报请国土交通省审批,通过后才能实施。因为手续繁杂,审批时间长,收益率管制致使铁路运输企业无法根据季节、地点等外部因素的变化实施一些促销活动(比如以学生为对象的周末或放假期间的打折票价、温泉等旅游路线的优惠联票等),致使客源流向其他交通手段。

针对铁路客运价格规制的上述问题,同时为了导入竞争机制以缓解公共事业价格的内外差别,日本政府导入了"区域间标尺竞争下的价格上限规制"。所谓价格上限规制,是指政府只对每家客运公司的价格上限进行审批,如果价格在上限范围以内,则可以自由定价,备案即可。

新的价格规制方式保留了收益率规制的基本框架,但是加入了竞争和激励机制。具体而言,新的规制办法仍将企业成本分为两部分,即可变成本和政府认定的固定资本的机会成本(=投资回报额),用公式表示为:

$$R(pq) = C(下年度的可变成本) + S(投资报酬率) \times K(固定资本)$$

对于铁路客运企业而言,可变成本的绝大部分为运输成本(其他主要是税费和折旧费),为了便于对各家客运公司进行成本比较,新导入的价格规制方法进一步将运输成本分为线路费(轨道和枕木等设施的维修保养费用)、电路费(电线和信号灯等设施的维修保养费用)、车辆费(火车的维修保养费用)、车辆运行费(车辆在运行中发生的费用)和站台费(站台维护及其售票费用)(原洁,2009)。

投资回报额为政府认定的铁路运输事业的固定资本额(K)与报酬率(S)的积,其中报酬率按照各家铁路运输公司加权平均资本成本计算,即报酬率 = 30% ×[(公司债利率 + 全产业资本回报率的平均 + 该公司分红比率)/3] + 70% ×(该公司贷款利息的五年平均值),也就是说资本报酬率是按照30%的股权资本和70%的债权资本计算的,没有考虑规制对象的具体差异。

固定资本使用的是已经形成的资本投资额净额(减去折旧部分)加上来年度的计划投资额。特别值得一提的是,通过加入来年度的投资计划额，使收入和支出在时间上具有一致性，而且降低了企业的投资成本，起到促进企业实施合理固定投资的效果。当然如果在下一次（3年后）的价格上限审查中发现当初的投资计划（比如3000万）没有完成，作为惩罚，将在认定的资本投资额中减去上一次的投资计划额（3000万日元）。

新价格规制方式的特点是在尽量减少因外部环境差异对成本影响的前提下，通过对各家客运公司成本变化的横向和纵向比较结果实施相应的奖励措施。

以线路费为例，该项费用的大小主要受该线路的车辆密度和该地区的降雪量影响，运输审议会根据各家公司提供的线路费数据和各地区降雪量的数据（可以通过气象统计年鉴获得），计算出各公司每公里的平均线路费用，然后通过以下公式得出系数和常数项的值。

$$y = ax_1(车辆密度) + bx_2(降雪量) + c$$

之后再将各公司的车辆密度和积雪量代入公式，得出的 y 就是该公司的单位里程线路费的基准成本，其他各项类推，相加之后得出该公司的基准运输成本。如果公司的实际运输成本高于基准运输成本，作为惩罚，这家公司将被按照基准运输成本计算未来三年的最高票价，如果低于基准运输成本，则被许可将二者差额的1/2加入实际成本中，并以此计算最高票价，如图6-4所示。

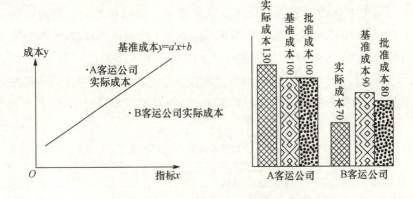

图6-4 区域间标尺竞争下的成本计算

在上述机制下，实际运输成本（70）低于基准运输成本（90）的B客运公司将被许可以高于实际运输成本（70）的批准成本（80）制定票价，这样在未来的3年内，该公司的收入将大于支出，获得盈余，即效率奖金。A 客运公司则正相反,如果在未来的 3 年不能够将实际成本(130)降到批准成本(100),则会亏损。

为了激励各家铁路客运公司不断提高运营效率,新的价格规制机制还导入了纵向比较激励机制,即当同一公司的实际运营费用与基准运营费用的差额(按百分比计算)比上一次有所减少时,减少额的 1/2 可被加到现在的基准运营费用上。通过导入运输成本的区域间标尺竞争机制和价格上限规制,新的规制方式克服了投资回报率价格法对节约成本诱因不足的弊端,但是对于该规制方式可能引发过度投资(A—J 效应)问题则没有涉及。究其原因,可能涉及两个方面:第一,日本已经对铁路企业实施了民营化改革,追求利益最大化的民营企业进行过度投资的诱因较小(相对于国有企业而言);第二,铁路客运对安全性的要求较高,减少对投资的限制可能有助于提高安全性投资。

总体而言,区域间标尺竞争下的价格上限规制具有以下三个特点:第一,保持了投资回报率价格规制的潜在优点,即对投资和质量的重视;第二,通过在运输成本部分导入横向和纵向比较及相应的奖惩机制(剩余索取权),迫使各家客运公司努力降低成本,以争取获得效率奖金;第三,通过回归分析尽量减少外部环境差异对成本的影响,使各铁路客运公司之间的费用具有横向可比性。

从效果来看,这种间接竞争机制的导入及相应奖惩机制,迫使各家铁路公司不断强化内部管理,从而降低了票价。根据日本国土交通省的资料,如果以 1996 年的基准成本和实际成本为 100 的话,在 2008 年上述指标分别降为 93.7 和 93.5,也就是说价格呈现了下降趋势。表 6-3 和表 6-4 分别为 2012 年 8 月日本国土交通省公布的 2011 年 6 家铁路客运公司和其他 12 家私营铁路客运公司的实际成本和基准成本情况。

表 6-3　　　　　　**JR 系列客运公司基准成本与实际成本情况**　单位:百万日元

	JR 北海道	JR 东日本	JR 东海	JR 西日本	JR 四国	JR 九州
基准成本（A）	62245	677336	248192	357490	17791	83358
实际成本（B）	58830	688123	245315	346941	17947	73429
A - B	3415	- 10787	2877	10549	- 156	9929

资料来源:日本国土交通省网站(http://www.mlit.go.jp/common/000219676.pdf)。

表6-4　　　　私营铁路客运公司的基准成本与实际成本情况　单位：百万日元

	东武	西武	京成	京王	小田急	东急
基准成本（A）	65638	46046	21349	37422	48308	54637
实际成本（B）	65066	42577	21496	37790	45108	55577
A-B	572	3469	-147	-368	3200	-940
	京急	相铁	名铁	近铁	南海	京阪
基准成本（A）	32300	13897	42887	73786	23871	47857
实际成本（B）	37192	14612	38966	69130	25466	44316
A-B	-4892	-715	3921	4656	-1595	3541

资料来源：日本国土交通省网站（http://www.mlit.go.jp/common/000219676.pdf）。

在18家铁路客运公司中，A-B大于零表示企业的实际成本低于基准成本，是内部经营高效率的标志，这样的企业共有10家。根据规定，这些企业将分享50%的经营高效奖励，剩下的8家企业则要承担50%的成本差额，这无疑会减少公司的当期利润和公司高管的报酬（因为公司高管的年终奖是与当期利润相关联的）。

值得注意的是，在2011年度，JR东日本的实际成本超出基准成本高达107.87亿日元，这与2011年3月11日东日本大地震及福岛核泄漏的影响有关。

第四节　维持地方铁路网络的制度设计

与通信产业不同，日本的相关法律（比如已经废除的《日本国有铁道法》和现行的《铁道事业法》）并没有明文规定铁路客运企业具有提供普遍服务的义务，但是从保证居民交通权的角度，日本政府对铁路客运企业，特别是处于经营困境的三家JR系统的铁路公司和地方铁路公司一直给予财政和税收支持（铃木贵典，2010），期望地方铁路成为承担提供准普遍服务义务的企业。

一　地方铁路的定义与类型

日本地方铁路是指除高速铁路（新干线）、干线铁路和城市内轨道交通以外的铁路。根据运营主体的不同，这些地方铁路分为两类，即民营铁路和公私合营铁路。在 2011 年 4 月 1 日，日本共有民营的地方铁路公司 50 家，其中富山地方铁路公司拥有的线路长度为 100.5 公里，在 50 家地方铁路公司中线路最长；纪州铁路公司的线路长度仅为 2.7 公里，规模最小。

日本公私合营铁路属于公私合营企业的一种，公私合营企业又被称为第三部门，是相对于公共部门（第一部门）和民营部门（第二部门）而言，指的是地方政府部门出资比例在 25% 以上、其他股东为民营资本的法人组织。根据产生背景和适用政策的不同，日本的公私合营铁路又分为因接收原国铁亏损线路而成立的铁路公司、续建因原国铁改制停工的线路而成立的铁路公司、因接收与高铁平行线路而成立的铁路公司和其他个别情况下成立的铁路公司。在 2011 年 4 月 1 日，日本共有公私合营铁路 42 家，其中青森铁路公司的线路最长，为 122 公里；富山铁路公司最短，为 7.6 公里。

为了减轻国铁的负担，1980 年日本议会通过了《国铁再建法》，规定对每天每公里的运输人数在 4000 人以下的线路实施改革，改革方式有两种，即废除线路改为公路客运，或虽保持线路运行，但是将线路和火车等相关设施从国铁中剥离出来，由现有的民营铁路公司接管或成立新的公私合营铁路公司。具体选择何种方式，由包括地方政府、中央关联省厅和居民代表等组成的协议会讨论后决定。经过 1981 年、1982 年和 1986 年的三次集中改革，先后有 83 个线路、近 4000 公里的铁路实施了上述改革（废弃或剥离），其中 1984 年成立的日本三陆铁路公司为第一家公私合营的铁路公司，因接收原国铁赤字线路而成立的铁路公司主要指这些公私合营企业。在成立之初，除了无偿接受原国铁的设施外，还会从中央政府得到一笔稳定的经营基金，基金及其收益主要用来补贴公司的运营赤字。

20 世纪 80 年代，日本政府决定对国铁实施分拆和民营化改革后，冻结了全部铁路在建项目。随着 1987 年改革的完成，针对这些在建铁路，部分地方政府提出接管辖区内项目，实现铁路客运通车的愿望。为了筹措民间资本，提高企业的运营效率，这些地方政府先后成立了 13 家公私合营的铁路公司。

为了缩短核心城市之间的铁路客运时间，日本政府有着积极推进新干线建设的愿望，但是因为这些城市之间已经有铁路相连，建设新干线必然要分流现有铁路的客源，因此负责在该段线路上运行的铁路公司（主要是 JR）并不积极。作为折中办法，日本政府规定：新干线建设费用主要由中央政府和地方政府筹措；建成的新干线只出租给 JR 运营；新干线建成以后，将平行线路从 JR 中剥离出来，交由新干线所在的地方政府成立新的公司负责运营。这样的线路共有四条，各地方政府主要通过成立公私合营的铁路公司负责运营。

还有一类公私合营的铁路公司是由地方政府接管破产的民营铁路公司成立的。

二　地方铁路的经营状况

根据日本政府在 2010 年对当时 92 家地方铁路公司的统计报告，单就铁路客运业务而言，有 76 家企业（83%）处于亏损状态，而 2005 年同一数据为 72 家（78%）。从 2000 年 4 月 1 日日本放松对铁路客运公司的退出规制到 2011 年 4 月 1 日的 11 年间，共有 33 个线路，634 公里的铁路客运因为无法承受日益增大的亏损额而终止营业（日本国土交通省，2012）。

根据国土交通省设置的地方铁道问题研究会在 2003 年的报告《地方铁路复活脚本》，改革之初的 2000 年，日本共有 94 家地方铁路公司，占 170 家铁路公司的 55%；单日的客运量为 120 万人次，占全部的 2%；年度客运量为 34 亿人公里，占全部的 0.9%；收入之和为 1022 亿日元，占全部的 1.6%，其中各铁路公司的收入从 1000 万—65 亿日元不等；94 家地方铁路公司的线路总长为 3400 公里，占日本全部线路的 12.3% 左右，连接着除东京都、大分县、奈良县和冲绳县以外的日本近 400 个市、县和村，每天每公里运送的人数从 17000 人次—100 人次不等，属于日本铁路运输网络中的毛细血管（运输政策研究所，2007）。

中小型的民营铁路公司因为在经营铁路客运的同时，还兼营公路客运和铁路沿线的房地产开发业，比如 2007 年后者的收入占全部收入的 72%，从而使部分企业可以通过内部交叉补贴维持正常运行，降低了亏损比例。公私合营的铁路公司则以铁路客运为主，比如 2007 年铁路客运的收入占全部收入的 98%，在 42 家企业中，有 37 家的铁路客运业务是亏损的，亏损比率高达 90%（运输政策研究所，2008）。

除了经营亏损以外，另一个困扰地方铁路公司的问题是设备老化及高额维修费用和安全隐患。根据 2010 年的统计，日本政府建议的内容机车使用年限为 11 年，电车的使用年限为 13 年，但实际上使用年限超过 31

年的机车有 1158 辆，占全部的 46%；另外铁路隧道的使用年限为 60 年，桥梁为 40 年，可实际上超过 80% 的地方铁路公司的上述设施使用年限超过了 70 年（日本国土交通省，2012）。另据《地方铁路复活脚本》，从事故发生频率来看，地方铁路公司约为 JR 和大型民铁公司的 3 倍，在截至 2003 年的 5 年间，有 1/4 的列车出轨事故和列车相撞事故发生在这些地方铁路公司。另外因为地方铁路多处于偏远地区，受自然灾害的影响程度也要高于同行，比如损失额在 1000 万日元以上的地质灾害有近一半发生在地方铁路（JR 除外）（运输政策研究所，2007）。

三　对地方铁路的财政支援

在 1987 年对日本国有铁路实施分拆、民营化改革之时，考虑到分拆后新设立的四国铁路公司、北海道铁路公司和九州铁路公司的地区特点，当时由政府出资成立了三只经营稳定基金，基金的运作收益主要用来补贴铁路客运业务的赤字。如表 6 - 5 所示，三家公司的铁路客运业务全部亏损，分别为 334.48 亿日元、104.71 亿日元和 97.46 亿日元；由政府出资成立的基金的运营收益分别为 235.58 亿日元、101.3 亿日元和 73.02 亿日元，可以说是弥补了相当一部分的铁路客运业务赤字。另外除了铁路客运以外，这些企业还分别经营其他业务，比如房地产、公路客运以及旅行社等，从而实现集团内部的交叉补贴。

表 6 - 5　2011 年 4 月 1 日—2012 年 3 月 31 日三家 JR 系统铁路公司财务状况

单位：百万日元

	北海道	九州	四国
铁路客运收入	75765	15996	26587
铁路客运支出	109213	170468	36352
铁路客运纯收益	- 33448	- 10471	- 9746
经营安定基金	682200	387700	208200
基金运营收入	25254	10345	7578
基金运营支出	1696	215	276
基金运营纯收益	23558	10130	7302
当期纯收益	- 4786	3326	151

资料来源：笔者根据各家的财务报表整理。

实际上，如前所示，根据 1980 年《国铁再建法》原则，当时接收原国铁赤字线路而成立的公私合营铁路公司全部得到了经营安定基金的支持，只是日本近年经济不景气，这使基金的运营收益减少，越来越无法弥补铁路客运业务的赤字，致使基金的规模也越来越小。

（一）财税优惠政策

针对地方铁路公司的财政补贴有铁路设施更新补助金，该补助金要求申请的铁路公司必须处于经营亏损状态，中央政府的财政补贴为设备投资的 1/5—1/3，每年补助一定数量的改造项目，年度预算用完为止。税收优惠包括固定资产税和营业税的减免措施，比如铁路设备固定投资税为正常税率的 1/3，营业税免除。

（二）地方铁路再建事业支援项目

在 1998 年日本运输政策审议会铁道分会提出的《关于废除铁路客运产业供需调整规制及其配套措施》中，审议会建议对于确实存在需求而且无法以公路交通替代的亏损线路，中央政府和地方政府要通过政策支持使该线路的铁路客运能够正常运行。为了讨论具体援助方式，审议会建议成立由各相关政府部门和民间团体等构成的协议会。

通过对地方铁路公司的成本分析可知，铁轨、车站、铁路用地等硬件设施的维修费用、固定资产数和折旧等占全部成本的 45%（2007 年，93 家地方铁路公司的统计结果），与车辆运行直接相关的成本占 46%，管理成本只占 9%。如果去掉硬件设施的各种费用，则在 93 家地方铁路公司中，能够实现盈利的公司可以从目前的 30% 增加到 90%（交通政策审议会陆上交通分科会铁道部会，2007）。

针对这种情况，2008 年开始，日本政府实施再建地方铁路事业支援项目，该项目的核心内容有两点：一是从政策上实现了铁路设施的公有民营；二是为确保铁路设施公有民营的实施提供财税和资金上的支持。

铁路设施的公有民营是指铁路沿线的市政府或区政府出资购买（或无偿接收）本属于铁路公司的铁轨、机车、车站及铁路用地，然后无偿提供给新成立的铁路公司使用，新成立的地方铁路公司只负责日常的运营。公有民营的实质是网运分离，目的是减少铁路公司的成本负担，将其转嫁给地方政府（得到中央政府的支持）。财税支持包括中央政府对纳入再建地方铁路事业支援项目的地方政府提供专项资助，对新成立的铁路公司在固定资产税、城市建设税等方面提供减免措施。

四　地方铁路的网运分离

根据各地区客流量的差异和适用法律的不同，地方铁路公司网运分离模式也各有不同。日本铁路客运行业实施分离的第一个案例为 2002 年成立的青森铁路公司。当时青森县政府从 JR 东日本公司购入铁轨、车站和铁路用地的所有权，成为《日本铁路事业法》中的第三种铁路事业者——将拥有的铁路设施出租给他人的铁路企业；同时新成立的公私合营企业——青森铁路公司购入机车，成为《日本铁路事业法》中的第二种铁路事业者——租用他人的铁路设施从事客运业务的铁路企业。青森县政府负责铁路设施的维修费用、固定资产税等支出（实际的维修等业务委托给青森铁路公司实施），后者负责日常的铁路客运支出，同时支付铁轨等的租金，青森县政府根据情况实施减免措施（运输政策研究机构，2002）。

还有一种网运分离模式为民营地方铁路公司在决定废止某个线路的运营后，通过与当地政府的协商，地方铁路公司继续保有铁路设施，当地政府新成立的公私合营铁路公司租用该设施提供客运服务，沿线地方政府为新成立的铁路公司提供财政补贴。比如成立于 2007 年的养老铁路公司就属于上述模式。在这种模式中，民营的近畿铁路公司在决定废止铁路客运业务后，当地政府决定成立公私合营企业继续提供客运服务，为了利用近畿铁路公司的技术力量，继续让其保有包括机车在内的所有铁路设施，新成立的公司只负责运营。

其他的网运分离模式还有地方政府只保有铁路用地，新成立的铁路公司保有其他铁路设施，地方政府提供财政补贴。这种模式可以降低设备公司和运行公司之间因沟通不畅导致的安全隐患，但是一般适用于客流量相对较大的地区（蓼沼庆正，1999）。

2008 年以前的网运分离依据的是《日本铁路事业法》，没有中央政府的财政支持，而且铁路设施的保有方（一般为地方政府）不得无故减免设施的出租费用。2008 年，日本修改《振兴地方公共交通法》（《地域公共交通活性化再生法》），导入对地方铁路公司扶持力度更大的地方铁路再建事业支援项目，根据该项目的规定，地方政府不但可以将铁路设施无偿提供给新成立的铁路公司使用，而且还可以从中央政府获得财政支持。若樱铁路公司为第一个适用于该项目的地方铁路公司，具有一定的代表性。

若樱铁路公司是成立于 1987 年的公私合营铁路公司，成立的目的是接收原国铁的赤字线路，线路总长为 19.2 公里。随着家用轿车的普及，铁路公司的亏损连年增加，当时预计经营稳定基金将于 2008 年彻底用完。在这种情况下，地方的市政府、县政府、铁路公司等于 2008 年 8 月成立了协议会，讨论具体的解决方案，决定通过申请再建地方铁路事业支援项目继续保持铁路的运行。改组方案于 2009 年 1 月获批，按照改组方案，若樱铁路公司从拥有铁路设施并提供客运服务的第一种铁路事业者改组为租用他人铁路设施提供客运服务的第二种铁路事业者。铁路沿线的两家县政府无偿接收土地、铁轨和车站等设施（不包括机车），支付相应的固定资产税，然后无偿提供给若樱铁路公司使用，并将各种设施的维修、更新改造等业务有偿外包给上述铁路公司。经过上述改制，若樱铁路公司不再负担固定设施的资产税、维修费用等，节省了经营支出。

在这个过程中，鸟取县政府（相当于我国的省政府）对两家县政府提供 2500 万日元的财政支持（2009 年度）；中央政府通过铁轨等设备高度化项目在未来的 10 年对两家县政府提供 1 亿日元的专项补助，同时中央政府还通过地方公共交通再建事业费的方式对协议会提供资助，用于落实上述业务。

因各地情况不同，网运分离的程度也不同，比如新成立的三陆铁路公司不但保有机车，而且保有铁路、车站等设施，铁路沿线政府则保有铁路用地、桥梁和隧道。当地的省政府和中央政府的支援模式与若樱铁路公司的模式基本相同。

作为获得项目批准的一个条件，当地的县政府必须承诺为提高铁路客运量作出具体的行动，比如规定县政府的公务员必须利用铁路客运通勤，沿线居民定期购买乘车月票等。

五　对地方铁路价值的再评价

随着关于地方铁路存废与否的讨论及其案例的增多，日本对决定地方铁路是否应该维持及其如何维持的标准有了变化。

一直以来，决定地方铁路存废与否的标志为财务指标，即在铁路企业和当地政府做了相当努力之后，如果仍无法达到盈亏平衡或提高运输密度，则以公路交通替代铁路客运将成为最终选择；另外，沿线居民也将地方铁路公司提供的客运服务视为可有可无的交通手段，缺乏应该支持及其如何支持地方铁路的观念和行动。在这种情况下，一些亏损经营的地方铁路线线路被迫停止运营，取而代之的是公路客运交通。然而事实表明，因为公路交通运输能力的有限性，一些沿线居民开始使用自家车作为主要的替代手段，由此引发了上下班、上下学时间段的交通拥挤和空气环境的恶化。为了避免迟到，居民用在交通上的时间和交通事故有所增加。同时铁路客运的废除降低了地区的知名度，对于本地的观光旅游业及其关联产业有着直接的负面影响。还有一些赤字运营的地方铁路虽然在当地政府的支持下勉强维持，但是因为缺少改变现状的长效机制，时刻处于停止营业的边缘。

另外，也有一些赤字经营的地方铁路，在沿线居民的积极参与下，借助中央政府和地方政府的政策支持，不但提高了铁路客运的客流量，而且减少了铁路公司的支出，使其能够长期稳定运营。

在考察了这些案例后，2003 年在地方铁路问题研讨会中，审议会针对关于地方铁路存废与否的讨论，提出如下观点：地方铁路是沿线居民的交通工具和振兴地区经济的基本基础设施；在铁路企业自助努力和各级政府的支持下，铁路企业、地方政府、沿线居民及其区域内企业应该共同参与进来，共同解决地方铁路所面临的困难；在经过自助努力后地方铁路公司确实无法实现盈亏平衡而且地方政府决定不予政策支持的情况下，地方铁路公司终止赤字线路是不得已的选择；地方政府在决定是否支持赤字线路时，应该参考成本效应分析方法，综合考虑铁路运行的成本和效益。

与当时流行的观点不同，上述政策建议提出了两个新的理念：一是扩大了地方铁路利益相关者的范围，将沿线居民和企业纳入具体行动（不单单是口头上的支持，而且要付出具体的行动）的名单之中；二是建议地方政府在决定是否给予政策支持时，要以成本效益分析替代单纯的财务分析的观点，即考虑地方铁路的社会价值。

结合审议会的上述观点，日本铁路运输机构在 2007 年的委托研究报告《地方铁路再建研讨会报告》中给出了讨论地方铁路社会价值的具体框架。

在该框架中，地方铁路的社会价值主要表现在四个方面，即对居民生活的影响、对环境和安全的影响、对区域经济的影响和对区域社会的影响。地方政府面对本区域的赤字线路，有三种不同的选择，即维持并振兴地方铁路、维持地方铁路和以公交汽车替代铁路客运，三种不同的选择会给上述四个方面带来不同的结果。

维持并振兴地方铁路是指地方铁路公司通过具体的行动努力提高铁路交通的便利性，这些措施包括：（1）通过增加次数缩短等车时间；（2）通过调整运行时间或延长线路等方便与铁路主干线的联通；（3）延长营运时间；（4）通过更新设备等提高安全性等。

沿线居民和企业要通过具体行动支持地方铁路运行，包括：（1）利用铁路交通上下班通勤；（2）沿线居民定期购买乘车票；（3）通过认领铁轨枕木负担部分更新资金；（4）通过举办活动号召沿线居民积极利用铁路客运等。中央政府和地方政府除了提供财政、税收支持外，主要是根据实际情况修改或制定相关的法律和条例，以便于地方地铁公司的改制。比如2008年的法律修改使意在减轻铁路公司成本支出的网运分离和政府支持成为可能。

在2005年，《地方铁路费用效果分析报告》给出了计算地方铁路的成本效益分析方法。该方法主要是将维持铁路运行情况下的纯收益（效益—成本）与以公交汽车替代铁路运行情况下的纯收益对比，根据结果决定选取何种方案。效益主要分为三个方面，即交通工具利用者效益、区域社会整体的效益和交通工具提供者（铁路公司或汽车公司）效益。

在报告书给出的实际案例中，以30年为单位维持铁路运行的纯收益为109亿日元，以公交汽车替代情况下的纯收益为26亿日元，因此维持铁路运营方案可取。但是对于交通服务的提供者而言，铁路公司维持30年运行的纯收益为–14.2亿日元，汽车客运公司（替代铁路公司）30年间的纯收益为–2.4亿日元。这表明：（1）在交通公司的亏损全部由地方政府补贴的情况下，如果只从交通公司的角度而言，显然选择汽车客运是合理的；但是如果综合考虑交通工具对乘客、区域经济的影响，显然选择维持铁路交通是合理的。（2）交通服务都具有较大的外部效果，对于交通服务提供者而言，提供30年服务的纯收益为负（–14.2亿日元和–2.4亿日元），但是，社会效益却非常大（109亿日元和26亿日元），因此作为外部受益者的沿线居民和地方政府等有义务提供相应的对价，比如财政补助。

第五节 日英铁路产业规制改革的比较

一 问题的提起

2009 年 11 月，通过竞标获得了英国东海岸铁路客运权的 National Express Group 以经营困难为由，将处于合同期的特许专营权上交英国政府。为了维持正常客运交通，英国政府接管了该地区内的线路运营权，实施了国有化。虽然政府接管没有对客运交通造成影响，但是事件本身引发了对英国铁路改革模式的再评价（柳川隆、播磨谷浩三、吉野一郎，2011）。日本和英国的铁路改革模式不同，改革后的效果也不尽相同，时隔 20 年以后，现有的资料已经可以使我们对两种模式的特点及其利弊进行分析，从而为我国的铁路改革提供思路。

始于 1987 年的日本国铁改革在组织形式上经历了国有独资的特殊法人阶段、逐步民营化阶段；在业务内容上经历了水平分拆、网运（客运）合一、价格规制改革和进入规制改革阶段，现在政府对铁路企业的规制主要表现为安全规制和价格上限的审批。

始于 1994 年的英国国有铁路改革产生的路网企业在组织形式上则经历了国有独资、民营化和再国有化的阶段；业务内容上经历了网、车、运三者分离、价格规制改革和进入规制改革阶段。从改革模式来看，英国不同于日本，是纵向分拆和导入竞争机制最为彻底的国家，代表了欧洲各国的铁路改革模式（周蓓，2011）。

就现有研究成果来看，无论是从财务指标还是公益性来看，一般认为日本的铁路改革是成功的，而对于英国的铁路改革则褒贬不一。

英国于 1947 年对境内铁路实施国有化改革，原铁路股东被授予每年领取固定收益（与铁路的经营绩效无关）的权利，事后证明这个决定成了英国国铁最大的财政负担，同时严重冗员也侵蚀了英国国铁的利益，最高时的人员成本支出占票价收入的 3/4 以上。在这种情况下，英国国铁开始了裁员增效、主辅分离的改革，员工从 1973 年的 25 万人减为 1994 年 3 月的 12.1 万人，其中专门从事铁路业务的员工也从 19 万减为 11.5 万人。裁员增效和主辅分离给英国铁路带来了活力，旅客运送量从 1982—1983 年的 169 亿人公里增加至 1988—1989 年的 213 亿人公里，来自政府的财政补贴在 1983—1989 年减为一半，占国内生产总值的比例也减为 0.16%，远远低于同等交通条件的欧盟其他国家平均 0.52% 的比例（野村宗训，2004）。

但是进入 20 世纪 90 年代以后，英国宏观经济恶化，铁路客运和货运量降低，来自政府的财政补贴开始大幅度增加。另外一方，在通信、电力、航空、城市供水供气等公共事业领域事实民营化改革的效果初见，撒切尔夫人领导下的民营化改革受到世界范围的好评。

与此同时，1991 年欧盟公布了针对加盟各国铁路改革的指导意见，即（1）通过预算和会计制度的改革实施铁路产业的政企分开；（2）对外开放本国的铁路客运和货运市场；（3）对铁路企业实施分拆，分拆的方式包括会计分离、结构分离和所有分离三种形式，各国视本国条件而定（斋藤峻彦，2005）。

二　改革模式分析

（一）纵向与横向分拆

在 1994 年英国国铁改革中，1.1 万公里铁路及其信号设施、4 万座桥梁、2500 家车站及其附属基础设施的所有权被整体出售给新成立的企业 Railtrack 公司；大约 1 万辆机车出售给三家新成立的租赁公司，即 Angel、Porterbrook 和 HSBC；另外成立 25 家铁路客运公司，分别在不同的地区从事旅客运输业务。

为了促进竞争，英国国铁改革导入了特许经营制度。即为了获得在某个地区的铁路客运业务，通过资格审查的候选企业要以竞标的方式，要求政府补助最低的候选企业将获得一定期间内的独家专营权。这里要说明的是：（1）依照英国国铁运营区域划分的 25 条线路中，有 24 条需要国家的财政补贴；（2）参加竞标的企业可以是 25 家铁路客运公司自身，也可以是国内外其他有资质的企业，这些企业中标后，将负责该地区铁路客运公司的具体运营工作。

在实际运营中，客运公司向 Railtrack 和三家租赁公司租借铁轨和机车，其租借合同要接受英国政府铁路规制办公室（Office of Railway Regulator）的审批。

（二）民营化

1994 年成立的 Railtrack 在 1996 年实现了股票公开发行上市，借此机会英国政府将持有的股票全部售出，同时三家机车租赁公司的股票也被政府于 1996 年以 17.43 亿英镑的价格出售给民间股东（这些民间股东又于 1997 年以 26.52 亿英镑的价格转手），从而实现了铁路产业的完全民营化。

（三）业务外包

因为在英国国铁时代就完成了主辅分离，所以民营化改革中没有涉及这些内容。在实际运营中，为了节省成本和实现瘦身化经营，路轨等基础设施所有者的 Railtrack 公司将路轨和信号灯的保养维修等工作外包给其他专业企业，同时三家机车租赁公司也采取了同样的业务外包方式。从结果看，铁路运营从英国国铁一家分化为多家（约 100 家）利益主体后，企业之间的沟通出现障碍，利益有了冲突，这些因素和其他因素共同导致了改革后的连续恶性铁路交通事故。

（四）模式分析

从纵向来看，英国的铁路改革模式可以认为是上（运营）中（机车）下（路轨）分离，比大多数欧洲国家的上（运营）下（机车和路轨）分离还要彻底。通过这种上中下分离，因为先期固定投资和退出后的沉淀成本导致的运营企业的进入和退出壁垒大幅度减少，有利于将竞争导入运营领域，符合可竞争理论（或进入退出无障碍理论）的观点。该理论的核心观点是，当沉淀成本为零，而且在位企业和潜在进入企业之间没有技术等方面的差异时，因为担心潜在进入企业的撇脂战略，在位企业虽然处于垄断地位，但不敢有垄断定价等行为，这时候整个产业的资源配置是有效的。英国国铁的上中下分离将运营企业的沉淀成本减至最小，同时设定为 7 年的特许专营权使在位企业为了连续获得下次运营权而不得不最有效地经营，因为只有这样，才能以最低的政府补助额中标，同时获得利润。

从横向看，英国国铁的改革模式也涉及了运营业务的水平分拆，因为根据线路全域被划分为 25 个地区，这些区域之间的运营公司不存在直接竞争，而且因为在获得区域特许专营权时，英国已经导入了竞标制度，引入了直接竞争机制，所以从节省规制成本的角度考虑，英国并没有像日本一样导入区域间标尺竞争机制。

（五）后续改革

因为连续发生的恶性铁路交通事故与高额的赔偿金，负责路轨和信号的保养与维修的 Railtrack 公司于 2001 年破产清算，新成立的 Network Rail

接替了该公司的所有业务。Network Rail 是由政府部门主要出资成立的非营利法人实体，出资者还包括铁路运营公司、铁路维修保养公司、地方政府、个人等，公司所有的利润将用于设备投资，不分配红利（西藤真一，2004）。

截至 2007 年，三家机车租赁公司总共投资 40 亿英镑更新了 4600 辆机车，设备投资强度超过了国铁时代的设备更新速度（年均 2 亿英镑）。但是 2008 年英国竞争委员会在其报告书中指出，由于缺少新的企业进入该领域，机车租赁行业的竞争不够充分，三家公司的市场份额 10 年来基本保持不变；二手机车的租金过高，过高的租金不但损害了运营公司的利润，而且可能使本来用于改善运输环境、提高安全系数的政府补助被用于支付租金。上述结论还只是英国竞争委员会的初步结论，一旦得到数据支持，该竞争委员会将会采取措施，改变现状。

出于规模经济考虑，英国政府已经将 25 家铁路运营公司调整为 19 家，同时负责运营这 19 家公司的特许专营权取得者集中于 9 家国内外大的公路运输公司。为了促进铁路运营公司租用新型机车和改良车站基础设施，特许专营权合同期曾一度从 7 年改为 20 年，但是：（1）经营期过长不利于竞争；（2）经营期过长可能使当初合同内容不符合后来的实际情况，使违约风险增大，所以 2004 年以后的合同期又改为 10 年以下。同时为了提高运营公司的服务质量，英国政府降低了财政补助金额在获得特许专营权中的比重，从数据来看，政府财政补助在铁路运营公司收入中的比例已经从改革当初的 20%—30% 增至 2011 年的 50% 以上（出于对环境的考虑，因为利用火车的客人确实增加了，这是社会综合效益）（Office of Rail Regulation，2011）。

三　政府对铁路的行业监管

根据 2005 年英国《铁路法修正案》，英国交通部设立铁道办公室，以取代先前的 Office of the Passenger Franchising（1999 年以前）和 Strategic Rail Authority（1999 年以后），除了负责向中标的铁路运输企业发放特许专营权和财政补贴以外，还负责：（1）制定中长期铁路发展规划，决定政府铁路投资方向；（2）指导 Network Rail 的工作，协调 Network Rail 和铁路运营公司之间的关系。

与负责铁路产业政策的交通部铁道办公室相对应的铁路规制部门为 1994 年成立的铁道规制办公室（Office of Railway Regulator），其主要职责如下：（1）审批 Network Rail 和铁路运营公司之间的路轨租金；（2）负责向各类铁路企业（Network Rail、铁路运营公司、机车租赁公司、维修保养公司等）发放营业执照；（3）负责铁路企业的安全规制；（4）负责审批月票、年票和高峰期外的普通车票的票价；（5）负责监督《竞争法》在铁路领域的实施。

与日本不同，英国的票价审查实施的是上限规制法，即当年的规制票价 $p_{t+1} = p_t \times (1 + RPI - X + N)$，2004—2011 年，铁道规制办公室规定票价可以在 RPI 的基础上，外加 1%，每年的 1 月开始实施新的票价。但是为了缓解铁路运营公司的经营赤字，减少政府的财政补贴，英国议会已经同意从 2012 年起额外增加 3% 为规制票价的最上限。

四　改制后的铁路运营状况

因为铁路运输量受经济形势的影响，所以很难将其经营好坏直接与改革与否以及模式的选择直接联系在一起，因此以下的数据只是作为参考。但是可以肯定的是，铁路改革和其他因素共同影响着铁路运输企业的经营业绩。

1. 运送量

从统计数据来看，铁路改革以后的旅客运送量有了大幅度的增长，从 1994 年的 287 亿人公里增长为 2002 年的 397 亿人公里和 2006 年的 465 亿人公里，到了 2010 年，上述数字则上升至 541 亿人公里（Office of Rail Regulation，2011）。

民营化改革以后，票价略有上升，如果以 1995 年为基准，在 1995—2004 年的 10 年间，物价指数（RPI）从 100 上升为 125.4，平均票价上升到 131.4，其中长途票价上升最快，到了 145。从 2010 年起，英国政府更改了票价变化的统计方法，按照新的指标，2010 年 1 月到 2011 年 1 月的一年间，所有铁路客运公司的票价平均上涨幅度为 6%（Office of Rail Regulation，2011）。

2. 服务质量与安全性

英国政府用火车准点率衡量火车的服务质量，所谓准点是指火车在预定时间 5 分钟以内的晚点视为正常（长途火车为 10 分钟）。1994 年的改革以前，准点率基本维持在 90% 左右，改革后，准点率一度下降为 2000 年的 78%，现在已经恢复至 90% 左右，2010 年的准点率为 90.8%。另一个衡量服务质量的指标是顾客的投诉率，每 10 万旅客中的投诉人数从

2000 年的 79 人次下降为 2010 年的 42 人次（Office of Rail Regulation,
2011）。1997 年、1999 年、2000 年英国连续发生了三起铁路恶性交通事
故，死亡人数分别为 7 人（负伤者 100 人以上）、31 人（负伤者 425 人）
和 4 人（负伤者 50 人以上），造成事故的直接原因分别为驾驶员操作失
误、机械故障和铁轨老化；间接原因为驾驶员训练时间不足、上中下三家
公司沟通不畅和路轨投资减少（中村靖志，2004）。

第六节　规制改革后的铁路行业

一　铁路客运、货运现状

在统计上，日本将铁路公司分为八类，即 JR 系统的铁路公司、大型
民营铁路公司、准大型民营铁路公司、地方政府的公营铁路公司、地方中
小民营铁路公司、公私合营铁路公司、JR 铁路货运公司和地方的铁路货
运公司。表 6-6 和表 6-7 分别为近年日本铁路系统的客运和货运情况。

表 6-6　　　　　　　　日本铁路系统旅客运输数量变化情况

年份	全国		类别			
			JR 旅客公司		民铁（JR 以外）	
	千人	指数	千人	指数	千人	指数
2004	385163303	97.9	241977315	98.9	143185988	96.2
2005	391228228	99.4	245996333	100.6	145231895	97.6
2006	295907665	100.6	249028923	101.8	146878742	98.7
2007	405543505	103.1	255209601	104.3	150333904	101.0
2008	404585465	102.8	253555514	103.7	151029951	101.4
2009	393765262	100.1	244246641	99.9	149518621	100.4
2010	393466243	100.0	244592655	100.0	148873588	100.0
2011	394998125	100.4	246936659	101.0	148061466	99.5
环比增长（%）		101.0		99.5		

资料来源：日本国道交通省网页（http：//www. mlit. go. jp/k - toukei/Saisin toukei. htm）。

表6-7 日本铁路系统货物运输数量变化情况

年份	全国		类别			
			JR 旅客公司		民铁（JR 以外）	
	吨公里	指数	吨公里	指数	吨公里	指数
2004	22475969	110.2	19529573	105.7	2946396	153.5
2005	22812582	111.8	19971938	108.1	2840644	148
2006	23191582	113.7	20624397	111.6	2567285	133.7
2007	23333738	114.4	20900161	113.1	2433577	126.8
2008	22255722	109.1	20176782	109.2	2078940	108.3
2009	20561669	100.8	18560352	100.4	2001317	104.3
2010	20398382	100.0	18478799	100.0	1919583	100
2011	19998369	98	18035339	97.6	1963030	102.3
环比增长（%）		98		97.6		102.3

资料来源：日本国道交通省网页（http://www.mlit.go.jp/k-toukei/Saisin toukei.htm）。

二 铁路产业的政策重点

日本铁路产业的政策重点主要在三个领域，即缩短主要城市之间的火车运行时间、缓解核心城市高峰时期的拥挤程度和维持地方铁路网络的完整性。

在主要城市之间铺设新干线和提高干线铁路的运行速度（提高到每小时120公里以上）是应对缩短运行时间的主要对策。根据日本于1970年制定的《全国新干铁道整备法》，时速超过每小时200公里的高速铁路叫作新干线，1973年日本政府计划在全国修建五条新干线，总长度约为1600公里，2011年年底已经通车的有550公里。对于列于政府规划的5条新干线，在取得沿线地方政府同意的情况下，日本铁道建设公团负责具体的施工并保有该线路，完工后租给该地区的JR系统铁路客运公司运营。建设经费主要来自JR的租金（在该线路给承租公司带来的收益范围内根据具体的公式计算）、剩下的中央政府负责2/3和沿线地方政府负责1/3三个方面。各年度新干线的建设经费如表6-8所示。

表6-8　　　　　　　　　　**日本各年度新干线建设经费**　　　　　单位：亿日元

年份	1989	1990	1991	1992	1993	1994	1995	1996
经费	63	211	373	1296	1922	1942	2548	1724
年度	1997	1998	1999	2000	2001	2002	2003	2004
经费	1482	1899	2379	2753	2916	2380	2072	2207
年度	2005	2006	2007	2008	2009	2010		
经费	2253	2509	2687	3178	3666	2510		

资料来源：蓼沼庆正、森田泰智、堀川淳（2011）。

除了根据1970年《全国新干线铁路整备法》而铺设的5条新干线以外，规制改制前的日本国铁已经铺设了4条新干线，其中1964年开始投入运行的东海新干线（全长515公里）为日本最初的高速铁路。新干线开通后核心城市之间的运行时间等如表6-9所示。

表6-9　　　　　　　　**新干线开通后核心城市间距离及其运行时间**

运行区间		距离（公里）	运行时间（普通→新干线）
东北新干线	东京—八户	约590	3小时33分→2时50分（缩短40分）
	东京—新青森	约670	4小时27分→3小时20分（缩短70分）
北陆新干线	东京—富山	约400	3小时7分→2小时10分（缩短60分）
九州新干线	新大阪—熊本	约650	3小时48分→2小时50分（缩短40分）
	新大阪—西鹿儿岛	约810	6小时17分→3小时40分（缩短2小时40分）
	博多—熊本	约100	1小时14分→30分（缩短45分）
	博多—西鹿儿岛	约260	3小时40分→1小时20分（缩短2小时20分）

注：新干线时速按照每小时260公里计算。

资料来源：笔者根据资料整理。

对于干线铁路的提速，日本主要是通过《干线铁路等活性化实业补助金制度》对运行的铁路公司给予支持，帮助其进行设备更新和改造。

因为日本的经济活动主要集中在东京等核心城市，致使这些城市高峰期间的铁路（包括地铁）非常拥挤。拥挤率是每天最拥挤时段火车乘客数量与定员数量的比值，根据2000年《中长期铁路建设方针及其促进方案》的建议，核心城市的拥挤率目标值为150%。日本的国土交通省根据该指标，要求各铁路客运公司逐年增加每天的班次、加长火车的长度，修建新的路线等，同时通过实施促进都市铁路建设制度（《都市铁道利便增进制度》）给予资金上的支持。鉴于核心城市铺设铁路的费用巨大，民营铁路客运公司不愿投资的问题，2005 年日本制定了《关于提高都市铁路便利性的法律》。根据该法，对于通过国土交通省审批的、意在缓解主要城市铁路客运拥挤率的建设项目，中央政府、地方政府和独立行政法人铁道建设·运输设施整备支援机构各自负担建设费用的 1/3，然后由铁道建设·运输设施整备支援机构负责具体设计施工，建成的铁路设施由政府保持，租给铁路客运公司使用，并在盈利范围内支付租金。这种网运分离的制度安排可以减少民营铁路公司的投资风险和使用后的费用支出。

第七节　对铁路产业规制改革的评价

一般认为，日本国铁改革是成功的，这种成功主要表现在新设立企业的经营业绩及其公共性方面。比如在实施改革后的 24 年里，六家铁路客运公司票价的上涨幅度不仅低于改革前，而且低于同期民营铁路运输公司的票价上涨幅度；通过一些特殊的制度安排，保证了偏远地区居民的交通权；各种交通事故减少，从 1988 年的 800 件减为 2005 年的 455 件，铁路运输的安全性得到了保证；同时对第三者连续数年实施的问卷调查表明旅客对民营化后铁路运输公司的满意度不断上升（林淑馨，2000）。

一　日本国铁改革的特点与难点

（一）渐进式民营化改革

在时任首相中曾根的强力推动下，日本政府对国铁实施了民营化改革。为处理国铁债务等善后事务而成立的日本国有铁路清算事业团以实物出资方式，完全持有新成立的六家铁路客运公司和一家铁路货运公司的股票，并计划在这些公司满足公开上市的条件时，将股票卖出，完成民营化过程。作为国有独资的股份制公司，新成立的客运和货运公司除了遵守《公司法》等相关法规以外，还要接受专门法规——《铁路客运公司及铁路货运公司法》的监督。随着东日本铁路客运公司、东海铁路客运公司和西日本铁路客运公司的陆续公开上市，2001 年 6 月，日本政府修改了《铁路客运公司及铁路货运公司法》，规定上述三家公司不再适用于该法，使其从受特殊法律约束的特殊公司变为一般的股份制公司。2006 年 4 月，继承日本国有铁路清算事业团（1998 年解散）持有铁路公司股票的日本铁路建设·运输设施整备支援机构（独立行政法人）将上述三家的股票完全卖出，从而实现了三家公司的完全民营化。七家铁路公司的股票保有及其出售情况如表 6 - 10 所示。

表 6 - 10　JR 系统客货运公司的股票分布状况（2012 年 12 月 31 日）

	原持有股数（万股）	卖出股票情况			现持有股数（万股）
		数量（万股）	金额（亿日元）	时间	
JR 东日本	400	250	10759	1993	0
		100	6520	1999	
		50	2660	2002	
JR 东海	224	135.4	4859	1997	0
		60	4770	2005	
		28.6	3290	2006	
JR 西日本	200	136.6	4878	1996	0
		63.4	2607	2004	
小计	824	824	40343		0
JR 北海道	18	0	0		36（100%）
JR 四国	7	0	0		32（100%）
JR 九州	32	0	0		7（100%）
JR 货运	36	0	0		18（100%）

资料来源：日本铁路建设·运输设施整备支援机构网站（http：//www.jrtt.go.jp/2Business/Settlement/Setc/ekabu.htm）。

（二）客运公司的纵向一体化

如上所述，在解体日本国有铁路基础上，日本政府按照地区分布成立了六家铁路客运公司和一家全国性铁路货运公司。划分各家客运公司营业范围的基准是售票收入的 95% 以上来自本地区，新成立的铁路客运公司全部继承辖区内原国铁的财产和业务，也就是说轨道设施、运输车辆以及站台房屋等固定资产全部归新公司所有，但是全国性的货运公司（JR 货运公司）只对货运车辆拥有所有权，然后租用各家客运公司的铁路，按照实际费用（因为货车使用铁轨而增加的电力和轨道维修费用）加 1% 的原则缴纳租金（伊藤直彦，2011）。换言之，根据日本的铁路运输以客运为主、货运为辅的实际情况，日本政府对六家客运公司没有实施网运分离。

（三）债务和人员安排

国铁改革中的最大难点是债务处理、人员安排和失去交叉补贴后某些铁路客运公司的可持续性经营。从结果来看，最终解决方案虽然是参考了分拆后各家公司的盈利能力，但也是多方利益集团博弈的结果（一桥大学铁道研究会，1994）。

国铁遗留下的负债高达 37.1 兆日元，主要包括国铁的自有长期负债 25.1 兆日元，职工退休保障金 5 兆日元，日本铁路建设公团长期负债 4.5 兆日元（因承建国铁线路欠债），还有为 JR 北海道、JR 九州、JR 四国准备的"经营安定基金"1.2 兆日元。按照原计划，为了偿还这些债务，新成立的 JR 东日本、JR 西日本、JR 东海和新干线保有机构（1987 年国铁解体时，已经有四条新干线投入运营，这四条新干线划归新成立的新干线保有机构所有，然后租给新干线所在的铁路客运公司）共同承担 11.6 兆日元，剩下的 25.5 兆日元债务划归日本国有铁路清算事业团处理，其中通过出售原国铁土地筹集 7.7 兆日元（计划）、转让七家铁路公司股票筹集 7000 亿日元（计划），剩下的由全体国民负担。

当时各家公司负担的债务情况如表 6-11 所示。

表 6-11　　　　　　　　六家公司对国有铁路债务的集成情况

	承担债务金额（亿日元）	承担比例（%）
JR 东日本	32987	69.0
JR 东海	3192	6.7
JR 西日本	10159	21.2
JR 货运公司	944	2.0
铁路通信公司	360	0.8
铁路信息系统	168	0.4
合计	47810	—

注：因为四舍五入，表中百分比之和不等于 100%。

资料来源：日本国道交通省网页。

在实际处理的过程中，股票转让的收入要好于原计划，但是土地的转让困难较大，到 1998 年日本国有铁路清算事业团（该机构的存续时间为 11 年）解体时，残存的债务不但没有减少，反而增加到 28.3 兆日元，这些债务继续由隶属于国土交通省的日本铁路建设·运输设施整备支援机构

（独立行政法人）负责处理。另外，三家铁路客运公司和一家货运公司的实际负担额从 11.6 兆日元增为 14.5 兆日元。

截至 1987 年 4 月 1 日，原国铁职工 277020 人的就业情况如表 6 - 12 所示，其中 20100 名提前退休的职工可以在 1990 年 3 月 31 日之前一直得到再就业培训补贴，因拒绝接受日本国有铁路清算事业团安排的工作而被强制解聘的员工有 1050 名。可以说，得益于日本当时的泡沫经济，人员处理比预想方案相对顺利，没有产生大的纠纷（伊藤直彦，2011）。

表 6 - 12　　　　　　　　原国有铁路职工的再就业情况

再就业部门	人数	再就业部门	人数
政府部门	730	铁路客运公司	187200
产业	22850	铁轮货运公司	12000
自我雇佣	16240	JR 其他关联公司	1450
正常退休	6300	铁路清算事业团	2510
提前退休	20100	解雇	1050

资料来源：Koichiro Fukui（1995）。

另外，根据以往的经验，JR 北海道、JR 九州和 JR 四国的铁路客运业务会因乘客数量的绝对不足导致结构性赤字，致使其不能持续稳定经营。针对这一问题，为了确保居民的交通权，日本政府决定根据三家客运公司的具体情况，设立"经营安定基金"，以基金的投资收益补贴其铁路客运业务的亏损。

实际上，从 1977 年开始，国铁已经开始通过提前退休和不招聘新员工的办法实现自然裁员。如图 6 - 5 所示，在 1987 年正式解体以前，国铁已经通过内部改革在逐步减员。

二　改革前后经营业绩情况

2011 年，日本国土交通省对国铁改革效果进行了评估。图 6 - 5 为国铁改制前经常性损益情况。由此可知，从改制前的 1965 年起，国铁各个年度的经常性收益一直为负，最高时达 - 18478 亿日元，而实施改制后则一直为正。根据日本国土交通省的资料，经常性收益从 1987 年的 1515 亿日元到 2000 年的 6339 亿日元不等。

另一个指标为日本政府对国铁及其改制后七家铁路运输公司的财政补贴（改制后的财政补贴主要是各种特殊目的的中央项目补贴，比如设备更新改造补贴基金等）情况。1970—1986 年，政府补贴从 122 亿日元到 7334

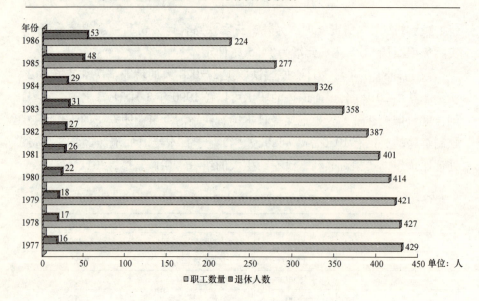

图 6 - 5 日本国有铁路的职工数量变化情况

资料来源:同表 6 - 12。

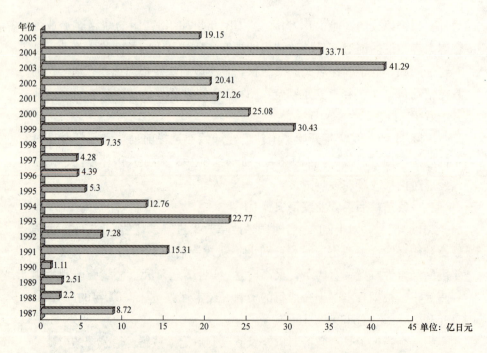

图 6 - 6 日本政府对改制后七家铁路运输公司的财政补贴情况 (1987—2005 年)

资料来源:日本国道交通省 (2011)。

亿日元（见图 6 - 2）。改制后的补贴则锐减为 1.1 亿—41.29 亿日元。这里特别值得一提的是，1987 年以前，政府从国铁没有获得任何所得税收入；而 2005 年改制后的铁路公司共上缴所得税 2400 亿日元，远远高于当年的财政补贴 19.15 亿日元。

从最近数据看（见表 6 - 13），三家没有上市的铁路客运公司仍处于亏损状态，亏损合计为 60 亿日元左右，另外三家上市的客运公司集团（包括集团参股或控股的其他公司）的盈利合计为 2900 亿日元，货运公司当期利润为 10 亿日元左右。因此，从整体看，在国铁解体基础上重新组建的七家铁路运输公司是盈利的，为 2840 多亿日元，外加纳税额 2100 多亿日元，利税合计约为 4950 亿日元。与改革前 1986 年的政府补贴 3770 亿日元和最高时的 7330 亿日元（1981 年）相比，国铁改革的经济效果是明显的（见表 6 - 14）。

表 6 - 13　JR 各公司经营业绩（2010 年 4 月 1 日至 2011 年 3 月 31 日）

单位：百万日元

	JR 九州	JR 北海道	JR 四国	JR 货运
铁路业务收入	132913	76565	26602	135316
铁路业务支出	145186	105041	35925	142539
安定基金总额	381554	676753	206332	纳税 1125
收入	11100	24089	7490	
当期利润	- 2808	- 1801	- 1433	1062

	JR 东海	JR 东日本*	JR 西日本
总收入	1503083	2573723	1213506
纳税	88722	92485	26364
当期利润	133807	120214	34983

注：*因 2011 年 3 月 11 日东日本大地震对 JR 东日本的影响较大，故其数据为 2010 年。
资料来源：各家公司通过网页公布的年度财务报告。

在世界银行出版的一篇关于日本铁路改革的专题报告中，Koichiro Fukui（1992）曾经对 1989 年经营业绩改善的内因进行了分析。

表 6 - 14　　　　　　　日本国铁改制后的经济效果及其来源　　　　单位：亿日元

（1）民营化后的利润增加	1543
（a）因经济增长带来的利润增加	967
（b）因民营化改革带来的利润增加	576
（2）制度改革带来的费用减少	10317
（c）因债务削减带来的费用减少	8953
（d）裁员带来的费用减少	1364
（3）民营化前裁员带来的费用减少	10061
民营化及其附属制度改革的效果（1）＋（2）＋（3）	21921
民营化的纯效果（b）＋（3）	10637

　　　资料来源：Koichiro Fukui（1992）。

　　从以上的财务数据可知，改制后的日本铁路运输公司取得了较大的成绩，关于国铁改革的实证研究也大多得出了相同的结论。

　　在末吉俊幸等（1997）研究中，作者通过 DEA - cross section analysis 和 DEA - index 的方法，对改革前 32 年和改革后 6 年的数据进行了分析。在 Cross Section Analysis 中，改革前后两组相对效益值存在明显差异得到了证实。在指标分析中，作者将改革后的年度指标与改革前各年度指标组成的生产可能前沿相比，发现改革后 6 年的 DEA 值不但大于 1，而且连年上升，这意味着改革后的国铁效率不但好于改革前，而且在逐年连续改善。

　　杉山（2009）将六家国铁解体后成立的铁路客运公司与 15 家大的民营地铁公司在成本（投入为人员费用、不包括人员费用的营业费用，产出为员工人数和车辆数）、生产性（投入为员工数和车辆数，产出为旅客人数和旅客车辆公里数）、盈利性（投入为旅客人数和旅客车辆公里数，产出为营业收入）和企业性（投入为人员费用，不包括人员费用的营业费用，产出为营业收入）四个方面进行相对效率比较，分析手法为 DEA—窗口分析法。该研究发现，除成本以外，JR 东日本、JR 东海和 JR 西日本三个铁路客运公司的效率与私营铁路基本持平，但是另外三个公司则要相对差一些。但是因为该研究没有排除外部因素，比如人口密度等因素的影响，很难将铁路客运公司的相对效率好坏完全归因于企业的内部管理。

杉山（2011）通过反向数据包络分析—窗口分析法（Inverted DEA – Window）的手法，对六家铁路客运公司和15家主要民营铁路运输公司的经营非效率性进行了比较研究，在成本和企业性方面，六家公司的得分较低，究其原因主要在于6家公司的人员投入较民营公司要多一些。

三　公益性的维持

日本国铁改制目的是提高效率，使具有公益事业性质的铁路运输更好地为国民服务，采取的手段是民营化，即将国铁的所有权和经营权转移给民间。民营化改革只是手段，鉴于此，在评价改革效果时，除了从财务指标考察企业改制前后经营业绩的变化以外，还要综合考虑铁路改革是否侵害了其公共性。考察公共性的指标很多，本章参照普遍服务这一概念的内涵，从地理公平性、价格公平性和运输安全性三个方面考察。

（一）地理公平性

在日本国铁改革之前，日本地方支线铁路的总长占全部的45%，而运输量和收入却只占全部的5%左右，针对这种情况，在民营化改革前的国铁内部改革中，国铁将亏损严重的线路指名为"特定地方交通线"，试图实施废止等改革。但是限于《日本国有铁路经营再建促进特别法》第11条的规定，即国土交通省认为必要时，有权要求国铁以公路运输等其他方式代替地方废止线路地区的交通。换言之，国铁不能一废了之，要承担提供代替交通手段的义务。因为公路交通涉及地区公路设施的安全性等实际问题，致使"特定地方交通线"改革一直没有推进。

国铁改制以后，针对亏损线路，由国土交通省、沿线地方政府和铁路公司共同组成协调小组，讨论决定线路的存废以及具体的实施办法。如果地方政府在争取民意的基础上，决定保留线路，则JR日本铁路运输公司等将该区内的铁路以及车辆等基础设施的所有权和经营权全部移交给地方政府，同时中央政府提供3000万日元的一次性补贴和最初5年的亏损补贴。如果地方政府无意接手，JR铁路运输公司则停止在该线路的运营。到2010年止，总长为3157公里的83条地方线路通过上述程序处理，其中31条线路转交给地方政府，39条线路改为地方运营的公路运输，其余的13条线路因存续意义不大而被废止（林淑馨，2000）。

换言之，国铁改革后废除的83条线路中，有70条线路的运营得到了保证，沿线居民的交通权得到了某种程度的保证。

（二）价格变动情况

国铁改革前，票价的变更在 1977 年以前要通过国会的审批，之后改为国土交通省的批准（一定幅度内）。1987 年民营化改革以后，政府对其票价的监管方法等同于对民营铁路运输公司，即票价的制定和修正需要通过国土交通省的审批。1997 年以后，新制度开始实施，即规制部门根据成本制定每条线路的上限票价，铁路运输公司在上限范围内可以自由定价。实际情况如何呢？

实际上，国铁在改革前的 1980—1986 年共提价 5 次，幅度最高为 9.7%，最低 4.4%，平均 6.64%。1987 年实施改革以后，当年 4 月 1 日提价 2.9%，之后 JR 东日本、JR 西日本和 JR 东海三家铁路运输公司因日本政府提高消费税，分别于 1989 年和 1996 年两次提价，但是只是消费税部分；其他三家运输公司则在 1996 年平均提高票价 7%。在上述期间，消费者物价指数上升 13.5%，大型民营铁路运输公司共提价 12 次，平均上调 12%（林淑馨，2000）。

从上述横向和纵向比较看，国铁改制以后并没有依靠提价来改善经营业绩。

（三）运输安全性

安全性对于铁路运输来说尤为重要。1987 年《铁路事业法》的公布实施，替代了之前分别管辖国铁和民铁的两部法律，1992 年日本又在安全规制上有了较大的放松，比如安全检查周期从原来的 40 万公里增加至 60 万公里，等等。国铁改制前后用于安全投资（比如老化设备的更新等）有了明显的减少，从改革前（1985—1986 年）年均 2600 亿日元减为 90 年代的 1500 亿日元左右。因为有研究认为在国铁时期存在过度投资问题，所以安全投资的减少是否会带来安全隐患需要进一步的研究（林淑馨，2000）。

从事故发生件数来看，如表 6 - 15 所示，重大安全事故在民营化的最初三年明显增加，之后恢复到了国铁时代水平。至于其他没有人员伤亡但是需上报国土交通省的安全事故则一直处于下降状态，从 1985 年的 945 件和 1986 年的 1035 件减至 90 年代的 550 件左右（1997 年为 548 件，1998 年为 497 件）。

表6-15　　　　　　　　国铁改革前后重大铁路交通事故情况

	1985	1986	1987	1988	1989	1990	1991
国铁JR	3	3	2	6	7	6	1
民铁	2	2	2	2	1	2	1
	1992	1993	1994	1995	1996	1997	1998
国铁JR	2	1	3	2	3	4	0
民铁	6	1	2	0	1	3	2

注：重大铁路交通事故指死伤10名以上或脱轨车厢超过10节。

资料来源：林淑馨（2001）。

第七章 航空产业的规制改革

第一节 航空产业规制改革概述

一 规制改革前的规制内容

（一）产业发展概况

1945 年第二次世界大战结束后，联合国占领军在对日本产业的非军事化改革中销毁了日本国内残存的 89 架飞机，同时禁止日本进行飞机的生产制造与教育科研，这种状况一直持续到朝鲜战争爆发。世界政治形势的转变使美国对日本控制政策也有所改变，开始扶持日本的经济发展。1951 年，日本航空公司正式成立，之后日东航空、富士航空、日本直升机运送、极东航空（以上各家航空公司成立于 1952 年）和北日本航空、东亚航空（这两家航空公司成立于 1953 年）等民营航空公司相续设立。

1952 年 7 月，日本制定并开始实施航空产业的行业法规——《航空法》，同时在当时的运输省内部设立航空局作为航空产业的政府职能部门。当时的航空局下设四个主要的部门，即管理部，负责航空公司的审批业务，落实经济性规制政策；飞行部，负责机场的建设维修及噪声对策等；技术部，负责制定飞行方法及相应的技术要求等，落实社会性规制政策；管制保安部，主要负责航空飞行管制。

1952 年 11 月，根据航空审议会的建议，日本政府将航空产业指定为幼稚产业加以政策扶持；同时将日本航空公司从民营企业改组为政府参股的特殊法人（1953 年根据《日本航空公司法》实施，政府参股 1/3），专营国际航空线路和部分国内干线。

考虑航空运输的市场规模有限，为了防止过度竞争，根据航空审议会建议，在早期成立的航空公司中，只有日本直升机运送公司和极东航空公司获得了国内定期飞行的营业许可证，其他航空公司则只被获得了地方航线的不定期经营许可证。1954 年，航空局进一步规定：日本国内大阪以西的航空运输服务由极东航空公司，大阪以东则由日本直升机运送公司承担。

分区经营并没有改变航空公司的赤字问题，为此，1955 年航空局提出了"国内航线一家经营"的指导方针，开始极力推进航空公司之间的兼并重组。在该政策的诱导下，1958 年日本直升机运送公司和极东航空公司合并成立全日空，在日本主要城市之间开设航空运输服务；1964 年，日东航空、富士航空和北日本航空合并成立日本国内航空公司，1971 年又与东亚航空合并成立东亚国内航空公司（1988 年改为 Japan Air System，日本佳速航空），至此日本航空运输的三家体制（日本航空公司、全日空和东亚国内航空公司）正式形成。

对于航空货物运输产业，运输省的航空局依照《航空法》的规定实施了严格的规制管理。

（二）政府规制内容

第一，市场进入和退出规制。市场进入规制表现在两个方面，首先是对设立航空运输公司实施许可证制度；其次是开通新的航线和增加航班时（即获得新的航空时刻权）同样需要政府的许可。除了安全、技术、财务等方面的资质要求以外，航空局批准与否的重要标准之一是"是否会造成航空运输服务的供过于求"即供需平衡规制。按照当时的规定，只有当干线的上座率达到 65%、地方线路的上座率达到 70% 时，航空局才会考虑增加该航线的班次。

航空公司因为经营不善等决定退出市场时，同样需要政府的许可。实际上，因为日本实施了幼稚产业保护等系列政策，规制改革以前没有任何一家航空公司因破产退出市场。

第二，分区经营规制。早在 1952 年，基于规模经济和保护幼稚产业，当时的航空审议会就提出了分区经营的原则，之后经过数次调整和航空产业三家体制的形成，1970 年经日本内阁会议批准，1972 年以运输大臣通知的方式，正式规定日本航空公司经营国际航线和国内干线；全日空主营国内干线，兼营地方航线和短距离国际航线的包机业务；东亚国内航空（日本佳速航空的前身）主营国内地方航线和部分国内干线。该分区经营体制被称为"昭和 45/47 体制"，也被称为"航空宪法"。

第三，价格规制。作为区域垄断经营的配套措施，《航空法》第 105 条规定各家航空公司（国际航线除外）的票价及其他收费项目要通过航空局的审批后方可实施，航空局一般按照收益率规制法计算票价。

第四，其他规制。此外，出于安全方面的考虑，在飞机的机型选择、飞行员资质要求等方面还有众多的社会性规制。

日本希望通过政府强有力的政策介入，保证航空公司的正常利润，实现日本航空运输产业迅速而有序的成长；同时通过航空公司不同航线之间的交叉补贴使那些偏远地区的居民也能以可接受的价格享受航空运输服务，健全日本国内的航空运输网络。

二　规制改革背景

经过近 30 年的经营，日本三大航空公司的规模得到了相当程度的发展，比如 1984 年日本航空公司在世界航空公司中排名第五，东亚国内航空排名第 25（松永，1984）。另外，政府规制及国有参股的弊端也逐步显现，比如当时日本航空公司的规模虽大，但是因为缺乏竞争和政府补助等原因导致其经营效率低下，机票票价偏高。在这种情况下，已经获准经营国际短途包机业务的全日空认为，如果公司能够得到国际航空运输业务的许可，则可以利用民营企业在经营机制上的灵活性获得更大的发展。为了回避"航空宪法"的规制，全日空没有直接申请国际航空客运的经营许可权，而是于 1978 年联合其他四家海运公司设立国际货物航空运输公司，向航空局申请相应的经营许可证，但是当时的航空局认为该项业务虽非航空客运，但同样应该受到"航空宪法"的规制，所以没有批准（中条，2000）。

1981 年设立的第二次临时行政调查会在其提出的一系列政策建议中，对运输领域的行政改革也提出了自己的观点，包括：①改变现行的条块分割的组织框架，设立综合部门，专门负责运输产业的政策规划和实施；②减少运输省的行政许可数目（当时有 2203 项审批权限），从"审批衙门向政策制定职能部门转变"；③改组运输省下设的特殊法人，对日本航空公司实施民营化改革。

从外部因素来看，鉴于日美之间空运贸易量的增大，1983 年，双方政府同意开设新的航线和航班。受此影响，航空局提请运输审议会对 1978 年全日空的申请进行审议，日本航空公司对此表示强烈反对，并要求开设听证会予以公开讨论。1983 年 8 月，在开设了听证会的基础上，审议会建议授予上述国际货物航空运输公司相应的许可证，航空局依照审议会的建议，决定授予其经营许可证。至此，1972 年开始实施的"航空宪法"中分区经营规制有了松动的迹象。

作为对抗措施，日本航空公司决定扩大在国内干线上的市场份额，因为票价受到《航空法》的规制，无法随意变动，于是日本航空公司决定通过购机票送赠品的方式展开竞争，并于 1984 年 1 月正式对外公布。听到消息后的全日空旋即公布了内容相同的对抗措施，东亚国内航空则在成田机场实施了"现场拉客"的行为（《读卖新闻》1984 年 2 月 2 日）。这些前所未闻的事件经过媒体报道后，航空公司之间的竞争方式问题成为航空政策的讨论重点，但是作为业务主管部门的航空局认为"航空宪法"总体上是有效的，不需要大的更改（中条，1996）。

随着日本国民收入的增加，到夏威夷等地旅游的人不断增多，为了能够从不断增长的国际航空市场上获得一块蛋糕，1984 年，全日空申请开设从日本到夏威夷的包机业务，因为该航线是日本航空公司的主要盈利线路之一，因此日本航空公司强烈反对航空局授予全日空该项业务的经营许可证。对此，日本航空局认为该包机业务每年只飞行 10 个班次，而且从日本的地方机场出发，对日本航空公司的影响较小，所以批准了全日航的申请。但是，作为平衡措施，航空局增加了日本航空公司在羽田机场的航班次数、同意其增设从札幌到冲绳之间的航线。对于这些决定，三家航空公司均表示反对，没有获得任何补偿的东亚国内航空反对尤为强烈。

至此，航空局首次认识到了在"航空宪法"的框架内调整航空公司之间利益冲突的局限性，产生了修改分区经营体制的内在需求。1984 年，运输省开始实施机构改革，增设运输政策局；同时设立"行业规制问题讨论会"等相关临时咨询机构，开始讨论航空产业的规制改革问题。

三　规制改革的实施

为了了解美国航空产业规制改革的做法及其效果，日本航空局在 1983 年向美国派出考察团，根据考察团的报告，日本航空局认识到下列事实：①规制改革降低了票价、丰富了航空公司提供的服务种类；②部分航空公司经营恶化；③短距离、低需求的航线票价有所上涨；④主要机场的航班时刻分配紧张；⑤地方航线班次减少（西村，1985）。相对于第一点的规制改革效果而言，作为日本航空产业的主管部门——日本航空局更为关注如何避免在日本出现类似美国的负面影响，从而确保航空产业的平稳过渡和全国航空网络的完整性。为此，航空局确定了日本实施规制改革的原则：①避免航空公司只飞行热点航线的撤脂行为；②确保地方航线的航次；③避免航空公司的破产；④改善主要机场的航班时刻紧张问题。

在上述原则指导下，日本航空产业开始了规制改革。

（一）废除开设航线的审批制度

1985 年，日本运输政策审议会增设航空小委会，具体讨论航空产业的规制改革问题，经过四个月的审议，小委会于 1985 年 12 月给出了《初步政策建议》，提出了废除日本航空公司的国际航线专营权、推进日本航空公司的民营化改革及促进国内航线的竞争等核心观点。

根据审议会的建议，航空局于 1985 年 12 月 17 日正式废除了"航空宪法"下的分区经营体制。在之后的 1986 年，全日空开设东京到关岛的定期航线；1988 年，日本佳速航空开设东京至汉城定期航线，标志着国际航线的多家运营体制正式形成；同时经过近一年的准备，1987 年 11 月 18 日，日本政府对日本航空实施了民营化改革，使其从特殊法人变为一般的股份制公司（合规调查委员会，2010）。

对于如何促进国内航线之间的竞争，航空局主要是通过热点航线的多家经营的方法予以落实。具体而言，1986 年 6 月，航空局公布了新的促进竞争政策，即当主要航线（札幌、羽田、成田、名古屋、大阪、福冈、鹿儿岛和那霸）的旅客数量每年超过 30 万人次，其他航线超过 70 万人次时，同一航线上可以有两家航空公司运营；当航线每年的旅客超过 100 万人次时，该航线上可以有三家航空公司运行。按照新的标准，1986 年 7 月，日本航空公司开设了羽田至鹿儿岛、10 月开设了羽田至小松的航线，国内航线之间的竞争体制开始成形。

1992 年，航空局放宽了旅客人次限制，将两家竞争航线的人次标准降为 40 万（主要机场仍为 30 万人次）；三家竞争航线的人次标准降为 70 万（主要机场为 60 万）。1997 年，航空局完全废除了航空公司新开设航线时的旅客人次要求。1999 年，根据运输政策审议会航空小委会的建议，日本修改了《航空法》。根据改正后的《航空法》，各航空公司在开设航线和增加班次时只需向航空局做事前登记备案即可，而不再实施许可证制度（羽田机场、成田机场、伊丹机场和关东机场除外）；航空公司决定退出某条航线时，需要提前 6 个月向航空局登记备案。上述政策的实施标志着各家航空公司可以根据自己的判断，自由开设国内航线，也就是说日本政府完全废除了分区经营、限制竞争的航线开设许可证制度。

（二）机票定价的自由化

日本对机票价格的规制改革晚于航线规制改革。1990 年，航空局改变了收益率规制下的定价方式，改为标准成本法。所谓的标准成本法是指航空局将各家航空公司上报的各条航线的飞行成本与飞行距离做回归分析，得出距离与成本之间的数量关系，然后根据此回归方程的系数计算各条航线的标准成本，再加上一定的利润后得出该条航线的票价，各公司统一执行该标准票价。与收益率规制法相比，标准成本法显然是导入了一定程度的竞争机制。这是因为，总会有一些航空公司的飞行成本大于标准成本，也总会有一些航空公司的飞行成本要小于标准成本，对于前者而言，如果不通过提高经营效率降低成本，该公司所得到的利润总是要小于行业的平均利润，而后者则要大于平均利润，因此这种机制起到了奖勤罚懒、鼓励提高经营效率的作用，在不存在合谋的情况下，可以达到持续提高效率的目的。

标准成本法借鉴了标尺竞争法在降低成本、提高经营效率方面的优点，同时通过标准成本释放出来的行业平均成本信息，也可使各家航空公司认识到自己的经营效率在行业中的排名，从而加深对竞争对手的了解和自我经营的危机感。

1994 年和 1995 年航空局又分别导入了一定条件下的票价打折制度（比如往返机票打折、预购打折等）。1996 年航空局进一步放松了对机票价格的规制，开始实施一定范围内的自由定价制度，即航空局规定每条国内航线的标准票价（根据标准成本法计算），各家航空公司可以根据自己的情况在标准票价和标准票价的 75% 之间自由定价，然后上报航空局备案。但是，当机票的价格低于标准票价的 75% 时，仍需航空局的审批。

1999 年改正后的《航空法》废除了机票的上限和下限规制，而是改为事前备案制度，但是根据该法第 105 条的规定，当航空局认为票价过高或过低时，有权命令航空公司修改票价。

（三）新设航空公司的市场准入

1996 年 12 月 5 日，在隶属于首相的规制改革小委员会的压力下，运输省发表了在 2001 年以前废除包括航空产业在内的运输产业的供需平衡规制的改革方针，即运输省不能再以保证供需平衡为由，实施市场准入和退出规制，而是通过市场竞争和优胜劣汰实现供需平衡，这意味着任何符合

《航空法》资质要求的法人都可以从事航空客运业务。在该项政策影响下，1996 年 11 月 12 日，以提供国内航空客运为主营业务的日本天马航空公司（Skymark Airlines）宣布成立，这是自 1953 年以来在日本首次出现新设立的航空公司，因此备受舆论关注。11 月 14 日，北海道国际航空公司也宣布成立。1997 年航空局宣布废除新设航线的许可证制度以后，两家公司于 1998 年年初通过安全技术等方面的审查，登记备案后分别开始正式运行。

　　航空公司飞机在机场起飞或降落时，需要按照既定的时间在机场规制塔台的指挥下，利用机场内既定的滑行跑道实施升降，这是一种具有排他性的权利，这种权利的获得者同时具有利用登机口和登机桥等机场设施的权利，这种权利叫作航空时刻权。对于航空公司而言，获得航空时刻权是企业正常运营的先提条件，同时因为各个时间段的乘客量明显不同（比如在其他条件相同的情况下，乘客更愿意选择早上 9 时起飞的航班，不愿意选择晚上 12 时的航班），所以航班时刻直接影响航空公司的上座率和盈利能力，进而决定其能否持续经营。由于相对于需求而言，繁忙机场的航班时刻的供给是有限的，因此如何分配特别是在新设航空公司和在位航空公司之间如何分配航班时刻是各国航空规制改革中的重点，直接决定着竞争环境的公平与否。鉴于此，本章将专门讨论这个问题。

第二节　航班时刻分配机制的规制改革

一　航班时刻权的竞争含义及其分配机制

　　航班时刻又称航空起降时刻、机场时段等，它是在某一特定日期，为使航空器起降、飞行得以实现而必须获得的到港或者离港的预定时间，只有在该时间段内，获得许可的飞行器才可以在机场规制塔台指挥下，利用机场内的规定滑行跑道实施升降。

　　从规制经济学角度而言，机场及其附带的软硬件设施可以看作航空产业不可或缺的设施（瓶颈设施），而航班时刻权则决定了航空公司能否利用该设施获得相应的服务。与电信、电力等其他网络型产业不同的是，在改革之初，日本机场的设施所有权和管理权与任何一家航空公司都是分离的。也就是说，原则上任何一家航空公司都无法利用产权上的优势获得特殊权益（主要表现为获得航空时刻的数量和质量）。除了产权方面的差异以外，上述产业的技术经济特征也不尽相同，航班时刻权具有绝对的排他性，两架飞机是绝对不可能在同一时间、同一滑行跑道上实行升降的。而在未达到满负荷之前，光缆（或输电线）却可以同时运送两家不同企业的电信符号（或电量）。这意味着一旦一家航空公司已经获得了某一时段的航班时刻权，其他企业就绝对无法进入，而不管该企业的运行效率相对于在位企业而言如何高效。可以推而广之的是，在位航空企业获得的航班时刻权越多，时段越好，新设立企业与其平等竞争的可能性越低，在位企业通过这种优势获得垄断利益的机会越大。

显然，对于航空产业的规制改革而言，航班时刻权的分配机制事关改革成败，是实现国家航空政策的重要工具之一。与航班时刻紧密相关的另一个概念是航线，出于盈利性考虑，航空公司更愿意选择上座率高的航线，而希望避开老少边穷等地区的航线，而后者又是国家维护航空网络、保证国民交通权（不同于普遍服务）的职责之一，是衡量社会进步程度的标准之一，因此需要政府的政策介入。

航空时刻是一种资源，航空时刻权是使用这种资源的权利。从根本上而言，分配这种权利的机制有两种：一是通过政府规制部门；二是通过市场机制。最初设定权利并将这种权利予以转移的叫一次分配；将获得的航空时刻权再次转移的叫二次分配，两次的权利转移可以是上述两种机制的自由组合。

作为一种稀缺的公共资源，航空时刻权无论以何种机制分配，这种权利通常都会受到一定的约束：①使用或失去规则。航空时刻权的所有者对该权利的使用低于政府规定的标准时，政府有权予以回收。正常情况下，稀缺资源的所有者应该通过行使该项权利为自己带来经济利益，但是在某些情况下，航空时刻权的绝对排他性使占有而不使用更符合权利人的利益，比如在位的航空公司可以以此方式防止新进入的航空公司获得必需的航空时刻权，显然这种行为等于是独占了不可或缺设施，不利于竞争，会降低社会整体的福利，因此规制部门需要予以介入。②特定条件下与航线相结合。出于非经济因素的考虑（比如救灾抢险等非常时刻），将一定的航空时刻权与特定航线捆绑在一起，以保证最低限度航空网络的完善和国民交通权。③资格限制。在国籍、技术能力、资金状况和企业规模等方面对航空时刻权的取得者加以限制。

具体而言，分配航空时刻权的方法有以下几种：

第一，拍卖方式。根据标的物的不同，又可分为两种：一是将航空时刻权与航线结合在一起，该次航班机票出价最低者获得权利；二是只将航空时刻权拍卖，出价最高者获得。该种方式最大的优点是高效，最大的问题是可能因为航空公司转嫁费用而抬高票价和在位航空公司凭借资金实力垄断含金量高的航空时刻权，不利于有效竞争。

第二，祖父原则。承认由于历史原因形成的，已经使用某一时段航空时刻权的航空公司继续有权拥有该时段的航空时刻权。这种方式有利于在位企业的安定成长，但是如果没有其他相关措施的限制或扩大供给，明显不利于新设立的航空公司，与规制改革的目的相违背。

第三，抽签或平均分配。将需要分配的航空时刻权平均分给各家航空公司，当某家航空公司获得的数量超过其需求时，将多余部分上交，然后再一次在剩下的航空公司之间分配，余者上交，直至最后分完为止。这种方式的最大优点是公平，但是没有任何效率而言，在现实中较少被使用。

第四，点数法。政府规制部门根据事先选定的考核指标对对象航空公司进行评分，然后根据点数高低分配航空时刻。因为被选择的指标通常会考虑乘客的便利性、经济性、航空公司的经营效益以及对安全的重视等问题，所以点数法有利于航空公司在上述指标方面的改进，这种方法的缺点是增加了规制部门的裁量余地，比如各个指标的权重如何设计、得分分别为 90 和 80 的航空公司按什么样的比例分配航空时刻权等问题（中条潮，2000）。

二 日本对航班时刻规制方式的变迁

日本政府于 2000 年首次导入点数法以前，一直沿用祖父原则，即一方面尊重在位航空公司的既得权益，航空公司申请新的航班时刻时，只能在没有被利用的时间池里选择，而且与航线是捆绑在一起的；同时日本政府也通过在繁忙机场增设或延长滑行跑道方式增加机场航班时刻的供给能力，以求促进航空公司之间的竞争。

1996 年，当时日本的运输省为了顺应规制改革的大潮流，提出了分阶段、有步骤地实施规制改革的方针，并请求运输政策审议会航空小委会对相关问题进行研究，提出政策建议。1998 年 4 月，上述审议会提出了《关于制定应对措施以适应撤销航空领域进入规制的建议》，其中在第四部分提出了如何分配航空时刻以利于公平竞争的原则性意见。

该建议认为，为了促进航空公司之间的竞争，必须鼓励更多符合条件的企业进入航空运输产业，而且让更有效率的航空公司获得更多的航空时刻权，因此需要有足够多的航空时刻权以备分配，因此日本政府有必要对在航空运输中具有枢纽地位的机场及其配套设施实施重点建设，扩大机场的升降能力，以缓解空中交通堵塞。

但问题是，撤销航空领域的市场准入规制后，航空时刻供给有限的枢纽机场的困境不可能在短时间内得以解决，因此在现有的约束条件下，导入客观、透明、高效的航空时刻分配机制尤为重要。考虑到撤销进入规制的根本目的在于通过市场竞争提高利用者的便利性，因此审议会认为，为了防止祖父原则下在位企业对航空时刻权的长期占有，有必要对已经分配的权力进行回收和再分配。

《关于制定应对措施以适应撤销航空领域进入规制的建议》认为，虽然航空时刻权分配方法中的点数法存在问题，如果能够确保评价项目和评价过程的透明性、客观性，该方法要优于拍卖法，因为后者到目前为止尚无使用先例，因此无法评判其优劣。为了提高航空时刻权的使用效率，该报告认为应该许可二次分配，但是不主张通过市场买卖成交，主要是因为：①相对于新设立的航空公司而言，市场交易法对于资金雄厚的在位企业更为有利；②航空公司为了将航空时刻权的取得成本转嫁至最终消费者，可能会提高机票价格。

最后该建议指出，为了航空公司之间的有效竞争，在航空时刻权分配上应该给予新进入的航空公司一定程度的优惠措施，即实施非对称规制。

从结论来看，针对日本航空时刻分配机制的规制改革提出了以下核心观点：①通过点数法分配；②对部分已经分配的航空时刻权实施回收、再分配；③二次分配中不导入市场机制；④对新进入的航空公司实施非对称规制。

上述观点最终通过1999年修改后的《航空法》成为具有约束力的法律条文。

为了进一步落实上述审议会的政策建议，运输省的航空局组织专家学者成立了"航班时刻分配方式讨论委员会"，该委员会于1998年10月提出最终报告，主要针对三个问题提出了自己的政策建议：①对所有在位企业的航空时刻权实施等比例回收（5%—10%），回收的对象为使用效率较低的航空时刻权，每五年回收一次；②重新分配航空时刻权时要考虑的因素包括：有利于新航空公司的进入，有利于维护最低限度的航空网络，在位企业对已有航空时刻权的利用情况；③航空时刻权与航线原则上分离，但是特殊情况除外（比如为维护最低限度的航空网络而分配的特殊航空时刻权）。

在硬件设施上，日本羽田机场新建的 B 滑行跑道于 2000 年 7 月开始投入使用，随之新增了 114 次（57 个航班）可供分配的航空时刻权。为了将政府既定原则落实到本次分配方案，航空局成立了"特定机场航空时刻权分配讨论委员会"，该委员会在 2000 年 2 月提出的报告书中重点解决了三个问题：①落实非对称规制。主要内容包括无条件地将一定数量的航班时刻权分配给新进入的航空公司，保证其升降次数达到每天 12 次以上，而且许可其将所获得的时间段全部用于高收益航线；预留 18 次（9 个航班）的航空时刻权备用，在未使用之前，其他航空公司可依据均等的原则暂用该 18 次航空时刻权，但是不得用于高收益航线；新进入的航空公司被合并时，将航空时刻权全部上缴国家；新进入的航空公司指的是在羽田机场起降次数少于 12 次（6 个航班）的企业和获得《航空法》的批准、将要进入航空运输产业的企业（在位航空公司的关联企业除外）。②落实维护最低限度的航空网络的原则。将航空时刻权与某些航线捆绑在一起，以保证羽田机场与每个新开设的机场之间每天至少有一个航班，航空公司可以申请该段的航空时刻权，航空产业规制机构择优录用。③落实点数制的具体操作方案。从乘客、航空企业和效率的角度选择评价指标和权重，根据各家在位航空公司的得分状况，分配剩下的航空时刻权。

具体的评价指标如表 7 - 1 所示。

存量航班时刻权点数制再分配制度克服了祖父原则下的先发优势可能带来的低效，该制度的实施使已经分配的航班时刻权不再是某家在位航空公司的财产，为了保住或获得这些存量的航班时刻权，无论是在位企业还是新设立的企业，都必须按照政府设置的评价指标，在追求效率的同时，提高安全性和服务水平。

因此，点数制分配法无论是否带来了航班时刻权的大幅度再分配，实施过程本身已经起到了促进竞争的作用。

作为配套措施，《航空法实施令》规定 2000 年以后分配的航空时刻权的有效期为 5 年，也就是说政府要在 2005 年 2 月对 2000 年分配的 57

表 7 – 1　　　　　　　　航空公司运行效率点数评分法

2000 年评价项目

1. 提高消费者的利用便利性

（1）是否努力降低机票价格（在过去五年中每乘客公里收入是否有所降低）

（2）运输安全（在过去五年中是否发生了伴有乘客死亡的重大安全事故）

（3）是否为充实、完善国内航空网络做贡献（在年均乘客不足 10 万人的低需求线路上的航班数量高于产业平均值；在过去五年中低需要航线上的航班数量有所增加；在利用羽田机场的航班中有一半以上为非干线航线；现有的航班时刻权中有一半以上用于非干线航线）

2. 提高航空公司的经营效率

（1）在过去五年中每乘客公里的营业费用是否有所降低

（2）在过去五年中员工人均营业收入是否有所增加

3. 高效利用现有的航班时刻权

在过去五年中每个羽田机场的航班时刻权的运送乘客数量是否有所增加

4. 其他

在过去五年中未受任何行政处分

资料来源：笔者整理。

个航班的航空时刻权实施回收和再分配。为此，2004 年 2 月，航空局组织成立了以一桥大学副校长杉山武彦为委员长的"合理利用羽田机场研讨委员会"，决定具体的回收和再分配方案。当年 9 月，委员会给出了具体方案，主要内容如下：①继续通过增加新进入航空公司的航班时刻权数量促进竞争。根据调研，委员会建议新增 20 个航班（40 次航班时刻权），按照申请的先后顺序分给各个新进入的航空公司（保有的飞机数量为 12 驾以下），对使用该航班时刻权的航线不做限制（可以全部用于高收益的干线）。②继续落实维护最低限度的航空网络的原则。增设"3 班航班规制"，即将每天的航班数量在 3 个以下的航线组合成一个航线池，航空公司因减少该航线池内的航线而获得的航班时刻权只能用于该航线池的其他航线；继续限制载客人数在 60 以下的小型飞机进入羽田机场。③将 2000 年新分配航班中用于在位企业的 40 个航班按照等比例的原则予以回收，然后将其中的 20 个无偿分配给新设立企业，剩下的 20 个按照点数法在在位企业之间分配（最后的分配结果是，从日本航空回收 22 个航班，再次分配给其他 11 个航班；从全日空回收 18 个航班，再次分配给其他 9 个航班）。

2010 年 10 月，随着羽田机场 D 滑行跑道的投入使用，又增加了 37 个航班的航班时刻权，这次航班时刻权的分配原则和方式基本沿袭了 2000 年的方针，最后的结果是全日空和日本航空两家在位企业分得 19 个航班，4 家新设立企业分得 18 个航班，其中对在位企业分得航班的航线有一定的限制（只能飞干线以外的地方航线）。同时为了减小政府的行政成本和企业的经营成本，2010 年航班时刻权的回收和再分配工作予以取消，统一到了上述的增量航班的分配工作中。

第三节　维持偏远航线的制度设计

一　规制改革前

日本是由 6000 多个岛屿构成的岛国，其中除本州、四国、九州、北海道及冲绳以外的岛屿被日本法律定义为离岛。在这些离岛中，有人居住的岛屿共有 260 个，从均衡发展和维护社会公平角度出发，日本政府于 1952 年和 1953 年分别制定了《离岛航路整备法》和《离岛振兴法》，前者主要是对符合条件的海运航线给予财政补贴，后者则是全面振兴离岛经济的法律。随着日本经济的高速发展，离岛居民对航空客运的要求逐步增高，但是因为需求人数的绝对数量不足，致使航空公司的上座率很低，因此主要是地方性的航空公司执行不定期航班。在这种情况下，日本政府从建设和维持航空网络的角度出发，于 1972 年出台了《离岛航空路线财政支援制度》，开始对符合条件的航空航线提供财政和税收方面的支持。

符合条件的航线需要有以下的特点：离岛内有飞机场、从该岛到中心城市（相对于离岛居民的生活而言）的交通时间（除飞机以外）在 2 小时以上，而且只有一家航空公司在该航线上飞行。主要的支持措施包括购买机体及其零部件时的补贴制度：对于在上述航线上飞行的航空公司，当其购入定员在 9 人以上，能够在 1500 米以内的滑行跑道上安全起降的飞机时（上述条件是为了确保购入的飞机专门用来执行离岛航线），航空公司负担 10%，中央政府补贴 40.5%，离岛所在的省政府补贴剩下的 49.5%。当离岛所在地为冲绳省时，中央政府和省政府的补助比率调为 66.5% 和 23.5%。

从 1977 年开始，政府对在上述航线上航行的飞机，将固定资产税减为正常值的1/4—2/3（根据飞机的服役年限而定）；1979年又增加了着陆费减免制度，即上述机场征收的着陆费为正常着陆费的1/16—1/6。此外，在羽田机场航班时刻权的分配上，航空主管部门对于飞行离岛航班的航空公司也给予优待，使其能够通过不同航线之间的交叉补贴减少离岛航线的损失。

二　规制改革以后

（一）航线补贴制度

从1997年开始，日本政府正式废除了航线审批制度，航空公司开始可以自由地选择飞行的航线和航班。根据美国的经验，在市场经济下，这种制度变更带来的诱因结构变化一定会促使航空公司集中选择上座率高、盈利性强的航线，而对于离岛航线，甚至包括一些地方航线的航班将会被减少，甚至被废除。为了防患于未然，在1998年的《为应对国内航空产业废除供需平衡规制的制度设计》中，运输政策审议会专门开辟一章，阐述这个问题及其相应的对策。

从航空公司角度看，随着航线规制的废除，热点航线上的竞争会愈加激烈，因此在位企业在该航线上的盈利能力会有所下降，从而减弱其通过交叉补贴支持亏损航线（主要是离岛航线和某些地方航线）的财务能力，因此航空公司不得不减少，甚至停飞某些无法盈利的航线。但是从岛上居民来看，即使是亏损航线，因为对于其生活至关重要，因此希望能够得以维持。同时从国家的角度来看，规制改革前的财政和税收等方面的航线补贴是在考虑了航空公司内部交叉补贴的基础上设立的，如果交叉补贴的条件不复存在时，现存的补助措施将不足以使航空公司维持这些亏损航线，因此有必要增加新的财政措施。

为了落实审议会的上述政策建议，航空局增设了"航线补贴制度"。在作为补贴对象的航线选择上，航空局负责制定指导性意见，将具体的选择权交给了地方政府。在实际运行中，各地方政府分别成立由相关职能部门的负责人、离岛的村长和镇长、航空公司以及航空局的相关职能部门负责人组成的"离岛航空线路协议会"，由该协会具体选择应得到航线补贴的线路，航空局则通过参加协议会确保指导性意见得到落实。

在航线补贴金额分摊上，从地方政府对辖区内居民生活负责和中央政府维持国内航空网络的观点出发，两级政府各负责一半，但是在实际的运行中，根据地方政府的财政能力，村和镇政府也会和省政府一起负担剩下的一半。

在确定航线补贴具体金额时，本着激励航空公司提高效率的原则，审议会提出了定额补贴和通过竞标选择出价最低者的方法。但是实际中，因为往往只有一家航空公司运行，所以实际的做法是由航空公司出具上一年度的财务报表，经审查合格后，各级政府负责补贴亏损的90%，剩下的10%由公司自行承担。

除了财政补贴以外，对于在符合条件的离岛航线上飞行的飞机，政府对其征收的燃油税为正常税率的3/4。

表7-2为2010年日本中央政府对离岛航线的补贴制度及其每项制度的预算额。

表7-2　　　　中央政府对离岛航线补贴制度及其预算额（2010年）

（1）购买机体和零部件的财政补贴制度：航空公司购买能够在1500米以内的滑行跑道上安全起降的飞机及其零部件时，中央政府补贴45%（冲绳县内补贴75%）；2010年度预算为零（无购入计划）	（4）着陆费等的优惠措施：双引擎机型为正常的1/6；其他机型为正常的1/8；6吨以下机型为正常的1/16
（2）航运费补贴制度：对在从离岛到中心城市的交通时间（除飞机以外）在2小时以上亏损航线飞行的航空公司，中央政府补贴其经营赤字的50%—90%，2010年预算额约为5.2亿日元	（5）固定资产税的优惠措施：机体重量在20—70吨：最初三年为正常的1/3，随后三年为正常的2/3，机体重量在20吨以下：最初三年为正常的1/4，随后三年为正常的1/2
（3）燃油税补贴：对于在符合条件的离岛航线上飞行的飞机，政府对其征收的燃油税为正常税率的3/4，即从26000日元/升减为19500日元/升	（6）离岛航线和地区航线的可行性实验：与地方政府等相互合作，寻求先进可行的商业模式，使用成熟后在全国推广，2010年的预算额为4200万日元

资料来源：根据日本国道交通省资料整理。

（二）单班航班及三班航班规制

2000年，伴随羽田机场B滑行跑道的投入使用，日本航空局在分配增加的航班时刻时开始导入单班航班规制。具体而言，当某家航空公司因减少航班而导致该航线的每天航班数为零时，航空局将从该航空公司回收该航班时刻的使用权，分配给其他愿意在该航线上飞行的航空公司，从而确保每天至少一个航班。因为各家航空公司的飞机型号不同，由此带来的成本构造也不尽相同，新设立的航空公司因为使用的机型较新，机体载客容量较小，所以节油性能高，飞行成本较低，可以在其他航空公司亏损的航线上微利或以较小的赤字运行，如果再加上政府的补贴，则可能在该航线上维持长期稳定地运行，从而确保羽田机场到全国各个地方机场之间维持最低限度的航班次数。2002 年，针对航空公司将运力从收入较低航线转向收入较高航线的趋势，航空局又增设了三班航班规则，即将每天的航班数量在 3 个以下的航线组合成一个航线池，航空公司因减少该航线池内的某条航线而获得的航班时刻权只能用于该航线池的其他航线，否则上交。

（三）地方政府的上座率保证制度

单班航班及三班航班规制有效地维持了羽田机场到现有机场之间的航线和最低限度的航班次数，但是对于新开设的地方机场，上述规制并不适用。因为大多数的地方机场都是由地方政府负责运营，为了防止人口减少、航班减少（甚至废除）、机场等相关就业机会减少、人口进一步外流这种恶性循环的发生，一些地方政府开始制定独自的地方政策予以支持。

能登地区位于日本石川县（相当于我国的省），2003 年能登机场开始投入运营，因为能登地区分散在 5 个半岛，虽然居民对航空客运的需求很高，但是需求总量难以保证。特别是该机场在开业时已经不再适用于单班航班和三班航班规制。当地的县政府为了吸引航空公司飞行从羽田机场到能登机场的航线，做了各种各样的努力，而且首创了地方政府的上座率保证制度。

所谓的上座率保证制度是指县政府和航空公司签署协议，双方商定一个可以接受的上座率，当不能达到这个设定的上座率时，县政府按照事先商定的价格支付差额，直至达到上座率为止。当实际的上座率超过设定的目标值时，航空公司按照既定的比例向县政府支付协助费用。为了达到上座率，县政府和当地的旅游部门合作，低价提供从能登各地到机场的公共交通，同时通过提供优惠措施，成功使日本航空学院到该地设立分校。

表 7-3 为该制度的实施情况。2009 年投入使用的静冈机场同样导入了内容相同的上座率保证制度。

表 7 - 3　　　　　　　日本能登机场上座率保证制度实施情况

年份	2003	2004	2005	2006	2007	2008
投入机型（容纳坐席）	126	170	166	166	166	166
乘客总量（人）	151015	155623	160052	156945	158558	150365
上座率（%）	79.5	64.6	66.5	65.1	65.4	62.3
目标值（%）	70	63	64	62	62	62
获得协助费目标值（%）	70	63	65	66	66	66
支付保证金目标值（%）	<70	<63	<65	<58	<58	<58
获得协助费（千万日元）	9700	1600	2000	0	0	0

资料来源：能登空港：《能登空港机场上座率保证制度实施情况》，http：//www. noto - air-port. jp/。

三　存在的问题与解决的思路

根据日本航空局的资料，2010 年共有 28 个离岛、64 条航线（其中北海道 3 个、东京都 5 个、岛根省 1 个、长崎省 5 个、鹿儿岛 6 个、冲绳省 8 个）符合条件，需要通过政策支持确保航线和航班的运行，政策目标的达到率维持在 89%—96%，在 64 个航线中，上座率为 30% 以下的有 2 条，30%—39% 的有 3 条，40%—49% 的有 11 条，50%—59% 的有 24 条，60%—69% 的有 15 条，70%—79% 的有 8 条，80%—89% 的有 1 条。

在上述航线上飞行的 9 家航空公司中，有三家的主营业务利润在 2007 年是亏损的，分别为 - 2.2 亿日元、- 0.7 亿日元和 - 2.5 亿日元，其他六家公司的利润在 900 万—474 亿日元。作为一般规律，只在离岛航线之间飞行的公司倾向于亏损或微利；能有较高盈利的企业多是在全国多条航线上飞行的航空公司，比如全日空（盈利 474 亿日元）和国际日本航空公司（日本航空公司的子公司，盈利 466 亿日元）。换言之，如果没有其他高收益航线的补贴，航空公司单纯依靠内部精简提效，很难克服 10% 的赤字指标。

另外，在现有政策下，能够获得政府补贴的仅限于离岛之间的少数航线，但是一些地方之间的航线因为不受单班航班规制，或是因为赤字问题致使航空公司宁可上缴航班时刻权也拒绝飞行。针对这些航线，1998 年，审议会虽然建议给予财政上的支持，但是日本政府仍在参考欧美的做法，试图找到适合日本现状的制度设计。

针对同样的问题，欧美又是如何应对的呢？

1978 年美国在废除航空规制时，为了确保最低限度的航空网络完整性，开始导入了 EAS（Essential Air Service）制度。根据该制度的规定，当地方机场距离枢纽机场或中型机场的高速公路距离在 70 公里以上，或距离小型机场的高速公路距离在 55 公里以上时，从该机场发出的航班可以享受该制度的补贴。

具体而言，首先在上述航线上有飞行意愿的航空公司向美国联邦航空局提供预期财务收支状况，航空局从中择优选择。航空局在复查的基础上提供一定的财政补贴，确保该航线的运营能够有 5% 的利润。签约后，航空公司要每天执行两个航班（往返），每周飞行 6 天，所用飞机要配备两名飞行员而且是双引擎。如果在实际的飞行中，经营赤字超过了预期，则公司有义务在停飞 90 天前通知航空局，航空局再次实施招标，如果在 90 天内无应标者，则延长招标时间 90 天，如仍无应标者，则相应提高政府的补助金额。在上述的 180 天内，原来的航空公司必须保证通航。当然如果在实际运行中盈利过多时，该航空公司将被取消再次投标 EAS 制度的资格。

美国有 700 个机场符合上述条件，但实际上接受 EAS 补贴的航线只有 159 个，2010 年的补助额约为 1.2 亿美元。EAS 资金来自机场和航线信托基金，该基金主要来自机票税（屋井铁雄，2005）。

1992 年，在欧共体内废除成员国的航空规制的同时，出台了意在维护地方航空网络的 PSO 计划，PSO 的细节因国而异，但全部通过招标的方式选择在目标航线上飞行的航空公司。比如法国规定，资助航线的条件是该航线前年度乘客人数在 15 万人以下，同时航线之间其他交通手段要花费两个半小时以上。与美国不同，欧共体的财政支援主体为机场所在的地方政府（屋井铁雄，2011）。

与欧美相比，日本的最大特点是中央财政补助对象仅限于离岛航线，航班补贴以减少赤字为主，并不保证一定的利润；另外对于地方航线而言，主要是地方政府根据自己的判断决定是否提供航线补贴。由于各个地方政府的财政状况不一，往往经济发展越是相对落后的地方政府越没有补贴本地机场的财政能力，而从长期来看，这些地区的经济发展往往需要保持最低限度的航线。

针对这些问题，2007 年，航空局提出的《航空产业成长战略》中重申了确保全国航空网络完整性的重要性，将中央政府财政补助的对象从离岛航线扩大到符合一定条件的地方航线。为了寻找最佳的补助方式，2008年航空局开始实施一项新的制度，即"维持和加强离岛航线和地区航线的可行性实验制度"，该制度主要在以下四个方面通过设立实验区的方式探索最佳实践，然后加以推广：能够节省燃料的航空器材或飞行方法的实验；通过空运离岛特产带来的成本效益分析实验；机场与地方旅游资源的合作开发实验；探索航空公司之间新型合作方式的实验。上述项目的单项补助金额最高可达 1 亿日元，但是实验航线仅限于离岛航线或地方航线中符合条件者（航线在同一地区以内，载客量为 100 人以下，可在 1500 米滑行跑道上升降的飞机，该航线上没有竞争对手）。

　　根据实验的结果，2012 年 3 月 15 日，日本国土交通省召开了包括航空公司在内的讨论会，具体研究如何推广上述经验，修改现存的补贴政策。

　　针对日本地方航线的现状，一些咨询机构也提出了自己的观点，比如三菱综合研究所（2010）认为，单靠地方政府的财政补贴，难以维持地方航线的稳定持久运行，提出了新的商业模式，其核心内容是：由若干个地方政府联合成立平台公司，该公司在政府的担保下可以发行债券和向银行贷款，主要运用于购买适合于短距离、少人数的支线飞机；购买后将该飞机租赁给航空公司；航空公司使用租赁的飞机在地方航线上飞行。上述商业模式的优点在于：①减少航空公司的前期固定投资和每年的巨额折旧费用；②采用小型支线飞机可以减少航油等支出，降低盈亏分歧点；③若干个地方政府合作，可以通过增加航线保证飞机的使用效率。通过上述措施，地方航线可以在不需要政府财政补贴的情况下实现可持续经营。

第四节　完善航空产业竞争环境的制度设计

一　对机票价格战启动掠夺性定价审查

　　随着航空产业市场准入规制的废除，1998 年 10 月和 12 月，日本天马航空公司（Skymark Airlines）和北海道航空公司分别开始在羽田至福冈和羽田至新千岁之间正式开航，两家新成立的航空公司将自己定位为廉价航空公司（Lower Cost Carrier），机票的票价只有在位航空公司同条航线价格的 50% 和 64%，低价格策略使两家公司的上座率达到了 80% 以上。

1999 年 3 月，在位的三家航空公司分别宣布对部分航班机票票价实施特别折扣制度，适用于特别折扣的航线主要集中在羽田至福冈和羽田至新千岁，而且航班时刻和折扣幅度基本与两家新进入的航空公司相同，比如三家在位航空公司特别折扣航线的 62% 集中在羽田至福冈，48% 集中在羽田至新千岁。由于在位航空公司的价格对抗，两家新设立企业的上座率逐步降低，跌至 1999 年 10 月的 50% 前后（《周刊钻石》1999 年 10 月）。

针对三家在位企业同时宣布降价，而且降价幅度较大的事实，1999 年 9 月，日本公平交易委员会以可能涉嫌"合谋"、"掠夺定价"和"滥用市场优势力量"为由约三家在位航空公司的负责人，并于 1999 年 12 月 14 日发布了最终的调查结果，即《关于三家在位航空公司与两家新进入航空公司在国内航空客运市场上的竞争状况》。该报告的主要内容包括以下五点：

第一，在长期实施进入规制和价格规制的产业，如果只是废除规制，新设立的企业可能很难在该产业实施自由公平的市场竞争。为了使规制改革带来的效果具有可持续性，政府有关部门有必要监视市场参与者的行为，防患任何违反《反垄断法》的行为于未然，确保平等竞争的外部环境。

第二，新企业进入航空客运产业带来了票价的下降、提高了乘客的方便性，有利于航空客运市场的竞争。但是新进入的两家航空公司在航班数量上无法与在位企业实施对等的竞争，从确保竞争力量相对均衡的观点来看，希望航空管理部门能在今后航班时刻的分配上予以考虑。

第三，三家在位企业分别制定了针对新设立企业的特别折扣机票。虽然从现有的资料而言，这种行为尚未违反《反垄断法》的规定，但是从确保公平竞争的观点来看，在新设立企业尚不具备与三家在位企业实施对等竞争的力量之前，后者在相同的航班时刻、相同的航线上设定相同的票价折扣的行为有可能将前者排挤出市场，希望三家在位企业能够有所节制。

第四，两家新设立企业分别委托在位企业维修工厂对其机体实施日常的维修和保养业务。虽然后者拒绝交易的行为并不一定违反《反垄断法》的规定，但是从确保公平竞争的观点来看，希望在位企业在条件许可的情况下，在今后一定时间内继续以合理的价格接受尚不具备实施自我保养和维修能力的新设立企业的要求。

第五，在新设立企业利用登机口等机场设施方面，机场和在位企业并没有违反《反垄断法》的行为，但是因为现有的机场设施并没有考虑会有新的企业进入航空客运产业，因此登机口、候机室、登机桥等相关设施处于供不应求的状态，从确保公平竞争的观点来看，希望机场能够依据公平、公正和公开的原则，制定并落实利用上述设施的规章制度。

从内容来看，因为该报告书认定在位企业的价格策略没有违反相关法律，仅希望其从社会责任的角度出发，实施有节制的自律行为。实际上在国内航空客运市场这种接近于"零和博弈"的竞争中，企业往往是以打败竞争对手为最基本的生存法则，怎么可能愿意将其培养成与自己势均力敌的强手呢？

在三家在位航空公司的跟随价格策略下，新设立企业的价格优势被弱化，上座率逐步降低以致无法维持，2000年北海道航空公司遇到财务危机，虽然得到北海道地方政府的支持，但是仍于2002年6月宣布破产重组，开始在业务上与全日空合作。

实际上，在位企业与新设立企业之间的价格竞争并没有结束，随着北海道航空公司的破产重组，社会各界开始质疑在位企业设定对抗价格的合理性。

2002年9月，新设立的日本天马航空公司要求公平交易委员会对三家在位企业的价格策略实施调查。同年9月30日，公平交易委员会发表了自己的调查结果，即《对三家在位企业定价行为的看法》。该报告认定存在下列事实：在羽田至福冈、鹿儿岛和宫崎的航线上，越是与新设立企业航班时刻相近的机票，三家在位企业的折扣率越高，而且部分机票的价格已经低于成本；三家在位企业只在上述的三条航线上提供了特别的优惠措施。综合考虑三家在位企业的市场份额、事业规模以及对新设立企业的影响，公平交易委员会认定三家在位企业可能涉嫌违反了《反垄断法》，要求其主动采取整改措施。

一般而言，当企业已经有了违法事实，但是情节较轻，侵害程度较小，从节约行政成本和快速终止违法行为的角度，公平交易委员会会要求企业主动整改；如果被要求主动采取整改措施的企业拒绝合作，公平交易委员会将会立案调查，而且一旦确认事实存在时，将会采取相应的制裁措施。在这种情况下，三家在位航空公司接受了公平交易委员会的意见，主动上调了上述三条航线的票价。

针对新设立企业的低价策略，在位企业降低价格予以应对本来是市场竞争的正常结果，有利于提高消费者剩余和迫使企业提高运行效率或实施服务创新等，从而提高社会整体的福利。但是在某些情况下，在位企业的降价行为可能以排挤竞争对手，实现对市场的垄断为目的，因为垄断的结果往往是供给不足和高价低质，所以这种以排挤竞争对手为目的的掠夺性定价行为是违反《反垄断法》的，是被禁止的行为。那么如何识别企业的掠夺定价行为呢？

二　航空产业掠夺性定价的日美欧判断标准

类似的事件在美国也曾发生。1999 年 5 月，美国司法部就曾起诉美国航空公司，起诉理由如下：其一，美国航空公司以达拉斯机场为基地机场，在很多路线上具有垄断地位，机票明显偏高；其二，自 1993 年起，多家廉价航空公司开始进入达拉斯机场执行与美国航空公司有竞争的航线，每当有竞争对手进入时，美国航空公司便开始实施低价格和增加班次的战略，直至竞争对手退出该航线为止，然后再恢复价格和减少航班；其三，到目前为止，已经有三家公司因此退出了达拉斯机场的竞争航线。据以上事实，司法部起诉美国航空公司违反了《谢尔曼法》中禁止垄断的规定（古城诚，2000）。

在美国，认定掠夺定价行为的要件有两个：其一，利益回收基准，即美国航空公司在通过降低价格和增加航班将竞争对手排挤出市场之后，只有通过提高价格回收了上一个阶段的损失，才构成了掠夺性定价的第一要件；其二，低于成本原则，即使第一要件成立，如果美国航空公司在第一阶段的价格不低于平均可变成本，仍视为正常的竞争行为。

从结果来看，美国地方法院并没有支持司法部的观点，最终判定美国航空公司的行为合法。其理由在于：①美国航空公司的价格只是恢复到了第一阶段，而第一阶段的价格并没有超出法律许可的范围，因此不具备掠夺性定价的第一要件；②美国航空公司在第二阶段的价格并没有低于其可变成本。

类似案件也曾在德国发生，但其结果却完全不同（竞争政策研究中心，2004）。德国的在位企业汉莎航空公司从柏林至法兰克福的往返机票原本为 485 欧元；2001 年 11 月，日耳曼航空公司以 198 欧元的票价进入该航线；受其影响，汉莎公司将票价降至 200 欧元，为了保持竞争优势，日耳曼公司将票价降至 110 欧元；2002 年年初，为了达到盈亏平衡点，日耳曼航空公司将票价恢复至 198 欧元；之后汉莎航空公司将该航线价格调整至 210 欧元，而将同等距离的其他航线的价格从 435 欧元增加至 543 欧元。

针对这种现象，德国反垄断厅起诉汉莎航空公司通过掠夺性定价排挤竞争对手，要求其在上述航线上的价格必须超出日耳曼航空公司票价 35 欧元以上。最后德国高等法院支持了反垄断厅的主张，判决概要如下：①鉴于汉莎公司在上述航线的市场份额为 60.9%，同时在融资能力等方面远远超出了日耳曼航空公司，处于市场支配定位；同时在缺乏正当理由的前提下，将票价设定为 210 欧元的行为侵害了日耳曼公司的竞争可能性，属于滥用市场支配地位。②考虑到二者因提供服务不同而引起的成本差异（汉莎公司提供免费机场贵宾服务和机上餐饮服务），汉莎公司在上述航线上的票价必须超出日耳曼航空公司票价 61 欧元以上。③当日耳曼航空公司的票价高于 198 欧元时，汉莎公司的票价没有义务必须高于 259 欧元；当日耳曼航空公司的票价高于 259 欧元时，汉莎公司的票价没有义务必须高于前者。

几乎是完全相同的案例，为什么两个国家的判决结果却不同呢？这主要是因为判决依据不同。美国掠夺性定价的要件之一为低于平均可变成本，德国则稍微复杂，即低于平均可变成本或虽然高于平均可变成本但是低于总成本时，只要认定有以排除竞争对手为目的的成分（根据期间、航线、规模、计划性等），即可认定为掠夺性定价。美国的要件之二为利益回收基准，为了判断被告企业在降价之后是否具备利益回收能力（即将对手排挤出市场后涨价的可能性），不单单要考虑市场份额，而且主要看是否存在进入壁垒使竞争对手无法进入该市场，如果不能证明这种可能性的存在，即使被告企业赤字经营，也不能认为是违反了法律，因为这样有利于提高消费者剩余。在司法部诉美国航空公司一案中，在标的航线上曾有 7 家新进入的航空公司，而且在过去三年中就有 5 家新进入的航空公司，这说明该市场不存在进入壁垒，所以美国航空公司不具备回收利益的要件（中川宽子，2001）。

而在德国的日耳曼航空公司的判决中，成本与价格的比较虽然是认定违法与否的出发点，但是必须与其他客观事实联系起来综合判断。德国的法律认为，处于市场支配地位的企业，凭借自己雄厚的资金实力，在一定期间内，放弃应得到的正当利益，而是无正当理由地降低价格至一定的程度，可以视为以排除竞争对手为目的的违法行为。至于竞争对手被排挤出市场之后，处于支配定位的企业是否涨价，以及该市场是否存在进入壁垒则并不作为认定掠夺性定价的要件。

与美国的判断基准相比，日本更倾向于德国，即在综合考虑成本、价格以及其他客观事实后，可以认定掠夺定价，而不一定要有利益回收要件。在2002年公平交易委员会对三家在位航空公司的意见中，虽然在标的航线上并不存在进入壁垒（即不满足美国的利益回收原则），但是日本的公平交易委员会根据成本价格关系以及其他事实，仍然认定三家在位企业的行为违反了《反垄断法》的相关规定。

2008年，日本公平交易委员会再次调查了在位航空公司与新进入航空公司之间在羽田至鹿儿岛和羽田至宫崎两条航线上的价格之战，虽然最终认定在位企业的价格没有低于成本，但是这种对市场的监视本身已经起到了良好的威慑作用，时刻提醒在位航空公司不要利用自己的优势实施不正当竞争。

三 对航空公司合并重组启动反垄断审查

为了应对新设立航空公司带来的竞争，在位企业不得不降低价格以确保上座率，这需要在位企业具备与其降价后的价格相适应的成本结构，因此通过企业合并实现营业网点的裁并和人员削减成为合理选择之一。

2001年11月12日，在位企业日本航空公司和Japan Air System宣布合并后成立新的航空公司。日本航空公司是日本最大的航空公司，在国际航线上占有绝对优势，但是在国内航线上只有25%的份额，与全日空49%的市场份额相差较大，Japan Air System的国内市场份额为23%，如果两家合并后，二者的市场份额可达到48%，可谓与全日空势均力敌。

针对两家企业的合并，日本公平交易委员会认为这可能会对航空市场的竞争带来实质性的限制作用，于2002年3月15日发表了四点看法：①鉴于在位三家企业在机票的定价方面已经具有同升同降的事实，可以预测如果变为两家以后，更容易在定价方面实行协调行为；②鉴于在同一航线上开设航班的航空公司越少，实施打折的航班比率越低，而且折扣幅度越小的事实，因此可以认定两家在位企业的合并会对竞争产生重大影响；③鉴于枢纽机场的航班时刻有限，可以推测无法实现通过新设立的航空公司对在位企业定价行为实施牵制;④一般消费者在价格方面不具备与航空公司讨价还价的能力,因此只能被动接受价格变化。基于以上四点,公平交易委员会认为两家公司的合并有可能损害消费者利益。

针对公平交易委员会的四点看法,日本航空公司和 Japan Air System 提出了四点应对措施:①为了降低新企业的进入壁垒,促进航空产业的竞争,上述两公司主动上交羽田机场起降 9 个航班(18 次)的航班时刻,如果在 2005 年 2 月重新分配航班时刻之前,新设立企业的航班时刻不够用,则另行上交 3 个航班(6 次)的航班时刻。②如果新设立企业提出要求,上述两公司愿意在登机桥、登机口、候机厅的使用方面提供方便;同时在飞机的维修保养和地勤业务方面提供合作。③主要航线上的机票价格普遍降低 10%,而且保证 3 年内不涨价;无论是在与全日空有竞争的航线还是在合并后单独飞行的航线,普遍提供特定航班的打折票价和事前预购打折票价,而且折扣的幅度与现在三家企业相互竞争航线的折扣幅度相同。④为了促进竞争和提供更多的航空客运服务,合并后的企业将在全日空单独飞行航线上开设航班,在该公司航班次数上处于劣势的航线上增加航班。

与日本航空公司和 Japan Air System 提出应对措施的同时,作为航空产业主管部门的航空局也于 2002 年 4 月 26 日提出了《关于强化国内航空客运产业竞争的几点措施》,主要内容如下:①在羽田机场增设"促进竞争专用航班时刻",航班时刻的来源为日本航空公司和 Japan Air System 上交的 9 个航班;②将部分航班时刻分配给计划开设新航线(羽田至鹿儿岛)的 Skymark;③鉴于"促进竞争专用航班时刻"对于新设立航空公司培养自身抗衡能力的重要性,在 2005 年 2 月的航班时刻再分配时,要增加该专用航班时刻的数量,确保新设立企业不会因为缺少航班时刻而无法扩大自己的规模,无法增加航线和航班。④当新设立航空公司需要的航班时刻数量小于现有的"促进竞争专用航班时刻"数量时,在位企业可以暂时使用剩余航班时刻用于增开其他企业单独飞行的航线,作为交换条件,在位企业必须将部分登机桥、登机口、候机厅等机场设施的使用权转让给新设立企业;⑤政府将协调在位企业与新设立企业在机体维修保养和地勤业务方面的合作。

2002 年 4 月 26 日,公平交易委员会针对合并事件发表了第二次看法,在列举了两家公司和航空局的应对措施后,公平交易委员会将对其他航空公司的调查结果做了分析，即：①在一些航线上，已经有两家新设立的航空公司每天各飞行 6 个班次，而且其中的一家公司已经在积极培养乘务员和为开设自有维修保养工厂做准备，该公司表示，如果能够分到上述的 9 个航班时刻权，马上可以增加航线和航班；而且在 2005 年 2 月的航班时刻分配中如果能够得到更多的航班时刻权，还会进一步扩大规模，增加航线和航班。②已经有两家准备进入航空客运市场的企业表示将利用上述"促进竞争专用航班时刻"，在 2005 年 2 月之前开设从羽田机场起降的航线。③航空局仍有 5 个航班时刻权可供其他新设立企业使用。

综合以上事实，公平交易委员会提出了两点意见：第一，新设立的企业通过扩大经营规模与在位企业展开有效竞争的可能性比较高。主要表现在：①新进入的航空客运企业已经在羽田机场开设了 6 个航班，同时根据当事公司和航空局的措施，该企业不但可以获得当事公司上交的 9 个航班时刻权，而且在有必要时还可以得到 3 个追加的航班时刻权。鉴于此，虽然是在有限的航线上，该新设立企业已经具备了牵制在位企业的力量。②航空局将在 2005 年 2 月的航班时刻分配中进一步扩大"促进竞争专用航班时刻"的数量，以满足新设立企业的要求，而且已有新设立企业表示将积极扩大规模、增加航班和航线，因此该企业将来在国内航空市场上制衡在位企业的可能性较高。③当事公司以及航空局在飞机保养维修以及机场设施方面的措施可以使新设立企业扩大经营规模变得相对容易。第二，一般消费者分享了日本航空公司和 Japan Air System 合并所带来的效果，因为降低票价、扩大票价打折航班的范围、在某些线路新设和增设航班的行为符合一般消费者的利益。

鉴于此，公平交易委员会最终决定：经过上述措施以后，日本航空公司和 Japan Air System 的合并不会对国内航空客运市场的竞争产生实质性的限制作用，同意合并申请。同时公平交易委员会指出：为了确保日本航空公司和 Japan Air System 落实上述承诺的措施，将要求其在合并签字前首先落实可以执行的承诺，并且继续监视其合并后的落实情况；强化与航空局的合作，及时掌握、监视国内航空客运市场的竞争动态，并在必要时予以通报和采取相应措施。

第五节　日本航空公司的破产重组与竞争政策

日本航空公司 2010 年 1 月 19 日宣布破产重组，之后在日本企业再生支援机构（日本政府和民间企业共同出资设立的特殊法人）和日本政府的共同援助下，重组成功，不但实现盈利，而且于 2012 年 9 月 19 日在东京证券交易所成功上市，当日成交价为每股 3970 日元，远远高于 2010 年 12 月 1 日当时日本企业再生支援机构出资时的每股 2000 日元的原始股价。从日本航空公司和主管航空产业的日本国土交通省的角度来看，这起日本航空产业史上最大的破产重组案例是成功的，但是从日本航空公司的竞争对手和主管公平竞争的日本公平交易委员会的角度而言，政府对个别民企投入过多公共资源有失公平，比如公平交易委员会委员长竹岛一彦在 2012 年 8 月 31 日的记者会见中指出，"从原则上来讲，政府资金不应该用于支持个别民间企业。如果为了公共利益这种支持是必要的，政府需要遵循一定的原则，防止对市场竞争产生不良影响"。又比如在 2012 年 8 月 7 日的日本参议院交通委员会的证人问询中，竹岛一彦表示日本的公平交易委员会没有被授权从公平竞争的角度对各个产业主管部门的政策提出劝告和建议，从而可能导致个别产业政策不符合公平竞争的原则。

从根本上讲，这起破产重组事件涉及了国家对个别企业的重组援助与竞争政策的协调问题，涉及了日本中央政府的各个产业主管部门与公平交易委员会之间的权力分配问题，因为影响巨大，日本各界正以此次重组事件为契机，开始讨论产业政策与竞争政策的协调及其相应的权力分配问题，并试图从立法的高度予以解决。

一　日本航空破产重组事件

（一）重组过程

截至 2009 年 9 月，日本航空公司共有各种类型飞机 276 架，在 35 个国家之间飞行，按照乘客公里数计算，位居世界第 11 位，日本第 1 位，整个日本航空集团共有各类子公司 110 余家，员工 46000 余人，2006 年度的营业额更是高达 2.3 兆日元。如表 7 - 4 所示，在巨大规模的背后却是连年的赤字经营，比如在 2002—2008 年的 7 年间，公司的累积亏损额高达 1566 亿日元。

表 7 - 4 日本航空公司的财务状况 单位：亿日元

年份	2002	2003	2004	2005	2006	2007	2008
营业额	20834	19317	21298	21993	23019	22304	19511
主营业务利润	105	-676	561	-268	229	900	-508
营业利润	158	-719	698	-416	205	698	-821
各年度当期利润之和	116	-886	300	-472	-162	169	-631

资料来源：日本会计检查院（2010）。

　　在这种情况下，加之 2008 年金融危机影响，日本航空公司的经营持续恶化，自有资本比率（自有资本/股权资本）不足 10%，以致很难通过正常渠道从金融市场筹措到所需的资金。2009 年 4 月，主管航空产业的国土交通省向日本航空公司下达通知，要求其制订具体的经营改革方案，并以此为条件对其实施政府融资，6 月 19 日日本航空公司对外公布《经营改革方案》；6 月 22 日，国土交通省大臣与财务省大臣和官房长官（相当于国务院办公厅主任）商谈对日本航空的政府融资问题，在国土交通省大臣保证监督日本航空公司落实经营改革方案的前提下，日本政府的投融资平台公司——日本政策投资银行向其紧急融资 1000 亿日元，其中 80% 由日本政府作担保。同年 8 月，国土交通省设立专门的第三方咨询机构，协助日本航空实施经营改革方案。

表 7 - 5 日本航空公司的贷款余额及日本政策投资银行比例 单位：亿日元

年份	2002	2003	2004	2005	2006	2007	2008
政策贷款	1540	3593	3623	3372	3017	2776	2294
贷款总额	3275	5908	6014	6118	5774	5946	5665
比例（%）	47.0	60.8	60.2	55.1	52.2	46.6	40.5

　　注：比例指日本政策投资银行对日本航空公司的贷款额（政策贷款）与日本航空公司贷款总额的比例。

　　资料来源：日本会计检查院（2010）。

日本航空公司的经营却进一步恶化，在 2009 年 4 月 1 日至 6 月 30 日的第一个财政季度，公司的主营业务亏损额为 861 亿日元、营业亏损额为 939 亿日元、当期亏损额 990 亿日元；在 2009 年 4 月 1 日至 9 月 30 日期间，公司的上述财务数据进一步恶化为 -957 亿日元、-1144 亿日元和 -1312 亿日元。至此，金融市场开始怀疑日本航空公司已经资不抵债，金融机构拒绝向其提供商业贷款。

2009 年 9 月 16 日日本民主党获得政权后，国土交通省于 24 日设立了日本航空公司应急小组，该应急小组于 10 月 29 日提交了在日本企业再生支援机构的主导下，对日本航空公司实施破产重组的政策建议，随后日本政府成立了"日本航空公司重组对策本部"，负责协调破产重组中涉及的各个部门，同时日本政策投资银行先后向日本航空公司提供具有优先偿还权的 2800 亿日元的特别贷款，以维持企业的正常运行。

经过各方协调以后，2010 年 1 月 19 日，控股公司日本航空公司、下属完全子公司日本航空国际和日本航空财务三家公司正式向法院申请破产重组，日本企业再生支援机构被法院指定为三家企业破产重组的法定支援机构。

2 月 1 日，应时任日本首相鸠山由纪夫的邀请，日本知名企业家稻盛和夫出任日本航空公司董事长、原公司执行董事大西贤出任总经理，开始对三家企业实施破产重组，重组的主要内容包括：①缩小企业规模。终止在赤字航线上的飞行，减少国内航线 30%，国际航线 40%，裁员 30%，通过合并、出售和破产等方式对下属子公司进行调整。②降低成本。将油耗高的大型飞机提前退役，降低员工薪水，减少企业退休金支出（在职员工减少 50%，退休职工减少 30%）。③财务重组。协商后各债权银行减免日本航空公司债务 5215 亿日元，约占全部负债的 87.5%。④企业重组。三家破产重组企业的股东将股权无偿转让给日本企业再生支援机构，后者将其废弃后重新出资 3500 亿日元，组建新的日本航空公司（即三家破产企业合并重组为新的日本航空公司），企业再生支援机构拥有新公司 100% 的股权。

作为对比，表 7-6 为 2009 年度（破产重组前）和 2011 年度（破产重组后）的基本情况。

同时控股子公司的数量也从 2009 年度的 111 家减为 2011 年度的 60 家，其中破产 12 家，出售 22 家，合并重组 17 家。

表7-6　　　　　　　破产重组前后日本航空公司的经营规模

年份	国际航线（班次）	国际运量（百万座位公里）	国内航线（班次）	国内运量（百万座位公里）	国际货运量（吨）
2009	75	67644	148	47366	19511
2011	63	43036	112	36523	12048
减幅（%）	16	36	24	23	38

年份	飞机数量（架）	飞机种类	职工数量（人）	人均工资（千日元）	营业额（亿日元）
2009	233	7	47526	8745	19511
2011	169	5	31190	6328	12048
减幅（%）	27	29	34	28	38

资料来源：国土交通省航空局（2012）。

（二）破产重组的效果

上述破产重组方案给日本航空带来了实实在在的财务效果，比如债务减免5215亿日元使公司的年度利息支出减少约50亿日元，飞机提前退役节省的年度设备折旧费约460亿日元，累积赤字的抵税效果使公司节省税负350亿日元（2011年度）。同时裁员减薪、调整航线等经营改革也提高了公司的盈利能力。

表7-7为破产重组前后日本航空公司的销售额与营业费用及二者比率的变化情况，由此可知，在重组前的7年里，有四年的营业费用超出销售额，即主营业务利润为负，而在重组后的2010年和2011年，上述比率降为86%和83%，可见降低成本的改革目标部分实现了。

表7-7　破产重组前后日本航空公司的销售额及其营业费用情况（2003—2013年）

项目	2003年	2004年	2005年	2006年	2007年	2008年	2009年	2010年	2011年
销售额	19317	21298	21993	23019	22304	19511	11448	13622	12048
营业费	19994	20737	22262	22789	21404	20020	12656	11738	9998
比例（%）	104	97	101	99	96	103	111	86	83

资料来源：国土交通省航空局（2012）。

　　图 7 - 1 为破产重组前后日本航空公司的财务状况，2010 年 1 月开始进入破产重组程序并实施相应的改革，2011 年各项改革措施的效果开始显现，当年度实现主营业务利润 2049 亿日元，当期利润 1886 亿日元，2012 年度（截至 2013 年 3 月 31 日）和 2013 年度（截至 2014 年 3 月 31 日）的预测也颇为乐观。2012 年 9 月 19 日，作为最具代表性的标志事件，在破产重组 2 年 8 个月后，日本航空公司在东京证券交易所成功上市，开盘价为每股 3790 日元，远远高于 2011 年 12 月 1 日的 2000 日元（原始股股价）。

图 7 - 1　破产重组前后日本航空公司财务状况（2003—2013 年）

资料来源：国土交通省航空局（2012）。

（三）重组效果的可持续性

　　2012 年 2 月 15 日，临危受命的稻盛和夫辞去董事长职务，原总经理大西贤升任董事长，原执行董事植木义晴升任总经理，公司恢复了正常管理体制，之后随着 9 月 19 日公司的成功上市，日本航空公司的破产重组事件成功闭幕，在短短的 2 年 8 个月内，公司实现了起死回生。然而很多人担心，这种成功是否为昙花一现，即重组效果是否有可持续性，日本航空公司是否还会在不久的将来又一次面临破产的困境？根据畠山肇（2010）的《日本航空再生问题》，在 2002—2005 年原产业再生机构负责支援的 41 个企业重组项目中，有 3/4 的项目未能在计划的时间内达成，达成的项目中有 40% 在支援结束后不久又处于资不抵债的状态。

日本航空公司的情况又会如何呢？

要回答这个问题，首先需要分析导致日本航空公司破产的原因。2010年 8 月 26 日，日本航空公司合规调查委员会（主任和副主任分别为原日本最高检察院法官）公布了该委员会的调查结果。从结论来看，该委员会排除了公司违规经营现象的存在，排除了需要追究管理层刑事责任的重大决策失误的存在。报告书认为，导致日本航空公司破产的原因可以分为内外部两个方面：从外部来看，2001 年的"9·11"恐怖袭击事件、2002年以后的 SARS 事件、2008 年的金融危机恶化了航空客运的需求市场；同时日本国内的航空规制改革导入的竞争机制使部分盈利航线的竞争异常激烈，因此降低了日本航空公司的获利能力。从内部来看，因为对航空需求市场的误判，公司大量购买了成本较高的大型飞机；同时迫于政治等原因，维持了相当数量的赤字国际和国内航线，而且用工成本高于其竞争企业；另外，航油期货损失（1937 亿日元）、休闲产业损失（205 亿日元）以及其他多元化经营带来的损失进一步恶化了公司的财务体制；公司自身造血能力严重不足，不得不定期依靠外部输血（银行贷款和公司债），而巨额的利息支出又会进一步恶化公司的财务支付能力。

报告书还指出，导致公司破产的内部原因除了收入减少、成本居高不下和财务状况弱化以外，日本航空公司某些特有的组织特性的负面作用也不可忽视，这些因素包括：曾经的特殊法人性质导致公司民营化后过仍过多地依赖政府的行政支持；政治介入等各方面的原因使其对自身作为民营企业的盈利性认识不足；企业内部部门林立，缺少内部沟通和相互信任；在经营改革上避重就轻，采取将棘手问题推延至后任的不负责任行为（合规调查委员会，2010）。

针对日本航空公司破产原因，公司内部的工会组织也表达了自己的看法。在 2009 年 8 月 20 日日本国土交通省公布的《针对日本航空公司经营改革方案的意见》中，国土交通省提出通过大幅度裁员降薪挽救日本航空公司免于破产的意见。针对此意见，代表日本航空公司员工利益的工会组织于 9 月 10 日发表声明，反对大幅度裁员降薪，认为导致日本航空公司经营不善的原因并非公司的用工和薪酬制度，该声明从另一个角度分析了导致其破产的原因。

　　第一，高额的利息支出和航空器材报废损失等导致公司的当期利润为
负。在 2002—2008 年的 7 年间，日本航空公司的累积主营业务利润为 343
亿日元，其中有 4 年为正，3 年为负；同一期间的营业外累积利润为
−540 亿日元，累积当期利润为 −372 亿日元。换言之，日本航空公司的
主营业务是盈利的，只是因为财务费用等其他原因导致公司当期的利润为
负，因此工会认为裁员降薪不是解决问题的根本办法。

　　第二，导致主营业务利润低下的原因主要是因为某些航线的盈利能力
差。根据该资料的数据，如表 7 − 8 所示，2008 年度日本航空与全日通在
国内客运乘客人均单价、国际货运单价上没有明显区别，但是在国际客运
乘客人均单价和单位收入上却有较大的差异，日本航空公司明显偏低。工
会认为，在有竞争对手的国际航线上，日本航空公司的机票价格是市场竞
争的结果，与其他公司没有太大的区别，但是在一些日本航空公司单独飞
行的航线上，因为政府的介入，机票价格明显偏低，从而影响了日本航空
公司的主营业务利润。比如 2008 年，日本航空公司比全日通公司的国际
客运乘客每公里人均单价低 1.5 日元，如果乘以当年的客运量 520 亿人公
里，可以增收 780 亿日元。

表 7 − 8　　　日本航空公司与全日通公司客运与货运单价比较（2008 年度）

	日本航空公司	全日通公司
日本国内客运人均单价（日元/人）	16195	16223
国际货运单价（日元/吨）	43.6	43.7
国际客运人均单价（日元/人）	60107	64555
国际乘客人均飞行距离（公里）	4459	4368
国际乘客每公里人均单价（日元/人公里）	13.5	15.0

　　资料来源：日本航空内 JJ 劳组联络会议（2009）。

　　日本航空公司国内航线同样面临部分航线收益性差的问题。工会认为
一些地方政府首脑为了政绩，纷纷在不具备市场需求条件的情况下兴建机
场，然后动员本地议员等说服日本航空公司开设航线。因为飞机的上座率
低，日本航空公司不得赤字经营这些航线，而且一旦开设航线以后，迫于
各种非经济因素的考虑，日本航空公司不得不维持航线的运行。地方政府
的通常做法就是在评估阶段过高估计地方机场的利用者数量，如表 7 − 9

所示，很多机场的实际需求量远远低于预测的需求量，有的只有 14% 或 15%。地方政府通过数字游戏获得中央政府的建设批准，然后通过各种行政或政治手段使日本航空公司开设航线。

表 7 - 9　　　　　　部分日本地方机场实际需求量与预测需求量比率

机场名称	实际需求/ 预测需求（%）	机场名称	实际需求/ 预测需求（%）	机场名称	实际需求/ 预测需求（%）
纹别	15.1	庄内	138.3	南纪白滨	74.1
中标津	43.2	花卷	85.9	鸟取	133.8
旭川	99.6	山形	68.0	出云	90.8
带广	96.2	福岛	34.1	石见	14.0
青森	88.1	松本	109.2	冈山	95.4
大馆能代	26.2	富山	102.8	山口宇部	78.5
秋田	54.4	能登	49.9	佐贺	32.4

资料来源：日本航空内 JJ 劳组联络会议（2009）。

第三，设备投资过量导致资金需求量增加和相应的债务负担。2001 年的 "9·11" 恐怖袭击事件、2003 年的 SARS 事件等导致航空客运市场需求减少，但是日本航空公司并没有相应地调整飞机的订购量。比如根据公司 2007—2010 年的投资计划，公司投资总额为 5289 亿日元，其中购买飞机的投资为 4080 亿日元；2008 年制订的新的投资计划不但没有减少，反而增至 5380 亿日元，其中包括 4000 亿日元的机体投资。实际上，2009 年日本航空公司仍有 10 架 B747 - 400 没有被投入使用，以前的 1992 年和 1997 年分别有 4 架和 8 架飞机处于库存中。工会认为，日本航空公司之所以在经营环境如此恶化的情况下仍不敢取消不切实际的投资计划，主要是因为日本政府想利用日本航空公司的购机计划缓解日美贸易摩擦，完全是出于政治考虑。庞大的投资计划占用了大量资金，使日本航空公司不得不依靠银行贷款度日，从而增加了利息支出。

综合以上两份分析结果可知，导致日本航空公司破产重组的内部原因可以归纳为：债务过多弱化了公司的财务能力，部分航线的维持降低了公司的收入能力，公司的官僚体制忽视了市场规律。这些原因的背后，则是日本政府的政治介入，主要体现为过多的设备投资、维持低收入航线等。

2010 年的破产重组方案免除了日本航空公司的巨额债务、废除了低收入航线、降低了员工的福利支出、革新了经营体制，这些措施都是有针对性的，因此应该是标本兼治的改革方案。但是日本政府能否从此不再介入日本航空公司的经营，使其成为名副其实的民营企业则完全不在日本航空公司的可控范围之内，所以说日本航空公司能否维持住 2010 年的破产重组效果，不仅取决于日本内外部的经济环境，更取决于日本政府。

二　国家援助与公平竞争

（一）国家援助对竞争的影响

在日本航空公司的破产重组过程中，日本政府通过日本企业再生支援机构出资 3500 亿日元；同时在 5215 亿日元的债务免除中，日本政府损失了 1896 亿日元（包括政策投资银行贷款 1426 亿日元和日本政策金融公库贷款 460 亿日元）；在日本企业再生支援机构无偿回收的原日本航空公司股权中，包括日本政策投资银行持有的 200 亿日元的优先股（日本会计检查院，2012 年决算检查报告）；另外通过利用累积亏损抵税制度，在未来的 9 年间日本航空可以节税 3110 亿日元（盐崎，2012）。

在上述种种国家援助措施中，债务免除和亏损抵税制度使日本航空公司在未来的数年里节省了相当数量的现金支出，如果这些资源被日本航空公司用于市场上应对竞争对手，比如导入更为先进的机组设备、在竞争航线上提供比竞争对手更为优惠的机票价格、扩大营销宣传等，则显然有失公平，因为其实质是日本政府利用国民的税金支持一个企业应对竞争对手。

以 2011 年日本航空公司与竞争对手全日空公司为例，如表 7 - 10 所示，2011 年日本航空公司的主营业务收入为 12048 亿日元，低于全日空公司的 14115 亿日元，但日本航空公司的主营业务利润为 2049 亿日元，远远高于对手的 970 亿日元，造成差异的原因除了日本航空公司减薪裁员等带来的经营效率的差异以外，破产重组使日本航空公司节省折旧费约 460 亿日元，假设其他条件相同，仅折旧费一项就使两家公司的主营业务利润相差 920 亿日元，另外，债务免除带来的利息支出和累计亏损抵税制度又分别为日本航空公司节省了 50 亿日元和 350 亿日元。

表7-10	日本航空与全日空财务数据对比			单位：亿日元
	日本航空		全日空	
	2011年	2012年上半期	2011年	2012年上半期
主营业务收入	12048	6342	14115	7532
国际客运	3852	2103	3200	1797
国内客运	4811	2504	6515	3430
国际货运	537	252	879	414
主营业务成本	9998	5220	13144	6779
主营业务利润	2049	1121	970	753
经常利润	1976	1110	684	634
当期利润	1866	997	281	369

资料来源：国土交通省航空局（2012）。

2011年，日本航空公司开设了成田至波士顿的国际航线，2012年又开通了成田至圣地亚哥和成田至赫尔辛基的国际航线，同时一举购入45架节油性能良好的波音787飞机。早在2010年1月22日（即法定破产重组开始后的第三天），日本航空公司即宣布国内航线实施乘客生日出行优惠政策，最大折扣率为74%，后经国土交通省的介入，该优惠政策被取消；之后在2012年9月19日上市以后，国土交通省上述限制日本航空降价的临时通知失去效力，日本航空公司开始在多条国际航线上实施降价促销政策，针对日本航空公司的这种态势，全日空公司在2013年2月14日召开的"政府援助与竞争政策讨论会"上希望日本政府参考欧盟的做法，对政府援助下破产重建企业在价格、投资和开设新航线方面实施一定的限制，以确保公平竞争。

实际上，针对日本政府对日本航空公司的援助可能带来的负面影响，日本部分国会议员、日本公平交易委员会已经表达了自己的观点，并参照欧盟的做法，指出日本应该采取的改进措施。

（二）欧盟对成员国的国家援助规制

1. 调整国家援助与竞争关系的法律条款

《欧盟运作条约》（*Treaty on The Functioning of The European Union*）的第107条主要是调节欧盟成员国的国家援助与竞争关系的条款，该条款共分为三个部分，其中第107条第一款给出了国家援助的定义和欧盟境内原则禁止国家援助的基本方针；第二款为可以自动实施的国家援助的范围；第三款为需要欧盟委员会批准的国家援助的范围。

根据107条第一款规定，国家援助是指由加盟国政府提供，或是由第三者使用政府资金予以提供、针对特定企业或对特定商品的生产，而且是产生利益的援助。因为这种援助有可能歪曲市场竞争条件，对欧盟境内贸易产生不良影响，所以除特殊情况外，欧盟境内原则上禁止国家援助。判断是否为国家援助的标准有四个：从提供利益的目的给予的援助（判断是否提供利益的方法为民间投资者检验，即市场条件下民间投资者是否愿意以相同的条件提供资金或其他援助）、由国家或者是第三者使用政府资金予以提供、援助对象为特定企业或特定产品的产生、歪曲竞争条件并影响加盟国之间的公平贸易。

第107条第二款规定了欧盟委员会自动认可的国家援助，共分为三类，即针对消费者的援助、为应对自然灾害等异常事态的援助、对联邦德国部分地区的援助。

第107条第三款主要是规定了欧洲委员会根据自己的判断对加盟国实施国家援助可否予以判断的标准，即当成员国的国家援助符合以下条件时，可以在通过欧盟委员会的批准后实施：①为促进特别落后地区经济发展或就业的援助；②有利于欧盟整体利益的援助；③针对文化或文化遗产保存的援助；④针对职业训练、中小企业、就业、女性企业家、环境保护、风险投资、研究开发、残疾劳动者的援助（按照 General Block Ex-emption Regulation，Commission Regulation，EC，No. 800/2008 实施的国家援助）。

欧盟认为，国家援助虽然可能对竞争造成负面影响，但是如果不提供政府援助，陷入危机的企业很可能因为破产等原因退出市场，从而减少了该市场的竞争机会，有可能形成垄断的市场机构，因此需要综合考虑国家援助的效果，并在一定前提下予以实施。

2. 意大利航空公司重组案件

欧盟境内航空公司的重组与政府援助之间的关系适用于《欧盟运作条约》第107条第三款，具体操作要遵从适用于所有企业重组的《企业救助重组指南（2004年)》、适用于航空公司重组的《航空业国家援助指南（1994年)》和《关于对机场以及利用地方机场的航空公司提供资金援助的指南（2005 年）》。

《企业救助重组指南（2004 年）》的主要内容包括接受国家援助的企业的条件（如果没有国家援助，短期内破产可能性极高的陷于困境的企业）、援助内容（贷款、资本注入、减税、债务免除等）、国家援助的一次性原则、缓解国家援助负面影响的对抗措施（接受援助的企业需要提供企业重组方案、不得主动降价、不得实施掠夺性定价、必要时变卖资产、削减生产能力、政府降低市场进入壁垒等）、援助资金的使用范围（被提供的资金等只能用于企业重组，不得用于促销活动，不得实施新的投资等）。

《航空业国家援助指南（1994 年）》主要是规定了欧盟委员会批准国家援助的条件，包括一次性原则、提供企业重组方案、欧洲委员会有权提名独立第三者对重组方案进行评价、政府不得介入被援助企业的日常决策、限制航运能力的扩大、证明没有伤害竞争对手的利益、独立第三方对重组方案实施状况实施监督等。

1996 年 7 月 29 日，意大利政府向欧洲委员会提交意大利航空公司破产重组计划，主要内容是政府将实施 3 兆里拉（约 15 亿欧元）资本注入。1997 年 7 月 15 日，欧洲委员会批准意大利政府在遵守以下条件的前提下，分三阶段投入 2.75 兆里拉。意大利航空公司对欧洲委员会的决定不服，提请欧洲法院裁决，2000 年 12 月 12 日，欧洲法院基本维持了欧洲委员会的主张；2001 年 11 月 30 日，意大利航空公司再次上诉，2008 年 7 月 9 日，欧洲法院作出了维持原判的裁决。

欧洲委员会向意大利航空公司提出的接受国家援助的限制条件主要包括：政府注入资金后，只能以股东的身份按照商业原则参与意大利航空公司的运营管理；政府不得对意大利航空公司实施包括债务保证在内的新的支援措施；2000 年 12 月 31 日以前，意大利航空不得将政府援助资金用于购买其他航空公司股份；在航班时刻权分配、地勤服务等方面不得优待意大利航空公司；意大利航空公司的航运能力（座位数和座位公里数）在 2000 年 12 月 31 日以前不得超过欧洲市场的平均增长速度；计算每条航线的利润率（总收入与总成本之比）；截至 2000 年 12 月 31 日，意大利航空公司提供的机票价格不得低于竞争对手的票价；意大利航空公司定期向欧洲委员会提交重建计划执行情况报告，后者可委托第三者予以确认；欧洲委员会根据重建方案的执行情况，批准第二次和第三次的资本注入

(第一阶段投入 2 兆里拉，第二阶段投入 5000 亿里拉，第三阶段投入 2500 亿里拉)。

三　日本的趋势

对比日本航空和意大利航空的破产重组案件可知，日本在调节国家援助与竞争关系方面的法律法规还是空白，或者说日本政府对竞争政策的重视程度远远不够，日本航空公司重组事件使日本各界认识到了这个问题，并开始采取行动予以改变。

在日本航空公司重组案件中备受指责的国土交通省于 2012 年 11 月 5 日设立了包括大学教授、公平交易委员会委员在内的政府援助与竞争政策研讨会，主要负责制定航空公司破产重组时国家援助的实施指南，以求平衡产业政策与竞争政策，该研讨会于 2012 年 11 月 8 日和 2013 年 2 月 14 日分别召开了两次会议，讨论相关问题。

以自民党国会议员盐崎为首的部分议员也试图通过立法措施限制政府在企业破产重组中的过度援助，法律草案名称为《确保公平竞争条件法》，该法的核心内容包括两点：第一，承认企业破产重组中的国家援助有可能歪曲市场竞争条件，因此授权日本公平交易委员会制定具体的国家援助指南，并有权对主导企业破产重组的政府职能部门和具体的支援机构（比如企业再生支援机构）提出改善建议；第二，破产重组企业不可同时利用累积亏损抵税制度和其他国家援助制度（比如政府出资等）。法案的第一条实际上是授权公平交易委员会可以从公平竞争的角度对政府职能部门主导的破产重组方案提出修改意见；第二条则限制了国家援助具体内容，防止过度援助。

针对企业重组中政府援助与竞争政策的关系，代表日本企业经营者的日本经济同友会（与日本经济团体联合会、日本商工会议所并称日本经济三大社团）于 2012 年 11 月也发表了自己的看法，在《关于企业破产重组中的政府援助》中提出了六点希望，其核心观点是希望政府以市场机制解决退出方案，即政府通过出资成为重组企业的股东后考虑退出时，应该通过拍卖的方式转让股权；政府应该授权公平交易委员会制定相应的政府援助指南，并监督其实施情况；当政府决定通过拍卖方式转让股权时，援助方案可以不受上述指南的约束。

作为专司竞争政策的日本公平交易委员会从 2011 年开始举办专门研讨会，系统研究国外政府援助与竞争政策的协调问题，并于 2012 年公布了《从竞争法的视点看欧盟的国家援助规制》，为日本制定政府援助规制提供素材。日本政府于2013年2月20日已经明确提出，要针对企业破产重组中的政府援助制定专门的操作指南。

第六节 规制改革后的航空产业

一 航空客运、货运现状

表7-11为日本国内航空客运和货运的变化情况，从客运来看，2006年达到最高以后，乘客数量等开始减少，特别是2009年和2011年的客运量有较大幅度的下降，这与2008年的金融危机和2010年以来的欧债危机正好吻合。货运情况略有滞后，2008年达到顶点后开始减少。表7-12为日本国际航空客运和货运的变化情况，从数据中也可以看出SARS事件、金融危机和欧债危机的影响。

表7-11　　　　　　　　日本国内航空客运、货运情况

年份	旅客				货物	
	旅客数(千人)	人公里(百万)	座席公里(百万)	上座率(%)	重量(吨)	吨公里(千)
2001	94209	80986	126787	63.9	857513	837117
2002	95655	83010	128190	64.8	830655	818035
2003	96685	84307	132540	63.6	850234	840819
2004	93767	81767	129282	63.2	880465	870892
2005	94420	83063	129061	64.4	885615	874595
2006	96336	85161	132219	64.4	927710	914971
2007	95539	84767	132138	64.2	950337	944803
2008	92888	82870	128313	64.6	1000832	1008288
2009	83948	75206	122746	61.3	945887	959229
2010	84367	75759	117355	64.6	960539	992904
2011	77592	69598	111251	62.6	895814	928772

资料来源：国土交通省综合政策局（2012）。

表 7 - 12　　　　　　　　日本国际航空客运、货运情况

项目 年份	旅客				货物	
	旅客数(千人)	人公里(百万)	座席公里(百万)	上座率(%)	重量(吨)	吨公里(千)
2001	17481	84632	123072	68.8	1030298	6350308
2002	17878	85729	119663	71.6	1185159	6999431
2003	14593	72817	112604	64.7	1218721	7103494
2004	17704	83209	119200	69.8	1332742	7616098
2005	17909	83127	119414	69.6	1318713	7711231
2006	17390	80293	110992	72.3	1309460	8096970
2007	17756	78726	109123	72.1	1350408	8599976
2008	16425	72805	107432	67.8	1313861	7450607
2009	15388	67200	96604	69.6	1165160	6065409
2010	14565	63352	82884	76.4	1322916	6657999
2011	12158	53039	75540	70.2	1057345	5627268

资料来源:国土交通省综合政策局 (2012)。

截至 2012 年年底,日本共有 6 家主要的航空公司,各家航空公司的市场规模如图 7 - 2 和图 7 - 3 所示。天马航空 (SKYMARK)、北海道航空 (AIRDO)、亚洲天网 (SKYNET ASIA) 和星悦航空 (STAR FLY-ER) 是航空规制改革后新成立的公司,市场份额相对较小,其中北海道航空在 2002—2005 年曾经破产重组 (其间债务免除 36 亿日元),亚洲天网在 2004—2007 年也曾在产业再生机构的支援下破产重组。除上述 6 家主要航空公司以外,日本还有其他 17 家 (2012 年年底) 小型航空公司。

从获利能力看,如表 7 - 13 所示,全日空每运送一名乘客一公里可获利 18.4 日元,位居第一,天马航空最低,只有 12.7 日元。作为参考,根据日本国土交通省航空局航空事业处处长原康弘在 2010 年东京大学《日本航空百年纪念论坛》提供的资料,如图 7 - 4 所示,2008 年英国航空公司每运送一名乘客一公里的成本只有 7.7 美分,样本企业中最低,而日本的全日空为 15.5 美分,约为前者的 2 倍,样本企业中最高。

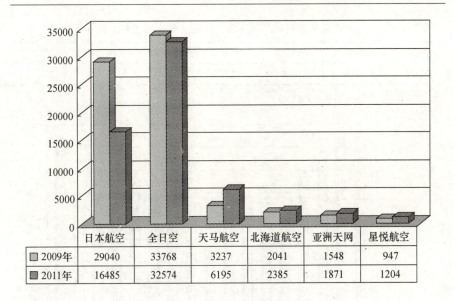

图7-2　日本各航空公司客运规模（百万人公里）

资料来源：国土交通省（2012）。

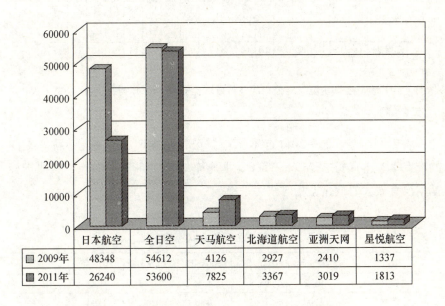

图7-3　日本各航空公司客运规模（百万座席公里）

资料来源：国土交通省（2012）。

表 7 - 13   2011 年各航空公司获利能力比较（每人公里收入）

航空公司	日本航空	全日空	天马航空	北海道航空	亚洲天网	星悦航空
单位收入	17.9	18.4	12.7	17.4	15.1	17.8

资料来源：国土交通省（2012）。

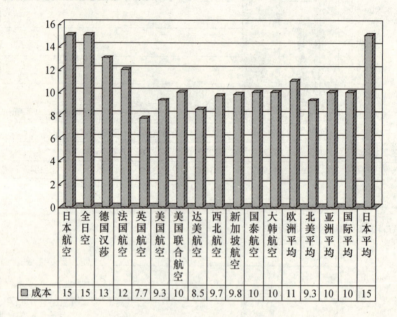

	日本航空	全日空	德国汉莎	法国航空	英国航空	美国航空	美国联合航空	达美航空	西北航空	新加坡航空	国泰航空	大韩航空	欧洲平均	北美平均	亚洲平均	国际平均	日本平均
成本	15	15	13	12	7.7	9.3	10	8.5	9.7	9.8	10	10	11	9.3	10	10	15

图 7 - 4   世界各国主要航空公司的飞行成本比较（2008 年度，美分/公里·人）
资料来源：原康弘（2010）。

表 7 - 14 为 2006—2011 年 6 家航空公司基本情况的变化，样本期间的准点率基本保持在 93%—95%，上座率维持在 60%—64%，其他指标基本没有太大的变化，相对较为平稳。

表 7 - 14   6 家日本航空公司基本状况的变化

项目	2006 年	2007 年	2008 年	2009 年	2010 年	2011 年
准点率（%）	93.2	94.8	94.46	94.45	94.09	93.56
欠航率（%）	1.00	1.07	0.86	0.88	1.00	1.09
上座率（%）	63.8	63.4	63.2	60.9	62.9	62.5
每人公里收入（日元）	16.9	17.6	17.6	17.0	17.1	17.5

资料来源：国土交通省关于日本国土交通省定时就航率和运送数量的信息（2011）（http://www.mlit.go.jp/koku/23zigyo_ bf_ 12.html）。

二　航空运输产业政策重点

根据《国土交通省成长战略会议报告书》（国土交通省成长战略会议2010 年 5 月公布），为了配合观光立国的发展战略，之后数年日本航空运输产业的政策重点包括以下几个方面：积极推进开放天空战略、扩建羽田机场和成田机场、对国营机场实施招标或民营化改革、维持日本国内航空网络的完整性和促进廉价航空公司的发展。

根据 1944 年在美国芝加哥签署的《国际民航条约》，针对国与国之间航线开设问题，需要两国政府之间就能够开设国际航线的航空公司数量、国际航线数量和航班时间等展开谈判，逐一审批。日本国土交通省提出的开放天空政策是指两国政府同意彼此开放领空，双方航空公司可以根据自己的选择自由开设国际航线，而不再需要双方政府的个别审批。自2010 年以来，日本政府已经与包括中国在内的 22 个国家签署了开放天空协议；下一步的重点是在深度和广度上继续推进该政策，即将开放天空的协议内容从目前的直通航线扩大至中转航线，将适用范围从乘客扩大至货运；同时继续扩大条约国的范围，将重点从目前的亚洲转向欧洲。

作为国际枢纽机场的日本成田机场和羽田机场的乘客吞吐能力一直供小于求，所以两机场没有在开放天空协议适用范围之内，也就是说开设成田机场（或羽田机场）到其他国家的国际航线时，需要日本国土交通省的特别审批。但是随着两家机场的扩建，成田机场和羽田机场的航空时刻权将从 2010 年的 52.3 万次增加至 2013 年 3 月 31 日的 74.7 万次，从2013 年 4 月 1 日起，上述两个机场也被纳入开放天空协议的适用范围之内。

关于维持国内航空网络完整性的有关政策等在前文已有所阐述。促进廉价航空公司的发展也是完善国内航空网络完整性的一环。截至 2012 年年底，日本共有三家廉价航空公司，全部成立于 2012 年，即乐桃航空（全日通出资 33.3%）、日本亚洲航空（Air Asia Japan，全日通出资67%）和捷星日本航空公司（Jetstar Japan，日本航空出资 33.3%）。来自政府的支援措施包括在机场设立该类公司专用的低成本候机厅、在确保安全前提下放松技术标准规制。

日本现有 97 个机场，根据投资主体的不同，可以分为国有机场（28）、地方政府所有机场（54）和军民两用机场（15）。这些机场中，有4 个机场通过股份制公司管理，有 27 个机场由中央政府管理，剩下的 66

个机场由地方政府管理。机场的建设和日常维修主要通过航油燃油税、机场使用费、起降诱导服务费（航空管制服务）等支付，不足部分政府财政投入。与国外相比，日本的机场使用费和起降诱导服务费等普遍偏高（尽管如此，绝大多数机场仍是入不敷出），显然，这对日本促进廉价航空公司的发展和提高日本各航空公司的竞争力是不利的。隶属于国土交通省的机场运营委员会在 2011 年 7 月提交的报告《为了实现机场的经营改革》中指出，现有日本国有机场的运营体制是造成机场经营效率低下、服务费用偏高的原因。以国有机场为例，机场跑道、滑行道和停机坪的建设与维持、起降诱导服务属于机场的航空业务，完全由国家负责，而候机厅、停车场等非航空业务所用土地归国家，但是，地面以上的建筑及其日常运营则由民间企业负责。上述委员会认为，现有体制无法形成如下所述的良性循环，即通过非航空业务收入补贴航空业务支出，从而降低机场使用费和其他服务费用，吸引更多的国际航空公司利用日本机场，进而增加机场乘客数量和由此带来的非航空业务收入，形成良性循环。国有机场管理体制的第二个问题是 28 个国有机场实施统一收入和统一支出的大财政，因此单个机场缺乏提高效率、降低成本的压力和动力；同时由于机场使用费和起降诱导服务费等由国家统一制定，各个机场无法根据自己的情况制定灵活的收费标准。

针对上述问题，机场运营委员会认为，机场政策重点应该从建设机场转为运营机场，建议将国有机场中除起降诱导服务以外的非规制业务全部委托给民间企业管理，这样机场管理者可以通过全盘考虑实施最佳的机场运营和收费，具体的方式可以有两种：一是通过招标的方式选取经营方，实施国有民营；二是将国有机场实施民营化改革，实现民有民营。而政府则将重点放到机场安全规制上，同时防止机场管理者利用垄断权制定过高的跑道使用费、停机费等。

第七节　对航空产业规制改革的评价

作为规制影响分析的一环，2005 年日本航空局在征求外部专家学者意见的基础上，对航空产业规制改革的效果进行了分析，出版了《国内航空产业的规制改革：对修改〈航空法〉的效果分析》的电子版评价报告书。另外，在 2008 年版的国土交通省航空局的报告书中也有较多可供参考的数据，虽然有些陈旧，但是因为比较全面翔实，基本反映了规制改革的效果及其应注意的问题。

一 促进了航空运输业的竞争

从 1997 年日本政府废除航空产业的进入规制后，截至 2003 年相继有 6 家新的航空公司进入。在新进入的航空公司中，Skymark Airlines、北海道国际航空和 Skynet Asia 航空三家的规模最大，是代表性的新生力量，主要飞行羽田机场到其他机场之间的航线。在过去的 5 年中，三家航空公司在全国的市场份额（按乘客人数公里计算）增加了 3.1 倍，在羽田机场的份额增加了 3.7 倍，分别达到了 4.4% 和 6.7%（同一时期日本航空公司在全国的市场份额为 49.2%，全日空为 46.1%）。

另外从枢纽机场的航班时刻数量和航班数量的分布状况来看，在 2005 年 3 月羽田机场每天的 407 个航班中，Skymark Airlines、北海道国际航空和 Skynet Asia 航空分别飞行 21（5.2%）、14（3.4%）和 12（2.9%）个航班，剩下的航班为日本航空公司（189 个，46.4%）和全日空（171 个，42%）。同样在羽田机场每天的 387 个航班时刻权中，三家新设立航空公司分别握有 21（5.4%）、14（3.8%）和 12（3.1%）个，日本航空公司拥有 182 个（47%），全日空拥有 158 个（40.8%）。因为新进入的航空公司多使用中小型飞机，所以乘客人数的比例（6.7%）要小于航班次数的比例（11.5%）。

通过上述比较可以看出，规制改革后日本的航空产业增加了新生力量，而且发展速度较快。但从目前看，三家新设立的航空公司还不具备制约在位企业的力量，两者之间的差距依然很大。造成这种现象的一个制度原因是因为在航班时刻权的分配上，仍然采用了祖父原则，因此成立于 20 世纪 50 年代的日本航空公司和全日空占有先发优势，尽管在航班时刻权的增量分配中，日本采取了有利于新设立企业的非对称规制，但是在 1997—2003 年，羽田机场新增的航班时刻权相对较少；另一个原因是新设立企业自身的财务能力有限，无法在短时间内迅速扩大，比如 2000 年羽田机场新增 57 个航班时刻权，新设立的航空公司只能消化其中的 12 个。

根据上述状况，日本航空局决定通过制度变更，尽可能为新设航空公司增加航班时刻权提供条件。主要的措施包括：通过滑行跑道的技改和扩建增加羽田机场的航班时刻数量；增加新设立航空企业的专用航班时刻权的数量（增量分配的非对称规制）；增加通过点数评价法重新分配的航班时刻权的数量。在上述措施中，第一个属于增加航班时刻权的绝对数量，第二个体现了增量分配中的非对称原则，第三个则体现了存量再分配中的效率原则。

表7-15为截至2010年羽田机场航班时刻权的分配状况，总体来看，新设立企业从1997年获得最初的6个航班以来，到目前为止共拥有94个航班，所占比例约为21.4%。另外，在位企业的拥有总数从1997年的352个变为2010年的348个，略有减少。从历次的分配结果来看，相对企业规模而言，新设立的航空公司显然是获得了数量更多的航班时刻权，体现了2005年航空局的政策意图。

表7-15　　　　　羽田机场航班时刻权的分配状况（截至2010年）　　　　单位：个

年份	2000	2002	2002	2003	2005	2005	2007	2010
增加原因	扩建	调整	回收	技改	回收	技改	技改	扩建
增加总数	57	4	12	10	0	10	10	37
获得数量[1]	15	4	12	10	20	5	4	18
获得数量[2]	42	0	-12	0	-20	5	2	19
获得总数[1]及比例	21 5.6%	25 6.6%	37 9.8%	47 12.1%	67 17.3%	72 18.1%	76 18.8%	94 21.2%
获得总数[2]及比例	352 94.4%	352 93.4%	340 90.2%	340 87.9%	320 82.7%	325 81.9%	329 81.2%	348 78.4%
总体数量[3]	373	377	377	387	387	397	405	442

注：1表示新设立企业；2表示在位企业；3表示羽田机场可供国内航班使用的总体数量。
资料来源：笔者根据相关资料整理。

与航班时刻权同步变化的是新设立航空公司的航班次数比例，图7-5为航空客运和货运市场上在位企业和新设立企业的市场份额变化情况，从趋势来看，新设立的航空公司已经从2003年的9.3%增加至2008年的17.6%。

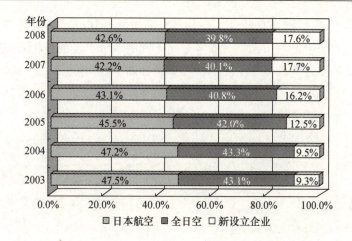

图7-5 在位企业与新设立企业的市场份额变化情况

注：因为四舍五入，百分比之和不等于100%。

资料来源：国土交通省航空局（2005）。

新进入的航空公司在整体上的比例虽然只有20%左右，但是，在某些航线上已经取得了相当的份额。比如在从羽田机场升降的航线上，新设立企业占有50%以上份额的航线有3条，在30%—50%的有4条，在10%—30%的有6条（表7-16中来列出）。可以说，在某些航线上，新设立的航空公司已经有足够的力量牵制两家在位企业。

表7-16 个别航线的航班时刻权分配状况（截至2008年11月）

单位:%

份额	羽田—北九州	羽田—旭川	羽田—神户	羽田—宫崎	羽田—女满别	羽田—札幌	羽田—长崎	羽田—函馆
新入企业	73.3	55.5	50.0	41.2	40.0	34.6	33.3	28.6
日本航空	0	44.4	20.0	29.4	60.0	36.5	33.3	24.9
全日空	26.7	0	30.0	29.4	0	28.8	33.3	28.6

注：因为四舍五入，百分比之和不等于100%。

资料来源：国土交通省航空局（2008）。

二 机票价格有所下降

竞争的直接效果是机票的降价，主要表现为机票的打折和航线每公里座位收入的下降，而且竞争越激烈的航线（如羽田航线）下降的越快

（见图 7 - 6），特别是有新设立企业飞行的航线，其折扣率要高于在位企业之间的竞争引发的折扣率，航空公司之间的竞争引发的折扣率要高于航空公司与铁路之间的竞争引发的折扣率，如图 7 - 7 和表 7 - 17 所示。

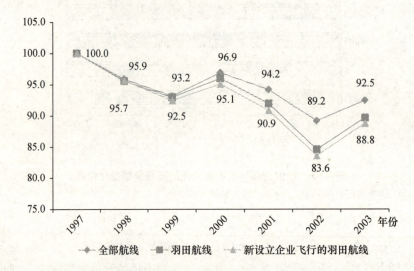

图 7 - 6　航线每公里座席的收入变化状况（以 1997 年为基准，%）

资料来源：国土交通省航空局（2005）。

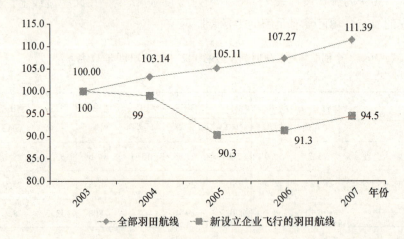

图 7 - 7　羽田机场航线每公里座席的收入变化状况（以 2003 年为基准，%）

资料来源：国土交通省航空局（2008）。

从国际比较来看，日本的机票的降价幅度也相对较大，如图 7 - 8 所示。

表 7-17　　　　　　　羽田至日本各地方机场航线机票折扣情况

	标准价格	折扣价格	折扣率 (%)	竞争状况		标准价格	折扣价格	折扣率 (%)	竞争状况
福冈	36700	15200	59	多家	大馆能代	27900	21600	23	单独
旭川	39500	16900	57	多家	钏路	38900	30200	22	三家
那霸	40800	18000	56	多家	宫古	55500	43200	22	单独
函馆	31400	14500	54	多家	稚内	42900	34400	20	单独
佐贺	36700	17200	53	多家	纹别	42400	33100	22	单独
札幌	33500	16000	52	多家	中标津	41100	32400	21	单独
北九州	36700	17900	51	多家	青森	30100	设定	0	JR
长崎	38900	21000	46	多家	三尺	29500	设定	0	JR
熊本	36700	20000	46	多家	秋田	24600	设定	0	JR
宫崎	36700	20000	46	多家	山形	18200	设定	0	JR
鹿岛	38900	21000	46	多家	庄内	20400	设定	0	JR
南纪白浜	29000	17500	40	单独	富山	21900	设定	0	JR
松山	31900	21800	32	三家	小松	21900	设定	0	JR
女满别	41100	26200	36	多家	大阪	22500	设定	0	JR
大分	35600	25700	28	三家	冈山	30100	设定	0	JR
德岛	29500	21100	28	单独	广岛	30800	设定	0	JR
米子	31400	22600	28	单独	高松	29500	设定	0	JR
岛取	29900	21900	27	单独	石见	35800	设定	0	JR
出云	31400	22800	27	单独	山口宇部	34600	设定	0	JR
熊登	21900	16200	26	单独	奄美大岛	46200	设定	0	离岛
高知	31400	23800	24	三家	大岛	13000	设定	0	离岛
石垣	59300	45200	24	单独	三宅岛	15700	设定	0	离岛
带广	38400	29700	23	单独	八丈岛	19700	设定	0	离岛

注：表中设定表示标准价格；JR 表示国有铁路改制后的七家铁路运输公司相互竞争；离岛表示连接岛屿与陆地的航线，没有竞争。

资料来源：国土交通省航空局（2008）。

航空产业的规制改革带来了消费者剩余的增加，图 7-9 为与 1992 年相比，1995—2005 年各年度消费者剩余的增加情况。

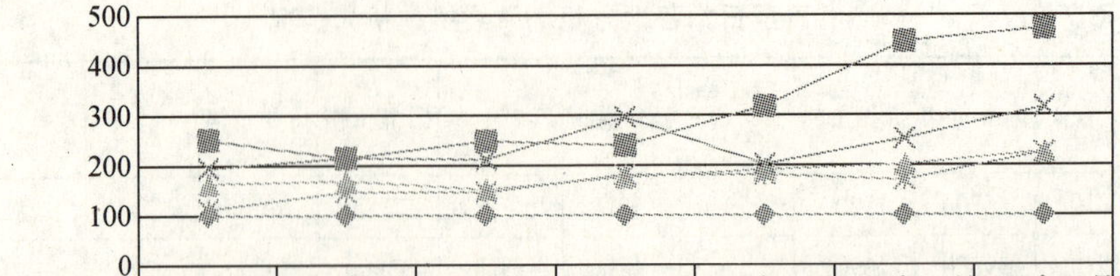

	2002年1月	2002年11月	2003年11月	2004年11月	2005年11月	2006年11月	2007年11月
日本	100	100	100	100	100	100	100
美国	252	215	249	240	318	448	474
英国	164	169	152	176	191	201	227
德国	195	215	212	296	202	253	316
法国	112	147	146	181	181	170	226

图 7 – 8　机票价格的国际比较（％）

资料来源：国土交通省航空局（2008）。

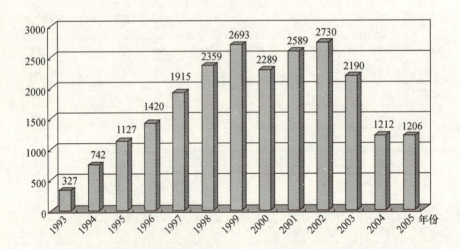

图 7 – 9　航空产业规制改革带来的消费者剩余的增加
（1993—2005 年，亿日元）

资料来源：国土交通省航空局（2008）。

三　维持了日本国内的航空网络

在航班时刻权的分配上，因为导入了 1 个航班规则、3 个航班规则以及航班时刻权与航线捆绑的措施，从而维持了以羽田机场为枢纽的最小航空网络。从图 7 – 10 和图 7 – 11 中可以看出，最近 20 年中，以羽田机场为起降点的航线和航班次数不但没有减少，反而有所增加。

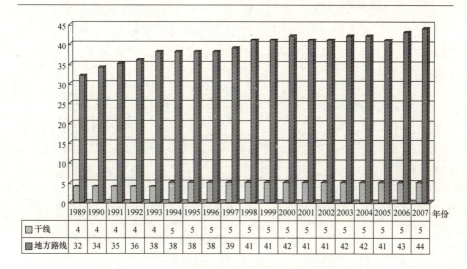

图7 – 10　以羽田机场为起降点的航线数量变化情况

资料来源：国土交通省航空局（2008）。

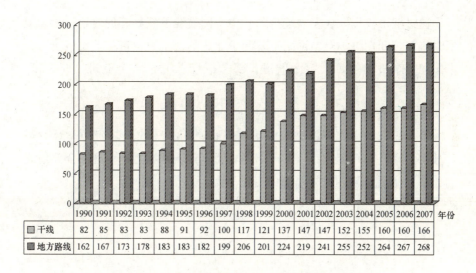

图7 – 11　以羽田机场为起降点的航班数量变化情况

资料来源：国土交通省航空局（2008）。

图7 – 12为最近十年日本全国的航线变化情况，其明显特点是航线在减少，而每条航线上的飞行航班却在增加，换言之，自航空产业实施规制改革，导入市场竞争以后，各家航空公司普遍实施了选择与集中的战略，将资源重点投入了效益相对较高的航线。对企业而言，这种选择是合理

的，但是对于国家整体而言，这又是社会福利退步的标志，需要中央和地方政府介入，解决市场机制下的供给过少问题。

图 7 - 12　日本全国的航线及其航班数量变化情况

资料来源：原康弘（2010）。

通过羽田机场航线发展趋势与日本全国航线发展趋势的对比可知，航班时刻权分配在维护航空网络上是起了作用的，至少保持了羽田机场与日本国内每个机场的每天 1 个航班，部分机场保证了 3 个航班（早、中、晚）。

四　航班准点率基本维持不变

日本国土交通省资料显示，从航班取消比率（取消航班数与计划航班数的比率）和延迟比率（迟于计划时间 15 分钟以上的航班占全部航班的比率）来看，规制放松前后的变化不大。

第八章　石油产业的规制改革

第一节　改革前石油产业的规制内容

植草益（1992）认为，日本对石油产业（主要包括石油精炼业和成品油流通业，不包括管道运输环节）等竞争性产业实施政府规制是为了防止过度竞争引发的整体亏损，从而影响"生活必需品"的供应，同时保护中小企业的发展。针对石油产业而言，政府规制还有保持国家对战略物资适当控制的政策意图。

受20世纪70年代日本产业政策的影响，尽管汽油与煤油等其他燃料油的生产成本相差不大，但是相对于国际市场而言，日本政府制定的汽油指导价格明显偏高，而煤油和其他燃料油的指导价格明显偏低。在1996年实施成品油进口自由化改革以前，这种扭曲的价格体制一直存在，而且成为制约日本石油产业规制改革的初始条件之一：一方面日本政府要放开对石油产业的价格、产量和进出口规制；另一方面又要保证本国的石油精炼企业能够在市场竞争中生存下来，不被进口的国外廉价汽油占领市场，实现日本式的"强企、兴业和惠民"。

从20世纪80年代日本开始酝酿石油产业的规制改革，到2002年完全废除政府对石油产业的经济性规制，前后经历了约20年。从结果来看，可以认为日本的改革达到了既定的目标，比如负责对日本石油产业提供政策建议的"综合能源调查会石油分科会石油政策小委会"在2008年的报告中指出：日本石油精炼企业已经成功实现了与国际价格的接轨，其下一步发展战略为"上伸下展、国际国内"，即通过与国外企业的合作，进入石油勘探、开采等上游产业，通过深加工延伸石油制品产业链、利用日本的精炼技术和产品质量优势积极开拓成品油的国际市场，把曾经在规制政策保护下的日本石油产业发展成具有国际竞争力的出口产业。

这段总结过去和展望未来的表述似乎说明，日本政府已经认可了石油产业规制改革的结果，这种认可的依据主要来源于以下三个方面：①消费者剩余的增加。虽然受国际原油价格影响，日本国内汽油的价格有升有降，但是根据日本内阁府的推算，从1994—2008年，因规制改革带来的消费者剩余的增加为3.98兆日元（内阁府，2010）。②日本的汽油价格实现了与国际价格的平稳接轨。日本政府在石油产业改革之初最大的担心是国外廉价汽油对国内精炼企业的破坏性影响，但从结果来看这种现象没有发生，负面影响被控制在可接受的程度之内，日本国内的精炼企业通过主动合并、业务提携等经营手段避免了破产、被国外企业吞并等事件的发生。③改革后的日本石油产业经受住了2004年以后的原油价格暴涨与暴跌的考验，价格机制下的成品油市场没有发生大的混乱（比如囤积居奇、市场断油等现象）。

但是与石油精炼企业的相对平稳过渡相比，成品油流通市场的问题则较多，主要表现在成品油批发价的定价方式、加油站之间的恶性价格竞争等方面，这些问题在规制改革之前就已经存在，但是规制改革后更加恶化了，从而凸显了规制改革后竞争政策的必要性。

日本1945年的《外汇管理法》、1962年的《石油业法》、1973年的《国民生活安定紧急措施法》和《石油供需平衡法》、1975年的《石油储备法》、1976年的《汽油销售法》、1986年的《特定石油制品进口暂定措施法》、1996年的《确保汽油等质量法》以及石油产业主管省厅根据这些法律制定的规章制度是日本政府介入石油产业的法律依据。这种政府介入遍布石油产业各个领域，包括原油以及成品油的进出口、原油精炼产能、成品油的流通、加油站的建设、原油和成品油的储备与市场投放、特定时期的价格干预和供需干预等。

1961年通产省（现为经济产业省）的政策咨询机构"能源恳谈会"给出的《石油政策的中间报告》是形成日本石油政策的纲领性文件，其主要内容包括：①政府保证石油的稳定、廉价供给；②政府对国内石油市场保持一定程度的控制能力；③日本石油行业以"原油进口、国内精炼"为主。上述三原则通过日本石油行业的基本法——《石油业法》的制定和实施得到了落实（田中直毅，1980）。

一　原油和成品油的进口及出口规制

第二次世界大战结束后，日本的石油产业经过占领军的非军事化改革后，相当一部分的石油精炼能力被摧毁，政府依照《外汇管理法》对仅有的一些精炼企业根据其生产能力分配外汇，进口原油和少量成品油。随着日本经济的恢复和迅速发展，贸易自由化成为主流，《外汇管理法》下的配额制度被逐步取消，原油进口也要逐步实施自由化。为了防止力量强大的国外石油企业对日本石油产业的支配，同时保留政府对这一特殊行业的相当程度的控制权，以确保石油制品在价格和供给上的稳定性，日本通产省于1961年设立"能源恳谈会"，研究贸易自由化以后的石油政策，根据恳谈会的建议，日本于1962年制定并实施了《石油业法》。

该法在第12条中规定：政府对原油和成品油的进口商实施登记备案制度；进口商根据通产省的格式要求，提交年度的进口计划（包括变更后的计划）；通产省有权根据当时国内原油和成品油的供求状况，劝告进口商更改进口计划。该法在第24条中还规定，对于违反进口商登记备案制度和提交进口计划的企业，处以5万日元以下的罚款。通产省的"劝告"属于行政指导的一种，不具备法律效力，进口商不听从"劝告"本身并不违法。但是政府对不听从劝告的企业可以通过媒体予以公开，从而对企业的名誉造成一定影响，在官僚主导下的日本，违背政府劝告会直接影响企业的融资、获得优惠政策等日常经营活动。

从法律条文来看，《石油业法》甚至没有对原油及成品油进口商提出任何资质要求，在法律上也没有任何数量上的限制。换言之，根据《石油业法》任何人都可以进口任何数量的原油和成品油，但实际却远非如此，上述条款的内容只是表面现象，通产省总是有很多办法设置玻璃门，从而维护"进口原油、国内精炼"的石油产业基本政策，抑制对成品油的进口。

偶尔有拒绝听从劝告者，日本政府总是有其他办法使其就范。比如1985年，一个地方的石油销售企业（狮子石油株式会社）依照《石油业法》申请进口汽油，并且拒绝接受通产省的行政指导，坚持进口。1986年1月，该公司从国外进口的汽油正式存入大阪的保税仓库。可是就在狮子石油株式会社办理入关手续时，负责提供此次汽油进口资金的银行打来电话，声称因压力巨大拒绝提供本次进口汽油所需的资金，这使该公司顿时面临违约的巨大风险，最后经过协调，此次的进口汽油被当作化工原料的石脑油以低于汽油的价格，出售给日本石油株式会社，最终没有一滴国外廉价汽油流入日本市场。

实际上，成品油进口的玻璃门直到 1986 年《特定石油制品进口暂定措施法》的公布，才被有条件地打破。20 世纪 80 年代以后，日本的贸易盈余连年上升，美国希望其扩大进口；同时负责对日本的石油产业提供政策建议的石油审议会也提出了新的石油政策，即：①通过市场机制建立高效稳定的石油供给系统；②除个别情况外，逐步减少国家对国内石油市场的介入。受此影响，日本决定有条件地放开成品油进口，为此制定并实施了《特定石油制品进口暂定措施法》（有效期为 10 年）。根据该法规定，日本开始对特定石油制品（包括汽油、煤油和石脑油）的进口商实施资格认证制度，代替了《石油业法》中的登记备案制度，具体的资格认证由通产省负责（第 3 条）；对于申请者的人格资质，第 4 条规定符合下述条件之一者，不得申请，即：①因未经资格认证私自进口特定石油制品接受处理未满两年的自然人；②依法被取消进口资格未满两年的自然人；③法人申请时，管理层有符合上述两个条件之一的自然人。除了规定申请者的人格资质以外，第 5 条还规定了申请者的能力资质，即：①当进口商实际进口数量与提交的年度计划不同时，进口商有符合要求的生产设备可以在不影响其他石油制品产量的情况下，自行调节特定石油制品的产量，使实际投放市场的特定石油制品数量与提交的年度计划相同；②进口商具有符合条件的石油制品储备能力，能够达到法定的储量要求；③进口商具备符合条件的生产设备能力，能够调整进口石油制品质量以符合日本市场的要求。

经过上述的能力资格认证，实际上在日本能够进口成品油的企业仅限于两类：①日本的石油精炼企业；②成品油的一级批发商，这些批发商多是石油精炼企业的大股东。通过将成品油的进口权控制在石油精炼企业，一方面可以使其更多地了解国外竞争对手的成本和技术状况，通过改善经营等为将来彻底放开成品油市场做准备；另一方面也缓冲了国外廉价成品油对日本石油精炼企业的冲击。

二 原油精炼产能规制

根据《石油业法》第 4 条规定，日本对石油精炼企业实施许可证制度。与原则开放、特例禁止的资格认证制度相比，许可证制度是原则禁止、特例开放。该法对申请者也做了人格资质和能力资质两方面的要求，其中人格资质的要求与特定石油制品进口商的要求相同；至于能力资质，该法第 6 条规定：①拟申请企业日精炼能力在 150 千升以上，不会因为该项目的投产导致石油制品供给能力过大（相对于通产省公布的《未来 5 年石油制品供需预测》而言）；②企业具备适合的资金和技术能力；③有利于石油制品安定、廉价供给的基本产业政策。同法还规定当企业增加精炼能力时，也要经过通产省的审批。按照该法第 10 条规定，石油精炼企业每年要向通产省提交生产计划（或生产计划变更）登记备案，后者可以根据国内情况劝告前者更改生产计划。

如表 8 - 1 所示，日本的通产省通过生产许可证制度和产量登记备案制度，严格地控制着本国的石油制品产量。

表 8 - 1　　石油精炼企业的申请产量和批准产量（1962—1973 年）

年份	申请产量（桶/日）	许可产量（桶/日）	批准比率（%）
1962	437500	437500	100
1963	1001150	421150	42
1964	1001150	155000	15
1965	1228000	400000	33
1966	0	0	—
1967	1976260	705260	36
1968	1985560	500000	25
1969	1993560	630560	32
1970	2618000	733000	28
1971	2350000	870000	37
1972	0	0	—
1973	2269500	1133000	50

资料来源：日本资源能源厅（1976）。

（三）加油站的建设规制

1960 年，当时通产省的产业构造委员会设备投资小委会提出了"加油站的建设增长过快、有可能导致投资效率低下，政府有必要采取一定的诱导政策"的建议。为此，1962 年的《石油业法》对加油站的建设采取了登记备案制度（第 13 条），以便于国家对加油站总体数量的把握，同时根据需要可以采取必要的行政指导。如表 8 - 2 所示,登记备案制度没有能够有效抑制加油站的建设热潮,当时每年的新建数量都在 3000 家左右,因为供给超过了市场对加油站的需求,加上汽油产品的同质性,所以恶性价格竞争和劣质汽油流通问题开始出现。

表 8 - 2　　　　　　　　　日本加油站增长数量 (1959—1964 年)

数量	1959 年	1960 年	1961 年	1962 年	1963 年	1964 年
原有数量	6927	8251	10875	13393	16430	19950
新增数量	1536	2824	2624	2518	3037	3520

资料来源:安部彰 (1986)。

　　针对这种现象,日本加油站行业协会向政府提出了“1964 年禁止新增加油站”的规制请求,通产省为了保持加油站的健康运行,防止过度价格竞争引发的汽油质量问题等负面影响,公布了《关于 1965 年加油站建设的指导意见》,开始对加油站的建设实施行政指导,其主要内容为总量控制和个别地区的数量限制。对于政府的这一方针,石油精炼行业表示反对,几经调整以后,各方同意:①1965 年的新建数目为往年的一半 (1500 家),并按照各精炼企业的市场份额分配;②政府、石油精炼企业和石油销售企业共同协商个别地区的加油站建设数量问题,协调的最后结果是半径 1 公里以内大城市已有加油站 20 家,其他地区已有加油站 15 家,而且现有加油站出现经营困难时,原则上不再新设加油站。在之后的实行过程中,通产省又导入了距离规制,即在当时人口 40 万以上的日本 6 大城市中,当 250 米以内的现有加油站不超过 3 家时,可以增设一家;其他中小城市的距离为 350 米或 600 米。1973 年石油危机爆发后,通产省彻底冻结了加油站的新设,这种冻结制度一直持续到 1975 年。

　　无论是通产省的总量规制还是距离规制,从根本上说都是一种不具备法律效力的行政指导。因为根据《石油业法》的规定,加油站建设实施登记备案制,因此只要申请者符合《消防法》关于加油站建设的安全规则,并且不惧怕通产省日后的“脸色和小鞋”,仍然可以建设新的加油站。实际上,1965 年以后,与石油精炼企业和成品油一级批发商没有任何资本和合作关系的独立加油站的数量不断增加。1973 年以前,独立加油站的个数约为 150 家，1976 年增加至 450 家左右，1977 年增加至 800 家左右，虽然从数量上看，这些独立加油站在当时 45000 家加油站中的比重并不大，但是增势迅猛。

鉴于新建加油站的登记制度和行政指导无法抑制独立加油站的增设现象，加油站行业协会和通产省开始考虑对新设加油站实施资格认证制度，并共同提出了四点整治意见：①强化对石油精炼企业生产计划的监督，确保汽油行业整体的供求平衡；②加大对劣质油的打击力度；③清理汽油的流通渠道；④对加油站的新设手续实施审核制。

1976 年，日本议会制定实施的《汽油销售法》部分体现了上述政策意图。比如该法在第一条中指出，为了确保汽油的稳定供给和保护消费者利益，本法通过资格认证等相关规制，保证汽油销售企业的健全发展和汽油的质量。《汽油销售法》的主要内容有四点：①对新设加油站实施资格认证制度，以代替原来的登记备案制度，其中对申请者规定了五条人格资质条件；②对于竞争激烈的特定地区，通产省可以推迟新设加油站的开业时期或要求其缩小规模；③加油站新设汽油品质管理者和相应的质量检测设备；④增设油品质量表示义务。

基于该法规定，日本还导入了加油站销售汽油的产地证明制度，从而加强了对流通渠道的清理整顿（铃木几多朗，1992）。

（四）价格指导

1962 年《石油业法》第 15 条规定：当石油制品的价格出现过度上涨或下落时，通产省可以根据成品油的生产成本或进口价格，同时参考国际上成品油的价格等经济要素，制定石油精炼企业和石油进口企业的成品油指导价格，并予以公布。同时该法第 22 条第二款规定，当政府制定成品油的指导价格时，必须征求石油审议会的意见。

1976 年《汽油销售法》第 19 条规定：当某个加油站的汽油销售价格与指导价格相差超过一定程度，对汽油消费者和周围的加油站带来实质性的影响时，通产省可以劝告加油站或该加油站的汽油批发商采取必要的措施改善现状。当被劝告人无正当理由且拒绝采取改善措施时，通产省可将该加油站和处理措施予以公布。

1. 第一次公布指导价格

在《石油业法》制定过程中，因为传闻政府对各家石油精炼企业设备生产能力的增量审批标准主要依据各家的市场份额。于是各家企业一方面纷纷提前实施设备投资，增加生产能力；另一方面又纷纷降价促销，以扩大自己的市场份额。过度的设备扩张和成品油的降价使部分石油精炼企业财务恶化，几乎破产。在这种情况下，1962 年 11 月，当时的通产省根据《石油业法》的规定，第一次制定了部分石油制品的指导价格，即汽油 10130 日元/千升、C 号重油 6800 日元/千升，该指导价格一直持续到 1966 年 2 月。

2. 第二次公布指导价格

1973 年第一次石油危机爆发后，日本国内物价上涨加速，为了控制这种情况，1974 年年初，日本政府冻结了石油制品价格，即尽管国际上原油价格上涨，但是政府规定 1974 年的石油制品销售价格一律维持在 1973 年底的水平上。1974 年 3 月，日本政府对石油制品实施了小幅度涨价，但是仍然无法弥补原油成本上升带来的财务损失，出现了成品油价格低于生产成本的现象，石油精炼企业普遍出现政策性亏损。1974 年 8 月，随着石油危机影响的弱化和日本国内通货膨胀的好转，日本政府废除了成品油价格冻结制度，但是因为经济停滞致使石油需求减少，石油制品的市场价格不能反映成本状况，石油行业的普遍亏损和 1975 年 OPEC 的原油提价（10%）促使日本政府于 1975 年第二次制定成品油指导价格，即汽油 53700 日元/千升、石脑油 29700 日元/千升、C 号重油 21900 日元/千升。

尽管上述三种石油制品的生产成本相差不大，但是日本政府为了体现"降低产业用燃料成本和生活用取暖成本、抑制私家车的汽油消费"的产业政策，人为提高了汽油的价格，降低了其他油品的价格。尽管 1976 年 5 月，日本政府废除了上述指导价格，但是汽油价高、其他油品价低的现象在市场上作为既成事实，却一直延续下来。石油精炼企业为了弥补其他油品的微利甚至是亏损，必须努力销售汽油，通过内部产品之间的交叉补贴实现整体上的盈利。汽油的高利润、日本精炼企业对汽油销售的依赖性、汽油产品的同质性使各家精炼企业在汽油销售方面的竞争异常激烈，由此形成了日本汽油销售领域的事后结算、系统外汽油流通泛滥、掠夺性定价、差别定价等系列问题。

因为石脑油的价格很低，从而使通过石脑油制取汽油的成本远远低于精炼法提取石油的成本（见表 8 - 3），因此通过石脑油提炼汽油以及在汽油内混入其他成品油的现象开始出现并愈演愈烈。系统外汽油流通和劣质汽油成为扰乱日本汽油销售市场的两大主要问题。

表 8 - 3	石脑油与汽油价格比较	单位：日元/千升
	1973 年 6 月	1975 年 6 月
汽油批发价	18900	54500
石脑油批发价	7000	25100
石脑油制取汽油成本	3000	5000
石脑汽油价格	10000	30100
汽油与石脑汽油价差	8900	24400

资料来源：铃木几多朗（1992）。

3. 《关于石油制品价格的定价方式的通知》

1990 年海湾战争爆发，日本启动石油应急管理体制，1990 年 10 月通产省公布了《关于石油制品价格的定价方式的通知》，开始正式导入了以月为单位的成本联动型定价方式。定价方式主要如下：①石油精炼企业或成品油一级批发商根据进口原油的 FOB 价格和汇率的平均变动情况，确定本月汽油与上月汽油相比的成本变动情况；②成本变化的对象只包括原油成本和石油制品成本，不包括人力成本、运费等其他可变费用的变化；③石油精炼企业或石油制品一级批发商每个月将成本变化的数值及其详细的计算依据提交政府主管部门（经济产业省）备案；④成品油批发价格每月调整一次，调整日期相同。

值得注意的是，虽然 1990 年日本的成品油批发价导入了成本联动的定价方式，但是这不等于它的价格与国际上的成品油价格实现了联动，因为日本石油制品的计算基准仍是 1975 年开始形成的"汽油高价、其他油品低价"的事实（国内国际价格双轨制），1990 年的成本联动只是在此基础上使以后的价格变动与国际原油和石油制品价格变动实现了联动。

第二节　石油产业的规制改革

一　改革背景

成立于 1981 年的第二次临时行政调查会在 1983 年的政策建议中首次提出了"应该尽最大可能取消政府依据《石油业法》对精炼产能的规制"

的观点。第一次临时行政改革推进审议会在 1985 年的《规制改革推进方策》中进一步确认了对包括石油在内的能源体制实施改革，减少行政干预、尽可能通过市场机制激发企业活力的观点。

为了具体落实上述方针，1986 年 11 月，隶属于通产省的石油审议会增设了石油产业基本问题讨论会，负责制定石油产业的中长期改革方案，参加人员包括石油精炼企业和成品油一级批发商等产业代表。在其 1987 年 6 月提出的政策建议《面向 90 年代的石油产业以及石油政策的改革方向》中提出了石油产业改革的基本观点：正常情况下主要依靠市场调节确保石油供给，在紧急情况下政府辅助企业确保石油供给。具体而言，石油产业改革重点是通过精炼设备的合理化、流通渠道的合理化和一级批发商的集约化降低成本，使国内的石油制品价格与国际接轨；在未来 5 年内逐步放松对石油制品生产和销售的政府规制；扩充石油储备、完善应急管理体制、强化原油的勘探开采。

二　第一阶段的规制改革（1987—1993 年）

作为石油产业规制改革的第一步，日本政府于 1987 年放松了对石油二次加工设备生产能力的规制，鼓励石油精炼企业进行深加工，提高产品的附加价值；1989 年废除汽油产量的配额制度，各企业可以根据自己的判断决定产量；在流通领域，1989 年废除了煤油的库存量下限规制；1990 年废除对加油站转籍的限制（从 A 企业系列转为 B 企业系列）和新建加油站的总量和距离规制；1991 年进一步放松对石油一次加工设备生产能力的规制，即当现有精炼设备的开工率达到 90% 时，可以增加精炼设备（但是仍需通产省依据《石油业法》进行审批）；1992 年废除对石油精炼企业原油处理（对原油进行脱水、脱酸、脱除杂质，使之成为合格商品原油的工艺过程，又叫原油脱水）的产能规制；1993 年废除重油进口关税的阶梯税制（1962 年开始实施，主要是为了控制重油的进口，确保原油进口、国内精炼政策的有效性）。

石油产业第一阶段的规制改革主要集中在生产领域，即取消了政府对成品油生产的数量规制，政府和产业界曾经担心供给过剩和恶性价格竞争会导致石油制品市场的混乱，为此，一方面，通产省加大对原油、成品油需求与供给的信息收集、整理与公布，同时于 1990 年改革石油制品的定价机制，发布《关于石油制品价格的定价方式的通知》，规定石油精炼企业或成品油一级批发商每个月将成本变化的数值及其详细的计算依据提交通产省备案的制度，以此及时掌握成品油批发价的变动情况及其原因，必要时通过行政指导予以干涉（根据 1976 年的《汽油销售法》第 19 条规定的授权）。另一方面，作为负责维护市场竞争秩序的日本公平交易委员会也相应地公布了《应对掠夺性定价指南》，宣布将对通产省依据 1976 年《汽油销售法》第 19 条规定予以公布的汽油销售案件进行彻底的调查，证据确凿后依法严办（JX 日矿日石能源，2012）。

在日本政府上述"组合拳"的威慑下，同时加之日本当时的泡沫经济致使汽油的需求增加，第一阶段的规制改革并没有引发预想中的混乱，从而为第二阶段的深化改革提供了条件。

三　第二阶段的规制改革（1996—2002 年）

1992 年泡沫经济破灭以后，日本面临着日元升值、产业空洞化等前所未有的问题。为了打开困境，通过规制改革恢复经济活力的观点获得了各界的支持。1993 年，作为日本首相私人咨询机构的经济改革研究会在其政策建议中提出了"经济性规制原则废除、社会性规制控制在最低限度"等更为激进的规制改革指导方针。针对石油产业而言，报告书给出的原则是：平时自由，紧急时规制。为了落实上述原则，1994 年石油审议会设立石油政策问题小委会，具体讨论石油政策以及是否延长 1996 年到期的《特定石油制品进口暂定措施法》等问题，1994 年 12 月，该小委会在其《今后成品油的供给方针》中提出了"推进石油制品的国际化和国内流通的效率化；确保石油的安定供给；加强在环保和质量方面的制度设计"的改革方向。

1996 年，日本政府没有延长《特定石油制品进口暂定措施法》的实施期限，将其废除，实现了真正意义上的石油制品进口的自由化；1997年取消石油制品的出口规制。在流通流域，1997 年废除了加油站汽油原产地证明制度。在生产环节，1998 年废除新增精炼设备的现有设备开工率规制（但是仍需通产省依据《石油业法》进行审批）；2002 年 3 月废除石油行业基本法——《石油业法》。

《石油业法》的废除标志着日本对石油行业的经济性规制完全取消。表 8-4 为日本主要的石油政策法规及其内容。

表 8 - 4   日本石油政策变迁一览

年份	政策名称	主要内容
1962	《石油业法》	石油产业的基本法
1973	《国民生活安定紧急措施法》	授权政府在异常情况下从价格、生产、进口、流通、库存等方面对重要物资实施规制
1973	《石油供需平衡法》	授权政府在异常情况下通过行政手段实现石油的供需平衡和定向供应
1976	《石油储备法》	规定政府和民间的石油储备和市场投放制度
1976	《汽油销售法》	加油站实施审核制度、加油站建设规制、汽油质量管理
1986	《特定石油制品进口暂定措施法》	将石油制品的进口权控制在精炼企业和成品油一级批发商范围之内
1996	《确保汽油等质量法》	加油站审核制度、制定汽油品质标准、强化质量监督
1996	《石油储备法》修改	规定石油制品进口商具有石油储备义务
第一阶段石油行业规制改革	1987 年放松对石油二次加工设备生产能力的规制	
	1989 年废除石油精炼企业的汽油产量配额规制	
	1989 年废除了煤油的库存量下限规制	
	1990 年废除对加油站转籍的限制和新建加油站的总量和距离规制	
	1991 年当现有精炼设备的开工率达到 90% 时，可以增加设备	
	1992 年废除对石油精炼企业原油脱水能力的产能规制	
	1993 年废除重油进口关税的阶梯制度	
第二阶段石油行业规制改革	1996 年废除《特定石油制品进口暂定措施法》	
	1997 年取消石油制品的出口规制	
	1997 年废除了加油站汽油原产地证明制度	
	1998 年废除新增精炼设备的现有设备开工率规制	
	1998 年废除对自助式加油站规制	
	2002 年废除石油行业基本法——《石油业法》	

资料来源：笔者整理。

第三节　规制改革对日本石油行业的影响

一　加快了石油精炼企业之间的合并与业务提携

1996 年放开成品油的进口以后，为了应对国外成品油的竞争，各精炼企业纷纷实施精炼厂的大型化和规模化，主要的手段为企业之间的合并和业务提携。如图 8 - 1 所示，自从日本石油行业第一次规制改革前夕的

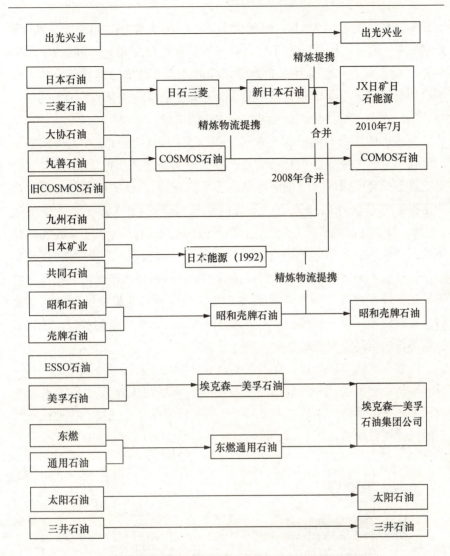

图8-1 规制改革后日本石油企业之间的合并与业务提携

资料来源：JX日矿日石能源（2012）。

1985年昭和石油与壳牌石油合并以来，总数为17家的大型石油精炼企业和一级成品油批发企业截至2012年已经合并为7家，而且在7家当中，也多有业务提携。石油企业之间的业务提携包括储油设备的相互使用、成品油的相互配送等，比如A、B企业是大型石油精炼企业，其系列下的加油站遍布全国，但是两家企业的精炼厂可能并不是同地区分布，为了节约物流成本，A 企业旗下的精炼厂不但为本系统的加油站提供成品油的仓储和配送业务，而且为精炼厂附近 B 企业旗下的加油站提供仓储和配送业务；同样 B 企业在另一地区为 A 企业做相同的业务，这样通过物流合作，两个企业分别节省了运输和仓储费用，又可以在全国设立自己的销售网络。

二　加速了石油精炼企业纵向一体化的进程

纵向一体化指石油精炼（包括一级批发商）以自有资本进入成品油的零售领域，主要变现为自己出资设立直营加油站。根据 2004 年日本公平交易委员会所做的《汽油流通渠道现状调查》，汽油的流通分为系统内流通渠道和系统外流通渠道。系统内流通渠道指汽油从石油精炼企业（包括一级成品油批发商）、经过销售子公司的加油站或经过二级成品油批发商（一般特约店）的直营加油站或经过三级成品油批发商的直营加油站，提供给最终消费者，特别要注意的是，这些系统内加油点被授权使用石油精炼企业（或一级成品油批发商）的商标，即加油站与这些企业签订品牌使用协议，被授权使用后者的品牌进行销售，作为对价，这些加油站不得销售品牌以外的汽油。

上述系统以外的渠道在日本被称为系统外流通渠道，指汽油进口商或石油精炼企业（包括一级成品油批发商）将汽油批发给商社系统或日本农协系统下的品牌加油站或不隶属于任何系统的独立加油站，各种流通渠道的汽油销售比例如图 8－2 所示。

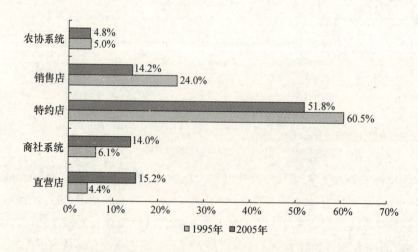

图 8－2　各系统汽油销售商的市场份额变化情况

资料来源：议会加油站小委会（2007）。

从趋势来看，非直营店（包括特约店和销售店）从 1995 年的 84.5%减为 2005 年的 66.0%，而直营店的比例却在扩大，从 4.4% 增加至 15.2%。

三　加剧了流通领域的不公平竞争问题

（一）掠夺性定价

2012 年 4 月 11 日，日本公平交易委员会以涉嫌违反《反垄断法》的掠夺性定价为名，对福井市三谷商社和其下属的加油站实施了入室搜查。根据举报，三谷商社下属的加油站以低于周边加油站每升 10 日元的价格出售汽油，日本公平交易委员会怀疑该价格低于成本价，而且三谷商社对下属的加油站的赤字给予了补贴，其目的是排除周边的其他加油站。据日本媒体报道，这是日本公平交易委员会首次对汽油零售业实施入室搜查，如果情况属实，三谷商社将受到 2010 年修改后的《反垄断法》中关于掠夺性定价的相关处罚。

如表 8-5 所示，实施市场机制以后，日本成品油领域——特别是汽油的掠夺性定价现象呈现上升趋势，从 2001 年的 86 件（3.3%）上升至 2009 年的 956 件（29.6%），2010 年虽然有所下降，但是仍为 714 件（26.4%）。掠夺性定价的发起者往往是属于某个大的一级或二级成品油批发商的加油站，受害者往往是这些加油站周边的独立加油站，因为独立加油站的财力有限，不能在价格战中实施追随战略，进而会慢慢失去客源；即使勉强降价，也会因经营赤字而慢慢倒闭破产或被吞并。

表 8-5　　　　日本公平交易委员会对零售业掠夺性定价处理情况　　　单位：件

行业	2001 年	2002 年	2003 年	2004 年	2005 年	2006 年	2007 年	2008 年	2009 年	2010 年
石油制品	86	79	75	30	130	259	306	430	956	714
酒类	2494	904	507	485	397	592	926	795	700	1028
其他	44	24	71	112	80	180	447	2429	1569	958
总计	2624	1007	653	627	607	1031	1679	3654	3225	2700
石油制品比例（%）	3.3	7.0	11.5	4.8	21.4	25.1	18.2	11.8	29.6	26.4

资料来源：2012 年日本公平交易委员会的报告。

（二）差别定价

差别定价主要发生在汽油批发商和零售商（加油站）之间，表现为石油精炼企业或成品油一级批发商对系统内加油站和系统外加油站之间的批发价差异，以及他们对系统内直营加油站和非直营加油站之间的批发价差异。

根据 2004 年公平交易委员会的调查，同一区域内石油精炼企业或成品油一级批发商对系统内的汽油批发价平均高于系统外批发价每升 8 日元左右，如图 8 - 3 所示。

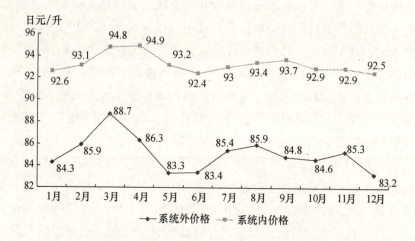

图 8 - 3　系统内批发价与系统外批发价之间的价格差异（2003 年）
资料来源：日本公平交易委员会（2004）。

根据 2006 年日本资源能源厅调查，在 2006 年 4 月，石油精炼企业或成品油一级批发商对其直营店的批发价平均低于对非直营加油站（特约店和销售店）批发价每升 8.6 日元，同一省内上述差异为 7.4 日元。

汽油的竞争主要是价格差异，相对较高的批发价使非直营店的市场份额不断减少，而且这种现象在加剧。如表 8 - 6 所示，一级批发商直营店的市场份额不断扩大，从 2000 年的 7.8% 增加为 2009 年的 19.1%，而非直营店的份额则从 77.7% 减为 63.2%（因为统计口径不同，所以各表之间的数字有矛盾之处）。处于劣势的非直营加油站认为上述的批发价差异是石油精炼企业或一级成品油批发商积极扩张直营加油站，挤压非直营加油站的战略意图的表现，是不公平的竞争手段。

表 8-6 日本各汽油销售渠道市场份额变化情况（2000 年与 2009 年）

单位：千千升

	2000 年		2009 年		增减	
	销售量 A	构成比（%） B	销售量 C	构成比（%） D	销售量 C-A	百分点 D-B
汽车用	57560	99.7	58140	99.9	580	0.2
一级批发商	4517	7.8	11123	19.1	6606	11.3
用户	721	1.2	921	1.6	200	0.3
子公司	3796	6.6	10202	17.5	6406	11.0
商社	5214	9	7582	13.0	2368	4.0
直营店	517	0.9	497	0.9	-20	-0.0
销售店	4093	7.1	4164	7.2	71	0.1
其他	604	1	2921	5.0	2317	4.0
特约店	44885	77.7	36798	63.2	-8087	-14.5
直营店	31574	54.7	25343	43.5	-6231	-11.1
销售店	9720	16.8	7484	12.9	-2236	-4.0
其他	3591	6.2	3971	6.8	380	0.6
农协	2944	5.1	2637	4.5	-307	-0.6
非汽车用	183	0.3	68	0.1	-115	-0.2
合计	57743	100	58208	100.0	465	0.0

资料来源：日本能源经济研究所（2011 年）。

（三）滥用市场优势地位

虽然系统内和系统外的汽油批发价有每升 8 日元左右的差别，但是系统内的非直营加油站因为使用了精炼企业或一级成品油批发商的商标并且拥有稳定的汽油供给，所以作为对价，他们被禁止从系统外渠道批发汽油，否则将被取消使用商标权的资格。实际上精炼企业或一级成品油批发商通过系统内渠道和系统外渠道流通的汽油质量完全相同，而且它们对于非直营店购入系统外汽油的处置方法也有很大的随意性，据此非直营加油站认为一级成品油批发商滥用商标权属于《反垄断法》中的滥用市场优势地位。

另外，非直营店与精炼企业或一级成品油批发商签署的《汽油销售合同》中的内容，往往是由后者单方面决定，特别是作为核心条款的批发价的设定，销售合同往往只写"批发商自行决定"或"另行规定"等有利于批发商的内容，至于批发价的计算方法及依据，非直营店往往不得而知，因此非直营加油站认为批发商这种单方面决定合同内容的行为同样属于《反垄断法》中的滥用市场优势地位。

四 改善了加油站的经营业绩

日本的加油站总数在 1994 年达到最大的 60421 家，之后逐年减少，2010 年的数量已经减少到 38777 家，但是自助式加油站的数量已经从 1998 年的 85 家增加到 2010 年的 8449 家，约占全部的 1/4 （如图8－4 所示）。日本政府从 1987 年开始调查全国加油站的经营状况，根据其各年度的统计，各加油站 1987 年的汽油的平均销售利润为 13.9 日元/升，销售利润率为 11.3%，1993 年达到最高，分别为 21.7 日元和/升 17.4%，之后逐年降低，2008 年分别为 11 日元和/升 8.0%。

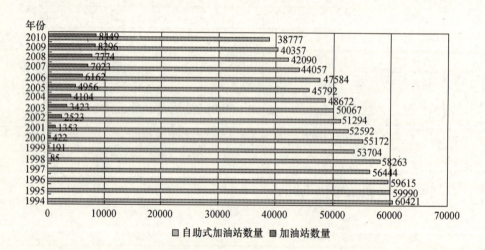

图 8 － 4　日本加油站数量的变迁 （1994—2010 年）

资料来源：日本能源经济研究所 （2011）。

1997 年，主营业务亏损的加油站占全部加油站的 60% 左右，之后通过人员削减和规模化经营，这个比率逐年降低，2008 年减为 26.6% 左右。为了在竞争中生存下来，很多加油站除了汽油供给以外，还纷纷推出洗车、销售关联产品等多元化业务。如表 8 － 7 所示，1996 年平均每家汽油销售企业的销售额为 10.8 亿日元，2008 年则增加至 15.8 亿日元，虽然销售利润率从 1996 年的 19.1% 减为 2008 年的 12.1%，但是由于管理费用等（包括销售费用和管理费）的降低，平均每家汽油销售企业的营业利润反而从 1996 年的 -363.6 万增加为 2008 年的 1143.8 万日元。通过此表可以看出，经营改善的主要原因为人力支出的减少，从销售额的 11.1% 减为 6.1%。

表 8-7　　　　　日本加油站损益报表的比较（平均每个加油站）

	1996 年度		2008 年度		比较		
	千日元	构成（%）	千日元	构成（%）	千日元	百分点	年度比（%）
	A	B	C	D	C - A	D - B	C/A
销售额	1087454	100	1580203	100	492749	0	145
销售成本	880182	80.9	1389696	87.9	509514	7	158
销售利润	207272	19.1	190507	12.1	-16765	-7	92
管理费等*	210907	19.4	179069	11.3	-31838	-8.1	85
销售费用	134046	12.3	105317	6.7	-28729	-5.6	79
人工费	120183	11.1	95806	6.1	-24377	-5	80
广告费	6406	0.6	3538	0.2	-2868	-0.4	55
管理费	76862	7.1	73752	4.7	-3110	-2.4	96
土地租金	14933	1.4	12805	0.8	-2128	-0.6	86
折旧	10548	1	9885	0.6	-663	-0.4	94
营业利润	-3636	-0.3	11438	0.70%	15074	1	—
金融收支	-5575	-0.5	-5116	-0.3	459	0.2	92
营业外收支	12268	1.1	7020	0.4	-5248	-0.7	57
经营利润	3058	0.3	13342	0.8	10284	0.5	436
特别利润	7053	2.6	5081	0.3	-1972	-2.3	72
特别损失	5879	0.5	8592	0.5	2713	0	14
税前利润	4232	0.4	9830	0.6	5598	0.2	232
法人税等	4383	0.4	5161	0.3	778	-0.1	118
当期利润	-151	0	4669	0.3	4820	0.3	—

注：*管理费等为剔除了销售费用中的管理费的管理费用。

资料来源：全国石油协会（2010）。

五　促进了日本成品油定价机制的市场化

随着投机资金进入国际原油市场，原油价格从 2005 年开始出现了前所未有的高涨，之后又进入了下降通道。在这种情况下，以月为单位的定价方式无法及时反映国际石油制品市场上的价格变化情况，最终消费者，

包括零售商也认为批发商的降价不及时，于是为适应市场的要求，从
2008 年开始，一些精炼企业开始实施新的批发价格定价方式，主要表现
为缩短定价周期，从以前的一个月改为现在的一周，甚至是每天；另外定
价依据不再是单纯的成本加成法，而是参照了现货价格和期货价格等价格
指标，使国内的价格越来越与国际价格接轨，如表 8 – 8 所示。

表 8 – 8　　　　　　　　　规制改革后成本油批发价定价机制

企业名称（当时）	改定期间	价格改定基准（指标）	开始时期
新日本石油	周	陆地现货、期货	2008 年 10 月
出光石油	周	陆地现货	2008 年 10 月
日本能源	周	陆地现货	2008 年 11 月
埃克森—美孚石油	周	原油成本、市场状况	1997 年
	日	陆地现货、海上现货联动	2009 年 5 月
COSMOS 石油	周	陆地现货、陆地现货 + CFI	2009 年 4 月
三井石油	周	陆地现货	2009 年 3 月
太阳石油	周	陆地现货、期货	2009 年 4 月
昭和壳牌石油	周	现货、期货	2009 年 7 月

资料来源：日本能源经济研究所（2009）。

新价格体系实施取得了一定效果，主要表现在三个方面：

第一，各加油站之间成品油零售价格差异的减小；

第二，系统内批发价之间价格差异的减小；

第三，系统内批发价和系统外批发价之间的价格差异的减小。

第四节　规制改革后的石油产业

根据石油联盟 2012 年出版的《石油产业现状》，2010 年日本国内的
原油产量为 85 万千升，占当年原油处理总量 2.832 亿千升的 0.4% 左右，
约合 1.5 日的处理量，由此可见日本的石油消费几乎全部依靠进口。2010
年度日本石油的进口及消费情况如表 8 – 9 所示。值得一提的是，随着日
本节能技术的发展，2010 年日本的原油进口量为 214357 吨，比 1973 年
的进口量 288609 吨减少了将近 1/3。

表 8 - 9　日本石油（原油及其成品油）的需求与供给（2009—2010 年）

单位：吨

项目		2009 年	2010 年	比上年同比增长（%）
原油	进口	211656	214357	101. 3
	处理	209572	208323	99. 4
制品（燃料油）	期初在库	11805	10577	89. 6
	生产	196375	194969	99. 3
	进口	29799	33067	111
	供给合计	226174	228036	100. 8
	内需	194988	195948	100. 5
	出口	29932	30282	101. 2
	需要合计	224920	226230	100. 6
	期末在库	10577	10339	97. 7

资料来源：经济产业省资源能源统计（2012）。

表 8 - 10 为日本对各种石油制品的消费结构的变化，从趋势上看，重质油的消费量逐步减少，从 1973 年的 130000 吨减少到 2010 年的 32000 吨左右，而轻质油的消费量总体上处于上升的趋势，特别是汽油和轻油的消费量增加了 1 倍左右。

表 8 - 10　　　　　　日本石油制品的消费结构变化

单位：吨

种类	1973 年	1975 年	1980 年	1990 年	2000 年	2010 年
B、C 重油	111007	92903	79199	46623	31364	17330
A 重油	19306	18992	21083	27066	29516	15404
轻油	16759	15997	21564	37680	41745	32864
煤油	21930	21663	23566	26701	29924	20332
航油	1673	2059	2967	3739	4611	5154
石脑油	36240	32031	26297	31423	47686	46668
汽油	27223	28995	34543	44783	58372	58197

资料来源：经济产业省资源能源统计（2012）。

2012 年 3 月，日本主要的石油精炼和一级成品油批发商共有 7 家，其中 JX 日矿日石能源株式会社、出光兴业株式会社、COSMOS 石油株式会社、埃克森—美孚株式会社和太阳石油株式会社既从事石油精炼，又从事成品油的一级批发；而昭和壳牌石油株式会社、三井石油株式会社只从事一级批发业务，但是这些公司拥有上述石油精炼企业的股权。

一　勘探开采

在石油勘探开采等上游产业，日本的基本政策是积极扩大海外原油产地中的日本权益（日本称为"石油的自主开发"）。日本是世界上第三大石油消费国家，其国内的石油天然气产量只占年度消费的 1.4% 左右，几乎全部依赖进口。为了获得稳定的石油供给，日本积极扩大在海外石油勘探开采中的权益。截至 2011 年 6 月，日本国内石油消费量的 24% 左右是从本国海外投资的自有或合资油田中进口的，换言之，即使其他国家全部对日本石油禁运，日本也能获得年消费量 24% 的进口原油。

为了提高海外石油勘探开采中的日本权益，日本采取了"民间为主，政府扶持"的政策，支援的主体是 2005 年取代日本石油公团后成立的独立行政法人石油天然气金属矿物资源机构，该机构的支持方式主要有两类：一类是石油勘探开采等方面的信息收集、地质结构分析以及相关技术的开发普及（比如提高原油回收率的技术）；另一类是资金支持，包括代表政府出资和对民间石油勘探开采企业的债务提供担保。

出资基本方式是组建项目公司，其中石油天然气金属矿物资源机构根据情况不同，出资比例占注册资本的 1/4—3/4，合作方可以是日本国内法人，也可以是日本国内法人出资并参与经营的外国法人或与日本国内法人合资经营的外国法人。债务担保的对象企业和上述三类企业相同，担保额为 1/2—3/4，标的债务为从日本商业银行或日本国际协力银行所贷款项，并且专门用于海外石油天然气的勘探开采以及收购相关资产。日本国际合作银行是日本的政策银行之一，对符合条件的石油天然气勘探开采企业提供专项贷款。为了减小民间企业的财务风险，独立行政法人日本贸易保险公司于 2008 年开发了针对日本企业海外资源能源勘探开发的险种，即资源能源综合保险。

在日本政府这种三位一体的支持下，日本原油供给的自主开发率不断提高，已经达到 2011 年的 24%，而且遍布世界各地产油国或地区。

二　石油精炼

尽管规制改革以前日本政府对石油精炼企业的原油脱水能力、一次加工能力和二次加工能力实施了严格的许可证审批制度,但是因为日本对石油需求的减少,石油行业存在着设备过剩、开工率低的问题。如表8-11所示,1973年的日处理能力为5410万桶,设备开工率为85.2%,其后处理能力总体处于下降状态,2010年已经减为4615万桶/日,设备开工率不足78%,日本的设备开工率自1980年以来整体上处于上升的状态,但是始终低于美国的开工率。

日本在石油精炼领域的基本政策是削减一次加工能力,提高二次加工能力。根据2012年版《今日的石油产业》,日本石油精炼企业的一次加工能力从2000年3月的535万桶/天已经减少至2012年3月的450万桶/天。

表8-11　　　　日美炼油厂设备开工率比较（1973—2010年）　单位:万桶、%

年份	原油脱水日处理能力	设备利用率（日本）	设备利用率（美国）
1973	5410	85.2	
1975	5940	70.7	
1980	5940	66.0	75.4
1985	4973	62.3	77.6
1990	4552	77.3	87.1
1995	5221	79.4	92.0
2000	5274	79.2	92.6
2005	4767	82.7	92.8（2004年）
2006	4796	82.9	
2007	4856	82.7	
2008	4895	78.9	
2009	4896	74.5	
2010	4615	77.8	

资料来源:中央职业能力开发协会（2008）。

2009年,日本公布并实施了《能源供给构造高度化法》,该法律规定石油企业具有使用生物燃料和有效利用原油的义务，作为具体的数量化指标，日本经济产业省根据该法规定 2013 年以前，各石油精炼企业的重质油分解能力与常压蒸馏设备能力的比率（重质油分解设备装备率）必须达到 13.0% 以上，2010 年日本的比率为 10.2%，低于中国等一些亚洲国家（见图 8 - 5）。

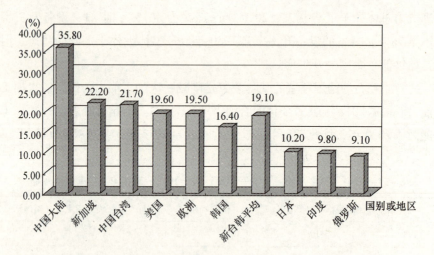

图 8 - 5　重质油分解设备装备率的国际比较（2010 年）

资料来源：笔者根据日本经济产业者会议资料整理。

所谓重质油分解能力是指原油经过常压蒸馏以后，在产生汽油、煤油、石脑油的同时，还会产生残油，即重质油，该残渣经过重质油分解装置后，可进一步产生汽油、煤油、石脑油、重油和残渣。重质油分解设备装备率越高，对石油的有效利用度越高。

为了达到上述法定指标，各大石油精炼企业纷纷削减一次加工能力（常压蒸馏设备），如表 8 - 12 所示。2008 年日本综合能源调查会石油分科会在《关于新一代燃料及石油政策的报告》中提出了日本石油精炼产业的发展方向，即：①扩大汽油、石脑油等日本有技术优势的成品油的出口数量，以提高设备的开工率；②深化石油化工产业，提高产品附加值；③提高重质油分解能力；④进一步促进精炼企业之间的并购和各种方式的合作；⑤实施多元化经营、向综合能源公司发展；⑥利用技术优势，扩大与国外精炼企业的合作。

表 8 – 12   各石油精炼公司设备削减计划

会社名	制油所在地	能力削减（千 BD）	时间
新日本石油株式会社	富山	60	2009 年 5 月
COSMOS 石油株式会社	千叶	20	2010 年 2 月
COSMOS 石油株式会社	四日市	50	2010 年 2 月
COSMOS 石油株式会社	坂出	30	2010 年 2 月
JX 日矿日石能源株式会社	大分	24	2010 年 5 月
JX 日矿日石能源株式会社	鹿岛	21	2010 年 5 月
JX 日矿日石能源株式会社	根岸	70	2010 年 5 月
JX 日矿日石能源株式会社	水岛	110	2010 年 6 月
JX 日矿日石能源株式会社	大阪	115	2010 年 10 月
昭和壳牌石油株式会社	扇町	120	2011 年 9 月
出光兴业	未定	100	2013—2014 年
JX 日矿日石能源株式会社	未定	200	截至 2014 年
总计		920	

资料来源：石油联盟（2012）。

三 定价方式

1996 年成品油进口自由化以后，经过 2008 年石油定价方式的市场化改革，日本汽油批发价的定价方式主要有三种，如表 8 – 13 所示。

表 8 – 13   精炼厂（一级批发商）汽油批发价定价方式

定价方式	说　明	比例	
成本联动方式	一级批发商在原油成本的基础上，加上运费、精炼成本、各种税、人工成本、利润。因为日本的原油主要从中东进口，需要一个月左右的时间，所以本月的定价以上个月的原油成本为基准，曾经是主流的定价方式	约三成	约七成
市场联动方式	一级批发商根据各加油站周边其他加油站的价格决定自己的基准价格；变动幅度基本与原油价格同步	约四成	
公式定价	以某地的价格为指标，按照事前规定的方式定价。RIM 的现货价格、原油 CIF 价格等常作为价格指标被使用	约三成	

资料来源：日本能源经济研究所（2012）。

2008 年开始的金融危机降低了日本市场对石油制品的需求，各大石油精炼企业纷纷出现赤字，这些企业开始摸索新的批发价格制定方式

（见表 8 - 14），与既存的定价方式相比，价格仍是每周调整一次，但是，调整的依据包括依照的价格指标和价格指标的参照期间没有对外公布，非直营店的加油站普遍担心精炼企业等会利用这种不透明机制暗中扶持直营店，以扩大其市场份额。

表 8 - 14 日本汽油批发价的定价方式

一级批发商	实施时间	价格指标	价格参照期间	价格适用期	通知时间
JX 日矿日石能源	2010 年 10 月以后	不定	不定	周六至周五	本周五
出光兴业	2010 年 7 月以后	不定	不定	同上	同上
昭和壳牌	2010 年 6 月以后	不定	不定	同上	同上
埃克森—美孚	2010 年 10 月以后	不定	不定	同上	同上
COSMOS 石油	2010 年 10 月以后	陆地现货	周五至周四	同上	同上

资料来源：综合资源能源调查会石油小委会/下一代燃·石油政策小委会会议资料。

四 流通渠道

2009 年，日本一共消费汽油 5821 万千升，其中的 99.9% 是作为汽车燃料消费的，主要的销售渠道有两个，即系统外和系统内。系统内销售渠道包括精炼企业和一级成品油批发商的直营店以及使用其商标权的特约店，通过系统内渠道销售的汽油占全部的 82.3%；系统外销售渠道包括商社和农协，共销售 17.6% 的汽油。

在系统内的销售渠道中，随着精炼企业和一级成品油批发商纵向一体化的发展，其直接销售汽油占全部的 19.1%，剩下的 63.2% 是通过旗下的加盟店（特约店）销售的。具体情况如图 8 - 6 所示。

五 石油税负

2012 年，日本对石油产业的各种税收合计预计为 5 兆 3800 亿日元，占当年日本税收总额的 7.8% 左右。2012 年 2 月日本汽油的零售价为每升 146 日元，各种税负为 62.8 日元（其中包括石油煤炭税 2.04 日元、汽油税 53.8 日元、消费税 7 日元），约占 43%。

2012 年，日本石油产业的消费税前的销售额约为 193600 亿日元，这其中包括汽油税、石油煤炭税等 34600 亿日元，除去各种税负的净销售额为 159000 亿日元，根据现行的消费税法，5% 消费税的纳税基数为 193600 亿日元，消费税合计为 9700 亿日元。石油行业认为消费税的征收基数应该是 159000 亿日元，不应该对 34600 亿日元的税负再征收消费税，属于税上税，如果政府认可这种观点，整个石油行业可以节省税负1700亿日元。

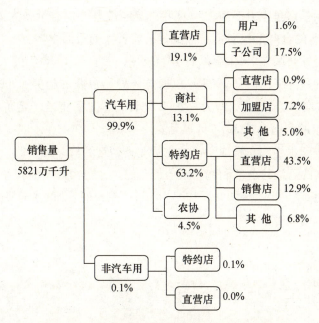

图8-6　2009年日本汽油销售渠道及其销售量

资料来源：日本能源经济研究所（2012）。

日本石油税收体系如图8-7所示。

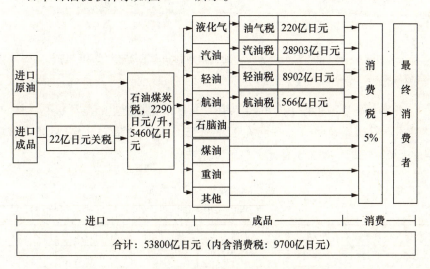

图8-7　日本石油产业税收体系（2012年）

资料来源：石油联盟（2012）。

六 利润情况

1998 年以后，日本石油行业（只包括精炼企业和一级成品油批发企业）销售额基本呈上升态势，2002 年的完全放开并没有带来太大的影响，反而 2008 年的金融危机对销售额倒是有着较大的负面影响。

主营业务利润在 1992 年以后不断减少，一直到 1998 年的 - 180 亿日元，之后有升有降，但是 2008 年以前总体处于上升的趋势。2008 年的石油行业的总体主营业务利润为 - 2992 亿日元，之后得益于定价机制的调整，2010 年的利润高达 5214 亿日元。

与其他产业相比，石油产业的主营业务销售利润率比较低，如图 8 - 8 所示，日本的石油行业的利润率不但低于燃气、电力等垄断行业，而且低于制造业的 5%，仅为 2.3%。1993 年，日本石油行业的主营业务销售利润率最高，也仅为 2.6%。

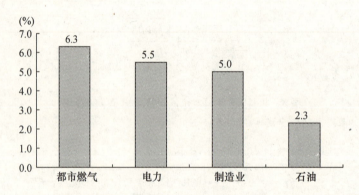

图 8 - 8　日本部分产业主营业务销售利润率的比较（2010 年）

资料来源：石油联盟（2012）。

表 8 - 15 为每销售 1 升汽油，精炼企业和流通企业的盈利状况，从总体来看，精炼企业每升的利润在 12.6—15.5 日元，呈上升趋势；流通领域的利润在 10.6—15.5 日元，呈下降趋势。

表 8 - 15　　　　　　　　汽油成本构成比例变化情况
（2000—2010 年）　　　　　　单位：日元/升、%

年份	原油成本	精炼利润	流通利润	成本份额	精炼份额	流通份额
2000	23	13.4	14.6	45.1	26.3	28.6
2001	21.5	13.9	15.5	42.2	27.3	30.5

续表

年份	原油成本	精炼利润	流通利润	成本份额	精炼份额	流通份额
2002	21.7	12.9	13.7	44.9	26.7	28.4
2003	23.5	13	13.4	47.1	26.1	26.9
2004	27	12.9	14.1	50.0	23.9	26.1
2005	37.5	14.2	13.1	57.9	21.9	20.2
2006	49.4	15.3	13.8	62.9	19.5	17.6
2007	52.9	15.5	12.2	65.6	19.2	15.1
2008	69.5	14.7	13.5	71.1	15.0	13.8
2009	37.5	12.6	10.6	61.8	20.8	17.5
2010	45.9	15.3	11.6	63.0	21.0	15.9

资料来源：石油联盟（2012）。

第五节　石油危机管理体制

石油属于战略物资，日本政府在对产能、价格、行业进入等实施经济性规制的同时，还通过一系列法律法规建立了包括私营企业储油义务在内的石油危机管理体制。

一　建立危机管理体制的起因

1973 年 10 月，石油输出国组织宣布石油减产、对部分国家禁运之后，国际石油价格应声上涨，第一次石油危机爆发。当时日本原油的99% 依赖进口，而且进口的 80% 来自中东地区，由此不难想象石油危机对日本的影响。当时适逢日本国内经济过热，需求拉动型通货膨胀蔓延，石油危机进一步恶化了这种状况，1973 年 11 月出现了市民囤积卫生纸、洗涤剂等日常用品、商店无货可卖的现象。

1973 年 11 月，日本政府成立了以总理为首的紧急石油对策领导小组，制定了《石油紧急对策大纲》，主要内容包括：①呼吁国民节约石油消费；②将石油、电力的消费量减少 10%；③坚决抑制借机涨价现象，保证公益部门的石油需求；④制定相关法律；⑤抑制总的需求、控制物价。作为具体措施，包括：①对政府指定的 11 个产业制定降低石油消费的指标；②私家车使用的自律；③商店等缩短营业时间等。这些措施实施至 1974 年 8 月，即国际石油秩序恢复正常之后。

在实施上述临时措施的同时，日本政府开始考虑通过立法应对石油危机（安部彰，1986）。

二　石油储备制度

（一）民间石油储备制度

日本实施石油储备制度的法律依据为 1975 年制定的《石油储备法》，但实际上石油储备在法律制定前已经存在，主要是当时的通产省根据《石油业法》的宗旨，以行政指导的方式使日本的石油精炼企业、一级成品油批发商确保一定量的石油储备。早在 20 世纪 60 年代初期，当时的日本通产省产业构造审议会的能源分会针对日本能源状况的现状，提出了"确保一定量的石油储备，以应对一时性的石油供给不足和保证国家的能源安全"的建议，之后在 1962 年，日本通产省的综合能源调查会指出：相对于西欧诸国 65 天的石油储备量，日本目前的 40 天储备数量非常不足，进而考虑石油占日本能源消耗的 65% 以上以及日本石油几乎全部依赖进口的事实，有必要大幅度增加石油的储备数量。1967 年，第三次中东战争爆发，虽然该战争对日本石油供给的影响有限，但是这场只持续 6 天的战争引发了日本国民对能源安全的担忧。1968 年，日本修改《石油业法》，新设提供低息贷款和加快折旧制度，要求石油企业增加石油的储备数量。国际上，OECD 和 EC 针对中东的局势，向成员国提出了"力争到 1975 年为止，确保石油储量达到 90 天"的号召。

1971 年，日本提出了到 1974 年确保 60 天石油储备量的计划并于 1973 年达到目标。这些石油储备为日本应对 1973 年的石油危机作出了贡献。受此次危机影响，1974 年，综合能源调查会石油分会又一次提出了自己的政策建议：①到 1979 年为止将日本的石油储备量增加至 90 天，为此民间企业每年增加 5 天的储备量；②石油储备应该是国家履行的义务；③日本主要由民间企业承担了石油储备义务，考虑石油储备所需的巨额成本，政府需要提供必要的财政支持。为了落实上述政策，日本于 1975 年制定了《石油储备法》。该法的主要内容如下：①在日本从事石油精炼（年生产量在 10 万吨以上）和销售（年销售量在 250 吨以上）的企业负有石油储备义务。②各家企业的石油储备数量根据其石油生产量和销售量按比例分配，确保总储备量达到年度目标。③储备油品包括汽油、石脑油、煤油、航空油、重油和原油，通产省根据情况可以增减。④政府对履行石油储备义务的民间企业提供财政支持，包括储备石油的购入资金的优惠贷款、建设石油储备设施的优惠贷款；对石油储备公司的出资和贷款等。⑤通产省对违反储备义务的公司有权发出警告、强制储备命令和罚款等。⑥在某些特殊情况下，经通产省批准后，石油储备义务者可以按照规定的条件减少储备量。

在政府的财政支持下，日本的民间企业于1980年达到了"90天石油储备量"目标。

（二）国家石油储备制度

1977年，综合能源调查会石油分会认为，随着日本经济实力的增强和世界石油局势的动荡加剧，日本政府应该进一步增加石油的储备能力，但是考虑储备石油的购入和存放成本，建议开始实施国家的石油储备制度。1978年，日本政府修改《石油公团法》，正式通过石油公团开始落实国家的石油储备制度。1987年，日本石油审议会增设石油储备问题委员会，同年11月提出了日本石油储备的基本原则，即①在质和量两个方面充实石油储备；②日本现有的石油储备数量低于IEA加盟各国的平均数，而且其他成员国还有增加石油储备的动向，因此日本应该积极增加石油的储备数量；③在今后的石油储备量的扩充中，应该以增加国家储备为主，以便于国家的直接控制使用；④在国家储备和民间储备的分工上，国家储备作为最后的手段予以投放，民间储备则可以灵活机动地投放到市场；⑤民间石油储备量则逐步从90天减到70天，国家石油储备量增至5000万吨。

1989年，日本国家石油储备达到3000万吨，1998年增加至5000万吨，基本达到预定的储备目标，这些石油分别存在10个石油储备基地。国家石油储备基地的储备能力约为4000万吨，超出储备能力的国家储备石油存放在国家租用的民间储油设备内（石油储备·紧急对策小委员会，1999）。

（三）石油危机管理的法制建设

受第一次石油危机影响，日本政府于1973年连续制定了两部关于石油危机管理体制的法律，即《国民生活安定紧急措施法》和《石油供需平衡法》。

1.《石油供需平衡法》

日本制定该法的目的是当出现较为严重的石油供给不足时,通过扩大供给和减少消费以实现石油的供需平衡。在具体落实该项法律条款时,对一般消费者、中小企业、农林渔业从业者、公益事业、通信行业、教育医疗、社会福利设施、出版业等与国民生活密切相关的产业给予优先的石油供给。

该法规定,通过内阁会议决定实施该法的相关条款时,政府必须予以公告。

为了确保石油的供给和及时掌握相关供给信息,该法第六条规定,符合条件的石油精炼企业、石油进口商和石油销售商需按照政府的要求,提出相应的生产、进口和销售计划,政府可以根据需要修改上述计划;各个企业必须按照批准执行生产计划,违者予以公示。

为了减少石油的消费,该法第七条至第九条规定,政府可以根据需要,在一定期间内限制石油及相关制品的消费量。为了确保对特定行业的石油供给,该法第10条规定,政府可以命令石油销售者将一定量的石油销售给政府指定的单位或个人,销售价格等具体细则由二者协商而定,发生争议时,可以申请政府或法院裁定。

当上述措施仍然无法确保石油的供需平衡时,政府可以实施石油的配给制度,同时对石油的生产和消费采取进一步措施。

2.《国民生活安定紧急措施法》

该法的目的是在出现价格暴涨等异常现象时,政府可以对与国民生活和社会经济密切相关的重要物资的价格和供给实施特别的规制,以确保国民生活和社会经济的正常运行。为了达到此目的,该法分别从价格、生产、进口、流通、库存等方面授予了政府一定的权力。

针对价格,该法第3条至第12条规定:当重要物资出现了价格暴涨或有暴涨趋势时,政府可以根据需要,将其指定为"政府监管物资"。对于政府监管物资,政府可以参考生产成本、进口成本、流通成本、合理利润等实际情况,制定指导价格(包括出厂价、批发价和零售价);各零售商在销售政府监管物资时,必须明示政府规定的指导价格和自己的实际销售价格;当实际的销售价格超出指导价格的合理范围之外时,政府有权敦促销售商降价销量,对于拒不服从者,政府可以将其行为予以公示;当上述措施仍然无法应对某些物资的价格暴涨时，政府可以将其指定为"特别监管物资"，制定指令价格；当特别监管物资的销售价格超过政府颁布的指令价格时，政府对销售商的违法所得实施强制征收。

针对生产，该法在第 14 条和第 15 条中规定：当重要物资出现了价格暴涨或有暴涨趋势时，政府可以命令国内的生产厂商提交"生产计划"，并可以根据需要调整厂家的生产计划；生产厂家有义务根据提交的生产计划组织生产；当生产厂家拒绝提交生产计划或按计划生产时，政府可以将其行为予以公示。

针对进口，该法在第 16 条至第 17 条中规定：当重要物资出现了价格暴涨或有暴涨趋势时，政府可以指导进口商在规定时间内进口一定数量的物资。

还可以进一步指导特殊法人在规定的时间内进口一定数量的物资。针对库存和流通，该法在第 20 条至第 22 条中规定，政府可以指导重要物资运送和销售商在规定的时期、规定的地区内运送或库存一定数量的物资，违反者予以公示。

为了防止因一时供给不足引发的生产投资过剩，该法在第 23 条至第 25 条中规定，政府可以针对某些生产设备，实施投资审批制度，并在不低于 6 个月的时期内控制其投资规模。在该法第 26 条中还规定，在某些特殊情况下，当物资的供需出现较大的矛盾而且这种矛盾在短时间内难以解决时，政府可以实施定量配给制度。

为了确保法律的实施，该法还规定了相应的处罚措施。

第六节　对石油产业规制改革的评价

一　逐步实施的经济性规制改革

日本对石油行业实施经济性规制的核心是产量规制和成品油进口规制。前者的目的是通过计划确保供需平衡，起因是"通产省万能论"和对市场机制的不信任；后者的目的是防止进口成品油对国内市场的冲击，起因是"原油进口、国内精炼"以及"汽油价高、其他油品价低"的产业政策和日本贫油以及日本石油精炼企业的效率曾经落后于欧美竞争对手的事实。

从 20 世纪 80 年代开始，英美的经验及日本的现实使放松规制逐步得到认可，并且影响越来越大，日本政府开始了以市场机制代替通产省计划调节的摸索。针对石油产业而言，改革之初的状况是：日本的石油精炼行业设备过剩、开工率低于美国、二次加工（重质油分解）比率低；日本的汽油价格高于国际市场；日本石油资源匮乏。

日本石油产业的改革目标是：在价格上与国际接轨；保持国内一定程度的精炼能力；确保成品油质量和建立完善的危机管理体制。换言之，日本要在继续维持"原油进口、国内精炼"的同时，降低汽油价格实现与国际接轨。

在现实和目标之间最大矛盾是日本高油价的事实。当然日本也可以通过用降低汽油税负的办法缓解上述矛盾，但是这显然不符合日本政府高财政赤字的现实状况，因此唯一可行的方法就是提高精炼企业的效率、降低成本，同时根据市场机制适当提高汽油以外的成品油的价格。

为了达到这个目的，首先需要在国内精炼领域导入竞争机制，通过竞争迫使石油精炼企业提高效率、降低成本。经历国内市场竞争的洗礼以后，相对于改革之初而言，竞争中胜出的企业应该具有一定的能力，这个时候再适时开放国内成品油市场，让国内精炼企业与国外的竞争对手直接对决。

可以认为，日本石油精炼企业的这种"国内竞争练体力、国外竞争保生存"的改革路径战略符合日本实际情况，取得了一定的成功，并且为后来的"上伸下展、国际国内"的发展战略打下了基础。在"国内竞争练体力"的第一个阶段，改革的路径也体现了日本政府的苦心。比如1987 年首先放松了对石油二次加工设备生产能力的规制，二次加工设备是从一次加工后的残油（重质油）中提炼汽油、石脑油和重油的设备，显然此项放松规制的目的是鼓励石油精炼企业提高单位原油的汽油等高附加价值油品的产量；1989 年废除石油精炼企业汽油产量配额规制为那些已经提高了汽油产量的企业扫清了政策障碍，使其能够更顺利地在成品油市场流通。通过上面的改革，提高了单位原油成品油产量的精炼企业等于是降低了成本，其市场份额会不断增加，进而有了扩大产能的要求，1991年关于增加一次加工设备的规制放松（当现有精炼设备的开工率达到90％时，可以增加设备）适应了高效率企业的这种要求。

按照石油精炼产业价值链上从高到低的顺序，日本首先放松了二次加工设备的规制政策，然后是一次加工设备，最后是原油脱水能力的产能限制（1992）。因为原油脱水能力的产能限制等同于从源头上控制了原油的投入量，从而防止了石油精炼企业试图通过扩大规模降低成本的粗放型应对方式，迫使其在原油投入不变的情况下，通过增加产品附加价值的方法提高效率。

1996年《特定石油制品进口暂定措施法》如期废除。如前所述，该法看起来似乎是促进成品油进口的法律，实质正相反，该法的目的是通过将成品油进口权授予石油精炼企业和成品油一级批发商的方式，防止进口成品油对国内精炼企业的影响，同时通过与国外石油精炼企业的接触，使其了解竞争对手的生产效率等相关信息，从而对双方竞争能力有正确的判断。之所以说是如期废除，是因为在1986年该法实施之初，就已经明确规定该法的有效期限为10年。换言之，日本政府给本国石油精炼企业设定了十年的保护期间，设置时限的目的在于表明政府改革的决心，从而增加企业的危机感。

即使这样，在1996年实施成品油进口自由化以后相当阶段，日本政府仍然可以通过《石油业法》对石油精炼能力实施控制。1998年，石油审议会综合国内外精炼企业的状况，提出了2002年前后正式取消对石油行业所有经济性规制的建议，之后此项建议如期实施。在1998年以后的4年过渡期间里，日本的石油精炼业掀起了合并的高潮。

从上述改革过程、改革内容和改革路径来看，日本政府对石油产业采取的是渐进式的改革方式，首先通过舆论和立法，使企业认识到改革的必要性和紧迫性；其次通过规制改革释放企业活力，尽量缩小其现实生产力与生产力前沿之间的距离；最后在国内外竞争压力下，促使企业自主实施并购重组，实现优胜劣汰、优势互补和规模效益。

二　不断强化对成品油的质量规制

首先从汽油的质量监管来看，1996年实施的《确保汽油等质量法》代替了1976年开始实施的《汽油销售法》，正像法律名字所言，该法是一部关于确保汽油等成品油质量的专门法律，主要内容包括：①对汽油等的销售商实施资格认证制度。②国家设立汽油质量的强制标准，不满足强制标准的汽油禁止销售。③在强制标准的基础上，设立日本国标，只有出售满足强制标准和日本国标要求汽油的加油站才可悬挂SQ标志（日本国内精炼的石油符合以上两个标准）。④汽油等的生产者和进口商有确认成品油质量符合相关标准的义务。⑤加油站有分析所售汽油成分的义务,每10天检验一次汽油质量(可以委托经济产业省认可的其他机构实施),保存质量检验报告2年;石油精炼企业对自己生产的油品质量承担连带责任时,加油站申请后可以每年检查一次;加油站要有油品质量管理员(要求具有相应的资格证书),专门负责以上事务。⑥通产省每年一次对加油站实施不定期检查,并可委托第三者不定期对汽油质量抽测。⑧对于违反相关规定的,依法给予停业整顿、罚款、判刑、2年内禁止从事相关业务等刑事和行政处罚。

随着日本积极推进生物燃料以减少石化燃料对环境的污染,生产混合汽油〔向汽油内添加乙醇和乙基叔丁基醚(ETBE)等生物添加剂〕和混合石脑油(向石脑油添加脂肪酸甲基酯)的业者逐渐增多,市场上出现了劣质的混合汽油和混合石脑油,并因此引发了汽车自燃等现象,根据当时实施的《确保汽油等质量法》,这类混合成品油的生产者没有登记或资格认证义务,也就是说,存在着监管漏洞。

针对这种现状,2008年日本修改《确保汽油等质量法》,增加了以下内容:①混合成品油加工者的资格认证义务,并规定了相应的能力认证和人格认证条款;②质量确认义务,即混合成品油加工者和石油精炼企业、成品油进口商一样,有确认成品油质量符合强制标准的义务;③混合成品油加工者违反上述法定义务时,依法接受处罚。

三　尽量减小规制改革对石油储备和应急管理体制的影响

(一)《石油储备以及应急对策报告书》

在日本决定完全废除政府对石油产业的经济性规制的同时,经济产业省委托石油审议会对废除规制后日本石油危机管理体制相关问题进行了讨论,提出政策建议。1998年,石油审议会增设石油储备以及应急对策委员会,讨论相关问题。该委员会于1999年8月提出了具体的政策建议书,即《石油储备以及应急对策报告书》。

该报告书首先确认废除经济性规制后完善石油储备及应急管理体制的必要性。其次提出日本石油危机管理的具体原则:①市场机制优先原则。该报告书认为,即使因为地区性的战争等发生了石油供给不足,只要国际石油市场的功能正常,石油供给不会出现大幅度的减少,因此日本应该首先通过市场机制解决石油的供给问题,尤其要谨慎实施先于其他国家的石油规制政策。②作为最后手段的石油规制政策。当国际石油市场的供需机制失灵，单靠市场机制无法解决石油的供需问题时，作为最后的应急手段，政府可以实施《石油供需平衡法》等相关法律。③完善日常相关信息的收集整理工作。当市场上出现石油供需失衡时，有关石油价格、生产、进出口、销售的信息对于正确判断事态的严重性、制定有效的应急管理方案至关重要。在规制改革以前，《石油业法》的登记备案、资格认证和许可制度确保了政府对相关信息及时收集和整理，废除《石油业法》以后，需要相应的机制以确保政府能够及时掌握相关信息。④石油储备及其市场投放原则。为了防止石油供给失衡的加剧，石油储备的市场投放不仅仅是最后的手段，而且在初期阶段应该适时投放。⑤国际协作原则。积极配合 IEA 的 ESS 和 CERM 机制，通过国际协调防止供需失衡的恶化。

（二）改正《石油储备法》

根据 1998 年《石油储备以及应急对策报告书》的建议，日本政府为了在废除《石油业法》后仍然能够获得相关市场信息，于 2002 年在废除《石油业法》的同时，修改了《石油储备法》，修改后的法律名称为《关于确保石油储备等的法律》，核心的修改内容包括：①符合条件的石油精炼厂、石油制品进口商和成品油一级销售商每月向经济产业省报告当月的法定石油储备数量（根据该法的实施令计算得出）；②对于石油进口商实施资格认证制度，经济产业省对于不具有石油储备能力的申请者不予批准；③对于石油精炼企业或石油销售企业实施登记备案制度，申请者按照格式要求，向经济产业省登记，终止营业时，同样要向经济产业省申请取消登记；④当市场出现供给不足，需要将民间石油储备投放市场时，负有石油储备义务的石油企业要将具体的投放方式报告给经济产业省，根据需要，后者可以指导具体的投放方式。

（三）实施石油产业体制等调查研究项目

在通过《关于确保石油储备等的法律》获得相关信息的同时，经济产业省于 2001 年开始启动石油产业体制等调查研究项目。该项目主要以问卷和电子邮件方式向符合条件的被调查对象调查：①石油制品（包括汽油、轻油、航油、煤油、石脑油、重油、原油等）的需求情况（2012年 1 月的调查对象约为 310 家石油制品的精炼企业、进口企业、销售企业等），每月实施一次；②原油的进口情况（2012 年 1 月的调查对象约为30 家石油进口企业），每月实施一次；③石油设备（包括储油设备容量、油罐车台数等）情况（2012 年 1 月的调查对象约为 230 家企业），每两年实施一次。

上述信息收集整理后，于每个月底通过网络发布《石油统计速报》，次月中旬发布调整后的统计报告——《资源能源统计月报》，还会发布年报。

通过上述改正，日本政府确保了在规制缓和后仍能获得所需的市场信息。

（四）调整石油储备制度

2005 年，针对国际原油暴涨现状，日本综合能源调查会石油储备专门委员会受日本政府的委托，对日本石油储备制度进行了审议，并提出了最终的报告书即《日本综合能源调查会石油储备专门委员会报告书》。该报告书在1998 年《石油储备以及应急对策报告书》的基础上，针对全面放松石油规制后的市场情况，提出了未来日本的石油储备政策（见图8 -9）。①鉴于石油占日本能源消费的50％，而且其中的90％是从中东

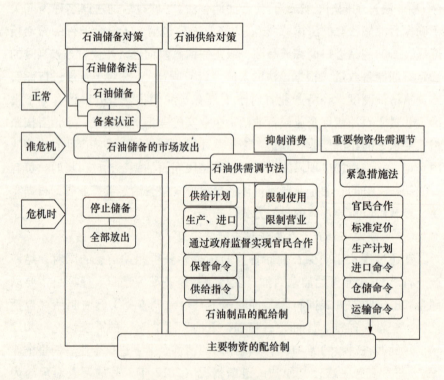

图 8 - 9　日本的石油储备制度

资料来源：笔者根据资料整理。

地区进口的事实，日本要继续在质和量两个方面充实石油储备制度，以期达到保证供给、提高市场信心的作用；②日本的石油储备量已经达到了120天的目标，和 IEA 前 10 名成员国的平均 121 天的保有量基本持平，政府一般根据国内外情况，每年公布当年的石油储备目标，国家储备量的终极目标为 90 天，民间石油储备量维持在 60—65 天；③鉴于日本具备相当的石油精炼能力和民间主要储备成品油的现状，国家储备以原油为主；④近年来，亚洲对石油的消费大幅度增加，因此出现石油供给不足的现象有可能发生，在这种情况下，鉴于石油储备的主要费用由国民税金的税金支撑，因此日本的石油储备主要用于投放国内市场。

四　加大反垄断机构执法力度

上述问题在规制改革前也一直存在，但只是个别现象，这是因为石油产业的主管部门通产省通过《石油业法》、《汽油销售法》、《确保汽油等质量法》以及各种各样的行政指导，调节汽油的产量和加油站数量，基本维持了供需平衡，从而防止了供给过剩引发的汽油销售大战和随之而来的各种不公平竞争方式。但是 2002 年随着《石油业法》的废除，紧急情况除外，石油行业主要是通过市场机制调节供需，经济产业省（原通产省）失去了介入的法律依据。

基于实施市场机制后掠夺性定价、差别定价等现象有可能蔓延的预测，2001 年 12 月，日本公平贸易委员会先行公布了《关于对汽油等流通中的掠夺性定价及差别定价的处理办法的通知》，后来为了进一步掌握汽油流通领域的现状，维持公平、自由的市场竞争秩序，日本公平贸易委员会又于 2004 年实施了《汽油流通实况调查》，并在调查报告的第五部分，从《反垄断法》的角度发表了对汽油批发价差异、汽油价零售差异、限制非直营店从系统外的渠道批发汽油以及单方面定价的看法。

尽管如此，汽油流通流域的不公平竞争现象有增无减。为了维护自己的利益，汽油销售行业协会游说日本自民党的部分国会议员组成了专门委员会，对相关问题进行调研，并于 2006 年 12 月和 2007 年 6 月分别公布了《汽油销售领域商标权的单方决定及反垄断法的问题》和《确保汽油流通领域的公平性和实效性的具体措施》，提出了资源能源厅和公平贸易委员会为改变现状应改善的方向。

2007 年 6 月，公平贸易委员会公布了《汽油流通领域的诸问题与反垄断法的应对措施》，从反垄断法的角度，更为具体地发表了单方面定价与滥用市场优势地位、限制进货渠道与滥用市场优势地位和限制交易、批发价格差异与差别定价的关系和相应的法律后果。

2007 年 6 月,资源能源厅也公布了应对汽油流通领域不公平现象的措施,包括:①从当年 9 月开始广泛收集整理并公布石油精炼企业(或成品油一级批发商)对各个渠道的批发价格;②调查系统外汽油流通的情况;③将上述信息与公平贸易委员会共享。为了从法律上加大对差别定价等违法行为的打击力度,2010 年实施的修订后的《反垄断法》对差别定价、滥用市场优势地位导入罚金制度,即对 10 年以内两次触犯上述法规的行为处以一定数额罚款。鉴于在差别定价和掠夺性定价的案件中,负有举证义务的原告很难获取到相关证据,《反垄断法》同时导入被告举证义务,即被告为了证明自己没有违反《反垄断法》的上述规定,需要提供相关的进货合同等详细的文件。实施被告举证义务,提高了《反垄断法》的可操作性。

第九章 烟草行业的规制改革

第一节 改革前烟草行业的规制内容

日本烟草行业和其他自然垄断行业或行政垄断行业相比，其规制改革最不彻底，至今日本烟草公司（日本烟草产业株式会社）仍被授予国内香烟制造垄断权，同时在价格、种植面积等方面也存在众多的政府规制。

一 烟草专卖机构

（一）大藏省专卖局

为了确保财政收入，日本从 19 世纪末期开始在烟草、樟脑球、盐业和酒业导入国家专卖制度。就目的而言，这与日本当时以产业振兴为目的的国营企业和需要大量基础投资的电信等自然垄断产业的国营企业在性质上具有根本的不同，是一种完全出于增加国家财政收入的行政垄断（西村弥，2002）。

在实施烟草专卖制度之前，日本明治政府曾经试图通过税制改革增加烟草行业的财政收入。1895 年，《烟草税则》制定实施，根据该法，烟草税主要包括营业税和从价印花税，其中营业税的纳税主体为香烟批发商，从价印花税的纳税主体为香烟购买者。在具体操作上，香烟零售商首先从政府税务部门购买印花税，消费者购买香烟时，支付香烟价格（税前价格）和相应的印花税的总和（即税后价格等于零售价）。在导入《烟草税则》当年，日本明治政府根据历年香烟销售量，预计印花税收入可达到 35 万日元，但实际上当年只有 3.5 万日元，仅为计划的 1/10（日本专卖公社总务部总务课，1953）。

之所以如此，大藏省认为主要原因如下：①当时的香烟生产和流通环节存在黑市，因此零售商可以从黑市获得香烟；②为取消黑市需要大量人力和财力，可能超过取缔后的税收增加额，因此在监管不到位情况下，零售商公然销售黑市入手的香烟；③税前香烟价格明显低于税后价格，因此消费者更愿意购买没有印花税的、从黑市入手的香烟。

为了从制度上堵住零售商的逃税行为，明治政府先后进行了两次变革，第一次是 1883 年实施的工商分离、变更纳税主体的制度改革。具体而言，首先将香烟生产商与香烟批发商进行资格分离，接着规定印花税的纳税主体从零售商转为生产商，即香烟生产商根据产量支付印花税；同时将香烟批发商和生产商的营业税从每年 10 日元增加为 15 日元。

改变印花税的纳税主体使税务部门的监管对象从当时数以万计的零售商减少到数以百计的生产商，节省了税收成本，而且更便于稽查，从而大大增加了烟草行业的纳税收入。但是在其后的实施中，日本明治政府发现 1883 年制度改革的两个弊端：其一，印花税不是粘贴在香烟盒中，香烟生产商存在一纸多用现象。比如香烟生产商申报生产了价值 10 万日元的香烟，然后购买相应的印花税，用后作废，但是因为当时的制度不健全，生产商并不完全处理掉已经使用过的印花税纸，可能留出一部分下次接着使用。其二，当时很多香烟生产商以批发商身份申报税务，从而逃避印花税的纳税义务。

针对上述问题，1888 年，明治政府第二次改革烟草税收制度，即香烟生产商必须将印花税纸贴在香烟上，从而避免一纸多用现象；将纳税身份申报制度改为资格审查制度，税务部门根据实际情况决定纳税人是烟草批发商还是生产商，从而规定其纳税的税种。

经过上述两次烟草税收制度改革以后，烟草行业税收有所增加，但是从当时香烟的生产量和消费量来看，大藏省估计处于税收体制监管之外的黑市香烟占全部消费量的一半左右。换言之，因为制度本身的不健全和税务人员的工作怠慢，在当时日本的烟叶种植、香烟生产和流通环节，黑市交易是非常普遍的（日本专卖公社总务部总务课，1953）。

为了解决烟草行业的逃税漏税现象，1896 年日本制定《烟叶专卖法》（1898 年实施），开始在烟叶领域实施政府统购统销制度。即烟叶生产者必须将生产的全部烟叶按照政府制定的价格统一销售给政府，然后政府加价后销售给香烟生产者，其间差价作为专卖利润上缴国库，同时废除印花税制度。

但是在现实中，由于烟叶种植者与香烟生产商之间已经形成的流通渠道，二者之间的黑市交易依旧存在。在这种情况下，大藏省开始讨论在烟草行业导入更为严格的专卖制度。1900 年，大藏省设立"烟草专卖调查委员会"，该委员会建议，为了从根本上解决烟草行业的逃税行为，确保财政收入，应该在整个烟草行业实施政府专卖制度。当时的明治政府接受了该委员会的建议，于 1904 年制定并实施《烟草专卖法》，将政府规制的对象从烟叶扩大到种子、烟叶、香烟的生产、流通、进出口、卷烟用纸、过滤嘴等原材料和辅助材料。

1904 年，大藏省在内部增设专卖局，专门负责烟草行业的国家专卖事务，至此，日本烟草行业的政企合一、政资合一制度开始形成。

（二）日本专卖公社

1948 年 7 月，联合国占领军驻日本司令部（GHQ）提出了将专卖局实施企业制改革的建议，目的是减少政府公务员数量和提高烟草行业的整体效率，但是考虑到烟草行业对财政的贡献（约占当时日本一般财政收入的 20% 左右）和防止逃税现象的发生，占领军司令部认为有必要继续维持专卖制度，保证国家的行政介入。因此作为折中方案，决定采用公共企业的组织形式，这里所谓的公共企业，是一种处于政府机构与民营企业之间的组织形式。

1948 年 12 月 12 日，日本议会通过了《日本专卖公社法》。1949 年 6 月 1 日，日本专卖公社正式成立，自此日本烟草专卖制度从政企合一、政资合一变为政企分开、政资合一。

根据《日本专卖公社法》规定，该公社为政府全额出资的国有企业，没有纳税义务，但是所有利润上缴国库。从治理结构来看，公司设有以总裁为首的理事会 7 人（总裁、副总裁各 1 名、理事 5 名）、监事两名以上；大藏省设立专卖事业审议会，审议会由 6 名委员构成，主要是根据大藏省的需要，对公社的管理提出自己的看法。总裁和监事由审议会推荐，大藏省大臣任命，副总裁和理事由总裁任命，大臣核准。审议会委员主要由学者代表、烟叶种植者代表和公社一般职员构成，由大藏省大臣任命。从组织上看，日本专卖公社形成了由理事会、监事会和审议会构成的相互制约的治理结构。

日本专卖公社虽然实现了政企分开，但是由于仍然具有政资合一性质，因此在许多方面具有仅政府部门才有的"特权"。比如根据《日本专卖公社法》第 18 条规定，公社干部和职员可以被看作执行公务的公务员

（但其身份不是公务员），又如在《烟草专卖法》中规定，日本专卖公社具有批准和取消烟农种植烟草的权力、有批准和取消香烟零售商的权力、有指定和取消卷烟用纸等辅材生产商资格的权力。此外，《烟草专卖法》第 69 条授予公社指定的职员（每个地区两名）在烟草特定业务中具有强制搜查权，其权力等同于警察的执法权；第 70 条还授予公社对应收款项的强制执行权（其优先顺序仅排在国税之后）。

当然，日本专卖公社在享有特权的同时，也要承担相应的义务，比如公社的年度预算要经过内阁会议（相当于我国的国务院常务会议）和国会的批准后方可执行，而且中途不得无故变更；年度决算同样要经过大藏省审批后交由内阁会议，在接受会计检查院（相当于我国的审计署）审查后提交国会。公社没有纳税义务，但是所有利润都要上缴国库。最为重要的是，公社干部职员等不能根据绩效领取报酬，而是参照公务员序列领取薪水。

二 规制内容

鉴于 1949 年成立的日本专卖公社只是在组织形式上不同于之前的大藏省专卖局，而在规制内容和方式上几乎没有变化（见表 9 - 1），所以本部分以专卖公社为分析对象，按照烟草行业的产业链讨论政府对该行业的规制内容。首先需要强调的是，根据《烟草专卖法》的规定，日本在烟草行业实施政府垄断（专卖），日本专卖公社受政府委托，具体执行国家的专卖制度。

（一）烟叶种植

对于烟草行业上游的烟叶种植，日本实施的是进入和退出规制。日本烟草专卖公社每年公布烟叶种植区域和各个品种种植面积，希望种植烟叶的农户向公社申请获得种植资格，审批的内容包括申请农地是否处于公布的种植区域内、是否有适合的烟叶干燥和存放场所、是否因违反《烟草专卖法》接受处罚后未满两年、是否被取消种植资格未满两年、以往的烟叶种植绩效是否欠佳、申请的土地是否适合种植烟叶、种植面积是否太小、农户自己是否具备必要的种植技术等。与进入规制相比，烟农的退出规制比较宽松，只要无特殊理由，公社不得拒绝农户的退出申请。

日本对于成品烟叶实施统购统销规制，即公社必须收购烟农的全部合格烟叶，烟农也只能把烟叶出售给公社。为了防止成品烟叶流入黑市，公社对烟叶产量和质量实施预购和实购两个环节。在烟叶即将采摘之前的成

表 9 – 1 公社化改革后的制度继承与变更

	大藏省专卖局	日本专卖公社
预算	依据《专卖局及其印刷局特别会计法》具体实施	向大藏省提交年度预算、发展规划及投融资计划，内阁常务会议通过后作为国家预算提交议会审批
决算		向大藏省提交年度财务报表，大藏省提交内阁后，会计院进行审计，然后作为国家决算提交议会审批
专卖权	属于国家	属于国家，专卖公社代为执行
业务	烟叶、盐业、樟脑、香烟用纸等生产和流通，负责取缔黑市，将利润上缴国库	同左
价格	《香烟定价法》或国会决定	公社决定烟叶收购价格（1958 年以前）、香烟用纸等辅助材料的收购价格、香烟批发价由公社依据《香烟定价法》制定，大藏省核准后实施
黑市取缔	负责人由大藏省依据条例制定	总裁推荐，大藏省指定
干部、高管	根据政府编制确定	总裁由大藏省任命，副总裁、理事由总裁任命、大藏省核准
职员	公务员	国有企业职工
劳资关系	没有团体交涉权和罢工权	有团体交涉权，没有罢工权
薪酬	依据政府公务员薪资制度	由公社和工会交涉后决定，但是如果没有得到国会认可，则不发生效力
兼职	禁止	高管禁止、一般员工可以
审议会	无	专卖事业审议会

资料来源：西村弥（2002）。

熟阶段，日本烟草专卖公社派专员和烟农一起在田间对产量和质量进行评定，并作为日后实购的基准。收获后的烟叶干燥后卖给公社，等级由公社代表根据事先公布的标准确定，如果烟农的实际销售数量和质量与预购之间的差别超出了合理范围，则烟农必须以 10 倍的收购价格补偿期间的数量差距。毫无疑问，这样做的主要目的是加大违法成本，防止烟叶流入黑市销售，出于同样的目的，质量不合格的烟叶必须销毁。

通过上述过程可知，预购中烟叶的质量和数量预测直接影响烟农是否需要以 10 倍价格赔偿的问题，为了实现程序上的公平，烟农被授予向公社申请复议的权力。另外在成品烟叶的收购环节，如果烟农不同意质检员所定的烟叶等级，也可以向公社申请复议。之所以说是程序上的公平，因为复议权属于日本专卖公社，没有第三者的参加，而公社作为分歧双方中的一方被授予最终决定权，原则上说很难做到内容公平。

除了烟叶实施统购统销规制以外，烟农对种子及其幼苗的所有和销售同样要受到公社的许可后方可执行。

（二）香烟制造与流通

根据日本《烟草专卖法》第 27 条规定，只有日本烟草专卖公社才有权制造香烟，其他任何企业和个人都不得在日本境内制造香烟。另外，只有公社或公社授权的企业才可以从事种子、烟叶和香烟的进口（但是，如果个人出于健康或生活习惯的需要，在公社许可的前提下可以自行进口香烟）。

烟叶和香烟的出口权是放开的，任何人都可以从公社购买香烟后出口销售。

在流通环节，日本对香烟的零售商实施资格审批制，明文规定以下六种情况，公社可以拒绝申请者的香烟零售商资格，即：①申请者接受《烟草专卖法》的处罚后未满 2 年；②被取消零售商资格未满两年；③申请者所在地不符合规定；④预定销售额未达到公社设定的标准；⑤申请者所经营的其他商品不利于香烟的保存；⑥申请者为破产者。

（三）辅助材料

对于香烟制造中所需要的辅材，比如卷烟用纸，日本烟草专卖公社同样实施的是资格审查制度，只有公社或得到公社许可的法人才有权生产卷烟用纸，而且卷烟用纸的价格和生产数量由公社决定。专卖公社对于申请者的资格审查条件基本等同于零售商，即：①申请者接受该法的处罚后未满 2 年；②被取消制造资格未满两年；③申请者的制造环境不利于香烟的质量；④预定销售额未达到公社设定的标准；⑤申请者为破产者。在以上 5 种情况下，公社可以拒绝申请者的卷烟用纸制造资格。

（四）价格规制

烟草行业中的价格规制涉及两类商品：一是成品烟叶；二是香烟。成品烟叶的价格在1958年之前由日本专卖公社自行决定。1958年，代表日本烟农利益的团体——烟叶种植协会成立，在该协会的积极游说下，烟叶的收购价格决定权由日本专卖公社转为烟叶种植审议会，该审议会由6名烟农代表和5名学者经大藏省大臣任命后成立，每年的11月决定第二年的烟叶价格和种植面积，烟叶价格主要依据烟农的种植成本、国际烟叶价格、烟叶的供需关系等决定。烟叶定价权从专卖公社转为审议会，应该说是对公社价格垄断的一种限制。

日本根据《香烟定价法》（1948）决定国产香烟的最高零售价，专卖公社参照此价格自行决定批发价，经大藏省大臣核准后对外公布，零售商根据专卖公社定价出售香烟，专卖公社的批发价要确保零售商有10%的利润。

进口香烟的价格由进口商决定，大藏省核准后即可。

（五）利税上缴

1971年以前，日本专卖公社所有利润全部上缴国库，利润的计算方式为香烟的销售收入减去成本。每个会计年度末，专卖公社将会计报表提交会计检查院实施合规审核。在该计算方式下，专卖公社没有节省成本的动机，因此1971年以后，上缴国库的利润计算方式改为比例制，即专卖公社将收入的一定比例上缴国库，余下部分则作为内部留存保留在公社账户上。在该计算方式下，专卖公社为了能够增加内部留存，有了减少成本的动机。同时，因为每个年度的香烟销售收入变化不大，所以在新的计算方式下，可以保持相对稳定的烟草财政收入。

具体计算方式分为两步，第一步是专卖公社将香烟销售收入的56%（1977年改为50%）减去地方香烟消费税（1954年开始导入，分为省级地方香烟消费税和市级地方香烟消费税）后剩下的金额上缴国库。第二步是将专卖公社当年利润减去第一步上缴金额后的50%上缴国库。1978年，为了弥补当时政府财政的不足，当时专卖公社的内部留存共1569亿日元被作为特别资金上缴国库。

表9-2为部分年份日本烟草行业的利税（地方香烟消费税加上上缴国库金）与销售额的比例变化情况，可以看出，这个比例基本维持在55%—65%。

表 9 - 2　　　　　专卖公社上缴利税与香烟销售收入比例变化情况

年份	1967	1968	1969	1970	1971	1973	1974	1975	1976	1977	1978
利税比例（%）	59.8	63.0	62.9	62.0	62.5	59.3	56.2	54.4	60.5	55.6	55.0

注：1972 年的数据缺。

资料来源：村上了太（2002）。

第二节　民营化改革

一　民营化改革的背景

（一）第二次临时调查委员会咨询报告

对日本专卖公社实施民营化改革的契机是 1982 年第二次临时调查委员会（请参见第二章）对政府行政改革提出的咨询报告。在该报告书中，临时调查委员会提出了如下所述的改革建议，即：①将专卖公社改组为政府全资持股的股份制公司，政府视情况逐步减持股份；②在设立之初，授予新公司香烟制造垄断权，其后视公司经营情况等再议；③废除公司对烟农所产烟叶的全额购买义务，双方改为合同制关系；④废除香烟流通领域的行政垄断，放宽对进口香烟销售的限制；⑤废除香烟零售商的许可证制度；⑥废除专卖公社利润上缴制度，改为消费税。

（二）民营化改革的争论

实际上，虽然对日本专卖公社实施改革的契机是 1982 年的上述报告，但是关于如何改革该机构的讨论早在 20 世纪 50 年代就已经开始了。如表 9 - 3 所示，主张维持现状、反对民营化改革的理由主要包括：①实施民营化改革后，由于监管困难，可能形成烟草行业的黑市一条龙产业，从而大大影响国家的财政收入。考虑 1947 年烟草行业的上缴利润占日本一般财政收入的 19.4% 之高，这一点显得尤为重要。虽然以后所占比例有所减少，但仍举足轻重。②民营化改革后，由于日本的烟叶价格高于国际市场价格，很可能造成国外烟草企业的大量进入和国产香烟市场的萎缩，因此在没有完善香烟税收制度等配套制度改革之前，维持现状较为理想。③民营化改革后，在追求利润和国外烟草企业竞争压力下，新成立的公司很可能放弃采购价格较高的国产烟叶作为原材料，而是转为采购进口烟叶，在这种情况下，遍布日本27个都道府县的烟农生计问题直接受到影响。

表9-3　　　　　　　　　　关于烟草事业民营化的讨论

时间	咨询机构	建议内容	结论
1951年2月12日	临时专卖制度协议会	民营化可取，为时尚早	维持现状
1953年10月23日	行政审议会	改进国有企业管理体制	维持现状
1954年11月4日	国有企业合理化审议会	改进国有企业管理体制	维持现状
1956年10月1日	日本财政经济研究所	改进国有企业管理体制	维持现状
1957年12月25日	国有企业审议会	导入民营企业管理体制	维持现状
1960年2月25日	第10次产业计划会议	分割、民营化	民营化改革
1960年3月25日	专卖制度调查会	民营化苦难	维持现状
1964年9月29日	临时行政调查会	减少政府介入、改革利润分配方式	保留专卖制度
1977年11月1日	对日本专卖公社的意见	改革，但维持专卖制和公社制	维持现状
1978年6月19日	国有企业基本问题恳谈会	废除专卖制度，分割、民营化改革	民营化改革
1978年12月12日	专卖事业审议会	实施利税改革，放松价格规制	维持现状
1978年12月19日	香烟专卖事业调查会	改革经营体制	维持现状
1979年10月31日	专卖公社内部恳谈会	改革，但维持专卖制和公社制	维持现状
1982年7月30日	临时行政调查会（第2次）	对专卖公社实施改革	民营化改革

资料来源：村上了太（2002）。

　　因为烟草行业隶属于大藏省管辖，所以政府部门主要是大藏省反对民营化改革。另外，因为民营化改革方案必然损害到烟农和香烟零售商的既得利益，所以他们更是主要的反对力量，并通过所掌握的选票影响改革的进程。

　　支持民营化改革的力量主要来自学者和与烟草行业没有关系的产业界人士及政治家。主要观点包括：①因为公共企业的管理层和员工的收入与企业绩效无关，所以必然导致经营的低效；而且实报实销制度必然导致经营成本的增大（与同等条件下的市场竞争机制相比）。②日本烟叶的价格普遍高于国际市场，而且达3倍之多，在全量收购义务下，日本专卖公社的库存高达2年的原材料使用量，其储存成本及其他管理成本完全可以用来补助失去政策保护后的烟农生计。③随着日本政府财政收入的增加，烟草行业的上缴利润所占比例已经越来越小，不足2%（见表9-4）。④对公共企业实施民营化改革在欧美已经实施多年，而且效果很好，因此日本没有理由继续维持烟草行业的公共企业体制。

表 9 - 4   日本专卖公社上缴利润变化情况   单位：亿日元、%

年份	财政税收 （A）	上缴利润 （B）	B/A	中央及地方 支出（C）	上缴利润及 消费税（D）	D/A	D/C
1960	19610	1465	7.5	28516	2057	10.5	7.2
1961	25159	1640	6.5	34727	2308	9.2	6.6
1962	29476	1630	5.5	42373	2417	8.2	5.7
1963	32312	1652	5.1	49414	2555	7.9	5.2
1964	34468	1651	4.8	55563	2708	7.9	4.9
1965	37731	1793	4.8	62674	2964	7.9	4.7
1966	45592	1981	4.3	73771	3300	7.2	4.4
1967	52994	1770	3.3	84319	3453	6.5	4.1
1968	60599	2500	4.1	98597	4303	7.1	4.4
1969	71093	2558	3.6	116701	4758	6.7	4.1
1970	84592	2723	3.2	141260	5153	6.1	3.6
1971	99709	2897	2.9	169122	5552	5.6	3.3
1972	127939	2367	2.6	207462	6310	4.9	3.0
1973	167620	3561	2.1	251980	6757	4.0	2.7
1974	203791	3425	1.7	327455	6968	3.4	2.1
1975	214734	3380	1.6	372592	7118	3.3	1.9
1976	250760	6571	2.6	427947	10391	4.1	2.4
1977	293466	5552	1.9	450545	11347	3.9	2.5
1978	342950	5536	1.6	541744	11582	3.4	2.1

资料来源：榊原英资等（1979）。

    支持改革的一方进一步认为，大藏省等之所以反对民营化改革，除了上述的理由之外，主要是因为在大藏省、烟农协会等中间团体和日本专卖公社之间形成了利益共同体，而民营化改革可能损伤他们的共同利益。这种利益共同体的主要形式为日本专卖公社及与烟草行业相关的企业，比如卷烟用纸制造企业、卷烟锡纸制造企业、烟草运输企业等为大藏省高级官僚退休后提供高薪工作机会。换言之，这些高级官僚根据其在政府任职时的职务高低，退休后会继续在上述企业找到相应的位置，表 9 - 5 为专卖局时代的历代局长退休后的工作单位，其中日本曹达工业会社、日本食盐制造会社、昭和电工全部是与政府专卖事业（烟草、食盐）相关的民营企业。表9-6为日本专卖公社时代历届总裁的前任职务及其退休后的工作单位。在9位总裁中，有7位来自大藏省的高级官员。而专卖公社的中层干部中，来自大藏省的干部更不在少数（村上了太，2003）。

表9-5　　　　　　　大藏省专卖局历代长官及主要任职情况

任次	长官	任职期间	担任长官前的任职等	长官退任后的任职
1	人尾惟茂	1898年11月至1907年12月	东大法、大藏省	贵族院议员
2	滨口雄幸	1907年12月至1912年12月	东大法、大藏省	首相
3	樱井太郎	1912年12月至1916年1月	东大法、大藏省	
4	嘉纳德三郎	1916年1月至1918年6月	东大法、大藏省	
5	野中清	1918年6月至1923年12月	东大法、大藏省	
6	今北策之助	1923年12月至1929年2月	东大法、大藏省	日本银行监事
7	北野亮平	1929年2月至1932年1月	东大法、大藏省	日本曹达工业会社
8	佐佐木一郎	1932年1月至1934年7月	东大法、大藏省	南方开发金库总裁
9	佐野正次	1934年7—12月	东大法、大藏省	昭和写真工业会社监事
10	中岛铁平	1934年12月至1936年3月	东大法、大藏省	
11	荒井诚一郎	1936年3月至1940年2月	东大法、大藏省	专卖事业审议会会长
12	花田政春	1940年2月至1941年9月	东大法、大藏省	日本曹达工业会社
13	山田铁之助	1941年9月至1942年11月	东大法、大藏省	日本食盐制造会社
14	木内四郎	1942年11月至1943年11月	东大法、大藏省	参议会议员
15	滨田雄幸	1943年11月至1945年4月	东大法、大藏省	众议会议员
16	植木庚子郎	1945年4月至1946年1月	东大法、大藏省	众议院议员
17	杉山昌作	1946年1月至1947年9月	京大法、大藏省	
18	野田卯一	1947年9月至1948年4月	东大文、大藏省	日本专卖公社副总裁
19	原田富一	1948年4月至1949年5月	东大法、大藏省	昭和电工董事

注：东大法指日本东京大学法律系毕业；京大法指日本京都大学法律系毕业；东大文指东京大学文学系毕业。

资料来源：村上了太（2003）。

除了提供再就业机会，因为大藏省是专卖公社的业务主管部门，在预算安排、业务监督、主要人事安排上有着绝对的权力，因此出于维护部门权益的考虑，大藏省是反对民营化改革的。

支持民营化改革的观点认为，在专卖制度下，烟农并不完全只是制度的受益者，他们实际上受专卖公社及烟农协会的控制。烟农协会是依法成立的代表烟农利益的组织，其活动经费主要来自两个方面，即专卖公社的补贴和协会成员会费，前者每年约为6000万日元，后者约占烟农烟叶销售收入的3.75%（产业计划会议第十次建议，1970），会费从销售收入中自动扣除，因此不存在滞纳的问题。为了维持与专卖公社的关系，烟农协会不但为公社职员的外出旅游埋单，而且为其购买福利品，比如当时在日本比较高价的摩托车。

表9-6　　　　　　　　专卖公社历代总裁及其主要任职情况

任次	总裁	任职期间	担任总裁前的任职等	总裁退任后的任职
1	秋山孝之辅	1949年6月至1953年5月	庆应大学、日本化学会社董事	三菱银行
2	入间野武雄	1953年6月至1957年5月	东大法、大藏省、银行局	十五银行副总裁
3	松隈秀雄	1957年6月至1961年5月	东大法、大藏省、秘书长	东京商工会议所
4	阪田泰二	1961年6月至1965年9月	东大法、大藏省、国税厅长	无
5	东海林武雄	1965年10月至1969年9月	早稻田政经系、日东化学社长	日本经济联合会
6	北岛武雄	1969年10月至1973年10月	东大法、大藏省、国税厅长	无
7	木村秀弘	1973年10月至1975年6月	东大法、大藏省、国税厅长	无
8	泉美之松	1975年7月至1982年6月	东大法、大藏省、国税厅长	酒类协会会长
9	长冈宝	1982年7月至1985年3月	东大法、大藏省、秘书长	日本烟草公司社长

资料来源：村上了太（2003）。

为了确保烟叶的质量，专卖公社派出大量的种植指导员参与烟农的日常管理，这些指导员常常指定某家公司（与烟农协会或转卖公社有较深关系）出售的某种化肥作为肥料，因为这些指定肥料的价格往往高于其他同类产品，部分烟农会拒绝购买。在这种情况下，同时兼任烟叶质检员的种植指导员会在收购时压低烟叶的品级，从而半强制地迫使烟农购买价格相对较高的指定肥料（产业计划会议第十次建议，1970）。

（三）来自美国的压力

根据《烟草专卖法》的规定，只有日本专卖公社和其指定的法人才有权进口和在日本出售外国香烟。因为国产香烟和进口香烟在市场份额上往往是此消彼长的零和博弈，因此专卖公社减少香烟的进口和流通是必然的选择，其最主要的办法有两个：一是提高国外香烟的售价。因为根据法律规定，国外香烟的价格由进口商（专卖公司）报请大藏省核准后执行，在这种情况下，提高定价既可以增加专卖公司的上缴利润，又减少了国外香烟的市场份额。二是减少零售商销售国外香烟的利润，比如根据行业内惯例，零售商销售国产香烟的利润为10%，但是销售国外香烟的利润则为7%。

另外，虽然1980年1月日本将进口香烟及烟叶的关税调为90%，但在之前从保护日本烟草市场观点出发，进口税高达355%。

20世纪70年代以后，美国认为日美之间的巨额贸易赤字主要源于日本封闭的市场构造，而不是美国的产品缺少竞争力，因此通过政治高压打开日本市场成为美国政府、议会及商界的共识。在1978年2月的日美贸易促进委员会谈判中，美国首次向日本提出了开放烟草市场的要求。1979年3月，美国香烟协会提请美国商务部依照1974年《通商法》的第301条规定，对日本进口香烟实施惩罚性关税。1979年6月，虽然日美政府同意就烟叶及香烟的价格、流通等问题进行磋商，但是，美国并没有因此而放松对日本的压力，它一方面积极为落实301条款的惩罚性关税做准备，另一方面向关税及贸易总协定（GATT）提起诉讼。

在这种情况下，1980年11月，日本政府同意将香烟进口关税进一步降为35%，同时提高零售商销售国外香烟利润至10%、减少国内外香烟的价格差。但是，美国政府认为，日本的开放程度不够，于次年11月提出要求日本政府进一步开放烟草市场的21条谈判内容，其中包括：国外香烟生产商或代理商可以自由利用日本的零售渠道；改变进口香烟的定价方式；解除对国外烟草广告的限制，等等。

在日本政府看来，美国政府提出的21条实际上是要求其彻底放弃烟草专卖制度，实施民营化改革（西村弥，2003）。来自美国政府的市场开放压力，最终和其他日本国内要求改革烟草专卖制度的要因一起，成为推动烟草民营化改革的决定力量。

二　围绕1982年改革方案的攻防

（一）大藏省和专卖公社

大藏省认为，在改革方案中写有维持香烟制造的独家垄断及国有控股的规定，这等于继续保留了该省对烟草行业的控制权，而且与民营化改革相配套的烟草消费税的导入缓解了大藏省对税收减少的担心，因此大藏省对改革方案没有表现出明显的反对，但是对于解除全量购买义务后烟农的生计问题，大藏省提出了修改意见。

从专卖公社的观点来看，解除对烟农烟叶的全量购买义务等于减轻了其负担;同时从公共企业转为公司制形式，可以使其在经营方面有更大的自由，比如通过多元化经营弥补香烟收入的减少，实施更为有效的激励机制等;维持制造垄断可以减少竞争对手，从而更有能力与国外烟草企业竞争。但是专卖公社对于将民营化作为改革的最终目标、国有控股作为临时措施的改革内容有所不满，他们希望既能享受国有控股下的制造垄断，又可以避免全量购买国内高价烟叶的义务。

（二）作为执政党的自民党

因为烟草行业涉及面比较广，广大烟农分布的农村地区又是自民党获得选票的重要地区，所以该党非常重视烟草行业的规制改革，专门成立了"自民党专卖制度改革特别委员会"。针对1982年的民营化改革方案，该委员会的观点是:尊重临时行政调查会的基本意见，积极面对烟草行业的改革。但是为了减少改革对烟农、零售店等相关人员的负面影响，自民党主张在维持现行公社制度的前提下实施改革，比如给予专卖公社更大的自主权，使其能够发挥作为企业的灵活性，以此应对香烟市场开放后国外竞争对手的威胁。显然，自民党反对民营化改革，担心民营化后的企业在利润优先的原则下，无视烟农的利益，进而影响烟农对自民党的支持。

（三）烟农及香烟零售商

针对民营化方案，烟农认为:民营化改革后，根据日本现行法律规定，政府对新成立公司的过多介入可能导致对公司经营权的侵害，因此政府落实对烟农保护政策的能力和力度会大大减弱;公司在追求利润最大化原则下，作为弱势群体的烟农会因为无法销售高价烟叶而变为牺牲者。基于以上认识，烟农从自我利益出发，反对民营化改革，主张坚持专卖制度和公有企业的性质。

同样，在零售商许可证制度和香烟定价制度下，零售商不但没有竞争，而且能够确保10%的利润，因此他们当然反对民营化改革，其理由是实施民营化后竞争激化，小的零售商店破产退出，留下来的零售商店将主要集中在人口密集区，无法像现在这样在最偏僻的地方也能以同样的价格为消费者提供香烟。

（四）专卖公社的工会组织

工会认为，因为法定烟叶全量购买义务，日本专卖公社不得不通过压缩工资和提供劳动强度等减少人工成本，弥补高价烟叶带来的负面影响，因此他们对于废除烟叶购买义务是欢迎的。但是担心民营化改革后的劳动条件、福利待遇和退休金会被降低，因此他们希望实施规制改革，但是坚决主张要维护自己的既得利益。

三　最终的改革内容

（一）改革内容

日本烟草行业的最终改革内容主要体现在《日本烟草公司法》（1984年）和《烟草事业法》（1984年）两部现行法律中。

根据《烟草事业法》第二章规定，新成立的日本烟草公司每年与烟农签订收购合同，但是烟叶种植面积和收购价格主要由烟叶审议会决定。换言之，烟草公司不再承担全量收购烟叶的法律义务，而是基于合同内容决定。第三章规定，只有日本烟草公司具有香烟生产权，也就是说日本的改革保留了香烟制造的垄断经营权。

《烟草事业法》第四章主要规定了流通领域的相关问题。根据第11条的规定，日本对香烟进口实施登记备案制度，废除了专卖公社时代的垄断制度，即任何符合规定条件的法人均可从事国外香烟的进口业务。根据第22条的规定，改革后的烟草行业继续对香烟零售商实施许可证制度，其中第23条第三款规定，如果大藏省认为该零售店的位置不适合香烟的销售，可以拒绝零售商的资格申请，其中判断位置是否合适的主要标准是申请者所在街道周边一定范围内是否已经存在香烟零售商，其目的是防止过度竞争。

第五章规定了香烟的定价问题。根据第五章第9条规定，日本烟草公司和进口商向大藏省申请每种香烟（包括进口烟）的最高批发价，得到核准后方可实施，且不得擅自变更。根据第33条的规定，批发商决定香烟的零售价格，报请大藏省核准后实施，为了防止价格战，大藏省有权命令其更改价格。总之，对于香烟批发价和零售价，日本政府保留了最后的核准权和变更命令权。

从组织形式上，1984年的改革废除了专卖公社的公共企业性质，将其改为国有控股的股份制公司，根据《日本烟草公司法》的规定，政府必须保有公司发行股票的50%以上（根据实施细则，政府的实际保有股份为 2/3 以上),公司发行新股、实施股票交换或发行可转为股份的债券时,需要政府的批准。政府在决定减持国有股时,需要议会的批准。

《日本烟草公司法》还规定了政府作为控股股东的其他权力,包括对董事会、监事会和高管的核准权等。

(二)配套制度改革

日本对烟叶不收税,对香烟征收国税、地方税以及消费税。伴随 1985 年的民营化改革,日本政府同时规范了香烟制造的税收体系,如表 9-7 所示,在改革之初的 1985 年,国税包括 23% 的从价税和 582 日元/千支的从量税;地方税包括 22.4% 的从价税和 550 日元/千支的从量税。1989 年日本开始导入 3% 的消费税,同时将针对香烟的税种合并为从量税,1997 年消费税增至 5%,1998 年增加 820 日元/千支的香烟特别国税,2013 年现行的香烟的国税为 5302 日元/千支,地分税为 6122 日元/千支。

表 9-7　　　　　　　　　日本香烟税率变化情况

	香烟消费税						香烟税				
	1985 年 4 月		1986 年 5 月		1989 年 4 月	1997 年 4 月	1998 年 12 月	1999 年 5 月	2003 年 7 月	2006 年 7 月	2010 年 10 月
	从价	从量	从价	从量	从量	从量	从量	从量	从量	从量	从量
国税	23.0	582	23.0	1032	3126	3126	3126	2716	3126	3552	5302
特别国税	—	—	—	—	—	—	820	820	820	820	820
地方税	22.4	550	22.4	1000	3126	3126	3126	3536	3946	4372	6122
国税 + 地方税	45.4	1132	45.4	2032	6252	6252	7072	7072	7892	8744	12244
消费税	—	—	—	—	3%	5.0%	5.0%	5.0%	5.0%	5.0%	5.0%

注:从价(%)和从量(日元/千支)。

资料来源:日本烟草株式会社(2012)。

以 400 日元每盒(20 支)的香烟为例,其中日本烟草公司获得 96.1 日元(29.58%,这里税额的计算包含内税和外税不同),这包括成本和利润;国税、地方税合计 244.9 日元(61.22%),消费税 19 日元(4.9%),零售店利润 40 日元(10%)。其中税收占 274 日元,占全部销售额的 66%

左右，如表9－8所示。为了应对来自美国的压力，日本于1985年将烟叶和香烟的进口税进一步降为10%，1987年则实现了香烟进口的零关税。这无疑对新成立的日本烟草公司具有很大的压力，因为这意味着它要以国际烟叶的3倍成本制造出与国外香烟具有同等竞争力的香烟。

表9－8　　　　　　　　　　日本每箱香烟利润等分配情况

	400 日元		410 日元		440 日元		
消费税	19.0	4.76%	19.5	4.76%	21.0	4.76%	零售价
零售店利润	40.0	10.00%	41.0	10.00%	44.0	10.00%	
香烟税	244.9	61.22%	244.9	59.73%	244.9	55.65%	
国税	106.0	26.51%	106.0	25.86%	106.0	24.01%	税后销售额
地方税	122.4	30.61%	122.4	29.86%	122.4	27.83%	
特别国税	16.4	4.10%	16.4	4.00%	16.4	3.73%	
日本烟草公司	96.1	24.02%	104.6	25.51%	130.2	29.58%	税前销售额

注：香烟税包括国税、地方税和特别国税。
资料来源：日本烟草株式会社（2012）。

日本虽然从1987年取消了进口香烟的关税，但是，进口香烟要像国产香烟一样，缴纳如上所述的国税、地税和消费税。

（三）对改革内容的分析

从形式上看，日本烟草行业的规制改革废除了专卖制度，实施了民营化（股份制）改革，废除了流通领域垄断等。但实际上，因为1984年改革是各方力量博弈的结果，应该说是很不彻底的。首先，出于保护烟农的利益及维护日本烟草行业竞争力的目的，1984年的改革保持了香烟的垄断制造权，而且没有对原来的专卖公社实施分割。其次，虽然在法律上废除了日本烟草公司全量购买烟农烟叶的义务，但实际上根据政府保护烟农的国家政策和政府对日本烟草公司的绝对控股权，新成立的公司仍然要与每户烟农签订全量收购合同。再次，在流通领域，香烟进口权被限制在批发商阶段，而且零售商仍执行许可证制度。最后，烟叶的价格不是市场决定，而是烟叶审议会根据各种情况事先公布，同时香烟的批发价和零售价的最终核准权也都保留在政府手里。

第三节　规制改革后日本烟草行业运营状况

一　烟叶种植

根据村上了太（2003），即使是在大藏省专卖局和专卖公社时期，日本烟农的生产效率也在不断上升，这是因为在各个等级的烟叶价格已经固定的情况下，烟农的单位亩产越高，烟叶的质量越高，其收入越多，也就是说，虽然全量收购的烟叶政策消除了烟农之间的价格竞争，但是多劳多得的激励机制还是存在的。除此之外，烟农生产效率的上升还得益于如下所述的外部有利条件：生产的规模化和烟叶种植技术的普及。

早在专卖局时代，大藏省就鼓励不适合烟草种植的土地转向其他农作物，鼓励烟农之间的土地合并，从而提高规模效率。比如 1900 年，在专卖局支持下，烟草种植地区中的 29%、烟农人数的 32%、烟草种植村庄的 69% 被削减，然而烟草种植土地面积只减少了 7% 左右，显然烟草种植的集中度明显提高了。除了追求规模效益之外，大藏省还通过品种改良和耕作技术的改良提高烟农的效率，早在 1906 年，大藏省就制定了《烟叶耕作改良指导规定》，在全国设立了四个改良试验场，专门研究适合于本地区的烟叶品种、耕作方法、育苗方法及病虫的防治等，一旦实验成功，则通过烟农协会和遍布全国的分会将其在烟农中迅速普及。特别是由于日本劳动成本的增加使其烟叶价格高于国际烟叶价格之后，通过提高烟农效率缓解成本压力的动机在日本烟草行业更为强烈。

民营化改革后，上述趋势更为明显，如图 9 - 1 所示，1985—1999 年，烟农的人均耕种面积从 60.8 公顷增加到 102 公顷；每 10 公顷需要的人工劳动时间从当初的 302 小时减为 214 小时，这两个指标一方面说明了机械化以及品种改良的结果使烟叶种植的劳动强度大幅度降低，另一方面也说明规模效率在不断增加。

自民营化改革以来，日本烟叶的种植面积在不断减少，从 1985 年的 47801 公顷减为 2012 年的 9017 公顷，约为原来的 1/5，种植烟叶的农家数量从 78653 户锐减为 6124 户，还不足原来的 1/12。与此同时，公司烟叶库存也在逐年减少（见图 9 - 2）；但是，每户烟农的销售额则从 254 万日元增加为 464 万日元（2002 年最高，为 526 万日元），种植面积从 0.61

公顷增加为 1.37 公顷（见表 9 - 9）。

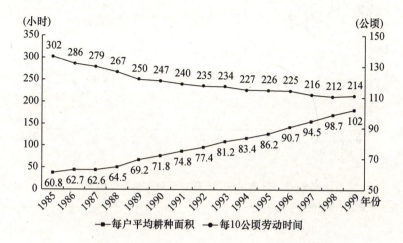

图 9 - 1　烟农生产效率变化情况及其种植面积

资料来源：日本经济产业省会议资料。

表 9 - 9　　　　　　　　　烟农的销售额及种植面积的变化

年份	面积(公顷)	生产额(亿日元)	农家户数(家)	每户生产额(万日元)	每户平均面积(公顷)
1985	47801	1999	78653	254.1	0.61
2002	23038	1093	20758	526.4	1.11
2007	17669	693	13696	505.8	1.29
2008	16778	694	12981	534.7	1.29
2009	15769	681	12169	559.2	1.30
2010	14980	542	11437	473.6	1.31
2011	13016	440	9480	464.4	1.37

资料来源：日本经济产业省会议资料。

　　与国际市场相比，日本烟叶的价格却在相对上升，如表 9 - 10 所示，在 1985 年，日本烟叶价格是国际的 1.19 倍，2010 年则上升为 3.32 倍，最高时为 3.79 倍（2006 年）。在国内外价格差异日益增大的情况下，日本进口的烟叶数量已经超过国产很多。

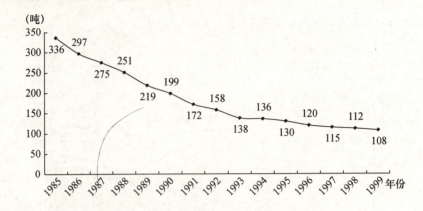

图 9 - 2　日本烟草公司库存烟叶数量变化情况

资料来源:日本经济产业省会议资料。

表 9 - 10　　　　　　日本国产烟叶与进口烟叶的价格差异情况

年份	收购国产烟叶		进口烟叶		价格比
	买入数量	买入金额	输入数量	输入金额	
1985	11.6	1998	6.0	875	1.19
2002	5.8	1092	8.7	595	2.76
2006	3.7	685	6.2	302	3.79
2007	3.7	692	7.2	381	3.50
2008	3.8	694	8.0	437	3.33
2009	3.6	680	7.6	428	3.33
2010	2.9	541	5.7	318	3.32

资料来源:日本烟草株式会社 (2012)。

二　流通领域

图 9 - 3 为香烟在日本的流通示意图,包括进口香烟和国产香烟。该图也反映了在价格及零售商资格方面的政府审批制度。

随着进口香烟的零关税和进口权的放开,日本市场上国外香烟的份额不断增加,如表 9 - 11 所示,1985 年,日本国内销售的香烟总数为 3107 亿条,其中国产香烟为 3032 亿条,约占市场份额的 97.6%,但是 2011 年,不但香烟的销售总量减为 1975 亿条,日本国产香烟的市场份额也锐减为 54.9%。

　　国内市场份额的减少并不意味着日本烟草行业的萎缩，实际上现在的日本烟草公司在国外的香烟销售额已经远远大于国内，比如说2012年其国内香烟的销售额为6462亿日元，而其国外的销售额高达9663亿日元，已经远远超过国内。

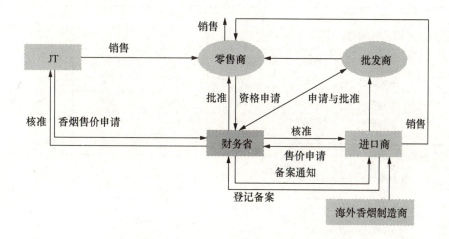

图9-3　香烟在日本市场的流通示意

资料来源：日本烟草株式会社（2012）。

表9-11　　　日本国内香烟销售数量及其国产香烟的市场份额 单位：亿条、%

年份	日本国内香烟销售量	国产香烟销售量	国产香烟份额
1985	3107	3032	97.6
2002	3126	2290	73.3
2007	2585	1658	64.1
2008	2458	1599	65.1
2009	2339	1518	64.9
2010	2102	1346	64.0
2011	1975	1084	54.9

资料来源：日本烟草株式会社（2012）。

　　1985年香烟零售店的数量为266502家，2002年最多达到306851家，之后逐年减少至2011年的274557家。1998年，日本调整了对香烟零售店的审批条件，从距离规制来看，取消了对准城市街道的限制，但是增加了市制城市中50米的距离标准。另外，从销售额上看，将改革前每个月的 4 万—15 万条不等的基准统一为 40 万条，应该说是放宽了销售数量的限制（见表 9 – 12）。

表 9 – 12　　　　　　　　　日本香烟零售店的审批要件

<table>
<tr><td rowspan="9">距离基准</td><td colspan="6">改定后　　　　　　　　　　　　　　　　　　　　　单位：米</td></tr>
<tr><td>环境区分
地域区分</td><td>繁华街
（A）</td><td>繁华街
（B）</td><td>市街地</td><td>住宅地
（A）</td><td>住宅地
（B）</td></tr>
<tr><td>指定都市</td><td>25</td><td>50</td><td>100</td><td>200</td><td>300</td></tr>
<tr><td>市制城市</td><td>50</td><td>100</td><td>150</td><td>200</td><td>300</td></tr>
<tr><td>村镇等</td><td>—</td><td>—</td><td>150</td><td>200</td><td>300</td></tr>
<tr><td colspan="6">改定前　　　　　　　　　　　　　　　　　　　　　单位：米</td></tr>
</table>

环境区分 地域区分	繁华街 （A）	繁华街 （B）	市街地	准市街地	住宅地 （A）	住宅地 （B）
指定都市	25	50	100	150	200	300
市制城市	—	100	150	200	200	300
村镇等	—	—	150	200	200	300

（销售额基准）

改定后一律月 40 万条

改定前　　　　　　　　　　　　　　　　　　　　　单位：万条

环境区分 地域区分	繁华街 （A）	繁华街 （B）	市街地	准市街地	住宅地 （A）	住宅地 （B）
指定都市	150	135	105	85	75	55
市制城市	—	105	85	75	65	40
村镇等	—	—	85	75	65	40

资料来源：日本烟草株式会社（2012）。

第四节　日本烟草公司经营状况

日本烟草公司是 1985 年日本烟草行业民营化改革的产物，其经营好坏可以看作衡量改革效果的直接指标。日本烟草公司作为上市企业，因此可以得到其 2012 年的财务数据，但是，考虑到 2011 年的日本东北大地震与福岛核泄漏这一外部环境变化严重影响了东北地区的烟叶主产地和香烟制造工厂，因此，为了反映该公司的真实情况，本书主要选用地震前 2010 年的财务数据。

2010 年日本烟草公司在国内销售香烟 1519 亿支，国外销售 4349 亿支，销售总额为 61347 亿日元，扣除消费税等中间税后的销售额为 19800 亿日元。

一　组织结构

1985 年日本烟草公司成立后，对原有的组织结构等进行了瘦身调整，首先是正式职工人数从原来的 34216 人减为 1999 年的 20194 人，之后随着海外烟草事业的不断扩大，职工人数有所增加，但是日本国内烟草事业部的职工人数继续减少，2012 年为 11092 人，而海外烟草事业的从业人数则增加为 24237 人。随着员工人数的调整，生产效率不断增加，1999 年人均香烟制造数量约为 1985 年的两倍之多。

除了减员以外，公司在各地的办事处、支店数量、制造工厂等也有了大幅度的调整，特别是办事处从原来的 399 个减为 1999 年的 157 个。组织瘦身与人员缩减，可能是因为日本国内的香烟市场萎缩导致的结果，但是也不能否认专卖公社时代的机构臃肿与结构重设现象的存在。

二　经营范围

日本烟草公司成立以后，公司在经营范围方面有了更大的自由权，可以根据自己的判断实施多元化经营。随着国内香烟市场的萎缩，进入其他有成长潜力的产业成为共识，在这方面，日本烟草公司选择的是医药和食品产业，同时强化了对海外香烟市场的开拓。

日本烟草公司成立后不久，即在内部设立医药事业部和食品事业部，1993 年公司设立医疗综合研究所，1998 年和 1999 年与三家从事医药和食品行业的上市公司结成战略合作伙伴，分别收购其半数以上的股票，从而正式进入多元化经营时代，2008 年收购另外两家上市食品公司半数以上的股票，进一步扩大其在新拓展领域的市场力量。

根据 2001—2012 年医药事业部、食品事业部以及其他产品（比如房地产开发）的财务状况，在销售收入方面，医药和食品等所占比例还很小，而且基本是赤字经营。另外，从资产情况来看，医药事业基本不变，食品行业从 2001 年的 1338 亿日元增加至 2010 年的 3111 亿日元，增幅较大，尽管如此，在总资产中所占比例仍不足 1/10。从员工数量来看，医药事业变化不大，食品行业增幅极大，二者之和约占全部员工的 1/4。

尽管医药事业部无论在人数上还是在资产上变化都不大，但是其研发支出一直占全公司 50% 以上的份额，这一方面反映了医药行业投资强度大、投资时间长的特点；另一方面也预示着日本烟草公司完全有可能在将来从医药行业获得持续的高收入。

除了实施多元化经营以外，日本烟草公司还加大了对海外香烟市场的开拓。1992 年，收购了英国和俄罗斯的两家烟草公司，之后又多次收购美国、加拿大、俄罗斯的烟草公司，其中 1999 年 5 月，筹资 78 亿美元收购世界第三大烟草公司——美国雷诺烟草控股公司（RJR）的海外事业部，当时的 78 亿美元相当于日本烟草公司全部净资产的 2/3 之多，由此可见其开拓国外香烟市场的压力和魄力。

另外，税后国内香烟的销售额不断下降，而国外销售不断增加，从 2005 年的 1/3 左右增加到 2012 年的 4/5；从盈利状况来看，国内基本保持不变，而国外随着销售额的增加不断扩大，从 2005 年的 444 亿日元增加到 2012 年的 1853 亿日元。

三 财务指标

本书主要用销售额和资产额衡量民营化后的发展状况，用利润、股权收益和资本收益衡量公司的经营效率，用研发费用和研发人员衡量公司的发展潜力。

从 1985—2000 年日本烟草公司自身销售额及其利润的相关情况来看，公司销售额从当初的 26866 亿日元增加到 28651 亿日元，变化不大，但是反映经营效率的营业利润、经常利润和当期利润则都有了较大的增加，比如营业利润从 901 亿日元增加至 1308 亿日元，增幅约为 45%，当期利润从 246 亿日元增加到 704 亿日元，增幅更大。如果仅从公司自身来看，虽然规模没有明显增加，但是民营化改革确实提高了其运营效率。

另外，根据 2000—2010 年日本烟草公司及依法纳入其财务报表的子公司（简称集团公司）的销售额及资产状况，2000 年集团公司的销售额为 43712 亿日元，2010 年增为 61346 亿日元，公司总资产从 30953 亿日元增为 38726 亿日元，净资产从 15266 亿日元增加到 17233 亿日元，从上述指标来看，资产的相对增量小于销售额的相对增量，这说明资本利用率在提高。从利润的变化情况来看，首先是营业利润从 1540 亿日元增加到 2965 亿日元，当期利润从 508 亿日元增加为 1384 亿日元，增幅超过 172%。

从反映股东资本收益率和资产收益率的 ROE 和 ROA 的变化情况，分别从 3.5%（2000 年）和 5.4%（2002 年）增加为 2012 年的 20.3% 和 12.7%。研究开发支出状况，从 2000 年的 475 亿日元变为 2012 年的 536 亿日元，虽略有增加但是增幅低于销售额，其中医药事业的研发投入有所降低，从当初 289 亿日元减为 267 亿日元。在过去的 11 年中，研发投入与税后销售收入的比基本在 2% 左右，而且有逐步减小的趋势。

第五节 对烟草行业规制改革的评价

如前所述，1985 年的民营化改革更多的是改变了日本烟草专卖组织的公司治理结构，将其从政企分开后的公共企业改为政府控股的股份制企业，朝着政资分开迈进了一步。在烟草行业的规制内容上，除了放宽香烟的进口商资格和实施零关税以外，在其他方面并没有太大的变化，比如烟叶统购只是从法律义务变成了在政府干预下的交易双方的约定俗成，其他如种植面积、烟叶价格、香烟的批发和零售价格以及零售商的审批等还都有政府的介入。1985 年的改革放松了对烟草专卖机构在业务等方面的限制，新成立的日本烟草公司不但可以到国外去生产和销售香烟，而且可以实施多元化经营，以减少世界范围内香烟市场变小带来的负面影响。

一 2001 年烟草审议会的观点

2001 年 1 月，针对日本现行的烟草规制内容，日本财务省委托其下属烟草审议会（全称为财政制度等审议会烟草事业等分科会烟草事业分会）"根据烟草行业的环境变化，探讨日本烟草公司的经营方针，探讨政府介入的合理方式，探讨烟草行业的其他相关问题，提出咨询意见"。讨论的重点包括三个核心问题：其一，是否还要坚持对烟农的保护性政策，比如烟叶的全部收购政策；其二，是否还要继续授予日本烟草公司的香烟制造垄断权；其三，是否应该减少政府对该公司的持股比例（意味着减少政府对公司的介入强度）。

审议会会长为财务省理财局局长，成员包括政府烟草部门的负责人及学术界代表，根据需要，烟草行业的相关利益团体（比如烟农协会、日本烟草公司、零售商协会）可以派代表表述自己的观点。经过近一年的讨论，2001 年 12 月，审议会向财务省提交了《关于推进日本烟草公司民营化改革的报告》，该报告核心内容如下：

第一，关于香烟制造的垄断经营问题。因为日本烟叶在质量和价格上的问题，如果完全实施市场机制，许可日本烟草公司自由购买烟叶，则可能会对日本烟农带来毁灭性打击，因此 1985 年的《烟草事业法》制定了全部收购条款，并通过国家控股确保该条款的实施，同时为了弥补高成本烟叶给日本烟草公司带来的竞争上的影响，政府决定授予其制造垄断权，而且没有实施组织分拆。从现实来看，日本烟叶价格高于国际市场的情况并没有改变。

第二，关于日本烟草公司的进一步民营化问题。经过 15 年的发展，日本烟草公司的海外销售已经占全部销售的 45%，国内市场中国外香烟的份额已经达到 25%（2000 年），而且公司的年度经常利润超过 1000 亿日元，已经发展成为跨国企业，为了使其能够有更为灵活的资金筹措能力，可以考虑修正政府的介入程度，主要表现为减少政府的持股比例。日本烟草公司自 1994 年上市以后，政府已经两次通过股市减持，2001 年的持有比例为法律规定的最低限度，即 2/3。

第三，鉴于以上情况，出于保护烟农的全部收购规定及随之而来的制造垄断等现行政策尚无实施改变的客观条件。但是关于政府的持股比例，可以考虑减少至 1/2；为了不妨碍日本烟草公司通过发行新股筹措资金，可以规定新发行股票不计入计算政府持股比例时的分母；为了落实国家对烟农的保护政策，维持政府的介入能力，日本烟草公司的新股发行数量不得使政府的持股比例降至 1/3（即使将新发行股票计入分母时）。

从上述观点来看，烟草审议会基本上肯定了 1985 年日本的烟草改革，认为当时的措施是符合客观条件的，即使现在也还要坚持。日本政府接受了该审议会的意见，除了减少政府持股以外，维持了 1985 年的烟草规制制度，没有对《烟草事业法》和《日本烟草公司法》进行实质性的修改。

二　改革趋势

日本政府于 1985 年对烟草专卖公社实施的民营化改革提高了日本烟草公司的运营效率，为其适应环境变化并及时自主调整经营战略提供了政策保证，民营化后的日本烟草公司针对国内香烟市场逐步缩小的趋势，大力开拓海外香烟市场，同时进入医药和食品行业，实施多元化经营，以期实现范围经济。自民营化改革以来，日本烟草公司的规模不断扩大，特别是销售收入和资金运营效率有了较大的提高。

1985 年的民营化改革及以后的数次讨论都没有取消烟叶的全部收购和随之而来的香烟制造垄断，作为上述政策的保障条件，政府虽然数次减持日本烟草公司的股份，但是，截至 2013 年仍然保有 1/3 以上。此外，在烟叶价格及种植面积、香烟批发价和零售价、零售商的资格取得等方面，日本政府还都保持着一定程度的规制政策。

之所以会有如上所述的制度安排，根本原因在于日本烟叶的高价格（大约是国际烟叶价格的 3 倍），为了保护烟农利益，政府要求日本烟草公司必须全量购买烟农的烟叶，为了确保上述政策的落实，政府不得不保有一定数量以上的股票，从而能够左右公司的经营方针；另外，为了确保收购了高价烟叶的烟草公司有一定的竞争实力，政府没有对其实施分割，而且授予其制造垄断权，从而减少国内的竞争对手。因此说，高价烟叶、国家控股和制造垄断是不可分割的制度安排。

现实中，日本烟草公司通过提供转型补贴的方式，鼓励本国烟农放弃烟草种植，截至 2012 年，日本烟农只有 9000 人，种植面积为 1300 公顷，其产量约占国内烟叶使用量的 1/3，随着烟农数量的不断减少，日本烟草行业有望与盐业一样，完全实施市场化运行，政府的规制将主要体现在质量监管、广告控制、未成年人禁烟等社会性规制方面。

现在，日本政府对烟草行业的行政主管部门为财务省理财局总务处烟草盐业科，主要负责统计及监督等事项，如上所述的财政制度等审议会烟草事业等分科会烟草事业分会负责烟草行业的政策制定及其相关的审批工作，其制定或审批的政策由烟草盐业科具体执行。

2013 年上述审议会的会长为国立病院机构理事长，委员包括法政大学、东京大学、中央大学等学术机构或民间咨询机构的学者。

参考文献

[1] Arocena, P. (2008) Cost and Quality Gains from Diversification and Vertical Integration in the Electricity industry: A EDA Approach. *Energy Economics*, 30, 39 – 58.

[2] Balmert, D. and Brunekreeft, G. (2009) Unbundling, deep ISOs and Network Investment, UNECOM Discussion Paper, DP2009 – 07.

[3] Bogetoft, P., DEA – based Yardstick Competition: The Optimality of best Practice Regulation [J]. *Journal of Operations Researeh*, 1997 (277 – 298).

[4] Bolton, R. and T. J. Foxon (2011) Governing Infrastructure Networks for a Low Carbon Economy; Co – evolution of Technologies and Institutions in UK Electricity Distribution Networks [J]. *Competition and Regulation in Network Industries*, 12 (1), 2 – 26.

[5] Brunekreeft, G. and R. Meyer (2011) Regulation and Regulatory Risk in the face of Large Transmission Investment [J]. *Competition and Regulation in Network Industries*, 12 (2), 155 – 172.

[6] Calorine Cecot, Robert Hahn, Andrea Renda, and Lorna Schrefler, An Evaluation of the Quality of Impact Assessment in the European Union with lessons for the US and the EU [J]. *Journal of Regulation and Governance*, 2008, (2): 405 – 424.

[7] Cambini, C. and L. Rondi (2010) Incentive Regulation and Investment: Evidence from European Energy Utilities [J]. *Journal of Regulatory Economics*, 38 (1), 1 – 26.

[8] CAO, Better Policy Making: A Guide to Regulatory Impact Assessment (2003), www. detini. gov. uk/better_ policy. pdf.

[9] Claudio M. Radaelli, 0Regulating Rule – Making via Impact Assessment'

Governance [J]. *An International Journal of Policy and Institutions*, (2010), 23 (1): 88 – 108.

[10] David P. Dolowitz, *Policy Transfer and British Social Policy: Learning from the USA?* Open University Press, 2000

[11] Dolowitzd, Marshd, Learning from Abroad: The Role of Policy Transfer in Contemporary Policy – making [J]. *Governance: An International Journal of Policy, Administration, and Institutions*, 2000, (1): 17.

[12] Economides, N. and S. C. Salop, Competition and Integration among Complements, and Network Market Structure [J]. *Journal of Industrial Economics*, Volume XL. 1992.

[13] Fumitoshi Mizutani, Kiyoshi Nakamura, The Japanese Experience with Railway Restructuring, Editor: Takatoshi Ito and Anne O. Krueger, *Governance, Regulation, and Privatization in the Asia – Pacific Region*, University of Chicago Press, 2004

[14] Greenfiled, D. and J. Kwoka (2011) The Cost Structure of Regional Transmission Organization, *Energy Journal*, 32 (4), 159 – 181.

[15] Harold Demsetz, Why Regulate Utilities [J]. *Journal of Law and Economics*, 1968, (55 – 65).

[16] Hirschhausen, von C., Cullmann, A., and Kappeler, A. (2006) Efficiency Analysis of German Electricity distribution utilities – non – parametric and Parametric Test [J]. *Applied Economics*, 38, 2553 – 12566.

[17] Ida, T., 2000, Bottleneck Monopolies and Network Externalities in Network Industries [J]. *Evolutionary and Institutional Economics Review*, Vol. 1. 1: 85 – 105.

[18] IP 化の進展に対応した競争ルールの在り方に関する懇談会（ipka no）. 2006. IP 化の進展に対応した競争ルールの在り方について. www. soumu. go. jp/main_ sosiki/joho. . . /ip. . . /060913_ 2_ 2. pdf.

[19] Jamasb and Pollitt, 2000, Benchmarking and Regulation: International Electricity Experience [J]. *Utilities Policy*, Elsevier, 2000: 107 – 130.

[20] Jenkins, C. (2011) RIIO Economics: Examining the Economics Underlying ofgem's New Regulatory Framework, Florence School of Regula-

tion Working Paper.

[21] JJ 劳组联络会议. 国土交通省発文書「日本航空の経営改善計画策定に対する国土交通省の基本的スタンスについて」及び、報道されている有識者会議での論議についての意見（見解）（2009），www. jalcrew. jp/jca/welcome/. . . /jjrousokenkai20090910. pdf.

[22] JX 日矿日石能源. 石油便覧第三編石油産業発展史（2012），http：//www. noe. jx - group. co. jp/binran/part03/chapter02/index. html

[23] Koichiro Fukui, Kiyoshi Nakamura, Japanese National Railways Privatization Study II：Institutionalizing Major Policy Change and Examining Economic Implication ［Z］. CFS Discussion Paper Series, 1994, (107).

[24] Koichiro Fukui, Japanese National Railways Privatization Study：The Experience of Japan and Lessons for Developing Countries ［Z］. World Bank Discussion Papers 172, 1992.

[25] Koichiro Fukui, National Railways Privatization Study：The Experience of Japan and Lessons for Developing Countries ［Z］. World Bank Discussion Papers 172, 1992.

[26] Konstantin Petrov, VirenAjodhia, Daniel Grote（2010）Regulatory Incentives for Investments in Electricity Networks, Electricity Networks, Third Annual Conference on Competiton and Regulation in Network Industries, 19 November 2010 Residence Palace, Brussels, Belgium.

[27] Kumbhakar, S. C. , Estimation and Decomposition of Productivity Change When Production is not Efficient：A Panel Data Approach ［J］. Econometric Review, 2000 (19).

[28] Künneke, R. and T. Fens , Ownership Unbundling in Electricity Distribution：The Case of the Netherlands, *Energy Policy*, 2007, Vol. 35, pp. 1920 - 1930.

[29] Lodge, M. , Institutional Choice and Policy Transfer：Reforming British and German Railway Regulation. Governance, 2003 (2)：159 - 178.

[30] Machiel Mulder, Victoria Shestalova and Mark Lijesen（2006）Vertical Separation of the Energy - distribution Industry：An Assessment of Several Options for Unbundling.

[31] Nicholas Economides and Steven C. Salop, Competition and Integration Among Complements and Network Market Structure [J]. *The Journal of Industrial Economics volume xl*, 1992.

[32] Nikos Ebeland Verlag DrKovac., The Regulation and Liberalization of Network – Based Industries: A Microeconomic Analysis of Network Providers' Investment Incentives, Verlag Dr. Kovac.

[33] NTT. NTTグループ社史 (1995 – 2005) http: //www. ntt. co. jp/about/group. html.

[34] OECD – ICCP, Universal Service and Rate Restricting in Telecommunications Tariff, 1991.

[35] OECD, Building an Institutional Framework for Regulatory Impact Analysis (RIA): Guidance for Policy Makers (2008) http: //www. oecd. org/gov/regulatory – policy/40984990. pdf.

[36] OECD, Regulatory Impact Analysis: Best Practice in OECD Countries (1997) www. oecd. org/gov/regulatory – policy/35258828. pdf

[37] Office of Gas and Electricity Market (2009) Regulation Energy Network for the Future: RPI – X@20 performance of the energy networks under RPI – X, supporting paper, February.

[38] Office of Rail Regulation, National Rail Trends 2010 – 2011 Yearbook, http: //orr. gov. uk/_ _ data/assets/pdf_ file/0017/3482/nrt – yearbook – 2010 – 11. pdf.

[39] Pollitt, M. J. (2011) "Lessons from the History of Independent System Operators in the Energy Sector, with applications to the Water Sector", Cambridge Working Papers in Economics 1153, Faculty of Economics, University of Cambridge.

[40] Pollitt, M. (2008) The Arguments for and Against Ownership Unbundling of Energy Transmission Networks, *Energy Policy*, Elsevier, Vol. 36, 704 – 713.

[41] Richard Gibb, Theresa Lowndes and Clive Charlton, The Privatization of British Rail [J]. *Applied Geography*, 1996, 16 (1): 35.

[42] Robert Hahn and Patrick Dudley, How Well Does the U. S. Government Do Benefit – Cost Analysis [J]. *Journal of Review of Environmental*

Economics and Policy, 2007, 1: 192 – 211.

[43] Robert Hahn and Paul Tetlock. Has Economic Analysis Improved Regulatory Decision [J]. *Journal of Economic Perspective*, 2008, 22: 67 – 84.

[44] Ron Kopicki, Louis S. Thompso, Best Methods of Railway Restructuring and Privatization [Z]. The World Bank , 1995.

[45] R. Gibb, J. Shaw, C. Charlton, Competition, Regulation, and the Privatization of British [J]. *Environment and Planning C: Government and Policy*, 1998, 16: 757.

[46] Shleifer, A. A., Theory of Yardstick Competition [J]. *Journal of Economics*, 1985 (3).

[47] Viscusi, Vernon, and Harrington, *Economics of Regulation and Antitrust*, 3d edition Cambridge: MIT Press, 2000.

[48] 「行政改革に関する意見綜論」臨時行政調査会，http://www. sangiin. go. jp/japanese/annai/chousa/rippou _ chousa/backnumber/2009pdf/20091201003. pdf.

[49] ガソリンスタンドを考える議員の会. 石油販売業における商標権等の 片務契約と独占禁止法上の課題 [N]，2006.

[50] ガソリンスタンドを考える議員の会. 石油流通における取引適正化と実効性確保に向けた取組 [N]，2007.

[51] コンプライアンス調査委員会，2010. コンプライアンス調査委員会調査告書，http://www. jal. co. jp/other/100831_ 04. pdf.

[52] プライスキャップの運用に関する研究会. 2009 年 4 月. プライスキャップの運用に関する考え方について，www. soumu. go. jp/main _ content/000152555. pdf.

[53] プライスキャップの運用に関する研究会，プライスキャップの運用に関する基本的考え方について，2012，http://www. soumu. go. jp/main_ content/000152555. pdf.

[54] 安部彰. 産業の昭和社会史—石油 [M]. 日本経済評論社，1986.

[55] 岸本充生.「規制影響評価を日本に定着させるには」公務改革の突破口 [M]. 東洋経済新報社，2008 播磨谷浩三，日本の国鉄改革に関する検証 [Z]. CPRC Discussion Paper Series，2009，(44).

［56］財政制度等審議会たばこ事業等分科会議事要旨、2001 – 2005、ht-tp：//warp. ndl. go. jp/info：ndljp/pid/1022127/www. mof. go. jp/singi-kai/zaiseseido/tabacco2. htm。

［57］産業計画会議の第十次レコメンデーション：専売制度の廃止を勧告する、1970 年、ダイヤモンド社発行.

［58］常木淳．日本の官僚制とその評価，2011：824.

［59］川島鉄男．時の法令［M］.「行政改革計画（第一次）について」，1968：36.

［60］次世代燃料・石油政策に関する小委員会．綜合資源エネルギー調査会石油分科会報告書（案）［N］，2008

［61］村上了太，2002，日本専売公社の民営化過程（1）経営研究、大阪市立大学，48（4）.

［62］村上了太、2003、日本専売公社の民営化過程（2）経営研究、大阪市立大学，49（2）.

［63］村松岐夫・伊藤光利・辻中豊．日本の政治［M］．有フウ閣，2001：178.

［64］村松岐夫．日本の行政［M］．中公新書，1994.

［65］帯刀治，山田稔，齊藤康則．日立電鉄存廃問題と地域社会（上）－企業城下町における存続運動の組織化と展開－［J］．茨城大学地域綜合研究所年報，2008/，（41）：1 – 21.

［66］地方鉄道問題に関する検討会．地方鉄道復活のためのシナリオ［R］，2003.

［67］電気通信審議会（《日本電信電話株式会社の在り方について》1996，warp. ndl. go. jp/info：ndljp/pid/. . . /Council – NTTs – j. html.

［68］電気通信審議会. 2000，《IT 革命を推進するための電気通信事業における競争政策の在り方についての第一次答申》，warp. ndl. go. jp/info：ndljp/pid/283520/. . . /001221j604. html.

［69］電気通信審議会. 2002，《IT 革命を推進するための電気通信事業における競争政策の在り方についての最終答申》，www. soumu. go. jp/menu_ news/s – news/. . . /020213_ 3. pdf.

［70］電気通信審議会．接続料算定のあり方について、2000 年，warp. ndl. go. jp/info：ndljp/pid/283520/. . . /s. . . /041019_ 7. html.

[71] 電気通信審議会.「接続の基本的ルールの在り方について」1996,
www. soumu. go. jp/main_ sosiki/joho_ tsusin/. . . /1219j608. html.

[72] 電気通信審議会. 1990.「日本電信電話株式会社法附則第 2 条に基
づき講ずるべき措置、方策等の在り方―公正有効競争の創出と技
術革新―」www. soumu. go. jp/main_ content/000008749. pdf.

[73] 福岡峻治. 行政改革と日本官僚制の変容：「官僚主導」から
「政治主導」への転換とその課題 [J]. 現代法学, 2010,（13）:
121 – 156.

[74] 福家秀紀（2000）情報通信産業の構造と規制緩和：日米英比較研
究、NTT 出版社.

[75] 高野学, 電電公社時代の料金規制. 商学研究論集. 第 22 号 2005.

[76] 高野学. 長期増分費用方式による相互接続料金の算定方法. 商学
研究論集. 第 19 号 2003. 9.

[77] 高野学. 電気通信の料金設定と原価計算. 商学研究論集. 第 20 号
2004, 2.

[78] 古城诚. 航空自由化と不当廉売規制 [J]. 公正取引, 2000,
（4）: 17 – 19.

[79] 古城佳子.「国際政治と日本の規制緩和構造改革」構造問題と規
制緩和 [M]. 慶應義塾大学出版会株式会社, 2010: 57.

[80] 谷口将紀. 日本の対米貿易交渉 [M]. 東京大学出版会, 1997.

[81] 廣岡治哉. 日本における鉄道民営化の経験と教训[J]. 法政商业
杂志, 1997, 34（3）: 15 – 26.

[82] 規制緩和・民営化研究会. 欧米の規制緩和と民営化 [M]. 大蔵
省印刷局, 1994: 1.

[83] 国道交通省. 运输经济统计年鉴 [R], 1998.

[84] 国道交通省. 国铁改革について [R], 2011.

[85] 国道交通省航空局（kokudoukoutuu）. 国内航空における規制緩
和―― 改 正 航 空 法 に よ る 規 制 緩 和 の 検 証（2005）,
www. mlit. go. jp/common/000043164. pdf.

[86] 国道交通省航空局. 羽田空港発着枠の現状と検討課題（2008）
[O/L]. www. mlit. go. jp/common/000219736. pdf.

[87] 国土交通省. 地域鉄道対策. http: //www. mlit. go. jp/tetudo/tetudo

_ tk5_ 000002. html, 2012.

[88] 国土交通省, 2012. 平成 24 年 4 月分铁道輸送統計月報, http：// www. data. go. jp/data/dataset/mlit_ 04_ ds_ 131126_ 00008003.

[89] 国土交通省航空局, 2012. 日本航空の再生について, www. mlit. go. jp/common/000229684. pdf.

[90] 国土交通省四国运輸局. 地方中小民铁の輸送サービスの高度化に関する調査 [R], 2003.

[91] 国土交通省综合政策局. 平成 23 年航空輸送統計 (暦年) の概況について (2012), www. mlit. go. jp/common/000205923. pdf.

[92] 恒山恵市. 企業と国家 [M]. 東京大学出版会, 1996：210.

[93] 横山恵市.「規制緩和の政治過程―何が変わったのか」構造問題と規制緩和 [M]. 庆應義塾大学出版会株式会社, 2010：77–147.

[94] 吉国一郎等. 法令用語辞書 [M]. 第八次改定版、学陽書房, 2001：165, 596.

[95] 交通政策審议会陆上交通分科会铁道部会. ネットワークとサービスの充実に向けて直ちに具体化を図るべき施策 [R], 2007：6–19.

[96] 交通政策審议会陆上交通分科会铁道部会. 環境新時代を切り拓く铁道の未来像 [R], 2008–6–19.

[97] 戒能一成. 電気事業に関する政策制度変更の定量的影響分析, http：//www. rieti. go. jp/users/kainou–kazunari/X0405drk11E. pdf.

[98] 金本良嗣, 2004. 消費者余剰アプローチによる政策評価, RIETI Discussion Paper Series 04–J–042. http：//www. rieti. go. jp/jp/publications/dp/04j042. pdf.

[99] 金子雄一郎. 大都市圏における铁道運賃の問題と改善方策 [J]. 運輸政策研究, 2004, 7 (2).

[100] 京都大学 (2010) 規制評価に関する経済学的分析に関する研究報告書, http：//www. esri. go. jp/jp/prj/hou/hou056/hou056. html.

[101] 競争政策研究センター. ネットワーク外部性の経済分析 (2003) www. jftc. go. jp/cprc/reports/cr0103. pdf

[102] 競争政策研究センター. 公益分野における市場支配的地位の濫用に対するEC 競争法の適用に関する調査 [R], 2004

［103］久保千亜希，吉野彰真，橋本千代．JR における経営の現状と課題～DEA による私鉄との効率性比較．（2002）．http：//www2. osipp. osaka‐u. ac. jp/～yamauchi/gakubu_ hp/2002/paper/9. pdf.

［104］久保田正志．規制改革の経緯と今後の展望［J］．立法と調査，2009，(12)：4.

［105］久美郁男．「利益団体政治の変容」日本政治変動の30 年―政治家・官僚・団体調査に見る構造変容［M］．東洋経済新聞社，2006：259‐276.

［106］堀雅通．規制緩和後における鉄道整備のあり方―上下分離の機能と役割を中心に―［J］．国際交通安全学会誌，2004，29，(1)．

［107］堀雅通．公企業改革としてのドイツの鉄道改革［J］．観光学研究，2008，(7)．

［108］堀雅通．鉄道の上下分離と線路使用料［J］．高崎経済大学論集，2004，47 (1)：45‐57.

［109］堀雅通．現代交通政策にみるイコール・フッティング論：参入規制・内部補助型交通市場政策の崩壊過程検証［J］．三田商学研究，2000，43 (3)：133‐146.

［110］李宏舟：《日本资产价格泡沫的发生机制及其启示》，《现代日本经济》2008 年第 3 期。

［111］蓼沼庆正．大都市圏の鉄道整備における公設民営による上下分離［J］．運輸政策研究，1999，1 (3)．

［112］林鉱一郎 (1985) 電気通信産業におけるNTTの経営条件、組織科学第 19 号．

［113］林淑馨．日本の民営化における公共性と企業性 (3)：JR とNTTを素材として［J］．法政論集，2000，(184)．

［114］林淑馨．日本の民営化における公共性と企業性 (7)：JR とNTTを素材として［J］．法政論集，2001，(187)．

［115］鈴木貴典．地方鉄道関係の補助制度について (2010) http：//www. ipt. jterc. or. jp/koukyou_ shien/event/.../pdf/03_ suzuki. pdf.

［116］鈴木几多朗．揮発油販売業法の制定過程．桃山学院大学経済経営論集［C］，1992.

［117］柳川隆，播磨谷浩三，吉野一郎．イギリス旅客鉄道における規制と効率性［J］．神戸大学経済学研究，2011.

［118］马奇：《规则的动态演变》，上海人民出版社 2005 年版。

［119］末原純．第 3 セクター鉄道の現況と将来の方向性に関する検討［J］．運輸政策研究，2006，9（1）．

［120］内閣府．規制・制度改革の経済効，http：//www5. cao. go. jp/keizai3/seisakukoka. html.

［121］内閣府政策統括官．2010.　規制・制度改革の経済効果［M］，www5. cao. go. jp/keizai3/2010/10seisakukadai06 - 0. pdf.

［122］内山融．「政策アイディアの伝播と制度――行政組織改革の日英比較を題材として」『公共政策研究』，2005.

［123］内山融．日本政治のアクターと政策決定パターン、季刊政策・経営研究［M］．2010：1 - 18.

［124］内山融．現代日本の国家と市場［M］．東京大学出版会，1998：168.

［125］内山融．日本政治のアクターと政策決定パターン、季刊政策・経営研究［M］．2010：9.

［126］青木真美．地域鉄道輸送の地方分権化と入札制度の導入［J］．運輸政策研究，2000，3（2）．

［127］清水洋，米倉誠一郎・産業政策と企業行動の社会的合成：石油化学工業の「利益なき繁栄」企業の発展［M］．八千代出版，2002：153 - 173.

［128］情報通信審議会（2008）次世代ネットワークに係る接続ルールの在り方について答申，www. soumu. go. jp/main_ sosiki/joho.../080317_ 1_ si1 - 4. pdf.

［129］情報通信審議会．1999. 電気通信市場の環境変化に対応した接続ルールの在り方について答申，www. soumu. go. jp/main _content/000041407. pdf.

［130］情報通信審議会．2000.「IT 時代の接続ルールの在り方について」の第二次答申 ~「電気通信事業法の一部を改正する法律（平成 9 年法律第 97 号）・附則第 15 条を踏まえた接続ルールの見直しについて」www. soumu. go. jp/main _ sosiki/

joho... /001221j60201. pdf.

[131] 秋吉貴雄.「政策移転の分析枠組みの構築に向けて」[J]. 熊本大学社会文化研究, 2007：1 - 14.

[132] 秋田貴雄.「航空規制改革と日本型政策決定システム」構造問題と規制緩和 [M]. 庆應義塾大学出版会株式会社, 2010.

[133] 全国石油協会. 石油製品販売業者経営状態調査報告書 [N], 2010.

[134] 依田高典. ブロードバンド・エコノミクス [M]. 日本経済新聞出版社, 2006.

[135] [日] 第 3 回電力システム改革専門委員会事務局. 発電分野の状況, http：//www. meti. go. jp/committee/gizi_ 8/2. html.

[136] [日] 電力系統利用協議会. 供給信頼度評価報告書 [R]. 2012.

[137] [日] 東京電力に関する経営・財務調査委員会. 東京電力に関する経営・財務調査委員会報告 [R]. 2012.

[138] [日] 服部徹. 三枝まどか. 長期的視点に基づく送配電料金収入の規制方式のあり方と課題 – 英国の新たな規制方式 RIIO からの示唆 – [R]. 電力中央研究所報告, 2012.

[139] [日] 金本良嗣. 岐路に立つ電力市場自由化. NIRA 政策レビュー [R]. No. 53, 2011.

[140] [日] 橘川武郎. 九電力体制の五十年 [J]. 一橋大学経営史学, 2002, (3).

[141] [日] 南部鶴彦編. 電力自由化の制度設計—系統技術と市場メカニズム [M]. 東京大学出版会, 2003.

[142] [日] 山口聡. 電気事業、経済分野における規制改革の影響と対策 [M]. 日本経済新聞社, 2008.

[143] [日] 综合資源エネルギー調査会電気事業分科会. 今後の望ましい電気事業制度の詳細設計について, http：//www. enecho. meti. go. jp/info/committee/data/080704. pdf.

[144] [日] テクノリサーチ研究所. 電気料金の内外比較に関する定量分析. http：//www. meti. go. jp/committee/sougouenergy/denkijigyou/seido_ kankyou/005_ s02_ 00. pdf.

[145] [日] 八田達夫・田中誠編著. 電力自由化の経済学 [M]. 東洋

経済新報社，2004.

［146］［日］八田達夫・伊藤元重．電力問題の解決は需給調整メカニズ
ムの確立から［R］. NIRA 対談シリーズ. No. 63，2011.

［147］［日］電力システム改革専門委員会．電力システム改革の基本方
針［R］. 2012.

［148］［日］電力制度改革評価小委員会．制度改革評価小委員会報告
書，http：//www. enecho. meti. go. jp/denkihp/bunkakai/seidokaikaku
_ hyoka/060608 – 1. pdf.

［149］［日］電気事業連合会統計委員会編．電気事業便覧［R］. 2010.

［150］［日］電気事業審議会基本政策部会．基本政策委員会中間報告
［R］，2006.

［151］［日］服部徹．米国における発送電分離が電気事業に与えた影響
– 主要な自由化州を対象とした事例調査 – ［R］．電力中央研究
所報告，2012.

［152］［日］高橋洋．電力自由化 —発送電分離から始まる日本の再生
［M］. 日本経済新聞出版社，2012.

［153］［日］後藤美香，服部徹．発送電分離に関する最近の研究のレビ
ュー. SERC Discussion Paper 11029.

［154］［日］後藤美香，丸山真弘著．欧州における送電部門アンバンド
リングの現状と評価［R］．電力中央研究所報告，2012.

［155］［日］戒能一成．福島第一原子力発電所事故とエネルギー政策へ
の影響，http：//www. rieti. go. jp/jp/special/special_ report/044. ht-
ml.

［156］［日］経済産業省. 2010 年电力行业报告事项. http：//www. enecho.
meti. go. jp/info/committee/denkijigyo/kanshi7/3 – 1. pdf.

［157］［日］競争環境整備小委員会．電力市場の競争評価. www. meti. go. jp/
policy/kyoso_ seisaku/downloadfiles/denryoku_ kyosohyoka. pdf.

［158］［日］日本経済新聞社. Nikkei Business 特集：日本を救う電力改
革［N］. 日本経済新聞，2011. 4. 25.

［159］［日］三枝まどか，服部徹 2011. ドイツの送配電事業におけるイ
ンセンティブ規制の課題 – 低炭素社会に向けた設備投資への影
響を中心に – ［R］．電力中央研究所報告，2012.

[160]［日］山田光・伊藤元重．電力供給システムは垂直統合型から構造分離型へ［R］．NIRA 対談シリーズ．No. 65，2011.

[161]［日］山田光．発送電分離は切り札か：電力システムの構造改革［M］．日本評論社，2012.

[162]［日］伊藤元重．電力改革の方向を考える．NIRAオピニオンペーパー［R］．No. 3，2012.

[163]［日］中瀬哲史．日本の電力体制と電力改革の課題［J］．経済，第 198 号，101 - 111，2012.

[164]日本エネルギー経済研究所．アジアの石油流通の現状及び価格形成メカニズム調査［N］，2010.

[165]日本エネルギー経済研究所．給油所経営・構造改善等実態調査報告書［N］，2007.

[166]日本エネルギー経済研究所．給油所経営・構造改善等実態調査報告書［N］，2009.

[167]日本エネルギー経済研究所．給油所経営・構造改善等実態調査報告書［N］，2011.

[168]日本エネルギー経済研究所．給油所経営・構造改善等実態調査報告書［N］，2012.

[169]日本エネルギー経済研究所．新価格体系の実態と評価報告書［N］，2009.

[170]日本タバコ株式会社 2012 日本タバコ株式会社年報 2012［R］．

[171]日本プライスキャップの運用に関する研究会（nihonn price）．プライスキャップの運用に関する考え方について（2009），www. soumu. go. jp/main_ content/000014846. pdf.

[172]日本プライスキャップの運用に関する研究会．プライスキャップの運用に関する考え方について（2012）．http：//www. soumu. go. jp/main_ content/000152555. pdf.

[173]日本財務省．盐事業の財務状況［J］．財務月刊，1974，（287）．

[174]日本財政制度等審議会たばこ事業等分科会．盐の製造、輸入、流通にわたる原則自由の市場構造への移行を円滑に進めるための対応について［R］，2001 - 11 - 29.

［175］日本財政制度等審议会たばこ事業等分科会第 1 回から第 10 回まで議事録附属資料［Z］, http：//www. mof. go. jp/about_ mof/councils/fiscal_ system_ council/sub – of_ tabacco/proceedings/proceedings/tabakoa221210. htm.

［176］日本財政制度等審议会たばこ事業等分科会第 1 回から第 10 回まで議事録内容［Z］, http：//www. mof. go. jp/about_ mof/councils/fiscal_ system_ council/sub – of_ tabacco/proceedings/proceedings/tabakoa221210. htm.

［177］日本公平交易委員会, 2008.「電気通信事業分野における競争の促進に関する指針」. www. jftc. go. jp/kyoso/press/021225. pdf 综務省综合通信基盤局（soumushousougou）, 2011. 競争セーフガード制度に基づく検証結果（2010 年度）について. www. soumu. go. jp/main_ content/000162617. pdf.

［178］日本公平取引委員会, 丸山達也. 規制評価の現状と課題（2011）, http：//www. jftc. go. jp/cprc/seminar/25/110603opseminar_ 4. pdf.

［179］日本公平取引委員会. 大手航空 3 社の運賃設定について, www. jftc. go. jp, 2002.

［180］日本公平取引委員会. 国内定期航空旅客運送事業分野における大手 3 社と新規 2 社の競争の状況等について［J］. 週刊ダイヤモンド, 1999.

［181］日本公正取引委員会. ガソリンの流通実態に関する調査［N］, 2004. www. jftc. go. jp/houdou/pressrelease/h25/. . ./130723honbun. pdf.

［182］日本公正取引委員会. ガソリン等の流通における不当廉売, 差別対価等への対応について［N］, 2009.

［183］日本会計検査院. 2010. 平成 22 年度決算検査報告. http：//report. jbaudit. go. jp/org/h22/2010 – h22 – mokuji. htm.

［184］日本経済企划厅. 規制改革分野における雇用再配置の動向（2000）. www5. cao. go. jp/2000/f/0905f – seisakukoka3 – s. pdf.

［185］日本労动研究机构. 規制改革等実施産業における雇用等変化の分析と. 90 年代の失業増大によるマクロ的コスト等の試算（2003）. http：//www. jil. go. jp/institute/chosa/documents/133g. pdf.

［186］日本内阁府．90 年代以降の規制改革の経済効果 – 利用者メリット
　　　　の分析（再改訂試算）（2003）．http：//www5. cao. go. jp/keizai3/
　　　　2003/1222seisakukoka17. pdf.

［187］日本内阁府．規制・制度改革の経済効果（2010）．http：//
　　　　www5. cao. go. jp/keizai3/2010/10seisakukadai06 – 0. pdf.

［188］日本内阁府．規制改革の経済効果 – 利用者メリットの分析（改
　　　　訂 試 算），（2007）．http：//www5. cao. go. jp/keizai3/2007/
　　　　0328seisakukoka22 – 2. pdf.

［189］日本内阁府．近年の規制改革の進捗と生産性の関係（2006）．
　　　　www5. cao. go. jp/j – j/kozo/2006 – 12/hontai. pdf.

［190］日本内阁府．近年の規制改革の経済効果 – 利用者メリットの分析
　　　　（ 改 訂 試 算 ）（2001）．http：//www5. cao. go. jp/keizai3/2001/
　　　　0629seisakukoka7. pdf.

［191］日本内阁府．近年の規制改革の経済効果 – 利用者メリットの分析
　　　　（1997）．www5. cao. go. jp/keizai3/2001/0629seisakukoka7. pdf.

［192］日本内閣府．2007. 規制改革の経済効果［O/l］，http：//www5.
　　　　cao. go. jp/keizai3/seisakukoka. html.

［193］日本盐事業センターの統計資料［Z］．http：//www. shiojigyo.
　　　　com/.

［194］日本専売公社綜務部綜務課．タバコ専売五十年小史、1953 年、
　　　　不二証券印刷所．

［195］日野高志．高速ブロードバンド普及を目指した欧米の「ユニバ
　　　　ーサルサービス制度（2012）」，www. kddi – ri. jp/pdf/KDDI – RA
　　　　–201101 –02 – PRT. pdf.

［196］三菱綜合研究所．持続可能な地域航空ネットワークを考える研究
　　　　会 中 間 報 告，http：//www3. keizaireport. com/report. php/RID/
　　　　122268/，2010.

［197］三菱綜合研究所株式会社．次世代 SSに関する市場動向等調査報
　　　　告書［N］，2011.

［198］三桥良士明．公共企業体に関する一考察：国铁を対象として
　　　　［J］．静岡大学法経研究，1978，26（2）：1 – 20.

［199］桑原秀史．公共料金の経済学—規制改革と競争政策［M］．有斐

閣，2008

[200] 山口二郎．大蔵官僚支配の終焉［M］．岩波書店，1987：52.

[201] 杉山学．データ包絡分析法によるJRと大手私鉄の事業活動効率比較のための時系列業績データ基礎分析［J］．群馬大学社会情報学部研究論集，2009，15.

[202] 杉山学．データ包絡分析法によるJRと大手私鉄の事業活動効率比較— DEAと Inverted DEAのウィンドー分析による大手私鉄各社（在東日本）の推移［J］．群馬大学社会情報学部研究論集，2011，18.

[203] 榊原英资，薬師寺泰蔵，新村保子，井上弘光，山本裕一・1979・内部組織の状態空間モデル－公企業の動学的効果分析、経済分析第77号.

[204] 沈培钧、甄小燕：《英国铁路的改革与可持续发展》，《综合运输》2008年第8期。

[205] 石油备蓄・緊急時対策小委員会．石油备蓄・緊急時対策小委員会報告書，1999. www. meti. go. jp/report/downloadfiles/g90802bj. pdf

[206] 石油連盟．今日の石油産業［N］，2012.

[207] 石油連盟．石油業界の現状と課題について［N］，2010.

[208] 石油連盟．今日の石油産業［N］，2011.

[209] 滝田洋一．日米通貨交渉：20年目の真実［M］，日本経済新聞社，2006.

[210] 水谷文俊．鉄道産業における規制と競争政策［J］．国民経済雑誌国民経済雑誌，1998，178（6）：27 –41.

[211] 水野敬三．ネットワーク設備開放政策と設備投資誘因：長期増分費用ルールの是非と不確実性の影響について．「商学論究」，第53巻第1号，pp. 15 –31，関西学院大学商学研究会，2005. 07.

[212] 斯科特・沃尔斯顿：《在规制和民营化之间：改革的顺序选择》，《经济社会体制比较》2003年第3期。

[213] 松永謙吾．離陸体制に入った航空自由化：国際定期路線も複数社の運航へ［N］．エコノミスト，1984 –2 –4.

[214] 藤井弥太郎．国内航空分野における需給調整規制廃止に向けて必要となる環境整備の在り方について［J］．航政シリーズ，

1998，354.

[215] 醍醐聰（1994）編『電気通信の料金と会計』，税務経理協会，1994.

[216] 田浦元．2001．Olson & Trapaniモデルによる国内航空運賃規制の計量分析［J］．立教経済学研究．

[217] 田浦元．国内旅客航空分野における価格規制の撤廃についての計量分析［J］．立教経済学分析，2002.5.

[218] 田浦元．価格規制撤廃後の航空運賃設定についての統計的分析［J］．立教経済学研究．2005.

[219] 田中利幸．「簡素で効率的な政府」の実現簡素で効率的な政府」の実現：行政改革推進法案 2［J］．立法と調査，2006，（4）：254.

[220] 田中一昭．行政改革［M］．日本評論社，2000：2.

[221] 田中直毅．「産業政策の見直しと行政改革—石油業法にみる行政介入の理論と成果」［J］．経済評論，1980.

[222] 通産省通商産業局鉱山局．石油産業の現状［M］，大蔵省印刷局．1966.

[223] 丸山達也．我が国規制評価の現状と課題について－－メタ分析による欧米との比較［J］．評価クォータリー，2010，（15）：2－14.

[224] 王俊豪：《政府管制经济学导论》，商务印书馆 2008 年版。

[225] 王俊豪等：《中国垄断性产业结构重组分类管制与协调政策》，商务印书馆 2006 年版。

[226] 魏杰：《英国铁路改革对我国国有企业改革的启示》，《经济研究参考》2007 年第 66 期。

[227] 屋井鉄雄．米国における空港整備とネットワーク拡充に関する助成について［J］．運送政策研究，2005，8：33.

[228] 屋井鉄雄．欧米における地域航空の現状と地方路線維持のための助成制度［J］．運輸政策研究，2011，13（4）：201.

[229] 西村弥．政策環境の変化と公社民営化に関する考察—日本専売公社の設立と民営化—、政治学研究論集、第 16 号、2002 年 9 月．

[230] 西村弥、日本における民営化の政治過程に関する考察—日本専

売公社を事例にして、政治学研究論集第 17 号，2003.2.

[231] 西村弥，日本における民営化の政治過程に関する考察—日本専売公社を事例として.

[232] 西藤真一．イギリス鉄道改革と設備形成メカニズム［J］．関西学院経済学研究，2004，35：149 – 167.

[233] 下井直毅．2007．航空産業における現状と課題、NIRA 政策レビュー，http：//www. nira. or. jp/pdf/review19. pdf.

[234] 小嶌正稔．石油製品の価格構造と価格形成メカニズム．経営研究所論集［C］，2000.

[235] 小澤利雄．近代日本塩業史［M］．大明堂，2001.

[236] 肖兴志：《中国铁路产业规制模式的动态演进》，《财经问题研究》2005 年第 10 期。

[237] 徐晓慧、王云霞：《规制经济学》，知识产权出版社 2009 年版。

[238] 盐崎やすひさ．自民党がJAL 再上場に反対する理由［N］．現代ビジネス，2012 – 8 – 14.

[239] 野本了三．コンテスタビリティ理論批判［J］．廣島大學經濟論叢，1987，11（2）：185 – 207.

[240] 野村宗訓．「イギリス国鉄再編成後の市場構造と政府規制—『上下分離』とフランチャイズ方式による民営化の実態」［J］．公益事業研究，1995，47（2）．

[241] 野村宗訓．イギリス鉄道事業の規制改革：「アンバンドリング」の評価をめぐって［J］．関西学院大学經濟學論究，2004（3）．

[242] 叶芳和（1991），民営化が日本を変える、php 研究所、1991 年.

[243] 一桥大学铁道研究会（hitoshibahidaigaku）．検証国鉄改革（1994）．http：//www. ikkyo – tekken. org/studies/1994/1994_ all. pdf.

[244] 一桥大学铁道研究会（hitotubashidaigaku）．地方分権化時代の鉄道整备（1995）．http：//www. ikkyo – tekken. org/studies/1995/1995_0. pdf.

[245] 伊藤敏憲．石油産業の現状と展望［N］，2003.

[246] 伊藤敏憲．日本のエネルギー事情［N］，2009.

[247] 伊藤敏憲．石油産業の現状と今後の展望［N］，2009.

[248] 伊藤元重．必要な航空業の改革、NIRA 政策レビュー（2007）．

http：//www. nira. or. jp/pdf/review19. pdf.

[249] 伊藤直彦. 国鉄改革と鉄道貨物輸送 [J]. 学習院法務研究，2011，(3).

[250] 依田高典. ネットワーク・エコノミックス [M]. 日本評論社，2001

[251] 依田高典. アクセスチャージの経済理論 [J]. 経済セミナー，1999，(8).

[252] 依田高典. ユニバーサル・サービスの経済理論 [J]. 経済セミナー，2000，(1).

[253] 依田高典. 21 世紀のエコノミスト [M]. 日本評論社，2001.

[254] 依田高典. ネットワーク産業の生態学，林敏彦編日本の産業システム第5巻：コミュニケーション・ネットワーク [M]. NTT 出版社，2003.

[255] 原洁. 鉄道運賃の実務と実際 [J]. 運輸と経済，2009，(11).

[256] 原康弘. 日本の航空の問題 [N]. 日本の航空 100 年記念フォーラム，2008.

[257] 运输政策研究机构. 運輸部門における各種の上下分離方式 [J]. 運輸政策研究，2002，5 (3).

[258] 运输政策研究机构. 地方铁道に係る費用対効果分析に関する調査報告書 [R]，2005.

[259] 运输政策研究机构. 地方铁道の活性化に向けて～地域の議論のために～ [J]. 運輸政策研究，2007，9 (4).

[260] 运输政策研究机构. 地方铁道の経営効率性 [J]. 運輸政策研究，2008，11，(3).

[261] 斎藤峻彦. 分離政策の市場的背景と政策的意義 [J]. 成城大学経済论文，2002，158 (11)：45 - 72.

[262] 斎藤峻彦. 規制改革をめぐる交通政策論の系譜と展開 [J]. 商経学叢，2005，51 (3)：423 - 445.

[263] 植草益. 公的規制の経済学 [M]. NTT 出版社，2000.

[264] 植田有美. 専売制度廃止後における自然海盐の生産と流通 [D]，2002.

[265] 中川寛子. 米欧における略奪的価格設定規制[N]. 日本経済法学

会年報，2001.

［266］中村靖志．イギリスの铁道民営化失敗の原因について［J］．久
留米大学産業経済研究，2004（3）．

［267］中村清．自然独占の民営化・規制緩和［J］．早稲田商学，
2000，359.

［268］中条潮．空港発着枠の配分と不採算航空路線の補助制度に関す
る考察［J］．三田商学研究，2000：89-109.

［269］中条潮．航空新時代［M］．筑摩書房，1996.

［270］中条潮，藤井弥太郎，太田和博．自由化時代の交通政策［M］．
東京大学出版社，2000.

［271］中条潮．2007.国際航空における自由化の必要性とオープンスカ
イ構想の課題￥、NIRA政策レビュー．http：//www. nira. or. jp/
pdf/review19. pdf.

［272］中央職業能力開発协会．包括的職業能力評価制度整备委員会石
油精製業活動報告書［N］，2008.

［273］重見之雄．瀬戸内盐田の所有形態［M］．大明堂，1995.

［274］朱绍文、胡欣欣等：《微观规制经济学》，中国发展出版社1992
年版。

［275］猪口孝・岩井奉信．族議員の研究：自民党政権を牛耳る主役た
ち［M］．日本経済新聞社，1987.

［276］猪口孝・岩井奉信．族議員の研究―自民党政権を牛耳る主役た
ち［M］．日本経済新聞社，1987：21-29.

［277］竹中治堅．首相支配―日本政治の変貌［M］．中央公論新
社，2006.

［278］資源エネルギー庁．石油産業等の在り方について［N］，2007.

［279］資源エネルギー庁監修，資源エネルギー年鑑．通産資料出版
会，1976.

［280］総務省行政評价局．規制の政策評価に関する研究会最終報告［M］．
2007www. soumu. go. jp/main_ content/000154093. pdf.

［281］総務省行政評价局．規制の事前評価の実施に関するガイドライン
（2007）．http：//warp. ndl. go. jp/info：ndljp/pid/997626/www. soumu.
go. jp/menu_ news/s-news/2007/pdf/070824_ 1_ bs2. pdf.

［282］総務省行政評価局．規制の政策評価に関する研究会中間報告
（2005）．http：//www. soumu. go. jp/main ＿ sosiki/hyouka/pdf/
051129＿ 1. pdf.

［283］総務省行政評価局．諸外国における政策効果等の定量的把握の
方法等に関する調査研究（2005）［O/L］．www. soumu. go. jp/
main＿ sosiki/hyouka/. . ./houkoku＿ 1703. pdf.

［284］綜合資源エネルギー調査会石油分科会．次世代燃料・石油政策
に関する小委員会報告書［N］，2008.

［285］綜務省（2002）長期増分費用モデルプログラムCD – ROM2002.

［286］綜務省，2008. 競争セーフガード制度の運用に関するガイドライ
ン，www. soumu. go. jp/main＿ content/000159816. pdf.

［287］綜務省，2011a：《2010 年度電気通信サービスに係る内外価格差
に関する調査》電気通信サービスに係る，http：//www. sou-
mu. go. jp/main＿ content/000118078. pdf.

［288］綜務省，2011. 《電気通信事業分野における競争状況の評価》，
www. soumu. go. jp/main＿ content/000189770. pdf.

［289］綜務省，2012a. ブロードバンド普及促進のための公正競争レビ
ュー制度の運用に関するガイドライン，www. soumu. go. jp/main＿
content/000159902. pdf.

［290］綜務省，2012b. ブロードバンド普及促進に係る取組状況等に関する
検証，www. soumu. go. jp/main＿ content/000198065. pdf.

［291］綜務省 2003「電気通信事業分野の競争状況の評価に関する基本方
針」，www. soumu. go. jp/main＿ content/000180183. pdf.

［292］綜務省：《2010 年度電気通信事業分野における競争状況の評価》，
http：//www. soumu. go. jp/main＿ content/000127921. pdf.

［293］綜務省綜合通信基盤局：《地方公共団体が整备・保有する光ファ
イバ網の現状に関する調査結果》，2011，www. soumu. go. jp/main
＿ sosiki/joho. . . 03/. . ./hikari＿ h21. pdf.

［294］綜務省綜合通信基盤局，《線路敷設基盤の開放による設備競争の
促進》2011，www. soumu. go. jp/main＿ content/000128269. pdfs.

［295］綜務庁行政監察局編．日本たばこ産業株式会社の現状と課題
［M］．大蔵省印刷局，1991.

［296］佐々木勉. IT 革命を推進するための電気通信事業における競争政策の在り方に関する意見，lab. iisec. ac. jp/ ~ hayashi/yuse-sho000914. pdf.